S.K.H.
Carl Herzog von Württemberg
in Dankbarkeit
gewidmet

Das Tagebuch der Baronin Eveline von Massenbach

Hofdame der Königin Olga von Württemberg

Herausgegeben von Robert Uhland

Verlag W. Kohlhammer
Stuttgart Berlin Köln Mainz

CIP-Kurztitelaufnahme der Deutschen Bibliothek

Massenbach, Eveline von: [Das Tagebuch]
Das Tagebuch der Baronin Eveline von Massenbach:
Hofdame d. Königin Olga von Württemberg / Robert Uhland (Hrsg.). –
Stuttgart; Berlin; Köln; Mainz: Kohlhammer, 1987.
ISBN 3-17-009245-6

Umschlagbild: Eveline von Massenbach,
koloriertes Foto
(Württembergische Landesbibliothek, Stuttgart)

Verlagsort: Stuttgart
Gesamtherstellung: W. Kohlhammer Druckerei GmbH + Co. Stuttgart
Printed in Germany

Vorwort

Eveline von Massenbach (1830–1904), Tochter des Freiherrn Hermann von Massenbach (1799–1847), Oberstleutnant und Flügeladjutant König Wilhelms I. von Württemberg, hat als Hofdame der Kronprinzessin, dann Königin Olga von Württemberg (1822–1892), Tochter Kaiser Nikolaus I. von Rußland, in den Jahren 1851–1866 regelmäßig ein Tagebuch geführt, dem sie ihre Erlebnisse, Eindrücke und Erfahrungen im Dienste der Königin anvertraute. Dieses Tagebuch, abwechselnd in deutsch und französisch – der Sprache des Hofes – geschrieben, gelangte 1972 aus dem Nachlaß der Baronin in den Besitz des Hauses Württemberg und wurde in dessen Familienarchiv verwahrt. Bei Ordnungs- und Verzeichnungsarbeiten im Jahr 1985 kam es wieder zum Vorschein, wobei man erst jetzt auf seine Bedeutung als wertvolle Quelle für die Beziehungen des Hauses Württemberg zum russischen Kaiserhaus, aber auch für die allgemeine politische, gesellschaftliche und kulturelle Geschichte in der zweiten Hälfte des 19. Jahrhunderts aufmerksam wurde.

In ihren Aufzeichnungen erweist sich die Baronin von Massenbach als aufmerksame Beobachterin von kritischem Urteil, deren Charakteristik einzelner Persönlichkeiten von ihrer Menschenkenntnis zeugt. Ihre ganze Verehrung gilt Königin Olga, von deren Anmut und Schönheit sie bezaubert ist, die sie aber auch bedauert, weil sich ihr Aufenthalt am Hofe des autoritären König Wilhelm als wenig glücklich erweist und Kronprinz Karl sich gegen den Vater nicht durchzusetzen versteht. »Olga kam aus einem glücklichen und würdigen Familienkreis« kommentiert sie, »in eine Verwandtschaft, welche nicht den Segen der Einigkeit besaß«. Bedauern mit der Königin hat sie auch, weil ihr der erhoffte Kindersegen versagt bleibt wo sie doch dem Lande einen Thronfolger schenken sollte. Auch die Adoption der Nichte Wera Konstantinowna erweist sich als Fehlschlag als sich herausstellt, daß das Kind an schweren Verhaltensstörungen leidet, Folge eines Schocks, den es bei einem Attentat auf seinen Vater erlitt.

Das Hofleben allein kann die Baronin jedoch nicht befriedigen, sie liest viel und ist auch politisch interessiert. Am Zeitgeschehen nimmt sie lebhaften Anteil, fallen in ihren Lebensabschnitt doch so wichtige Ereignisse wie der Krieg der Westmächte gegen Rußland (1854–1856) und der deutsche Bruderkrieg von 1866, deren Verlauf sie mit Bangen verfolgt, sind die Höfe von Petersburg und Stuttgart doch unmittelbar davon betroffen.

Eine gerne wahrgenommene Abwechslung in ihrem manchmal recht eintönigen Hofleben sind für sie die zahlreichen Reisen im Gefolge des Kronprinzenpaars. Sie führen zumeist über Weimar und Berlin nach Rußland, aber auch nach Österreich, Italien, der Schweiz, nach Frankreich, Holland und England, wenn es der Hof nicht vorzieht, den Sommer in Friedrichshafen oder mit einer Kur an einem ärztlich empfohlenen Badeort zu verbringen. Abwechselnd werden Wildbad, Kissingen, Brückenau, Schlangenbad, Bad Ems, Ostende, Scheveningen aufgesucht, wobei sich die Gelegenheit neuer Bekanntschaften ergibt.

Besonders beeindruckt ist Eveline von Massenbach von einem Aufenthalt in Rom, zusammen mit der russischen Kaiserin, wo sie als gute Katholikin eine Audienz bei Papst Pius erlebt und einer Fußwaschung durch ihn in St. Peter beiwohnt. Sie ist überhaupt bestrebt, die Bekanntschaft bedeutender Zeitgenossen zu machen, ob es nun Staatsoberhäupter sind wie Kaiser Nikolaus II., König Friedrich Wilhelm IV. von Preußen, Kaiser Franz Joseph von Österreich, König Victor Emmanuel von Italien oder Politiker wie Bismarck, der ihre Dienste in Anspruch nimmt und Gortschakow, von dem sie schreibt, daß er in Stuttgart seine eigentliche Karriere gemacht habe. Aber auch für Künstler interessiert sie sich: für den russischen Pianisten und Komponisten Rubinstein ebenso wie für den berühmten Gesellschaftsmaler Winterhalter, den sie als ihren Freund bezeichnet, oder für den holländischen Landschaftsmaler Peters, der seit 1845 in Stuttgart wirkte.

Selbstverständlich betätigt sie sich auch auf dem Gebiet der Wohlfahrt, meist im Auftrag von Königin Olga, in den von dieser ins Leben gerufenen und geförderten Instituten wie der Olga-Heilanstalt, der Nikolauspflege, der Anstalt für blinde Kinder und dem Frauenverein zur Versorgung verwahrloster Kinder.

In ihren Erinnerungen hat Eveline von Massenbach ein wahrheitsgetreues Abbild ihrer Zeit und ihrer Umgebung hinterlassen, die sie mit wachen Sinnen erlebte. Sie ist in ihrem Dienst bei der Königin aufgegangen und hat ihr Privatleben dieser geopfert. Mehrmals hat sie die Möglichkeit ausgeschlagen, eine Ehe einzugehen, obwohl sie insgeheim den Wunsch nach Kindern mit der Königin teilte. Von Neid und Anfeindung blieb sie nicht verschont, doch verstand sie es, ihren Widersachern die Stirn zu bieten und sich in der Gunst der Königin zu behaupten – ein bemerkenswertes Beispiel der Hingabe an die einmal gewählte Aufgabe und der inneren Haltung, allen Widrigkeiten zum Trotz.

Der Dank des Herausgebers gilt Seiner Königlichen Hoheit, Herzog Carl von Württemberg sowie der Familie von Massenbach für die Genehmigung, das Tagebuch der Eveline von Massenbach zu veröffentlichen. Sein Dank gebührt auch dem Verlag W. Kohlhammer für die gute Betreuung und Ausstattung des Buches.

Die oft willkürliche Schreibung der russischen Namen durch die Autorin wurde soweit möglich vereinheitlicht und in der heutigen Schreibweise wiedergegeben, wobei sich das Buch von Erik Amburger »Geschichte der Behördenorganisation Rußlands von Peter dem Großen bis 1917«, Leiden 1966, als wertvolle Hilfe erwies.

Robert Uhland

»Eines Tages stand ich vor dem Schrank mit meinen durch viele Jahre aufbewahrten Aufzeichnungen, welche ich nach meinem Tode am liebsten der Vernichtung preisgeben wollte. — Auf einmal sagte mir mein Gewissen, daß ich die vielen Eindrücke, die ernsten und heiteren, nicht ganz ohne Nutzen und Verbleib lassen sollte: Vielleicht könnten sie doch einmal dem einen oder anderen Freude bereiten — sogar zur Steuer der Wahrheit dienen? Nach und nach kam mir der Gedanke, Auszüge daraus zu machen und sie auf fliegenden Blättern niederzulegen, so es auch »vergilbte Blätter« würden. Sie sollten ja keinen bestimmten Zweck haben, nur die Absicht, nicht gerade verloren zu gehen. Ein sicherer Vorsatz soll aber obwalten: so wenig als möglich Böses aufzuzeichnen — die unwürdigen Menschen können lieber vergessen sein. Ich will ernstlich zurückblicken, in meinem Gemüt Selbstprüfung halten, um allen Erinnerungen gerecht zu werden.«

Eveline von Massenbach. Lithographie von C. Pfann, 1851. ►

Evd. v. Massenbach.

König Karl (geb. 1823, reg. 1864–1891) als Kronprinz.
Gemälde von G. Bohn, 1852.

Königin Olga (1822–1892, verm. 1846),
geb. Großfürstin von Rußland, Tochter von
Kaiser Nikolaus I., als Kronprinzessin.
Gemälde von G. Bohn, 1852.

König Wilhelm I.
(geb. 1781,
reg. 1816–1864).
Zeichnung von Franz
Seraph Stirnbrand.

Kaiserin Alexandra Feodorowna (1798–1860, verm. 1817), Mutter von Königin Olga, geb. Charlotte, Prinzessin von Preußen, Tochter König Friedrich Wilhelms III. von Preußen, etwa im 39. Lebensjahr.

Kaiser Nikolaus I. (geb. 1796, reg. 1825–1855), Sohn von Kaiser Paul I. und Kaiserin Maria Feodorowna, geb. Herzogin Sophie Dorothee von Württemberg (1759–1828, verm. 1823). Radierung um 1850 von Hippolyt Panquet.

1851

Einleitung über Stuttgarter Verhältnisse – Aufenthalt in Liebenzell – Ernennung am 21. Juni – Reise mit meiner Mutter über Nürnberg–Dresden–Berlin – Der Zinsgroschen – Begegnung mit Bettina – Riga – Haus Suworow – Abreise nach St. Petersburg – Eintritt in Zarskoje Selo – Die Kaiserinmutter, der Thronfolger, die Cäsarewna, seine Gemahlin – zehn Tage Erlebnisse in der Heimat meiner Kronprinzessin – zur See von Kronstadt nach Stettin – über Hamburg und Ludwigslust nach Stuttgart – Dortige Personalien – Königliche Familie und Gesellschaft.

Im Jahr 1830 zu Stuttgart geboren, im Becher'schen Hause[1], jetzt Bahnhof, wurde ich im elterlichen Hause sorgfältig erzogen. Mein Vater, Freiherr Herman von Massenbach, geb. 1799, gest. 1847, war mit meinen Großeltern, Freiherrn Ferdinand Dorotheus von Massenbach und seiner Gemahlin, geb. von Seckendorf, in seinem 9. Jahre von Berlin in unser Stammland zurückgekehrt, aus dem ein Zweig durch den Deutschorden nach Preußen verschlagen gewesen. Er wurde Leibpage der Königin Mathilde[2], deren gütige Nachsicht er oft erfahren durfte. Wenn die Pagen einen Dessertteller zuweilen leerten, ehe sie ihn serviert, sagte die königliche Matrone freundlich »aber eine Orange könntet ihr mir lassen!«

Nachmaliger Feldjäger-Offizier, wurde mein Vater 1836 Flügeladjutant des Königs Wilhelm I.[3], und schwärmerisch war er seinem König und Herrn ergeben.

Wir bewohnten die Académie, ein Schloßnebengebäude, die früher historisch berühmte Carlsschule; es hieß, unser Kinderzimmer sei das von Schiller gewesen. Viele Familien des Hofes waren Mitbewohner, viele Kinder tummelten sich in den Gängen und Höfen, und wenn ich jetzt den früheren sogenannten Academieschlingeln begegne, freue ich mich bei vielen der gemachten Karriere.

Nach dem Tode meines geliebten Vaters wurde ich in Stuttgart in die Welt geführt und schon vorher von der jüngst ins Land gekommenen Großfürstin Olga[4], unserer herrlichen Kronprinzessin, mit großer Güte in ihre Nähe gezogen.

Meine Mutter, geb. von Jacobs aus Riga, welche mein Vater aus Anlaß seiner Reise zur Beisetzung der Kaiserin Maria Feodorowna[5] in Petersburg kennen-

1 Der 1844/46 erbaute alte Bahnhof stand in der Schloßstraße neben dem Hotel Marquardt.
2 *Charlotte Mathilde* (1766–1828), Tochter König Georgs III. von England, 2. Gemahlin König Friedrichs von Württemberg.
3 *König Wilhelm I.* von Württemberg, geb. 1781, regierte 1816 bis 1864.
4 *Olga Nikolajewna*, Großfürstin von Rußland (1822–1892), 1846 vermählt mit Kronprinz Karl, seit 1864 König von Württemberg (1823—1891).
5 *Sophie Dorothee* (1759–1828), Tochter Herzog Friedrich Eugens von Württemberg, heira-

lernte und 1829 heiratete, wollte nach dem Tode meines Vaters in ihr Heimatland zurückkehren, da ernannte mich die Kronprinzessin zu ihrem Hoffräulein. Diesem entscheidenden Moment ging folgendes voraus: im Monat Mai nahm mich die Kronprinzessin als Gesellschafterin nach Liebenzell in den Schwarzwald mit (am 11. Mai), sozusagen zum Abschied — wie sichs aber nachher herausstellte — zur Probe. Es war ein gemütlicher Aufenthalt, gemacht, um sich kennenzulernen und ich schwärmte in dankbarer Begeisterung. Außer der dienstlichen Umgebung waren noch vorübergehende Besuche, die Einförmigkeit der Kur zu unterbrechen. Auch König Wilhelm I. reiste auf dem Weg nach Baden über unser schönes Tälchen: es war immer eine Art Beklemmung, wenn man ihn erwartete. Trotz seiner eigentlichen Zuneigung zur Kronprinzessin konnten sie in vielen Punkten des Gefühlslebens nicht übereinstimmen. Mann der Tat, der Politik, der Waffen, war des Königs Verkehr anregend, aber nicht heimlich[1]; seine Verdienste um das Land sind groß. Kronprinz Karl, ganz Gemüt und Idealist, war unverstanden von seinem Vater. Wie schwer für die liebende, besorgte Gattin, die Brücke zu bauen — und sie tat es lang mit Mut und Zartgefühl nach beiden Seiten. Der Kronprinz war nicht permanent in Liebenzell, er kam und ging, machte Ausflüge mit befreundeten Herren — harmlose Freuden.

Die Kronprinzessin war im Begriff, nach Petersburg zu reisen. Nachdem sie mich gefragt hatte: »Da es bei uns nie Ferien gibt, wären Sie bei Ihrem unabhängigen Charakter trotzdem bereit, mir anzugehören?« versprach ich ahnungslos, ihr meine Freiheit opfern zu können. Somit bat sie König Wilhelm um Bestätigung ihrer Wahl, was in Friedrichshafen bei Anlaß der Hochzeit des Prinzen Hermann Weimar[2] mit Prinzessin Auguste am 17. Juni 1851 geschah. Am 21. stellte es Ihre Kaiserliche Hoheit meiner Mutter frei, mich erst von Riga aus zu schicken, und so kam es, daß ich am 21. September in dem kaiserlichen Lustschloß Zarskoje Selo[3] mein dienstliches Debüt machte.

Meine Reise bis Riga wurde en famille gemacht — meine Mutter wohl etwas beklommen, mich nach Hofe geben zu sollen — sie hatte so viel für meine Erziehung geopfert. Wir hatten interessante Eindrücke in Nürnberg, Dresden, Berlin. Dresden fesselte mich besonders durch seine Galerie. Ich erhielt den Stich des Zinsgroschens von meiner Mutter zum Andenken. Den Spruch »gebet dem Kaiser was des Kaisers und Gott, was Gottes« suchte ich von dort an als meinen Denkspruch zu bewahrheiten. In Berlin verschaffte uns ein alter Bekannter, der bayerische Gesandte Baron Malsen[4], viel Angenehmes. Unter anderem speisten

tete 1776 Großfürst Paul, Kaiser von Rußland (1754–1801), wobei sie den Namen Maria Feodorowna nach dem Übertritt zur orthodoxen Kirche erhielt.

1 anheimelnd

2 *Prinz Hermann zu Sachsen-Weimar* (1825–1901), heiratete die jüngste Tochter König Wilhelms I., Auguste (1826–1898).

3 *Zarskoje Selo,* (»Kaiserdorf«) bei Petersburg, heute Krasnoje Selo.

4 *Konrad Adolf Malsen* (1792–1867), bayer. Gesandter in Stuttgart, Berlin und Karlsruhe.

wir bei ihm mit beiden jungen Prinzen von Hohenlohe-Langenburg[1]. Hermann, der jüngere (und spätere Statthalter von Elsaß-Lothringen), war begleitet von Prof. Gustav Schwab[2], Sohn des Dichters.

Karoline Malsen[3] — spätere Gattin des Victor von Scheffel, gab sich viel Mühe, mich bei Bettina von Arnim[4] einzuführen. Dieselbe, Freundin unseres Kronprinzen, wünschte sogar, mich kennenzulernen, man hatte mich als Hofdame angesagt: auf diese Weise bei dem »Kinde« zu erscheinen war mir peinlich, aber Herr von Malsen war ein Freund von Förmlichkeiten.

Ein altes, vertrocknetes Mütterchen mit blitzhellen schwarzen Äuglein empfing mich sehr freundlich, führte mich gleich vor Goethes Büste und sagte: »welch ein Mann!« und hernach: »den Kronprinzen haben wir sehr lieb, doch ist er ein Sonderling.« — Ich erfuhr dort von vielen Persönlichkeiten, die den Kronprinzen schätzten: die Familien Savigny[5], Ranke[6], Ritter[7], — vor allem Königin Elise[8]. Man und Armgard Arnim bewillkommneten mich sehr und schenkten mir ihre Schriftchen von Allerlei Rau und der Familie der Heimeli. — Hermann Grimm[9], der nachmalige Gatte von Gisela, war auch da. Gisela konnte sich wegen Zahnschmerzen nicht zeigen. Armgard sah ich als Gräfin Flemming 1857 in Karlsruhe wieder, sie war die Seele der Haushaltung. Man, die Genialste, wurde Gräfin Oriolla!

Sonst ließen mir den Haupteindruck in Berlin die Ateliers von Rauch[10] und Cornelius[11], dessen persönliche Bekanntschaft mir gewährt wurde, was mich später mit unserem Prof. Neher[12] in gute Verbindung brachte. Über den Geographen Ritter erklärte mir einst der Kronprinz, derselbe habe ihn besonders gefesselt durch seine gläubige Übereinstimmung mit der Bibel.

In Riga wurde ich bei den Suworows[13] eingeführt, die mich besonders herzlich aufnahmen. Im Seebad Dubbeln[14] lernte ich den späteren Minister Walo-

1 *Prinz Karl* (1829–1907) und *Prinz Hermann* (1832–1913), der in Berlin die Rechte studierte.
2 *Gustav Friedrich Schwab* (1822–1888) war später Kaufmann in New York.
3 *Baronesse von Malsen* heiratete 1864 den Dichter, wurde aber schon 1867 wieder geschieden.
4 *Bettina* (1785–1859), Schwester von Clemens Brentano, 1811 vermählt mit Achim von Arnim, stand in Briefwechsel mit Kronprinz Karl.
5 *Friedrich Karl von Savigny* (1779–1861), Rechtslehrer und Staatsmann.
6 *Leopold von Ranke* (1795–1886), Historiker.
7 *Carl Ritter* (1779–1859), Geograph.
8 *Königin Elise* (1801–1873), Gemahlin König Friedrich Wilhelms IV. von Preußen.
9 Der Schriftsteller *Hermann Grimm* (1827–1889), Neffe von Jakob Grimm, heiratete Gisela, die Tochter von Achim und Bettina von Arnim. Man und Armgard waren ihre Schwestern.
10 Bildhauer *Christian Daniel Rauch* (1777–1857).
11 *Peter von Cornelius* (1783–1867), Maler der Nazarenergruppe in Rom.
12 Der Maler *Bernhard Neher* (1806–1886) war Direktor der Stuttgarter Kunstschule.
13 Berühmte russische Adelsfamilie, aus der im 18. und 19. Jahrhundert mehrere bedeutende Feldherren hervorgingen.
14 *Dubbeln:* beliebtes Seebad westlich Riga.

nyew kennen. Meine Verwandten wollten mich der Hofkarriere abspenstig machen: meine Mutter war derselben nicht ganz geneigt. Ich überließ die Frage noch einmal mit schwerem Herzen ihrer Bestimmung — und Gott gab es ihr ein, meinem Schicksal und, ich gestehe es, dem Drang meines Herzens, unserer Kronprinzessin zu folgen, nicht mehr entgegen zu sein.

Ich reiste am 18. September mit Extrapost ab, von Laura Hermann, der langjährigen Jungfer meiner Mutter, und Jakob Peter, dem Kammerdiener meines Vaters, begleitet. (Laura Hermann ist jetzt noch Stütze der Werner'schen Anstalten[1] in Reutlingen.) Wagenfahrt ermüdend — Gegend ganz hübsch — ich hatte keine Orangenwälder erwartet, freute mich aber der gut bebauten Ländereien und der zufrieden aussehenden Bewohner. Durch Dorpat, Narwa in Strelna[2] am 19. eingetroffen, glaubte ich mich nur 30 Werst von meiner Kronprinzessin entfernt, die von Moskau, wo sie zu den Feierlichkeiten des 25jährigen Regierungsjubiläums[3] gereist war, zurück sein sollte. Die Ankunft war um 2 Tage verschoben, was ich in Petersburg erfuhr. Hier spricht mein Journal am deutlichsten: »Seit Strelna eine Folge von Villen, Gärten und Wohnhäusern aller Art, pittoresk, nachgemachter Stil durcheinander — hier sieht man die Eile des Fortschritts. Ganz fern am Horizont zeigt sich Petersburg wie eine Fata Morgana, eine prächtige Sonne erleuchtet die goldenen Dächer der Kirchen und ihre zahllosen Turmspitzen. Viele Häuser haben grüne Dächer, die Vororte sind häßlich und von grobschlächtiger Architektur, aber im Näherkommen wird man immer von neuem überrascht: die Reihen von Palästen, Mengen von Kirchen, breiten Promenaden — doch nichts kommt meiner Meinung nach dem Winterpalast gleich, dessen Gast ich jetzt bin. Bei der Ankunft (ich glaube am Gebäude des Großmarschalls, das auf die Newa geht) herrscht große Verwirrung: alles kommt, mich mit zweifellos sehr freundlichen Worten zu empfangen, aber sie sind nicht zu übersetzen, nicht einmal mit Gesten. Die Ankunft des Fürsten Kotschubey, Hofmarschall, klärt die Lage. Im Augenblick bin ich in meinem neuen Wirkungsbereich eingeführt — er heißt mich willkommen, von meiner lieben Großfürstin beauftragt, sich um mich zu kümmern. Sie selbst kommt erst am 9./21. an. Es folgen: ein Major Lubbe, Kommandant des Winter-Palais und Herr von Adelung[4]. Trotz meiner inneren Verwirrung bewahrte ich die Haltung. Bald umarmte ich Katharina Igelström-Puschkin[5], die mich in die Stadt mitnahm, wo ich nur Wunder sah.

Am nächsten Morgen Besuch des Fürsten Kotschubey mit einer Menge liebenswürdiger Vorschläge. Man wird mich am Samstag nach Zarskoje führen,

1 Das von *Gustav Werner* (1809–1887) gegründete Bruderhaus.

2 Ort am Finnischen Meerbusen mit Schloß Zar Peters I.

3 *Kaiser Nikolaus I.* (1796–1855), war am 3. September 1826 in Moskau gekrönt worden.

4 Sohn des Sprach- und Geschichtsforschers *Friederich von Adelung* (1768–1843), Lehrers der Großfürsten Nikolaus und Michael und Leiters des deutschen Theaters in Petersburg.

5 *Graf Georg Igelström,* russischer Gardeoberst, war seit 1848 vermählt mit Katharina, Gräfin Moussin-Puschkin.

um da meine Fürstin zu erwarten. Das ist ein Privileg, denn die kaiserliche Familie verbringt bei der Rückkehr von Moskau den ersten Tag allein, ohne Gefolge. — So kann ich denn fortfahren, mich einzugewöhnen. Gestern bin ich an den Brücken, Palästen, Kirchen wie an einem lebenden Panorama vorbeigegangen, heute war ich im Schloß von Jelagin und ließ mir vor allem die Zimmer von Olga Nikolajewna zeigen, um ihre Erinnerungen besser verstehen zu lernen. Zurück über Wassili-Ostrow, vorbei an der Statue Peters des Großen im Anblick der Festung. Abendessen bei Graf Igelström, Spaziergang durch die erleuchtete Stadt, hinabgestiegen in ein Geschäft mit russischen Lebensmitteln, Elisseeff, Kontrast des Kaufmanns mit Bart und seiner mit Gaslicht erleuchteten Säle. Den 8./20. sorgfältig Briefe nach Riga abgesandt, dann begleitet mich Fürst Kotschubey persönlich durch die Wohnungen im Winterpalais und die großartigen Sammlungen der Eremitage; Privatzimmer der Kaiserin: Familienbilder und religiöse Sujets schmücken ausschließlich ihr Arbeitszimmer; der Salon der Großfürstin Olga ist von Obach[1] ausgemalt: ihr Porträt in verschiedenen Altersstufen, der Engel des Gebets von Bruni[2], der kleine St. Johannes von Palermo — kleine Kinderstühlchen. Ein maurisches Badezimmer, prächtiges Schlafzimmer, eine Treppe führt zum Kaiser mit Türen, die mit riesigen Soldaten zu Fuß geschmückt sind. Galerie Romanow — die beiden Kapellen — Kinderzimmer des Erben — der künftige Kaiser wohnt in einem Zimmer mit Strohstühlen und Musselinvorhängen — Kinderzimmer der Großfürstin Olga neben dem kleinen Kabinett des Kaisers Nikolaus — Kabinett der Cäsarewna, geschickt gemacht! Gemälde Jesus am Ölberg — köstliche Pastelle — goldener Saal (aber nicht von gutem Geschmack), den die Großfürstin Marie Nikolajewna[3] 1866 mit den Schätzen der Eremitage ausschmücken ließ. Überall respektable Grenadiere! — Schatzkammer — blendende Schätze.

Ich wohnte über dem Komandantsky pod, die Fenster auf den Innenhof (ungefähr über der Stelle, wo 1879 die bekannte Explosion stattfand[4]).

21. September Zarskoje Selo — Migräne — ich bin traurig, habe Angst, ich gebe dem unwiderstehlichen Bedürfnis nach, in die Alexanderkirche zu gehen, das wird mich beruhigen. Man hatte für den Abend die Ankunft der Kaiserin angekündigt — man sagt mir, sie sind aus dem Wagen gestiegen — noch 20 Minuten voller Angst — man sucht mich ... großartiger Augenblick, wie ich rufen höre »Eveline! Jetzt gehören Sie mir!« — Sie hält mich lange bei sich, spricht von so vielen Dingen! ... Kaiser Nikolaus machte mit den jungen Groß-

1 *Kaspar Johann Obach* (1807–1865) aus Zürich war Landschaftsmaler und lehrte an der Lithographischen Anstalt in Stuttgart.

2 *Fedor Antonowitsch Bruni* (1800–1875), russischer Maler.

3 Älteste Tochter des Kaisers Nikolaus (1819–1876), 1839 vermählt mit dem Herzog von Leuchtenberg (1817–1852).

4 Am 17. Februar 1880 nach dem Kalender neuen Stils sprengten Terroristen das Erdgeschoß unter dem Speisesaal des Winterpalais in die Luft.

fürsten eine Reise in den Süden — der Kronprinz[1] kam mit den besten Begrüßungsworten — »Jetzt endlich kann ich Sie Mama vorstellen!« Man führte mich durch eine Zimmerflucht bis zum Vorzimmer der Kaiserin, wo ich einen kleinen Augenblick warten mußte, mein Herz klopfte schon weniger. Man rief »Eva« und ich glitt in das Zimmer. Die Großfürstin nahm mich bei der Hand und führte mich zur Kaiserin[2], die mich als Mutter meiner Fürstin empfing. »Und haben Sie denn meine Oly ein bißchen lieb?« Ich konnte nur antworten, indem ich die Hand der Großfürstin küßte, die für mich antwortete: »ja, wir haben uns sehr lieb!«. Die Kaiserin sagte noch, daß Oly sich so schwer entschließt, sie sei ja so froh, daß ihr jemand recht sei, freute sich, daß ich Petersburg kennenlernte, um mit Oly darüber sprechen zu können, ich solle recht herumstrampeln, mich viel umsehen, wo und was ich wollte und Anne Alex — Okulow, die alte Gouvernante I.K.H., würde mich herumführen.

Die Kaiserin ist heiter, sieht aber alt und würdig aus, fragte mich auch, ob ich mit ihrer Jugendfreundin Gräfin Brandenburg, geb. von Massenbach, verwandt? Großfürstin Marie Nikolajewna[3] war auch zugegen, klein von Gestalt, wunderhübsch, aber ganz verschieden von Olga Nikolajewna. Mitten noch unter meinen verlegenen Komplimenten trat der Thronfolger (Alexander II.) herein. Diesem stellte mich die Kronprinzessin als ihr neues Hoffräulein vor, das sie aus Rußland mitnähme. Er glaubte, es sei eine Mystifikation, betrachtete mich wie ein seltsames Tier und wurde nicht schlau aus der Geschichte, bis die anderen unter lautem Gelächter dem Großfürsten erklärten, daß ich eine Weltreise gemacht hätte, um seine Schwester wieder zu treffen. Er machte immer erstauntere Augen und man ließ mich mit einem schönen Korb voll Früchten gehen, um aus meiner Verwirrung loszukommen. Später wuchs die Bekanntschaft mit dem Großfürsten rasch, zumal er mir eine kleine Wiedergutmachung schuldete.

Insgesamt 8–10 Tage hatte ich, um mich vor der Abreise zu orientieren, und damit dauernde Fahrten zwischen dem Land und der Stadt; Soireen in Zarskoje, wo man noch dem Erbgroßherzog und der Erbgroßherzogin von Sachsen-Weimar[4] die Honneurs machte — er sehr liebenswürdig — sie, Frau von Geist, häßlich, sich sehr reich kleidend, selbst die Hüte mit Diamanten gespickt. Marie Fredericksz machte damals zu gleicher Zeit mit mir ihr Entrée bei Hof.

Man war zuerst in der Stadt wegen der Hochzeit der Gräfin Julie Bobrinskij — eines der Lieblingsfräulein der Kaiserin — mit dem Grafen Jessersky, ging zur Insel Jelagin, wo man mir die Komtesse Julie Hauke[5] zeigte, künftige Fürstin

1 Thronfolger *Alexander II.* (1818–1881), regierte 1855–1881.

2 *Alexandra Feodorowna* (1798–1860), geb. Friederike Charlotte von Preußen, Tochter König Friedrich Wilhelms III. von Preußen, 1817 vermählt mit Nikolaus I.

3 Siehe S. 17, Anm. 3.

4 *Großherzog Karl Friedrich* (1783–1853), 1804 vermählt mit Großfürstin Maria Pawlowna (1786–1859), Tochter von Kaiser Paul I. und Maria Feodorowna, geb. Sophie Dorothee von Württemberg (1759–1828).

5 *Gräfin Hauke,* Hoffräulein der Großfürstin Maria Alexandrowna, heiratete am 28. Okt.

Battenberg, deren Schicksal in diesem Augenblick schon entschieden war — dann wohnte ich einer französischen Komödie in Kamennij-Ostrow[1] bei, zur Großfürstin Helene[2] im 2. Rang sitzend. Hier wurde ich geblendet von einer Reihe von Verschlüssen aus Diamanten, die vor mir auf den Toiletten der Großfürstinnen prangten. — Diese waren alle schön, charmant, alle haben etwas Imposantes, trotzdem fühlt man sich rasch beruhigt durch ihr natürliches Entgegenkommen. Die Herrinnen des Hauses, Großfürstin Helene und Katharina, waren von einem Schwarm schöner Ehrendamen umgeben, namentlich den Schwestern Strandtmann, die nicht der geringste Schmuck dieses Salons sind, sie haben den Ruf, die Intelligentesten von allen zu sein. Auf der Bühne sah ich Herrn von Talleyrand[3], die Gräfin Bray Dendice[4], den Fürsten Sutsos[5].

Am großen Hof — die reifen Damen spielten hier eine große Rolle — war es neben den beiden Julien noch die Baronin Baude, deren unkluge Naivität ihre Entfernung vom Hof zur Folge hatte. Unter den alten großen Damen wurde ich an die Gräfin Baranow, geb. Gräfin Adlerberg, empfohlen, Großmeisterin und Großgouvernante der Großfürstinnen — entzückend in ihrer Güte und Einfachheit, sowie an die Fürstin Soltikow, Großmeisterin der Cäsarewna mit dem Spitznamen Ninon de l'Enclos. Sie war sehr schön und immer tugendhaft — jetzt eine wenig interessante Ruine. Man führte mich auch zur Gräfin Wassiltschikow und den Damen Plechtschejew und Miatschew. Was die Herren betrifft, so waren die Habitués von Zarskoje der General Grünwald und der Graf Etienne Aprunin, alte Kavaliere vom Dienst der Kaiserin mit den Spitznamen »Schalträger« und »Großuhrmacher«, da zu des letzteren Aufgaben als Oberstallmeister Ihrer Majestät gehörte, alle Tage deren zahlreiche kleinen Uhren aufzuziehen.

Am 27. September war Diner beim Fürsten Peter von Oldenburg[6] aus Anlaß des Geburtstags unseres Königs Wilhelm. Da sah ich den Fürsten Heinrich Hohenlohe, ehemaligen Gesandten von Württemberg, der sich verheiratet und nach Rußland zurückgezogen hatte. Fräulein Okulow, die respektable Gouvernante meiner Großfürstin, fuhr mit der Beschäftigung fort, mich überall hinzuführen. Sie beneidete mich um das Glück, ihrer geliebten Fürstin zu folgen. Aber sie hegte Herzensgüte für mich und führte mich zu allen Erinnerungsstätten in

1851 morganatisch Prinz Alexander von Hessen und erhielt den Titel einer Fürstin von Battenberg.

1 *Kamennij-Ostrow,* Stadtteil von St. Petersburg.

2 *Charlotte Friederike* (1807–1873), Tochter von Herzog Paul von Württemberg, seit 1824 verheiratet mit Großfürst Michael von Rußland (1798–1849), genannt »Helena Pawlowna«.

3 *Alexander von Talleyrand-Périgord* (1813–1894).

4 Gemahlin des bayer. Gesandten in Petersburg, *Otto Graf von Bray-Steinburg.*

5 *Alexandros Sutsos,* Fürst der Walachei.

6 *Peter Konstantin Herzog von Oldenburg* (1812–1881), war der Sohn von Prinz Peter Friedrich von Oldenburg (1784–1812) und der Prinzessin Katharina (1788–1819), Tochter des Kaisers Paul von Rußland. Sie wurde 1816 Gemahlin König Wilhelms I. von Württemberg.

der Stadt und auf dem Land und machte mich mit allen Leuten von einigem Interesse im Leben der Kronprinzessin bekannt. So sah ich mit ihr die Festung mit den Gräbern der Heiligen Familie, das Haus Peters des Großen, nochmals das Winterpalais mit allen Einzelheiten, die Eremitage, dann die Kasan-Kathedrale und selbst das Institut von Smolna. In Zarskoje Selo zeigte mir Fräulein Okulow die Insel der Kinder, die mit dem Monument der Großfürstin Alexandra Nikolajewna und die schwarzen Schwäne. — Bei einer Soiree ließ man mich auf den russischen Gebirgen debütieren — der Fürst Emil Wittgenstein ist mein Lehrmeister. Ich mache die Bekanntschaft von Fräulein Barbe Nelidoff. — Im Grund gefallen mir die alten Damen besser als die jungen. — Ich hatte eine Audienz bei der Großfürstin Alexandra Josephowna[1], die sich von ihrer Niederkunft erholte, und Olga Konstantinowna, strahlend vor Schönheit und so liebenswürdig. Wer mich am meisten einnahm, war die Cäsarewna, die engste Freundin meiner Fürstin, ich sehe sie noch, gleich gekleidet in Jäckchen von blauem Tuch und goldenen Borten. Die Kronprinzessin hatte mich zu ihrer Schwägerin mitgenommen, die Unterhaltung kam in Fluß; die Kronprinzessin kam zurück: »ist die Bekanntschaft gemacht? Ganz gemacht«, antwortete Marie Alexandrowna[2].

1. Oktober Wir reisen ab, ich bin traurig darüber, ich gewöhne mich hier schon ein! Adieu der Kaiserin, die bewegt zu mir sagte, ich solle bei ihrer Tochter bleiben. Ich versprach es ihr: »Ja, Sie sind eine treue Anhängerin von Oly, ich weiß es, bleiben Sie es!« Einen Augenblick später rief man mich noch einmal zu Ihrer Majestät, die Kronprinzessin war bei ihr. Die Kaiserin nahm eine Brosche aus ihrem Schmuckkästchen: »Ich wollte Ihnen noch ein Andenken an mich geben, denken Sie zuweilen an uns« — und sie herzte und küßte mich! Wie ich nun den herzzerreißenden Schmerz der Prinzessin verstand, mit dem sie vor ihrem Gemahl fertig werden mußte!

Meine Empfindungen waren die eines Kindes: Neugierde, Erstaunen und dann Rührung über alle, die gut zu mir gewesen waren. Ich kam wieder nach Rußland, mit anderen Augen — reifer, aber immer voll Dankbarkeit für die Treue meiner russischen Freunde und ich übernahm niemals die Vorurteile jenseits der Grenzen.

In Petershof war Illumination; wir trafen mit Gräfin Kahlden[3] lang vor Ihren Majestäten auf dem Schiff ein, sehr beunruhigt vom Abschied im Palais Alexander. Die »Ladoga«, ein kleines Dampfschiff, brachte uns nach Kronstadt, wo wir auf den »Grasiachschin« umsteigen mußten, ein schönes Kriegsschiff, das für die kaiserlichen Fahrten eingerichtet ist.

1 *Alexandra von Sachsen-Altenburg*, 1848 vermählt mit Großfürst Konstantin (1827–1892), Sohn des Kaisers Nikolaus. Aus der Ehe gingen 6 Kinder hervor, darunter Wera, die spätere Gemahlin von Herzog Eugen von Württemberg.

2 *Prinzessin Marie von Hessen* (1824–1880), seit 1841 vermählt mit Kaiser Alexander II. von Rußland (1818–1881), dem Sohn und Thronfolger Kaiser Nikolaus I.

3 *Kahlden:* mecklenburgisches Adelsgeschlecht.

Die Alexandersäule in Petersburg.

Die Kasan-Kathedrale in Petersburg, eine Nachbildung der Peterskirche in Rom, 1802–11 erbaut.

Zarskoje Selo, kaiserlicher Sommersitz, südlich von Petersburg.

Peterhof, von Peter dem Großen 1711 gegründete Sommerresidenz mit prächtigen Gärten und Wasserspielen.

Sie hatte gerötete Augen, verstand es aber, mit einem Lächeln auf den Lippen zu erscheinen! Das erinnerte mich an die Worte ihres Beichtvaters, des Vaters Bajanow, der, als er sie 1846 nach ihrer Vermählung abreisen sah, sagte: »Das ist eine junge Frau, die gut auf die Prüfungen vorbereitet ist, die Gott ihr auferlegen wird«. Die schmerzlichste war, daß sie keine Kinder bekam, und als sich nach 17 Jahren die schwer zu bewältigende Möglichkeit bot, Wera Konstantinowna zu erziehen, fehlte es ihr nie an Zuneigung und Geduld — darin von ihrem Gemahl treulich unterstützt — gegenüber dem Adoptivkind, das Gott ihr mit auf den Weg gegeben hatte.

Wir kamen gegen Mittag des 3. Tages in Kiel ans Land. Abends 7 Uhr ging es weiter nach Hamburg.

Der Abschied vom russischen Schiff war unendlich ergreifend: Salven, Hurrah's von den auf den Rahen aufgestellten Matrosen und die russische Hymne.

Die Reisegesellschaft verlor sich nach und nach. Admiral Graf Heyden, General Plaoutin und Graf Levatschew waren dem Kronprinzen beigegeben, Gäste: Herzog Georg von Mecklenburg-Strelitz[1], Gemahl der Großfürstin Katharina, Graf Fritz Zeppelin[2], württembergischer Gesandter mit dem Spitznamen »Viel« wegen seiner Korpulenz und eine junge Fürstin Bagration. Wir sahen uns gründlich in Hamburg um, die Herrschaften besuchten das Rauhe Haus[3]; zu Tisch waren die österreichischen Generale Graf von Mensdorf[4] und Feldmarschall Legeditsch[5] von der Occupation[6] geladen und Fürst und Fürstin Windischgrätz — sie eine geborene Herzogin von Mecklenburg-Schwerin, Jugendfreundin der Kronprinzessin aus der Brautzeit von Palermo. In Ludwigslust war Großherzogin Alexandrine[7] auf der Bahn (Schwester der Kaiserin Alexandra), auch meine Tante Minette von Kahlden, Schwester meines Vaters.

Die Weiterreise erfolgte in kurzen Eisenbahnstrecken und gegen die Heimat in einem großmächtigen Reisewagen mit Cécile Kahlden. Am 9. Oktober trafen wir in Stuttgart ein; ich wohne in der nordöstlichen Schloßecke im inneren Hof, fand Blumen und freundliche Gesichter.

Ohne mich mit Persönlichem aufzuhalten will ich versuchen, den damaligen Hof und auch die Gesellschaft zu schildern. Die Kronprinzessin war im September 1846 ihrem aus wirklicher Zuneigung und Interesse an seinen Jugendschicksalen erwählten Gatten in seine Heimat gefolgt. Kaiser Nikolaus hatte den Kronprinzen vor seiner Bewerbung in Rom gesehen und gesagt »c'est un carac-

1 *Herzog Georg von Mecklenburg-Strelitz,* (1824–1876), russischer General der Artillerie.

2 *Fritz Zeppelin* war württ. Gesandter in Hamburg, dann Geschäftsträger in Rußland.

3 Die von *Johann Wichern* 1833 in dem Dorf Horn bei Hamburg gegründete Anstalt für innere Mission.

4 *General Graf Emanuel Mensdorff-Pouilly* (1777–1852).

5 *Feldmarschall Ignaz von Legeditsch* (1791–1866).

6 Im Zusammenhang mit der Erhebung Schleswig-Holsteins gegen Dänemark besetzte Österreich 1851 Holstein.

7 Tochter König Friedrich Wilhelms III. von Preußen (1842–1892), vermählt mit Großherzog Paul Friedrich von Mecklenburg-Schwerin.

tère tout à fait honnête«[1]. Aufgefundene Briefe aus der Brautzeit in Palermo bestätigen die Neigung der Großfürstin Olga. Aus dem glücklichsten und würdigsten Familienkreise, dem noch die Traditionen der Königin Luise[2] ihre Weihe gaben, kam die junge Frau in eine Verwandtschaft, welche nicht den Segen der Einigkeit besaß. Der Kronprinz hatte eine sehr harte Jugend gehabt, manche in der Familie traf die Verantwortung dafür, und doch war er generös genug, seine junge Gattin in ihrer ganzen Unbefangenheit einzuführen, ihr womöglich die Rolle der versöhnenden Princesse zu lassen. Ihre außerordentliche Schönheit, ihre sanfte, heitere Liebenswürdigkeit schienen auch alle für sie gewinnen zu sollen. König Wilhelm, welcher gerne Frauenreizen huldigte, empfing seine Schwiegertochter mit ausgesuchter Zuvorkommenheit und gefiel sich bald so sehr in ihrem anregenden Umgang, daß dies vielleicht gerade der erste Keim zum Neide wurde. Königin Pauline[3] bildete in dieser Hinsicht eine rührende, sich immer bewährende Ausnahme. Diese dritte Gemahlin des Königs, selbst eine frühere Schönheit, dabei eine herzensgute, einfache Frau, hatte so wenig wie ihr doch geistig bedeutender Gemahl das Talent der Kindererziehung.

Von 4 Töchtern aus zwei Ehen wurden drei im Lande verheiratet, also kam kein erfrischender fremder Geist in die Familie. Die bedeutendste, Prinzessin Sophie[4], ward die Gattin des Prinzen von Oranien, nachmaligem Wilhelm III. der Niederlande, aber so unverstanden in ihrer Ehe, daß sie so oft wie möglich nach Hause kam. Bei vielen unverkennbaren Reizen und einer außergewöhnlichen Begabung entwickelte diese zweite Tochter der Königin Katharina Pawlowna[5] eine Leidenschaftlichkeit des Charakters, welche sie nicht immer Gutes stiften ließ.

Prinzessin Marie[6], ihre ältere Schwester, war in morganatischer Ehe mit dem Grafen Alfred Neipperg, einer Jugendschwärmerei, durch bornierte Gouvernanten genährt, verbunden. Sie bereute später diesen Schritt, dessen Folgen ihre sonst begabte und liebenswürdige Persönlichkeit bitter und ungenießbar werden ließen durch hervortretende Schroffheiten. Beide Schwestern waren aufopfernd für ihre Freunde oder die sie dafür hielten, Prinzessin Marie rührend gut für Arme. Prinzessin Katharina[7] wurde der verzogene Liebling ihrer Mutter, der

1 »das ist ein durch und durch ehrlicher Charakter«.

2 *Königin Luise von Preußen,* die edle Gemahlin Friedrich Wilhelms III., geb. Prinzessin von Mecklenburg-Strelitz (1776–1810).

3 *Pauline Theresia Luise* (1800–1873), 3. Gemahlin König Wilhelms I., war die Tochter Herzog Ludwigs von Württemberg und seiner Gemahlin Henriette, Tochter des Fürsten Karl Christian von Nassau-Weilburg. Sie wurde die Mutter von König Karl (1823–1891).

4 *Prinzessin Sophie* (1818–1877) aus der 2. Ehe König Wilhelms mit Katharina, Tochter Kaiser Pauls I. von Rußland, vermählte sich 1839 mit König Wilhelm III. der Niederlande (1817–1890).

5 Siehe S. 19, Anm. 6.

6 *Prinzessin Marie* (1816–1887), 1840 vermählt mit Graf Alfred von Neipperg (1807–1865).

7 *Prinzessin Katharina* (1821–1898) wurde 1845 die Gemahlin von Prinz Friedrich von Württemberg (1808–1870), dem Sohn von Prinz Paul (1758–1852) und Prinzessin Charlotte von Sachsen-Altenburg (1787–1847).

Königin Pauline, welche, selbst in Resignation und Pietismus aufgehend, diese schöne, etwas kränkliche Tochter zu ihrem Abgott machte. An dem endlich erkorenen Gemahl, dem Prinzen Friedrich, Neffen des Königs, einem vortrefflichen, nur etwas apathischen Mann in den besten Jahren, fanden die Damen bald viel auszusetzen. Nachdem ein Sohn[1] geboren, entfremdeten sich die Eheleute, lebten in langweiligem dolce far niente nebeneinander fort, bis in den 70er Jahren der Prinz einer furchtbaren Krankheit erlag, während welcher seine Gemahlin Samariterdienste an ihm ausübte, die edlen Keime beweisend, die in ihr schlummerten.

Prinzessin Auguste[2] — die Jüngste, häßlich, aber ein sehr aufgewecktes, gescheites Mädchen — setzte eine Herzensneigung durch, aber auch im Württemberger Lande. Prinz Hermann von Sachsen-Weimar, Sohn des Niederländischen Statthalters in Java, Prinz Bernhard zu Sachsen-Weimar, war seit mehreren Jahren in württembergischen Diensten. Von angenehmem Äußeren, tadellosem Betragen, hatte er der Prinzessin gefallen, und da sie über ihren Vater alles vermochte, so durfte sie sich einen gemütlichen Herd gründen. In den Diskussionen darum sagte einstmals der König: »aber Gustchen, ist er denn gescheit?« Die Prinzessin antwortete schlagfertig: »Lieber Papa, welcher von Ihren Schwiegersöhnen ist gescheit?«

Eine ansehnliche Gruppe Enkel umschwärmte bald den Königlichen Großvater, welcher sich mit ihnen ebenso weich zeigte, als er mit dem eigenen Sohn harte Erziehungsversuche angewandt.

König Wilhelm I. war aus der napoleonischen Schule, seinem Kriegsruhm standen die diplomatischen Künste in nichts zurück, aber fremd war ihm der Begriff Gemüt. Und so bereitete er sich ein einsames Alter, in dem er, sich selbst überlebend, sogar seine unwiderruflichen bedeutenden Leistungen im Land mit manchem Undank gelohnt sah, bis die spätere Nachwelt sie wieder anerkannte.

Im Jahr 1848 machte er Miene, abzudanken, wollte seinen Sohn vermögen, die schwere Erbschaft anzutreten (sich den Genuß der Domänen reservierend, er bereute es später), seinen Sohn, den er nie verstand und welcher doch, ein liebebedürftiger, gerader Charakter, ihm mit gehorsamem Herzen hätte angehören können, wenn nur der Vater seiner Schüchternheit mit Milde, seiner Schaffenslust mit Nachsicht und helfendem Rat entgegengekommen wäre.

Die Kronprinzessin zeigte im Jahr 1848 eine Entschlossenheit gegenüber den gefährlichen Gärungen im Volke, welche sie in großes Ansehen brachte und den Charakter der Tochter Nikolai verriet. Besonders hervorzuheben ist der gleichgültige Mut, mit dem die hohe Frau, immer allein, in ihrem russischen Droschky von der damals noch ziemlich abgelegenen kronprinzlichen Orangerie in Berg nach der Stadt und Umgegend sich bewegte.

1 Der nachmalige *König Wilhelm II.* von Württemberg (1848–1921).

2 *Prinzessin Auguste* (1826–1898), seit 1851 vermählt mit Prinz Hermann zu Sachsen-Weimar-Eisenach (1825–1901).

König Wilhelm beging anfangs nur einen großen Fehler gegen seine Schwiegertochter: er wollte sie höher stellen als den Kronprinzen. Dies erregte Argwohn in beider Herzen, die sich gefunden hatten und keine Weltklügeleien zuließen.

In Kirchheim u. T. lebte auf ihrem Witwensitz die Großmutter des Kronprinzen, die geistreiche Henriette von Württemberg[1] geb. Prinzessin von Nassau-Usingen, Witwe des Herzogs Ludwig, des früheren russischen Generals und Gouverneurs von Petersburg, Freundin der Kaiserin Elisabeth[2]. Dadurch mit den heimatlichen Verhältnissen der Kronprinzessin gut bekannt, war sie derselben doppelt sympathisch, hatte den Kronprinzen immer mit verständiger Liebe behandelt. König Friedrich[3] schätzte die alte Dame sehr. Kirchheim war also ein Erholungsort, eine Art Oase, wo die kronprinzlichen Eheleute oft mit verstimmten Herzen hinwanderten und erfrischt heimkamen.

In der Gesellschaft stand vor allem Fürst Gortschakow[4] in einem besonderen Verhältnis zum jungen Hofe. Damals noch in den besten Jahren, war dieser geistreiche und gewandte Diplomat ganz gemacht, um Lebensweisheit zu lehren. Auch der alte König goutierte ihn und ließ sich manche Wahrheiten gefallen, die Kaiser Nikolaus ihm auf diesem Wege beibrachte. Gortschakow war in Ungnade nach Stuttgart versetzt worden, machte dort seine eigentliche Karriere. Durch die Kronprinzessin wurde er bekannt, ihre Freundschaft begleitete ihn später auf den verschiedenen Sprossen der Glücksleiter, die er auf- und auch niederstieg. Er fand immer unsere Herrin zu anspruchslos, und während Baron Peter von Meyendorff[5], ihr erster diplomatischer Berater, in Palermo ihr sagte: »Versuchen Sie in Stuttgart vergessen zu lassen, daß Sie Großfürstin sind«, erinnerte Fürst Gortschakow die Kronprinzessin beständig an ihren kaiserlichen Ursprung: »Erinnern Sie immer daran, daß Sie Großfürstin sind«.

Kaiser Nikolaus kam nie nach Stuttgart. Die Fürstin Gortschakow, eine früher gefeierte schöne Fürstin Urussow, war eine edle, verkannte Natur, voll Herzensgüte, nur leidenschaftlich. Mit Gräfin Katharina Puschkin, Tochter ihrer ersten Ehe, vertrug sie sich nicht. Für mich waren beide gut und hilfreich; nur kurze Zeit etwas erkaltet, nachdem ich gezeigt hatte, daß ich mich von dem Gatten nicht brauchen ließe.

Der Hofstaat der kronprinzlichen Herrschaften bestand, als ich ihn um eine Nummer vergrößerte, aus dem Hofmarschall Baron Karl von Berlichingen[6], dem

1 *Henriette von Nassau-Weilburg* (1780–1857), war seit 1797 mit Herzog Ludwig (1756–1817), dem Sohn Herzog Friedrich Eugens (1732–1797) verheiratet.

2 *Elisabeth Luise von Baden* (1779–1826), seit 1793 vermählt mit Kaiser Alexander I. von Rußland (1777–1825).

3 *König Friedrich von Württemberg* (1754–1816).

4 *Alexander Gortschakow* (1798–1883), bedeutender russischer Staatsmann, war 1841 Gesandter in Stuttgart, 1854 in Wien und wurde 1856 Minister des Auswärtigen.

5 *Freiherr Peter von Meyendorff* (1796–1863) war 1832 russischer Gesandter in Stuttgart, 1839 in Berlin, 1850 Botschafter in Wien. 1854 wurde er Reichsrat im Departement für Staatswirtschaft, 1857 Obersthofmeister und Direktor des Kaiserlichen Privatkabinetts.

6 *Karl von Berlichingen,* Adjutant und Leiter der kronprinzlichen Hofhaltung.

Kammerherrn und Reisemarschall Grafen Ferdinand von Zeppelin, der Hofdame Camille von Sturmfeder[1], geb. von Münchingen, dem Hoffräulein Cécile von Kahlden und dem russischen Geheimsekretär der Kronprinzessin, N. von Adelung. Geistlicher der Kronprinzessin blieb anfangs Propst Pernitzky, noch von Königin Katharina datierend; nach dessen Tode wurde es der bei der verstorbenen Herzogin von Nassau gewesene Herr von Basarow.

Baron Karl von Berlichingen war ein phlegmatischer Ehrenmann. Hagestolz, reich und geizig, dem Kronprinzen ergeben, aber kleinlich in allen Beziehungen, z.B. wies er den Ankauf des Kuhn'schen[2] Terrains — hart an der Villa, später Millionen wert, um 9000 fl. ab. Die Herrschaften hatten viel Geduld mit ihm, weil sie seine uneigennützigen Verdienste anerkannten, durch die er frühere Unordnungen des etwas zu poetisch angelegten Sekretärs Hackländer[3] ins Geleise brachte. — Graf Zeppelin war ein feiner Kavalier mit den seiner Familie insinuanten Manieren. Er war wohl für das Seine und die Seinigen bedacht, hatte aber den Mut, die Wahrheit zu sagen, was er sowohl gegenüber dem alten König als mit dem Kronprinzen manchmal ausübte. — Frau von Sturmfeder war eine schöne, begabte, sehr unglücklich verheiratete Frau; sehr liebenswürdig und anziehend, leidenschaftlich in ihren Zuneigungen wie in ihren Antipathien, war sie von Herzen viel besser als ihr Ruf. — Cécile Kahlden, eine hübsche, elegante Erscheinung, mit geistigen Eigenschaften etwas dürftig ausgestattet. — Herr von Adelung, geschickter Vermögensverwalter, weniger nützlich für die Popularität der Kronprinzessin, sonst ein guter Mensch. Frau von Adelung, geb. von Schubert, eine wohlwollende, verständige, harmlose Dame, schenkte ihm 5 Kinder, mit denen sie ein zufriedenes, exclusives Leben führten, oft komische Bilder der Welt gegenüber. Der älteste Sohn, Physiker, steckte vor Gästen das Thermometer in die Suppe. Die Töchter malten und schriftstellerten mit Geschmack.

Neben ihrer Umgebung suchten natürlich die Kronprinzlichen Herrschaften auch andere gesellige Ressourcen. Unter diesen ist ein brillanter Frauenkreis hervorzuheben. Es waren lauter liebenswürdige Persönlichkeiten, welche den Kronprinzen vor seiner Verheiratung geistig angeregt und welche er seiner Gattin als würdigen, intimeren Umgang bieten konnte. Freifrau Albertine von Berlichingen (Freundin des Generals von Radowitz), Gräfin Albertine Uxküll, Gräfin Ernestine von Degenfeld, Fräulein Marie von Wächter (spätere Frau Kiderlen). Jüngere Elemente, die mehr das Heitere vertraten, waren Gräfin Clara Zeppelin, Gräfin Ludmilla Scheeler, Gräfin Sophie Larisch, Pauline Görlitz, nachmalige Frau Hofprediger Hoffmann, Pauline Fleischmann, spätere Gräfin d'Astorg[4]. Auch an Gräfin Theodolinde von Württemberg[5], Schwester des Her-

1 *Baronin Camille von Sturmfeder,* vermählt mit Friedrich Karl von Sturmfeder.

2 Das Gelände der Kuhnschen Maschinenfabrik in Stuttgart-Berg, an die Villa Berg grenzend.

3 *Friedrich Wilhelm Hackländer* (1816–1877) war auch Garten- und Baudirektor und machte sich als Romanschriftsteller einen Namen.

4 *Graf Astorg* war französischer Legationssekretär in Stuttgart (1814–1857).

5 *Theodolinde,* zweite Gemahlin des Herzogs Wilhelm von Urach (1810–1869).

zogs Max von Leuchtenberg, fand die Kronprinzessin anregenden Umgang. Noch mehr an Gräfin Marie von Taubenheim[1], geb. Gräfin von Württemberg, deren origineller tour d'esprit besonders auch in ihren Briefen hervortrat. Die gräfliche Linie stammt von Herzog Wilhelm[2], welcher eine Gräfin Thunderfeld ehelichte und für dieselbe von König Friedrich nie die herzogliche Würde erreichte. Alle seine Kinder und Enkel waren begabte Sonderlinge.

Von Männern der damaligen Gesellschaft sind besonders anzuführen: drei Prinzen zu Hohenlohe-Öhringen: Hugo, Fritz und Felix, die beiden Herren von Hügel, Karl[3] und Julius, ersterer mit einer Russin (geb. von Vereschagin) vermählt — ein Engländer sagte: »quel est donc ce Mr. Hyly qui a épousé Miss Very choking?« — Julius, der schöne königliche Stallmeister, eine Zeitlang Hofmarschall des Kronprinzen, mit dem Hause Neipperg eng befreundet; ferner der Kanzler der Universität Tübingen, Dr. von Wächter[4], früherer Lehrer des Kronprinzen, der Präsident der Kammer, Fürst Konstantin Zeil — später im Frankfurter Parlament bekannt — beide Barone von Wimpffen, Wilhelm und Dagobert, Spielkameraden des Kronprinzen, und mehrere Offiziere, die er in seine musikalischen Unterhaltungen heranzog.

Der Kronprinz suchte immer sich viel zu beschäftigen. Professor Helferich und Professor Brutzer gaben beiden Herrschaften kleine Vorlesungen in vaterländischer Geschichte und Nationalökonomie. Singlehrer des Kronprinzen war Direktor Steinhardt, die Kronprinzessin nahm Malstunden bei Rustige[5] und übte sich im Modellieren bei Prof. Wagner[6]. Die speziellen Musikfreunde sind gewesen: Graf Normann, Baron Hans von Rantzau, zwei Herren von Faber du Faur, Graf Rudolf Zeppelin, Baron Rudolf von Berlichingen (in k.k. österreichischem Dienst), Baron Breuning, Major Mauch.

Die Umgebung König Wilhelms bestand aus dem Oberstallmeister Grafen Wilhelm von Taubenheim[7], welchem nebenbei intimer Vortrag und chevalereske persönliche Wirksamkeit und Vermittlung oblag, und dem Kabinettschef Baron Emil von Maucler — seinen beiden ständigen Reisebegleitern. Ferner aus Oberhofmarschall Baron Karl von Seckendorff, meinem Vetter (sein Vater war der Bruder meiner Großmutter von Massenbach, deren Mutter, eine Brockdorff,

1 *Marie von Taubenheim* (1815–1866), Tochter des Herzogs Wilhelm von Württemberg, war vermählt mit Graf Wilhelm von Taubenheim (1805–1894).

2 *Herzog Wilhelm* (1761–1830) vermählte sich 1800 mit der Baronin Wilhelmine von Thunderfeld-Rhodis (1777–1822). Da die Ehe nicht ebenbürtig war, trugen die Kinder nicht mehr den Herzogstitel.

3 *Freiherr Karl von Hügel* (1805–1870) war 1855–1864 Minister der Auswärtigen Angelegenheiten.

4 *Karl Georg von Wächter,* Prof. der Rechte, Präsident der Zweiten Kammer (1797–1880).

5 Der Maler *Heinrich Rustige* (1810–1900) wurde 1845 Professor an der Kunstakademie Stuttgart und Leiter der Staatsgalerie.

6 *Theodor Wagner* (1800–1880) war Bildhauer und Direktionsmitglied der Stuttgarter Kunstakademie.

7 Siehe oben, Anm. 1.

von Gräfin Voss in ihren Memoiren genannt, frühere Erzieherin der Gräfin Marie von Württemberg war. Sie verlor ihre Stellung, weil Herzog Wilhelm ihr nicht verzeihen konnte, daß ihr Zögling Sommersprossen bekam). Frau von Seckendorff, geb. von Spiegel aus Weimar, war die von Goethe gefeierte schöne Melanie. Baronin Anna von Maucler, geb. Jamin Defresney, Stiefenkeltochter des Grafen Miot de Mélito[1], war eine lebhafte Französin, angenehme Gesellschafterin, passionierte Whistspielerin. Generaladjutant Freiherr Hugo von Spitzemberg[2], der frühere Kriegskamerad des Königs Wilhelm, selbst emigriert, redlich und rauhborstig, mein persönlicher Onkel, weil Gatte der Schwester meines Vaters, Elisabeth, zugleich Staatsdame der Königin Pauline. Onkel Spitzemberg verwaltete die Privatschatulle des Königs — ein Bittsteller schrieb ihm einmal »grand chatouilleur[3] du roi«. — Gestütsdirektor Freiherr Philipp von Gemmingen, dessen Gattin, geb. von Lützow, erste Staatsdame der Königin, die mit dem Namen »Frau Gestütsdirektorin« geneckt wurde. Diese treueste Anhängerin ihrer Königin sah ich oft hinter ihrem silbernen Monokel im Theater eingeschlafen. Ich verehrte sie stets als Inbegriff willenlosen Pflichtgefühls.

Im Schlosse wohnten 2 Hofdamen, Frl. Auguste von Seckendorff und Frl. Pauline von Wimpffen. Vier Adjutanten bildeten la maison militaire: Graf Degenfeld, Freiherr von Rüpplin, Graf Waldburg-Zeil und Freiherr von Widerhold.

Männlicher Hofstaat der Königin waren Baron von Gemmingen, genannt »Oha«, weil dies sein Lieblingsausdruck war, Kammerherr Baron Wilhelm vom Holtz, großer Archäologe, Privatsekretär von Lehr, zugleich kgl. Bibliothekar. Besondere Rollen spielten noch Staatssekretär von Vellnagel (gen. Staatsnagel), bald ersetzt von Herrn von Goes, Geh. Ratspräsident von Maucler, welcher noch von Montbéliard datierte, große Verdienste an der Verfassungsarbeit gehabt, endlich der Minister des Auswärtigen, Graf Joseph von Beroldingen, dessen Salon eine große Ressource für die Einheimischen wie auch für das damals zahlreiche diplomatische Corps gewährte. Seine Gattin, geb. Gräfin Larisch-Männich, war intim befreundet mit Königin Pauline, welche immer große österreichische Sympathien pflegte. Sophie von Larisch-Männich, ihre schöne, geistreiche Nichte, war ein Hauptreiz der Empfänge des Hauses. Auch lebte die greise Mutter des Grafen, die Obersthofmeisterin und frühere Grande Gouvernante des Princesses, in einer Gnadenwohnung der Académie, wo sie naiv originelle Abendempfänge hielt. Es kursierten viele der köstlichsten Anekdoten über ihren alten Kammerdiener Andreas und dessen unappetitliche Behandlung des Teebrotes (er verwahrte es unter seinem Kopfkissen). Frau von Ellrichshausen, Tochter des Grafen Beroldingen, belebte diesen Salon durch ihre damals noch

1 *Graf André François Miot de Mélito* (1762–1841), französischer Staatsmann. Seine für die napoleonische Zeit wichtigen Memoiren erschienen 1866 in Stuttgart in deutsch.

2 *Freiherr Hugo von Spitzemberg* (1781–1864), seit 1823 vermählt mit Elisabeth von Massenbach (1803–1857).

3 chatouiller = kitzeln.

unschuldigen Exzentrizitäten. Trotz allem war dort ein Zentrum guten Tones, und die so nötige Gruppierung um eine alte, würdige Autorität, die man in der Jetztzeit umsonst sucht.

Noch erinnere ich mich der alten Hofdame der ersten[1] Gattin König Wilhelms (späteren Kaiserin Karoline Auguste), der Gräfin von Mühlenfels, geb. Gräfin von Andlau, die mir in ihrem permanent getragenen Hütchen unvergeßlich. Die Gräfin hatte geheiratet, um bei ihrer Herrin zu bleiben und überdauerte sie 40 Jahre lang in Stuttgart im eigenen Hause in der Charlottenstraße.

Einem anderen alten Original, Gräfin Brüsselle, konnte man in blonder Perücke, weißen Musselinkleidern, aprikosenfarbigem seidenen Mantel auf der Straße begegnen, sie sah es gerne, wenn man ihre Nachmittags-Tee's besuchte. Dort unterbrachen die Papageien kreischend das gemütlichste Gespräch, vergingen sich aber besonders in den Rahmtöpfchen, ohne daß abgeholfen wurde!

Mein erster Eindruck im Ludwigsburger Schloß war, einer alten Tante, der dort absterbenden Gräfin Seckendorff, geb. Gräfin Vassimont, gewesenen Hofdame der Königin Mathilde[2], vorgeführt zu werden, auch noch einer komischen Gräfin Marpaln, welcher die Herren wegen zwei schönen Töchtern aufwarteten. Stallmeister von Hamel, vom König Jérôme[3] übernommen, war berühmt durch sein mechanisches Pferd. Der österreichische Gesandte Baron Handel sah oft Leute bei sich, hatte einen angenehmen Sekretär, Graf Kalman Széchenyi; Preußen war durch Herrn von Sydow vertreten, Frankreich durch den Vicomte de Fontenay, einem alten Orléanisten[4], seine Gattin, einmal schön, soll viel ins Gläschen geguckt haben. Auch da war ein liebenswürdiger Sekretär von gesellschaftlichem Wert: Marquis de la Tour-Maubourg. — Sir George Shee, ein reicher alter Engländer, vertrat seine Königin würdig, lebte aber abgeschlossen seit dem Tod seiner einzigen Tochter. Sekretär der englischen Gesandtschaft war Mr. Wellesley (später Lord Cowley) — sie verloren bei uns ein reizendes Töchterchen. — Ein anderer Wellesley ersetzte ihn. Unter Fürst Gortschakow funktionierte außer dem Kollegienrat von Stoffregen, dessen Gattin, Gräfin Mathilde von Zeppelin, eine frühere Hofdame der Königin Pauline, die von König Wilhelm I. gefeiert wurde, Fürst Wladimir Scherbatow, der bald die reizende Marie Stolypin aus Moskau heimführte und die eleganteste Gastfreundschaft ausübte.

Von meinen Verwandten existierten damals noch zwei alte Herren von Massenbach, unvermählt, die aber keine Erbonkels waren. Wir hießen sie die Feigen-Onkel, weil sie uns als Kinder mit dieser Gabe abspeisten. Mein innigst

1 *Charlotte Auguste* (1792–1873), Tochter König Maximilians I. von Bayern, 1814 geschieden, 1816 vermählt mit Kaiser Franz I. Joseph von Österreich (1768–1835).

2 *Charlotte Mathilde* (1760–1828), zweite Gemahlin König Friedrichs, Tochter König Georgs III. von Großbritannien.

3 *Jérôme Bonaparte* (1784–1860), Bruder Napoleons, König von Westfalen, vermählt mit Katharina, der Tochter König Friedrichs von Württemberg.

4 Anhänger der Familie Orléans, hier Louis Philippes von Orléans, der 1830 zum König der Franzosen proklamiert, 1848 aber durch die Februarrevolution vertrieben wurde.

geliebter Vater, den ich zu früh verlor, hätte so gerne statt meiner einen Sohn gehabt, er ließ es mich nie entgelten, aber, so hoch seine Frauenideale gingen, duldete er vielleicht darum meine zur Jugendzeit sehr knabenhaften Neigungen, vom beständigen Umgang mit meinen 3 Vettern Spitzemberg genährt. Alle Sonntage speiste einer derselben — Wilhelm, Karl oder Alfred — mit mir bei Großmutter Massenbach in der Kronenstraße bis zu ihrem Tode 1839. Nach Tisch wurde Pferdchen gespielt. Tante Betty Spitzemberg war die gütigste Verwandte.

Eines der ersten Hoffeste, die ich mitmachte, war die Einweihung des großen Saales auf der Wilhelma[1]. Damals, im Herbst 1851, schrieb ich folgendes an meine Mutter: »Letzten Dienstag aufwendiges Fest in der Wilhelma, um einen schönen Saal einzuweihen, der kürzlich fertiggeworden ist. Trotz aller großen Beispiele, die mir vor Augen gekommen sind, muß ich gestehen, daß diese Schöpfung des Königs feenhaft ist, von einem Luxus, einem guten Geschmack und einem seltenen Ensemble. Seine Majestät ließ uns sagen, erst um 5 Uhr pünktlich zu kommen, weil er alle selbst empfangen wollte. Wir waren in großer Toilette und Hüten. Das Diner begann, während eine reizende Musik die banale Konversation übertönte. Der Graf N... saß an der Seite der Gräfin M-T... Ein Nachbar bemerkte: »sie sprach nicht — er sagte nichts — so endete diese liebenswürdige Unterhaltung«. Die Tafeldekoration, Sitze, Lüster, alles war im arabischen Geschmack der Alhambra, den der Architekt, Herr von Zanth, eigens studiert hatte. Was das Essen betrifft, so hätte ich es mir für meinen vulgär hungrigen Magen sympathischer gewünscht. Nach Aufheben der Tafel verteilte sich die Gesellschaft in zwei Nischen auf den gegenüberliegenden Seiten des Saales — man zog die Vorhänge — der Tisch wurde prompt abgeräumt — die Vorhänge hoben sich wieder und man fand sich in einem schönen Tanzsaal.

An diesem Tag erschien erstmals Wilma[2], Gräfin von Württemberg, Waise des Grafen Alexander, katholisch durch ihre Mutter, geb. Gräfin Festeticz, im Kloster erzogen, frisch, bewunderswürdig gestaltet, von graziöser Schüchternheit, naiv, freundlich, ganz so wie man mit 17 Jahren sein muß. Frau von Taubenheim, ihre Tante, scheint sich mit Interesse um sie zu kümmern. Sie sagte mir, Wilma empfinde Sympathie für mich, sie bitte mich, sie »unter meine angehenden Flügel« zu nehmen. Die Kronprinzessin hatte es mir auch gesagt — ich tat es mit Vergnügen. Sie gefällt mir, es ist noch ein Kind mit all seinen Illusionen, freut sich über alles, reserviert ohne Verlegenheit, das Herz offen und ungeduldig Eindrücke zu empfangen.

1 1839–1853 wurde nach Entwürfen des aus Breslau stammenden Architekten Ludwig Zanth bei Cannstatt die »Wilhelma« in maurischem Stil erbaut.

2 *Wilhelmine* (1834–1910), Tochter des Grafen Alexander (1801–1844), Offizier und Dichter, und der Gräfin Helene von Festetics-Tolna (1812–1886). »Wilma« wurde Nonne.

Um mit der Wilhelma zu enden: ich erwähne noch, daß wir jede ein Bukett erhielten und zufrieden heimkehrten, aber bedauerten, daß der vorzügliche Zanth das Bett hüten mußte, statt seinen Triumpf zu genießen. Ich verbrachte den Rest des Abends bei den Spitzembergs in Gesellschaft eines holländischen Generals Forster, der in Familienangelegenheiten hierher gesandt wurde. Ich weiß nicht, was man in der holländischen Ehe[1] ausheckt, aber jedermann macht ein bedenkliches Gesicht angesichts des Generals, selbst die Gräfin xxx, die sonst so gesprächig ist, alle Salons aufsucht und deshalb den Spitznamen Mademoiselle de Trotte en ville[2] hat.

24. Dezember Weihnachten wie in einer Familie. Am Neujahrsabend wurde Blei gegossen — wir haben rührenden Weihnachtsfeiern für Arme beigewohnt — und, um die Vergnügen nicht zu vergessen, den Schlittenfahrten der Villa[3].

1 Anspielung auf die Eheschwierigkeiten von Königin Sophie der Niederlande, Tochter König Wilhelms I.
2 »Trab in die Stadt«.
3 Villa Berg.

1852

Bekanntschaft und Verkehr mit Herzogin Henriette – Portraits von xxx – Tod des Herzogs Paul – die jungen Großfürsten Nikolaus und Michael – Olga-Heilanstalt – Nikolauspflege – Reise nach Schlangenbad zur Kaiserin-Mutter – Fürstin Lieven – Prinz und Prinzessin von Preußen – Kur in Ems – Gräfin Rossi – Prinz Georg von Preußen – der Kronprinz macht die österreichischen Manöver in Pallota mit – die Kronprinzessin in Darmstadt – Reise mit dem Thronfolgerpaar nach Oberitalien über den Splügen – in Verona: Radetzkyparade – Mailand—Venedig—Triest – Don Carlos – Erzherzog Maximilian (von Mexiko) – Wien: Kaiser Franz Joseph – Erzherzogin Sophie – am 2. November Tod des Herzogs von Leuchtenberg – zurück über München.

20. März Tod von Wellesley, dem charmanten englischen Sekretär. — Meine persönlichen Beziehungen entstanden natürlich der Spur nach, durch die Sympathien der Kronprinzessin; schon in Liebenzell wurde ich mächtig angezogen durch die schöne, interessante Baronin Albertine von Berlichingen, deren Übertritt zur katholischen Religion soviel von sich reden machte. Ich danke ihr viel, habe oft mein von weltlichen Anfechtungen ermüdetes Herz zu ihr geflüchtet, wurde geduldig angehört, bin stets gut beraten, erfrischt und angefeuert heimgekehrt.

Frau Herzogin Henriette von Württemberg[1], der ich gleich von neuem vorgeführt wurde, durfte ich brieflich nahetreten. 6 Jahre dauerten meine Beziehungen zu dieser würdigen, lieblichen Matrone, viele ihrer reizenden, von Gefühl und Humor sprühenden, mit Bleistift geschriebenen Briefchen habe ich aufgehoben.

Gräfin Albertine Uxküll war eine weltliche, vernünftige, wohlwollende ältere Freundin. — Gräfin Marie Taubenheim interessierte mich sehr. Mit den Jungen kam ich nicht viel weiter, konnte überhaupt den amitiés de jeunesse[2] keine Rechte einräumen. Sophie Larisch, die ich sehr liebte, heiratete bald darauf, ging ihrem abenteuerlichen Schicksal entgegen, wo sie sich als hingebend, edel, bewährte, ebenso unberechnet wie unvorsichtig, mir aber durch Jahre treu blieb!

Das Gefühl, beneidet zu werden, tut doch weh! Wie erquickend dagegen ein Besuch in Kirchheim[3]! Wie durchdrungen und herrlich spricht die ehrwürdige Frau Herzogin von meiner Kronprinzessin. Es tut mir wohl, sie von einer alten Frau so anerkannt zu sehen!

1 Siehe S. 26, Anm. 1.
2 Jugendfreundschaften.
3 Dem Alterssitz der Herzogin Henriette.

1. April Besuch bei Gortschakows mit der Kronprinzessin. Die Großfürsten Nikolaus und Michael[1] kommen, nach Italien reisend.

3. April Wir gehen entgegen — auf die Eisenbahn! Von Minute zu Minute sagte uns der Telegraph, wo sie sind — endlich begrüßen wir sie! Liebe Gesichter wie man sie von dort gewöhnt ist! Gleich darauf durften wir Hauskinder zur Kronprinzessin, wurden nicht vergessen!

4. April Größeres Hofdiner, dann zahlreiche Gesellschaft bei uns. Ich gewinne sie schon lieb, die herzigen jungen Leutchen! Und noch mehr, wenn ich sehe, wie strahlend meine Kronprinzessin! Ich muß der Herzogin Henriette berichten: es ist eine Lust, die Kronprinzessin so heiter zu sehen!

8. April Wir sind in der Karwoche — heute war Beichte. Der liebe Gott nimmts wie man's geben kann. Abends bei den Herrschaften mit Frau von Berlichingen, Gräfin Uxküll, Frau von Stolypin, russische Gesandtin in Karlsruhe und Fürstin Scherbatow.

10. April Ostern — reizende Geschenke — Osternacht ermüdend. Die Herrschaften fahren über die Gestüte.

16. April Wegen des Todes von Herzog Paul[2] wird ein Ball Seckendorff im Alten Schloß abgesagt.

18. April Ausflug auf die Solitude — Abschiedsabend mit den Russen. Spassiges Abendessen am Katzentisch mit Großfürst Nikolaus, aber ich mag den anderen lieber, in ihm steckt mehr.

20. April Es ist ganz traurig ohne die lieben jungen Leute. Ihre Begleiter, die Generale Philosophow und Korff und Oberst Krasnokutsky erhielten Orden. Anfangs wollte König Wilhelm den 3 »Spielkameraden« (galopins) keine geben, sie hatten im Privatgarten (gegen die Akademie) Unsinn gemacht. Es waren: Fürst Serge Trubetzkoi (nachmaliger Oberhofmarschall), Graf Paul Schuwalow[3] (Botschafter in Berlin geworden) und Prinz Serge Gagarin, der sich vom Hofe zurückzog, Rodstockianer wurde, Bruder meiner lieben Freundinnen Du Moulin von Baden.

Es ist beschlossen, daß ich mit nach Schlangenbad zur Kaiserin und dann nach Ems reisen darf, Cécile Kahlden auch.

22. April Mit der Kronprinzessin in ihrem Kinderspital Olga-Heilanstalt[4], sie ist so herzig mit den Kleinen, bekümmert sich um alles. Erst viel später

1 Brüder der Königin Olga, Nikolaus (1831–1891), Michael (1832–1909).

2 Bruder König Wilhelms I. (1785–1852), gestorben in Paris.

3 *Graf Paul Schuwalow* (1830–1908), 1854 Adjutant des Großfürsten Nikolaus, 1859 Flügeladjutant des russischen Kaisers, zeichnete sich 1877 im Türkenkrieg aus, wurde General und 1885 Botschafter in Berlin.

4 Das heutige Olgahospital in Stuttgart.

gestand sie mir, wieviel Überwindung diese Dinge sie gekostet. Einmal erzählte sie so nett, wie sie die Stunde einer Frauenvereinsitzung bei der Königin Pauline um die Mittagshitze verschlafen, dann beschämt hineilte, und wie die gute Königin ihr lieb über die Verlegenheit vor den verdutzten Vereinsdamen hinweghalf.

Auch das kleine Häuschen in der Wilhelmstraße, wo der alte Dr. Wagner ein paar blinde Kinder mitgenommen, besuchte Ihre Kaiserliche Hoheit häufig. Daraus entstand an anderem Ort — Forststraße — die Nikolauspflege[1] 1855.

Die Sitzungen für Herrn von xxx Portraits nahmen auch viel Zeit — eine feine, vornehme Natur, dieser Maler! Aber Ähnlichkeit war nicht seine Stärke, man behauptete, der Kronprinz sehe auf seinem Bild wie verrückt aus, weil seine Frau so häßlich geworden.

24. April Die Kronprinzessin kommt von Kirchheim zurück, bringt mir einen Kuß von der Herzogin mit, behält mich nach ihrem Bad bei sich, um mit mir ernsthaft zu plaudern. — Der Maler A. von Kotzebue[2] befand sich auch in Stuttgart, mit Schlachtenbildern beauftragt, die den Ruhm von Suworow darstellen sollten. Ich sah häufig seine liebenswürdige bessere Hälfte, geb. von Krusenstiern. Er stellte mich in einer Gruppe des »Einzugs in Berlin« dar. Ich fand mich so 1854 in den großen Sälen des Winterpalastes wieder.

Madame Craven geb. de la Ferronnaye war eine Freundin von Frau von Kotzebue, durch die ich die Bekanntschaft dieser interessanten Frau machte.

17. Mai Kleine Vor-Abendgesellschaft auf der Veranda der Villa mit dem kleinen Prinzen Willy[3] (3 Jahre alt).

Der Sommer wurde folgendermaßen eingeteilt: zuerst 4 Wochen in Schlangenbad bei der Kaiserin-Mutter, dann eine Kur in Ems, da Liebenzell nichts geholfen. Dazwischen blieben die Herrschaften auf der Orangerie[4], dem Gärtnerhaus, welches aushelfen mußte, bis die große Villa[5] fertig wurde. Dieselbe war 1844 begonnen und bei der Hochzeit 1846 noch unter Gerüst. Die Kronprinzessin hätte sich lieber eine einfache Sommerwohnung gewünscht wie die Cottages in Peterhof, und der Kronprinz konnte das Leben auf der Orangerie nie verschmerzen. Er hatte aber selbst das Prachtgebäude unternommen. Baumeister Leins und sein Sekretär Hackländer[6] führten ihn damit in die unerschwinglichen Ausgaben, welche Kaiser Nikolaus mit zwei Millionen Rubel deckte und

1 Noch heute »Private Bildungsstätte für Blinde und Sehbehinderte« in Stuttgart.
2 Russischer Maler (1815–1889), Schüler der Petersburger Akademie, ging 1846 nach Paris, dann auf Reisen durch Belgien, Holland, Italien, Deutschland, bis er sich in München niederließ. Er malte mit Vorliebe russische Schlachtendarstellungen.
3 Der nachmalige König Wilhelm II. von Württemberg, geb. 25. Februar 1848.
4 Wohl die 1818 von Ludwigsburg nach Stuttgart verlegte Orangerie unweit des Königstors bei den Anlagen.
5 Die Villa Berg.
6 Siehe S. 27, Anm. 3.

welche die Kronprinzessin im Jahr 1860 aus der Erbschaft ihrer Mutter — Schmuckanteile — bezahlte, obwohl die Schuld nach Aussage des Familienministers Graf W. Adlerberg nirgends verzeichnet war.

6. *Juni* Brief an meine Mutter: »Unsere Abreise aus Stuttgart fand gestern, Samstag, statt, nachdem wir am Abend zuvor einer glänzenden Aufführung der ›Hugenotten‹ mit dem berühmten Roger[1] aus Paris beigewohnt hatten. Man machte sich um 5½ Uhr morgens auf den Weg, um in Heilbronn ein Dampfschiff zu erreichen, das uns vom Neckar zum Rhein brachte. Eine poetische Strecke. An Mainz vorbei bis nach Biebrich. Der Kronprinz und die Kronprinzessin waren entzückt, die Neckarufer kennenzulernen, begünstigt von herrlichem Wetter. Gestern also kamen wir in Biebrich ans Land, wurden von der Herzogin Pauline von Nassau begrüßt und sogleich ins Schloß geführt, wo die Kaiserin ihre Kinder erwartete. Ein rührendes Wiedersehen, dessen ganze Freude ich mitempfand. Man blieb noch eine Stunde in Biebrich, wo ein brillanter Hof versammelt war und man schon beim ersten Blick die unübertrefflichen Arrangements des Grafen Uxküll erkannte. Dann wurden wir Neulinge per Achse nach Schlangenbad befördert, C. Kahlden und ich in einem Wagen mit Baron Peter Meyendorff[2].

Für die Kaiserin ist das sogenannte neue Badehaus im hintersten Teil des Tales prachtvoll hergerichtet. Mit ihr wohnt die Kronprinzessin und ihr Gatte, wir Hofstaaten gegenüber im Hotel Victoria. Unter uns, im ersten Stock, sind Herzog Max von Leuchtenberg[3] und die Fürstin Lieven[4]. Fremde sind fast keine unterzubringen, außer den Gästen Ihrer Majestät. Die Kaiserin ist umgeben von ihren Brüdern: dem Prinzen Wilhelm[5], nachmaligem Regenten und Kaiser und dem Prinzen Karl[6] von Preußen. Die jungen Großfürsten Nikolaus und Michael besuchen ihre Mutter auf der Rückkehr von Italien. Dieselben hatten, auf Brautschau, einige Prinzessinnen anzusehen — unangenehme Situation für letztere, wo es galt, contenance zu halten. Auch war die älteste Tochter der Großfürstin Marie — Marusty — mitgekommen, ein braunlockiges, allerliebstes Mädchen von 11 Jahren, das mich sehr amüsierte. Die Damen der Kaiserin sind verschlossen — höflich, aber distanziert. Gräfin Tiesenhausen, früher eine große Schönheit, Fräulein Barbe Nelidoff, die unzugänglichste, Fräulein Elise von Rauch, artig, aber immer leidend — endlich eine ganz junge Prinzessin: Cathe-

1 *Gustave Hippolyte Roger* (1815–1879) wirkte seit 1849 als Tenor an der Großen Oper in Paris, nachdem er 1838 an der dortigen Komischen Oper debütiert hatte. Er bereiste 1848 England mit Jenny Lind und besuchte 1850–60 wiederholt Deutschland.

2 Siehe S. 26, Anm. 5.

3 *Maximilian Herzog von Leuchtenberg* (1817–1852), war seit 1839 vermählt mit Großfürstin Marie von Rußland (1819–1876), der Schwester von Kronprinzessin Olga.

4 *Dorothea, geb. von Benckendorff* (1784–1857), Gemahlin des Fürsten Christoph von Lieven (1774–1839), spielte in diplomatischen Kreisen eine große Rolle, wurde 1828 Ehrendame der Kaiserin Alexandra und ließ sich 1837 in Paris nieder, wo ihr Salon Sammelplatz der Diplomatie war.

5 *Prinz Wilhelm* (1797–1888) wurde König von Preußen und 1871 deutscher Kaiser.

6 *Prinz Karl* (1801–1883) war seit 1827 vermählt mit Prinzessin Marie von Sachsen-Weimar.

rine Trubezkoj, von der Kaiserin Cocotte genannt, sehr nett und lieb, mit der wir am meisten zusammenkamen. Zu Wagen, zu Esel spazierten wir mit Prinzessin Marusty, welche zum erstenmal als quasi Erwachsene im Fond der Kalesche zu sitzen kam. Madame Barikow war ihre würdige Erzieherin.«

Baron Peter Meyendorff[1], in dessen Haus ich als Kind — wo er noch Gesandter in Stuttgart war — viel gekommen, wollte mich, auch auf Wunsch der Kronprinzessin, mit Fürstin Lieven auf guten Fuß setzen. Ich fürchtete mich, war ungeschickt und einsilbig: ich las ihr vor, begleitete sie in der Kalesche — so bedeutend sie auch ist, sagt man, daß sie sich langweilt, wenn sie allein ist.

Nach und nach kamen der König von Württemberg, die Königin mit der Prinzessin Friedrich, der Marschall Manteuffel[2], Herr von Goltz[3] von der preußischen Suite behauptete, mit mir durch die Seckendorff verwandt zu sein, der Baron Haxthausen[4] mit seiner kuriosen Wissenschaft von den Kronen der Schlangen, die Glück bringen, wenn man sie findet, der Graf Andreas Schuwalow, Oberhofmarschall, hatte seinen Bruder Gregor dabei, der Barnabit[5] geworden, und dessen Sohn Peter[6] mit seiner Frau Marie Gagarin, der in der Folge mein großer Freund wurde.

Ich habe auch im hiesigen Jungbrunnen gebadet, sehr behaglich. Die Spaziergänge in den schön gepflegten Wäldern sind reizend. Oft begegnet man den harmlosen Schlangen, an die ich mich übrigens nicht gewöhnen kann. Größere Touren machte man auf den Johannisberg, nach Schwalbach, auch einen Besuch in Wiesbaden bei dem jungen Nassauer Hof. Das Palais der Herzogin Pauline ist aber ungemein zierlicher und Fräulein von Preen, ihre Hofdame, ein allerliebstes Mädchen.

12. Juni Wir waren dann bei der glanzvollen Taufe des kleinen Erben von Nassau — Nikolaus —, die in Biebrich mit allem erdenklichen Pomp stattfand. Wir hatten unseren schönsten Staat angelegt. In diesem prächtigen Festzug waren Prinzen ohne Ende, auch König Leopold der Belgier. In einer Rotunde des Schlosses war ein Altar errichtet, nach einer alten Hofsitte von zwei Läufern in orangenen und blauen Kostümen mit flatternden Federn flankiert. Vor dem Altar standen die Kaiserin und der Landgraf Fritz von Hessen (Witwer der Großfürstin Alexandra Nikolajewna[7]), die illustren Paten. Das Kind wurde von

1 Siehe Seite 26, Anm. 5.

2 *Edwin Hans Karl Freiherr von Manteuffel* (1809–1885), preuß. Generalfeldmarschall.

3 *Karl Friedrich Graf von der Goltz,* 1815 in Stuttgart geboren, war seit 1848 Adjutant des Prinzen Wilhelm von Preußen, des späteren deutschen Kaisers.

4 *August Freiherr von Haxthausen* (1792–1866), bekannt durch seine Schriften über die russische und deutsche Agrarverfassung.

5 Kongregation mit der Regel des Franz von Paula.

6 *Peter Schuwalow* (1827–1889), wurde kaiserlicher Flügeladjutant und machte eine glänzende militärische und politische Karriere.

7 *Alexandra* (1825–1844), Schwester von Königin Olga, hatte sich 1844 mit Friedrich von Hessen-Kassel vermählt.

der Oberhofmeisterin, getragen, die geschmückt war mit Ordensbändern und Sternen. Während der Feier stieß der kleine Neugeborene schreckliche Schreie aus. Etwas dahinter hielten sich Vater und Mutter auf, darauf folgten die anderen Herrschaften, die Damen links, die Herren rechts. Man übergab danach der Herzogin Adelaide die Insignien des St. Katharinenordens.

Während der Tee-Abende der Kaiserin wurde oft Musik gehört, Tirolerquartette und dergleichen. Die politische Konversation der Fürstin Lieven vervollständigte den beständigen Briefwechsel, den sie mit der Kaiserin unterhielt, Briefe auf grünem Papier, (die ich sie später oft lesen sah), was Kaiser Nikolaus als weibliche Politik abtat, die man aber nicht gern vermißt hätte.

Schon damals spielte Gräfin Hoverden am Hofe der Prinzessin Karl von Preußen eine zweifelhafte Rolle, die später in der Umgebung der Prinzessin Luise eine lächerliche Fortsetzung fand.

Fast zu derselben Zeit verlobte sich Prinzeß Helene von Nassau mit dem Erbprinzen Georg von Waldeck[1]. Im Winter zuvor hatten wir das nette Prinzeßchen in Stuttgart eintanzen müssen, sie war Schoßkind in unseren kronprinzlichen Kreisen.

16. Juni Wenn es wie heute regnet, geht man mittags zur Kaiserin, um ihr vorzulesen; das waren gestern die hübschen Artikel von Cousin[2] in der ›Revue des deux Mondes‹ über die Herzogin von Longueville. In Rußland muß man diese Revue und das Journal des Débats lesen, das ist das Laienbrevier für uns alle. Ein andermal waren es die 3 Bände von Haxthausen[3], die der Autor persönlich überreichte, und von denen wir das 1. Kapitel überflogen und sehr der Schilderung der Außenpolitik von Kaiser Nikolaus applaudiert haben. Die anwesende Fürstin Lieven war sehr davon beeindruckt und will ihren Einfluß auf Herrn Guizot[4] benutzen, um diese sehr wahre und in großen Zügen gezeichnete Schilderung im Journal des Débats einrücken zu lassen.

Immer werden wir von königlichen Besuchen überrascht, auch haben wir russische Damen und Diplomaten in genügender Anzahl für meinen persönlichen Bedarf. Der schönste Schmuck unseres kleinen Kreises war ohne alle Schmeichelei die Großfürstin Olga. Nicht nur durch ihre unvergleichliche Schönheit, sondern auch durch die Vornehmheit ihres Betragens, ihren bezau-

1 *Georg Fürst von Waldeck* (1831–1893), der 1852 die Regierung antrat, vermählte sich 1853 mit Prinzessin Helene von Nassau (1831–1888). Aus der Ehe gingen 5 Töchter hervor, von denen die dritte, Prinzessin Emma, Königin der Niederlande wurde.

2 *Viktor Cousin* (1792–1867), berühmter französischer Schriftsteller, der über die Herzogin von Longueville (1619–1679), die Seele der »Fronde«, der politischen Bewegung des Hochadels gegen den Absolutismus Mazarins, die zum Bürgerkrieg führte, ein zweibändiges Werk schrieb, das 1853 erschien.

3 Siehe S. 37, Anm. 4. Hier sind gemeint seine »Studien über die inneren Zustände, das Volksleben und insbesondere die ländlichen Einrichtungen Rußlands«. 3 Bde. 1847–1852.

4 *Guillaume Guizot* (1787–1874), französischer Staatsmann und Geschichtsschreiber.

Herzogin Henriette (1780–1857), geb. Prinzessin von Nassau-Weilburg, zweite Gemahlin des Herzogs Ludwig von Württemberg (1756–1817). Ölgemälde von Anton Einsle, 1838.

Schloß Kirchheim von der »Mittag Seite«. Kirchheimer Ansichten, Zyklus um 1820.

bernden Charakter und die Anmut ihrer Unterhaltung. Die Fürstin Lieven stört diese Intimität nicht. Welcher Eintritt in den Salon, die Miene ernst aber glücklich, in Gegenwart der Kaiserin meistert sie ihre Stimmung, um Ihre Majestät aufzuheitern. Sie versteht den Gebrechen des Alters Gewalt anzutun, um sich aufmerksam, liebenswürdig und heiter zu geben. Sie behauptet, wie Ludwig XIV. brauche sie immer Gesellschaft von jemand, um wie eine Maschine, deren Altersrost ein wenig die Beweglichkeit beeinträchtigt, aufgezogen, ermuntert zu werden. Welche Anmut des Ausdrucks, welches Gedächtnis, welcher europäische, aus den besten Quellen geschöpfte Gesprächsstoff, aufbewahrt in den Schatzkammern eines Gedächtnisses, in dem seit 50 Jahren nichts verlorengegangen ist. Sie spricht von den kleinen Spielen, die sie mit Kaiser Paul und dem Marschall Suworow gespielt hat. — Anderentags, bei der Kaiserin, wo es ihr kalt war, gab man ihr einen Schal, um ihre Knie damit zu bedecken. Sie sagte: »ich nehme es mit Dank an« und überraschend erwiderte die Kaiserin: »ich hoffe es« und gab ihr den prächtigen Schal. Die Kaiserin hat öfters solch glückliche Regungen: vorgestern bat Schuwalow sie um die Erlaubnis, nach Wiesbaden ins Theater gehen zu dürfen. »Ich danke Ihnen«, erwiderte sie, »daß Sie wenigstens einmal an Ihr eigenes Vergnügen gedacht haben«. Während einer Spazierfahrt bemerkte sie 2 Stunden von hier eine junge Frau, die ein krankes Kind trug, um es dem Badearzt zu zeigen. Die Kaiserin ließ sie in den Reservewagen steigen, und die Frau wurde in ihrem Ort mit Triumph empfangen.

Man mußte sich aber losreißen und begann in Ems — im Haus Huyn — ein gemütliches Familienleben mit angenehmen Bekannten: der Familie der Geschwister Fredericksz — Sophie, Marie und Gräfin Alopäus, deren Mann Adjutant des Herzogs von Leuchtenberg ist, Gräfin Stroganow-Wassiltschikow, Madame Potapow, eine englische Familie Bonar, Fürstin Menschikow, Fürstin Lobkowitz-Schwarzenberg mit ihrer Tochter Rosa, Braut des Grafen Erwin Neipperg, Prinz Georg von Preußen mit Graf Perponcher, Gräfin Fritsch, die treue Dienerin der Großfürstin Marie Pawlowna von Weimar[1], die sich sehr meiner annahm, mir zuerst sagte: »freue mich, Ihre Bekanntschaft zu machen« und gleich darauf: »freue mich, sie fortzusetzen«. Der Kronprinz bezeichnete sie in ihrem großen Strohhut mit »ein großer Korridor aus Stroh, in dessen Hintergrund ein wenig Alt-Sachsen«.

Unser alter Maler Peters[2] war gekommen, Ansichten zu malen; wir ergötzten uns an russischen Damen, welche sich und ihre Kinder vom »Landschaftsmaler der Großfürstin Olga« porträtieren lassen wollten. Peters meinte, es nicht zu können; schlau wie er war, sagte zuletzt: »nun, wenn Sie's partout haben

1 Tochter Kaiser Pauls I. (1786–1859), seit 1804 vermählt mit Prinz Karl Friedrich von Sachsen-Weimar (1783–1853).

2 *Pieter Francis Peters* aus Holland, geb. 1818 in Nijmwegen, kam 1836 nach Württemberg, ging 1841 nach Mannheim und lebte seit 1845 in Stuttgart, wo er 1903 starb. Er wirkte vor allem als Landschaftsmaler.

wollen«, und malte sie — am Ende einer langen Allee auf Eseln reitend, Köpfe so klein wie Stecknadeln und — sehr teuer!

Ich schrieb der Herzogin Henriette im Auftrag: »Die Kur nimmt viel Zeit in Anspruch, erst am Abend macht man kleine Spaziergänge, einmal wöchentlich Partien. Die Gräfin Rossi[1] organisiert mit Hilfe des bekannten Lwow[2] für das Fest der Kronprinzessin eine musikalische Überraschung und bedient sich dazu der Stimmen hiesiger Amateure; die Gräfin wird von ihren Kindern begleitet. Die älteste, 17 Jahre alte Tochter erweckt das Interesse durch die charmante Art, wie sie den Gedanken aufnimmt, wieder ins Kloster zurückzugehen solang ihre Mutter noch zwei Jahre arbeitet, um ihr Vermögen wieder in Ordnung zu bringen.

Das Haus der Königlichen Hoheiten ist hübsch gelegen und hergerichtet. Unten hat es einen Gartensaal, der auf der einen Seite auf eine mit Blumen geschmückte Terrasse führt, auf der andern auf einen Laubengang längs der Straße. Hier ist die Beobachtungsecke. Im Erdgeschoß ist noch das Zimmer des Kronprinzen und der Speisesaal. Im 1. Stock befinden sich das Appartement Ihrer Kaiserlichen Hoheit und verschiedene kleine Ecken, wo die Ehrenfräulein wohnen, gegen Sicht sehr gut abgeschirmt.

Der Kronprinz hat die Kaiserin in Stolzenfels empfangen und begrüßt, am nächsten Tag hat der Besuch Ihrer Majestät die Kronprinzessin hoch erfreut, schade nur, daß so viele sie begleiteten und daher dieser letzten Begegnung die Intimität fehlte. Aber Schlangenbad hat im Grund doch viele Erinnerungen hinterlassen. Dr. Hardegg[3], der Hofarzt rät, die Kur um eine Woche zu verlängern. Der Kronprinz und die Kronprinzessin beauftragen mich, Eure Königliche Hoheit sehr herzlich zu grüßen: sagen Sie Großmama, daß ich absolut nichts tue, aber daß ich sie liebe und oft an sie denke. Sie soll auf sich aufpassen und ihr Gemahl nach ihr schauen«.

Unsere Rückkehr nach Stuttgart erfolgte über Frankfurt, wo sich Fürst Gortschakow einfand. Man arbeitete einen Plan für Ostende aus, aber Dr. Ludwig[4] riet zur Ruhe. Man machte daher nur einen kleinen Besuch bei Königin Pauline in Friedrichshafen, bevor man sich auf den 8. September nach Darmstadt begab, um den Erben[5] und die Cäsarewna zu treffen. Inzwischen kam der Komponist Lwow nach Stuttgart, wo er ein Kirchenkonzert gab. Die Majestäten von Hannover waren hier auf der Durchreise, immer ihrem Kirchheim getreu. Am 4. September, dem Geburtstag von Königin Pauline, kamen der Hof und die Gesellschaft in der Stadt zusammen. Die Königin Sophie kam jedes Jahr zu dieser

1 *Henriette Sontag*, vermählte Gräfin Rossi (1803–1854), eine der berühmtesten Opernsängerinnen ihrer Zeit.

2 *Alexander von Lwow* (1799–1870), Direktor der kaiserlichen Kapelle, Schöpfer der russischen Volkshymne.

3 *Hermann Hardegg* (1806–1853), Obermedizinalrat und Hofarzt in Stuttgart.

4 *Wilhelm Friedrich Ludwig* (1790–1865), Leibarzt und Direktor des Medizinalkollegiums.

5 *Großfürst Alexander* (1818–1881) bestieg 1855 als Kaiser Alexander den Thron.

Zeit, ihre Schönheit und Lebhaftigkeit vermehrten den Reiz des Festes. Ihr Hofstaat war gut zusammengesetzt. Herr von Weckherlin, ein Mann des Vertrauens ihres Vaters, verließ sie nie und beriet sie gut. Der Erbgroßfürst und seine Cäsarewna trafen ebenfalls zu ungefähr derselben Zeit ein, um den württembergischen Majestäten ihre Aufwartung zu machen. In dieser Woche besuchten die hohen Gäste auch die Herzogin Henriette. Ich war mit den Schreiben beauftragt, die diese Besuche betrafen, was mir den Spitznamen »Postgäulchen« eintrug, der mir lange blieb.

Nach Gala-Theateraufführungen, Abendessen in der Wilhelma, festlichem Treffen bei Gortschakow und anderen üblichen Festlichkeiten kehrten die Kaiserlichen Hoheiten nach Darmstadt zurück. Der Kronprinz folgte dem Erbgroßfürsten zu den Manövern von Pallota in Österreich nach und die Prinzessin ging nach Darmstadt, ihn dort zu erwarten.

Ich wohnte im sogenannten neuen Palais in dem Zimmer, wo der Thronfolger sich verlobt hatte, das Prinzessin Marie von Hessen damals bewohnte. Der Großfürst zeigte mir den Namen seiner Braut auf den Fensterscheiben. Man unternahm viele Partien zu den hübschen Punkten und Jagdschlössern der Bergstraße: Auerbach, Kranichstein, Wolfgarten: nun kam auch die nähere Bekanntschaft mit Gräfin Battenberg (der Gemahlin des Prinzen Alexander[1]). Diese morganatische Verbindung wurde nicht allgemein gut aufgenommen: schon deshalb empfahl sich die Verwendung des Prinzen in österreichischen Diensten. Nur der gescheite und wohlwollende Prinz Emil und der gutmütige alte Prinz George mit der blauen Nase (nach Prinz Alexanders Auslegung von einer Explosion von Lapislazuli herrührend) waren für sie wohlwollend und zuvorkommend, am wenigsten Großherzogin Mathilde.

Ich befreundete mich sehr mit Alexandrine (Albedinsky) Dolgoruky, dem begabten und liebenswürdigen Hoffräulein der Cäsarewna. Die sehr höfliche Obersthofmeisterin du Thil, später »Madame Suntile« getauft, war schon damals Zielscheibe vieler unnötiger Witze. — Andere liebenswürdige Familien wie Riedesel, von den Hooß und besonders General von Trotha mit seiner geistreichen Frau machten uns den Aufenthalt sehr angenehm. Von dort datiert sich der immer wieder aufgewärmte Spaß der Migränesuppe, die ich, nach der Tafel zu meiner an Migräne leidenden Kronprinzessin zurückkehrend, ihr zu Gefallen aufessen mußte, weil sie schlecht war und meine Herrin die Hofküche nicht beleidigen wollte. Dieser Akt von Ergebenheit wurde hoch gepriesen!

Unsere Herrschaften gaben sich bei der Abreise auf den 1. November Rendezvous in Stuttgart zu der hübschen Reise über den Splügen nach Italien, wohin die Thronfolger reisten, um den Fürsten Alexander bei Radetzky[2] in Verona einzu-

1 *Prinz Alexander von Hessen* (1823–1880) hatte sich 1851 morganatisch mit Julie von Hauke, Tochter des ehemaligen polnischen Kriegsministers vermählt, die zur Prinzessin von Battenberg erhoben wurde. Siehe auch S. 18, Anm. 5.

2 *Joseph Graf Radetzky* (1766–1858), österreichischer Feldmarschall, der die Italiener als Oberbefehlshaber in der Lombardei und Venetien 1848 besiegte.

führen. In Friedrichshafen durchschwärmte man die halbe mondhelle Nacht im Schloßgarten und dampfte den nächsten Morgen gen Bregenz, wo Extra-Postwägen uns aufnahmen. Herrliche Route über den Splügen, erste Nacht in Thusis, vorher durch Chur, wo die ehrlichen Schweizer unseren dritten Wagen, worin Alexandrine Dolgorukij und ich uns befanden, bei Fackelbeleuchtung für die Menagerie der russischen Herrschaften hielten. Herrliches Wetter entschädigte uns am folgenden Morgen für diese Kränkung. Die Herren stiegen aus, der Thronfolger, der Kronprinz, Prinz Alexander, Graf Zeppelin und wir beiden Hoffräulein machten den Weg zu Fuß, längs der Telegraphenstangen hinauf. Merkwürdig, wie schwindelfrei der Kronprinz die schwierigsten Stellen betrat. Die Cäsarewna, die Kronprinzessin, Fürstin Soltikow, Graf Adlerberg[1] und Olsufiew[2] blieben in den Kutschen, nahmen uns aber immer wieder freundlich auf. Auf der höchsten Spitze trafen wir ein Fuß Schnee an. Dann gings hinab in die italienischen Gefilde, wo ich die schönen Eindrücke in Graf Alexander Adlerbergs Kalesche genoß. In Chiavenna war das Incognito vorüber: Österreichische Offiziere, Fürst Lobkowitz und Graf Alfred Königsegg bewillkommneten die Herrschaften im Namen ihres Kaisers, brachten auch eine Einladung für Kronprinz und Kronprinzessin, mit nach Wien zu kommen. Die Erlaubnis des Königs hiefür traf in Mailand ein. Man war über den Comersee—Bellagio—Villa Cerbelloni—Colico[3] (das Fürstin Soltikow beharrlich »Calico« aussprach)—Gardasee bei herrlicher Sonne gefahren. Der Großfürst feierte dort Jugenderinnerungen.

An einer Villa Melzi holte der fürstliche Besitzer die Herrschaften als Matrose gekleidet in seiner Gondel zu einem kleinen Aufenthalt ab.

Von Como Eisenbahn bis Mailand. Adlerberg erlaubte sich die ungebührlichsten Späße mit der alten Fürstin, ihr immer gebratene Kastanien unter das Sitzkissen des Waggons praktizierend.

Mailand hatte damals den Erzherzog Karl Ferdinand als Statthalter. Ich schlief im Bett der Marie Louise[4]. In Verona erhielt man die Todesnachricht des Herzogs von Leuchtenberg. Vorher konnte ich noch Mailands Dom und die Brera[5] bewundern mit dem fast erloschenen Abendmahl Leonardos, auch das Theater de la Scala, wo wir Rubini[6] begegneten, der in seinen alten Tagen Singlehrer in der Ambrosiuskirche geworden. Das Windspiel der Cäsarewna

1 *Alexander Vladimir Graf Adlerberg* (1818–1888), russischer General, war Adjutant und Vertrauter von Kaiser Nikolaus, hatte sich in verschiedenen Kriegen ausgezeichnet und wurde 1852 zum Minister des kaiserlichen Hauses und Ordenskanzler ernannt.

2 *Graf Alexander Olsufiew,* Adjutant des Großfürsten Alexander.

3 *Colico* am Ostufer des Comer Sees.

4 Österreichische Kaisertochter, die hier auf ihrer Reise zur Vermählung mit Kaiser Napoleon 1810 übernachtete.

5 Berühmte Gemäldesammlung lombardischer Maler, Schüler von Leonardo da Vinci.

6 *Giovanni Battista Rubini* (1795–1895), berühmter Opernsänger.

hieß Rubini. Auch Marschall Giulay, einst Spielkamerad meines Vaters, stellte sich mir als ein Verwandter vor (durch Edelsheims) und erwies mir kleine Aufmerksamkeiten.

Brief aus Venedig an meine Mutter nach Riga:

»In Brescia hatte man Zeit, den sehr bemerkenswerten Campo Santo zu besichtigen, in Peschiera bestieg man die Wagen. Um 4 Uhr Ankunft in Verona; die Parade des Armeekorps des Feldmarschalls Radetzky, das Abendessen mit all den Helden des Ungarnkriegs, Benedek[1] an der Spitze, wird mir unvergeßlich bleiben. Der Marschall selbst so einfach, von fast bürgerlicher Liebenswürdigkeit und doch so schneidig. Seine Frau, eine geborene Gräfin Strassoldo, wirkte nur dekorativ. Mein Tischnachbar war Wallmoden[2]. Graf Dolgorukij hatte das Glück, Benedek zu haben und in einer seiner Geistesabwesenheiten fragte er ihn, ob er einen Feldzug gemacht habe! Nach dem Abendessen führte man uns in einen Saal, wo es nur prächtige Waffen und Siegestrophäen gab. Der General Meiserimmel[3], unser Landsmann, war Mitglied des Generalstabs. Man gedachte auch unseres armen Grafen Willy Zeppelin. In der Stadt besichtigte man das Haus von Giulietta Capuletti[4] und Kirchen sowie die Scaligergräber.

Es gibt nichts Eigenartigeres als die Ankunft in Venedig; die ganze Stadt macht den Eindruck als stünde sie unter Wasser und trotzdem ist sie auf die natürlichste und eleganteste Weise bewohnt. Wir durchquerten sie fast ganz auf dem Canale Grande, um zum Kaiserlichen Palast zu kommen, der auf den St. Markusplatz hinausgeht. Die Kirche liegt rechts von meinen Fenstern. Gestern Abend schien mir dieses riesige Viereck, begrenzt von geschmückten Häusern mit festlichem Anblick, bedeckt von Köpfen und Lichtern, im Hintergrund die Kirche, wie ein großer Theatersaal, der den Himmel als Decke hatte. Napoleon soll das auch gesagt haben, aber ohne Zweifel ein wenig besser. — Man fuhr bei der lauen Luft noch lange in Gondeln spazieren. Heute im Laufschritt durch die Stadt, um all ihre Schätze zu sehen. Ich will mich nicht darin verlieren, sie alle zu beschreiben: Heute Abend müssen wir nach Triest weiterreisen.

Man konnte nicht abreisen, weil es auf dem Meer Nebel hatte, machte noch eine Gondelfahrt ... Man fand mich eingeschlafen in dem Zimmer, von dem aus man abreisen sollte und wo man mich vergessen hatte! All unser Gepäck war schon an Bord des Schiffs, ich schlief in meinem Mantel! — Triest: Überfahrt auf der Santa Lucia, Admiral Graf Wimpffen. Völlige Windstille. Triest und seine Flotte waren mit bengalischem Feuer erleuchtet. In Venedig schenkte mir die Cäsarewna einen hübschen chinesischen Fächer, die Kronprinzessin eine vene-

1 *Ludwig Ritter von Benedek* (1804–1881), österreichischer General.

2 *Ludwig Graf von Wallmoden* (1769–1862), war im hannoverschen, preußischen, russischen und österreichischen Militärdienst gestanden und 1838 zum General der Kavallerie ernannt worden. Bis 1848 war er Militärkommandant in Mailand.

3 *General Ernst Meiserimmel* aus Öffingen erhielt 1843 den württ. Adelsstand.

4 Das Vorbild für Shakespeares Romeo und Julia.

zianische Kette, wobei sie sagte, sie sei zufrieden mit mir! Wie wird dies in Wien sein! Wie habe ich Angst davor!«

Stuttgart, 25. November »Es war unmöglich, früher zur Feder zu greifen! In Triest haben wir noch Don Carlos und seine Familie gesehen sowie Erzherzog Maximilian[1] (den späteren Kaiser von Mexiko). Wir betrachteten die Audienz durch die Türspalten auf die Gefahr hin, den Herrschaften einen Luftzug zu verursachen. Am gleichen Abend Übernachtung in Laibach, wo sich ein schöner Husarengeneral, Graf Crenneville[2], vorstellte als Attaché beim Kronprinzen. Er hatte sich eben verheiratet und mußte seine junge Frau fast am gleichen Tag verlassen. — Dann ein Tag mit 18 Stunden Eisenbahnfahrt — Extrazug — via Semmering bis Wien. Bei der Fahrt über Graz sah ich einen Augenblick lang Sophie Larisch auf dem Bahnsteig. Es war bloß ein Moment, ich weiß nur, daß sie gut und glücklich aussah. Der Graf Olivier de Frenilly, ihr Gemahl, hat mir gefallen. — Die Strecke bis Wien war schrecklich ermüdend. Wir kamen erst um 1 Uhr nachts an und legten uns erst um 4 Uhr zu Bett. Frau von Meyendorff, russische Botschafterin, hatte sich ein Bett auf dem Bahnsteig aufschlagen lassen, weil sich der Zug von Stunde zu Stunde verspätete. Trotzdem vergnügte man sich unterwegs recht gut. Es war der letzte Tag, an dem ich die russische Gesellschaft so recht genoß.

Nach der Ankunft in Wien sah ich, daß das Hofleben wieder begann. Ich fing an, mich zu verlieren und kam erst nach dem Empfang bei der Bellaria[3] an. Doch begegnete ich noch Kaiser Franz Joseph (18 Jahre), unvergeßlich in der alten russischen Uniform. Seit dem folgenden Tag Abendessen, Audienzen, viel zu tun, aber keine Zeit, die Sehenswürdigkeiten zu besichtigen. Eine prächtige Parade auf dem Glacis, wo ich die wichtigsten ungarischen Generale sah: Jellachich[4], Wratislaw, Hess[5], Schlick — alle so berühmt! Die Kronprinzessin nahm mit Herrn von Meyendorff auch daran teil. Der kleine Erzherzog Ludwig Viktor mußte ihr die Honneurs machen, nachdem er zuvor ein Brechmittel genommen hatte, und die Erzherzogin Sophie mußte sich der Cäsarewna widmen. Die Mutter des Kaisers empfing uns nach altem Zopfstil in fächerförmiger Audienz: man mußte in aller Eile weiße Handschuhe beschaffen lassen für die tiefe Trauer (Leuchtenberg) nach alter spanischer Tradition. Vor lauter Konfusion verfehlte ich die Fahrt nach Schönbrunn, und versäumte — ein nicht wieder gutzumachendes Mißgeschick — eine Soiree Metternich. Als wir mit den Herrschaften einen Besuch bei der Gemahlin des Palatins von Ungarn, einer geborenen Prinzessin

1 Der 1832 geborene Bruder Kaiser Franz Josephs war Generalgouverneur des Lombardisch-Venezianischen Königreichs. Auf Betreiben Napoleons III. nahm er 1864 die Krone von Mexiko an, unterlag aber seinem Gegner Präsident Juarez, der ihn 1867 erschießen ließ.

2 *Franz Follist Graf von Crenneville* (1815–1888), Befehlshaber der in Italien stationierten österreichischen Truppen.

3 bei der Hofburg.

4 *Joseph Graf von Jellachich* (1801–1859), Feldzeugmeister.

5 *Heinrich Freiherr von Heß* (1788–1879), Feldzeugmeister.

von Württemberg[1], machten, suchte man lange ihre Tochter Marie; endlich kam sie zum Vorschein, sie war im Stall bei den Pferden gewesen. Sie heiratete 1853 den Herzog von Brabant, Leopold II. und übte später viele weibliche Tugenden aus. — Der Großfürst und der Kronprinz verbrachten die Vormittage auf der Jagd.

Wir machten auch Besuch bei der Herzogin Ferdinand[2] von Württemberg, der Schwester des Fürsten Metternich, Witwe. Der Kronprinz erzählte oft eine Anekdote von dieser alten Verwandten, die, glaube ich, aus seinem ersten Aufenthalt in Wien stammt: Während ihrer ganzen Witwenzeit vergoß sie jeden Abend Tränen über ihren verstorbenen Gemahl und zwar zu der Stunde seines Todes. Ihre Ehrendame mußte sie auf diesen Moment aufmerksam machen, worauf sie die Karten hinlegte, um sich die Augen zu wischen: »Ist es Zeit, Fräulein? — Nein, Hoheit, es fehlen noch zwei Minuten,« dann: »jetzt ist es Zeit, Madame« — und die Schleusen öffneten sich!

Der ganze Hof von Wien ist charmant, wirklich große Damen, die man an ihrem entgegenkommenden und höflichen Benehmen erkennt. Ich lobe darunter besonders die Erzherzogin Sophie, die Fürstin Friederike Auersperg und die Gräfin Paula Bellegarde. Frau von Meyendorff und Frau von Hügel, die Frau des württembergischen Gesandten, waren auch sehr liebenswürdig; erstere ist sehr besorgt um ihren Sohn Alexander, der im Kaukasus verwundet wurde.

Kaiser Franz Joseph ist ein charmanter junger Mann, höflich und freundlich in seiner Ausdrucksweise, trotz seiner Schüchternheit. Die Würde seiner Haltung ist beeindruckend, wenn sie auch über sein Alter hinausgeht. — Wegen der Trauer sind alle Theater geschlossen.

Am Sonntag mußten wir uns wieder auf den Weg machen, die einen mit der Eisenbahn nach Warschau, wir anderen in unseren traurigen Berlinen[3] nach München. Es war eine anstrengende Route von 3½ Tagen, für mich durch verschiedene Unfälle des Wagens unterbrochen, an denen die schlechten Postillons schuld waren. In München gab es viel zu sehen, Kirchen, Sammlungen, Ateliers, ein liebenswürdiger Hof, der sehr gut die Honneurs machte, die Königin Marie[4] charmant, der alte König Ludwig[5] (pensioniert) ein sehr lächerliches

1 *Marie Dorothee* (1797–1855), Tochter des Herzogs Ludwig von Württemberg, war seit 1819 vermählt mit Erzherzog-Palatin Joseph von Österreich (1776–1847).

2 *Herzog Ferdinand von Württemberg* (1763–1834), Sohn des Herzogs Friedrich Eugen, war in zweiter Ehe seit 1817 mit Pauline, Tochter des Fürsten Franz Georg von Metternich vermählt (1771–1855).

3 In Berlin erfundener viersitziger Reisewagen mit zurückschlagbarem Verdeck.

4 *Maria Hedwig,* Tochter des Prinzen Wilhelm von Preußen, seit 1842 Gemahlin des Königs Maximilian II. von Bayern (1811–1864), 1848 König.

5 *König Ludwig I.* (1786–1868), der München klassizistisch-romantisch ausbaute. Seine Beziehungen zu Lola Montez lösten 1848 in München die Revolution aus, er mußte abdanken.

Original. Man ißt dort sehr schlecht. Becher zum Mundausspülen gibt es nur für das »blaue Blut«. Ich traf dort die liebe Gräfin Amelie Reinhard, geb. von Lerchenfeld, wieder. Am Samstag, 20. November, verließen wir München, waren in der Nacht in Ulm und am 21. wieder daheim. Ich fand die Lithographie des Erbgroßfürsten in Kosakenuniform vor mit dem Vermerk, daß sein Hofmarschall, Graf Olsufiew, der sich für mich wegen seines Sohnes namens Adam interessiere, beauftragt sei, sie mir zu schicken.

1853

Fräulein Okulow besucht mich – Fürstin Butera – die Gramonts – Tod der Fürstin Gortschakow – Im Mai bringt die Großfürstin Marie Nikolajewna ihren älteren Sohn zu Heine nach Cannstatt – Fahrten zur Großmama in Kirchheim – Die Königin Sophie – Reise Ihrer Königlichen Hoheiten nach England – Ich gehe nach Baden-Baden – Unfall des Grafen Neipperg – Einweihung der großen Villa – Besuch des Prinzen Plonplon – Abreise nach Rußland–Weimar–Berlin – Friedrich Wilhelm IV. – Gräfin von Brandenburg – Humboldt – die Grenze Dünaburg – der Kaiser Nikolaus – Gatschina – der Hof – Fahrt nach Petersburg.

Der Winter war da, der Schnee erlaubte Schlittenpartien, Rutschbahnen in der Villa; die Ankunft von Fräulein Okulow zum russischen Weihnachten war dabei das Hauptvergnügen. Sie verstand es, die Hohen Herrschaften an ihrem Kaminplatz aufzuheitern. Der Kronprinz war rührend in seinen Aufmerksamkeiten gegenüber dieser alten Dame, die seiner Gemahlin sehr zugetan ist und die ihn durch die Heiterkeit ihrer freien Sprache faszinierte. Man liebte sie in der Gesellschaft und König Wilhelm begegnete ihr mit Achtung. Ihre Jugendfreundin, die Fürstin Butera-Radali, deren Aufenthalt in Stuttgart durch die Feste, die sie gab, Aufsehen erregte und wobei sich die Gräfin Clara Zeppelin durch das Arrangieren bezaubernder Bilder auszeichnete, machte auch durch die reichen Geschenke von sich reden, die sie ihren Getreuen verehrte. Zahllose Anekdoten sind von ihr und ihrer Umgebung in Umlauf. Der Dr. Uhland, sehr kategorisch in dieser Damenrepublik, und seine beiden Gesellschaftsdamen, Fräulein von Behr — eine ausgezeichnete Musikerin mit einem Profil wie Dante — und Fräulein Küchelbecker, die sich hervortaten, sagten, man müßte mit den beiden ersten Gatten, Graf Schuwalow und Graf Polier, begraben sein, während sich die Prinzessin einen Platz an der Seite von Butera-Radali sicherte. Deren Wohltätigkeit war auch für ihre soziale Stellung von großem Gewicht. Zu einem Ereignis wurde, daß König Wilhelm sie aufsuchte, um ihr für ihre Freigebigkeit gegenüber den Armen zu danken.

Am 13. Januar war großer Empfang bei den Gortschakows mit einer neuen Art von Lotterie, die die Söhne der Fürstin, die Grafen Alexander und Wladimir Puschkin aus Petersburg mitgebracht haben: versiegelte Pakete, alle Lose Gewinne. Am 18. Ball bei dem Herzog von Guiche-Gramont[1]. Sein Schwanengesang, da er nach Turin berufen wird. Er wurde ersetzt durch den Grafen von Béarn, dessen Frau eine Schwester der unglücklichen Herzogin von Choiseul-

1 *Antoine Herzog von Gramont* (1819–1880), Vertrauter Napoleons III., der ihn mehrfach als Gesandten verwendete. Als Minister des Auswärtigen provozierte er den Krieg von 1870/71.

Praslin[1] ist. Die Grafen Puschkin, glänzende Gardereiter, brachten viel Schwung in die Bälle, ihre Abende für junge Leute machten von sich reden — man begoß die Blumentöpfe mit Champagner.

Die Musik spielte in der Beschäftigung des Prinzen und der Kronprinzessin eine große Rolle. Die Hoheiten spielten nicht nur fast alle klassischen Stücke vierhändig, der Prinz setzte auch sein Gesangsstudium mit Ausdauer fort. Daneben gab es viel ernste Lektüre. Die Hoheiten lasen gemeinsam die ganze Bibel, der Kronprinz studierte sogar den Koran. Die Wohltätigkeit kam in unserem sozialen Leben nicht zu kurz. Oft wurden Theaterstücke und lebende Bilder zugunsten von Einrichtungen aufgeführt, die unter dem Protektorat der Königin Pauline standen. Sie selbst arbeitete als Martha[2] im Schatten ihrer Bescheidenheit. Die Sekretärsabende hatten auch ihren Reiz, besonders wenn sich die Königin Sophie hier aufhielt. Graf Chotek[3], der die Geschäfte während des Winters zur Zufriedenheit des Grafen Buol[4] geführt hatte, wurde zur Belohnung als Sekretär nach London versetzt. Er ist so liebenswürdig, zu bedauern, daß er Stuttgart verlassen muß.

Pauline Fleischmann, eine unserer charmantesten Zeitgenossinnen, Tochter des Generals[5] und ehemaligen Adjutanten König Wilhelms, eines selfmade man während der Regierung Orléans[6], und seiner Gemahlin, geb. Gräfin Miot de Mélito, Halbschwester Anna Mauclers, wurde dem Vicomte von Astorg, Legationssekretär bei der französischen Gesandtschaft, versprochen — Wawa Galizin, die kleine Rebellin, Tochter des Fürsten Serge, Attaché bei der russischen Gesandtschaft, und der reizenden Fürstin Lubow, warf beim »Geistesspiel«, wo man ihr aufgegeben hatte, jedem eine Wahrheit zu sagen, Cécile Kahlden die Worte zu: »Sie haben einen Gedanken und Sie haben ihn am Hals!« (Medaillon).

Diesen Winter (oder den vorhergehenden?) schrieb ich meiner Mutter über den kurzen Aufenthalt der Gräfin Rossi[7]: »dies Talent, die Grazie und der untadelige Ruf dieser bezaubernden Künstlerin zusammen mit dem ehrenvollen Ziel, das ihre Rückkehr auf die Bühne begründet, haben die Gesellschaft bestimmt, ihr die doppelten Ehren für ihre verschiedenen Stellungen zu erweisen. So kommt es — ein wahres Beispiel von Gerechtigkeit in dieser so von Konventionen und Vorurteilen eingenommenen Gesellschaft — daß die gleiche Person am Vormittag als große Dame und Botschafterin in Audienz empfangen wird,

1 Die mit Charles, *Herzog von Choiseul-Praslin,* vermählte Tochter des Marschalls Sébastiani wurde 1847 von ihrem Mann ermordet, der im Gefängnis Gift nahm.

2 Uneigennützig wie die heilige Martha, Schwester der Maria von Bethanien und des Lazarus.

3 *Bohuslaw Graf von Chotek,* geb. 1829, war Gesandter in Petersburg, Madrid, Brüssel und Dresden.

4 *Karl Ferdinand Graf von Buol* (1797–1865) war seit 1852 Minister des Auswärtigen in Wien.

5 *Christian Wilhelm Fleischmann* (1787–1875), General und Diplomat.

6 Die Regierung Louis Philippes von Orléans 1830–1848.

7 Siehe S. 42, Anm. 1.

die der Genuß der Salons von Berlin und Petersburg war, während man am Abend die hinreißenden Ankündigungen applaudiert, die auf den Plakaten Henriette Sontag gewidmet werden. Die Gräfin ist noch sehr hübsch, wirkt aber anziehend vor allem durch ihre ganz weibliche Anmut und durch den Takt wie auch durch ihre Zurückhaltung, mit der sie auf alles antwortet, was man für sie tut. Wir sind bei verschiedenen Proben gewesen, wobei es charakteristisch war, zu sehen, mit welcher Grazie und Heiterkeit sie die Forderungen ihrer Rollen auf sich nahm, während ihre Mitschauspieler so fasziniert waren von der echten Würde dieser Frau, daß sie sie wie eine Königin ansprachen und kaum wagten, die Rechte ihrer eigenen Rollen ihr gegenüber wahrzunehmen.

Am *18. Januar,* dem Verlobungstag Ihrer Hoheiten, werden wir ein großes Kinderfest haben, das um 9 Uhr enden wird und um 11 Uhr für die Erwachsenen. Man kann sich vorstellen, was 70 kleine Köpfe schon von Wundern träumen. Prinzessin Marie hat gebeten, eingeladen zu werden.

Großes Ereignis im Theater: Versammlung aller Höfe in der Mittelloge! Rundschreiben, in dem es heißt, daß die erste Reihe der Stühle für die Mitglieder der Königlichen Familie freibleiben müssen. Um uns zu trösten, hat man unsere Stühle auf stufenweise erhöhte Aufbauten gestellt. Wir setzten uns, unsere Köpfe von der Draperie verdeckt und wären nicht böse gewesen, einen Alpenstock zu haben, um hier hinaufzuklettern. All dies scheint mir sehr komisch und lohnt nicht, sich darüber aufzuregen, wie man auf einigen Gesichtern beobachten kann.

Die Großfürstin Marie[1] hat ihren älteren Sohn Nikolaus zu Dr. Heine[2] in Cannstatt gegeben, damit er ihm seinen schrägstehenden Fuß einrichte. Sie ist sehr leidend wieder abgereist und da Dr. Ludwig eine Kur Meerbäder für die Kronprinzessin vorschrieb, haben sich unsere Hoheiten entschlossen, sie in England zu treffen, wofür auch die Ratschläge ihres Arztes Dr. Hartmann ausschlaggebend waren. Ich habe die Großfürstin mehrmals in ihrer Villa nahe beim Kurhaus in Cannstatt gesehen: ich mußte ihr vorlesen. Sie ist reizend — soviel Geist, so einnehmende, aus dem Herzen kommende Worte, ihre Begleitung wohl zusammengesetzt. Ich habe mich besonders über die Kinder gefreut, mit denen ich mich rasch anfreundete, begünstigt durch meine kleine Freundin von Schlangenbad, Marusty, die älteste von ihnen. Sie sind zum Anbeißen, sehr lebhaft, sehr schelmisch (Nikolaus, Eugenie, Eugen, Sergei[3]) — aber trotzdem wohlerzogen. Die Großfürstin ist eine ausgezeichnete Mutter, trotzdem hätte ich gern einige ihrer Kinder zu uns mitgenommen.

1 Siehe S. 17, Anm. 3.

2 *Dr. Jakob Heine* (1800–1879), Geh. Hofrat, Gründer der orthopädischen Heilanstalt in Cannstatt.

3 Nikolaus (1843–1891) wurde 1852 Nachfolger seines Vaters in Leuchtenberg — Eugenie geb. 1845, heiratete 1868 Prinz Alexander von Oldenburg — Eugen, geb. 1847, wurde russischer General — Sergei, geb. 1849, fiel 1877 im russisch-türkischen Krieg.

Juli Brief an meine Mutter: »Wir haben eine sehr traurige Woche hinter uns. Vergangenen Montag erreichte uns von Baden-Baden die Nachricht von der schweren Erkrankung des kleinen Konstantin Gortschakow: es war Scharlach und wir wissen ja, wie gefährlich diese Krankheit ist. Trotzdem ging die Gefahr vorüber, aber die Mutter, die das Kind mit der größten Selbstverleugnung gepflegt hatte, erlitt ihrerseits einen Rückfall ihrer Magenkrämpfe mit einer Leberentzündung. Und vorgestern früh meldete uns der Telegraph ihren Tod! Stell Dir den Zustand ihres Gatten, der Kinder, Nikolaus (des 3.) Puschkin vor, die zur gleichen Zeit in Baden-Baden waren. Als sie fühlte, daß sie sterben würde, verlangte die Fürstin den kleinen Michel zu sehen, der wegen der Ansteckungsgefahr noch außer Haus war. Die Ärzte berieten, und mittlerweile verstarb sie! Man brachte das unglückliche Kind, das bis dahin nichts von der Erkrankung seiner Mutter wußte, vor den entseelten Leichnam! — Das Porträt der beiden kleinen Gortschakows von V. Kayser ist eines seiner Meisterwerke. — Die Kronprinzessin sagt mir eben, besorgt bei dem Gedanken, mich hier allein zu lassen, während sie C. Sturmfeder nach England mitnimmt, daß sie Vorsorge getroffen habe, daß ich entweder mit der reizenden Prinzessin Lubow-Galizin nach Baden-Baden oder nach Cannstatt mit einem Ehepaar Philosophow[1], Begleiter des kleinen Herzogs von Leuchtenberg, gehen werde, da Dr. Ludwig die Luft von Cannstatt mit den Bädern im nahen Neckar vorziehe. Ich werde mich also dorthin begeben und Gast der Großfürstin Marie sein, mit der sich ihre Schwester arrangieren wird. – Die Einrichtung des kleinen Herzogs entspricht in allem der eines Enkels des Kaisers. Der Garten von Heine ist zur Hälfte abgeteilt worden, an der Pforte steht eine Wache; Equipagen, Lakaien in der Livree von Leuchtenberg, die man von München hat kommen lassen.«

August Das Leben in Cannstatt ist ungemein behaglich. Bäder — allerlei Beschäftigungen — abends einige Stuttgarter zum Tee — Hermann Langenburg, Premierleutnant bei der Garde — Wilhelm Spitzemberg, Adjutant des Grafen Wilhelm von Württemberg — Nikolaus Maximilianowitsch ist ein reizendes Kind, das man lieb haben muß.

Vergangene Woche war ich in Kirchheim; die wenigen dort verbrachten Stunden bei einer so ehrwürdigen, geistreichen und so reich von Herz und Erinnerungen erfüllten Frau[2] haben mir soviel Gutes gegeben. Sie versteht es, eine strenge Frömmigkeit mit heiterem und ermutigendem Wesen für die Jugend zu verbinden. Die Kinder von Hannover und Oldenburg, die Gemahlin des Palatins von Ungarn und die Familie des Herzogs Alexander[3] von Württemberg gaben sich die Hand bei ihren Besuchen in Kirchheim.

1 *Alexis von Philosophow,* russischer Generaladjutant und General der Artillerie.

2 *Herzogin Henriette,* siehe S. 26, Anm. 1.

3 *Herzog Alexander von Württemberg* (1804–1881) war vermählt mit Prinzessin Marie (1813–39), Tochter Louis Philippes, Königs von Frankreich.

Die Kronprinzessin hat mir freundlicherweise zweimal aus England geschrieben. Mit Zufriedenheit spricht sie von allem, was sie gesehen hat und mit Zuversicht von ihrer Kur. Der Abend bei den Brunnow[1] war sehr interessant, man hatte ihn veranstaltet, daß die Hoheiten Mario und die Grisi[2] hören konnten, die Petersburg nächsten Winter verlassen werden. Die Großfürstin Marie war auch da, blieb aber unsichtbar, was in einem Brief des Grafen Mathieu Wilchorsky an die Philosophow erwähnt wird. — Zum 1. September erlaubte man unserem kleinen Fürsten Nikolaus, nach Baden-Baden zu gehen, und da meine Einladung zu der Familie Galizin[3] besteht, hat er einen ganzen Wirbel gemacht, die Reise zur gleichen Zeit wie ich machen zu dürfen. Wer mich endgültig dazu bewogen hat, ist Fürst Gortschakow, der sich noch immer in einem beklagenswerten Trauerzustand befindet und bittet, jemand zu sehen, den seine Frau lieb hatte.

1. September Baden-Baden Seit vorgestern bin ich bei der Fürstin Lubow-Galizin, die mich mit einer Herzlichkeit empfing, welche mich ganz verwirrt machte. Sie ist eine noch junge Frau, die sehr schön war, nun gereift durch die Schmerzen einer unheilbaren Krankheit, die aber durch die Bemühungen von Dr. Ludwig eine Linderung erfuhren. Ihre ganze Person trägt den Stempel der Milde und Resignation und obwohl ihr Leiden sie zwingt, sich sehr zu schonen, lebt sie nur, um ihren Freunden Gefallen zu erweisen. Ihr Gemahl, der Fürst Sergej, ist sehr häßlich, er hat Zähne wie ein verbranntes Dorf, aber viel Geist und Heiterkeit. Fürst Gortschakow hat sich an ihn gewöhnt. Sie haben drei Töchter: Wawa, die Älteste ist 15 Jahre alt, dann folgen Olga, Luba und ein Sohn Nikolaus, der drolligste, von unglaublich kleinem Körper.

6. September Viele interessante und elegante Leute umgeben hier die Prinzessin von Preußen; ich bin zu schüchtern, um mich vorzustellen, aber das interessiert mich: russische Bekanntschaften zu machen. Die Fürstin Sophie Radziwill, Schwester der Fürstin Gortschakow, belegte mich sogleich mit Beschlag, sie sucht das geringste Band, das ihr die in Erinnerung bringt, die sie verloren hat. Die beiden Schwestern hatten sich 12 Jahre nicht gesehen und waren ohne freundschaftliche Beziehungen geblieben, doch sie versöhnten sich noch! — Die Fürstin Gortschakow hatte ein Herz, das unaufhörlich mehr gab als es erhielt — und wie hat man sie verleumdet! — Der Schmerz des Fürsten ist herzzerreißend, er spricht stundenlang von der Verstorbenen und mit solch

1 *Philipp Graf von Brunnow* (1797–1875), russischer Diplomat, war 1839 Gesandter in Stuttgart, 1840 in London. Sein Werk war das Londoner Protokoll vom 8. Mai 1852, das die Interessen Rußlands und Englands im Norden Europas solidarisch verbinden sollte. 1855 wurde er Gesandter beim Frankfurter Bundestag.

2 *Giuseppe Mario*, berühmter Opernsänger (1808–1883), vermählte sich 1856 mit *Giulia Grisi* (1811–1869), einer ebenso gefeierten Opernsängerin. Sie hatten in ganz Europa und in Amerika großen Erfolg.

3 *Fürst Galizin* aus der berühmten Adelsfamilie Rußlands, war Gesandter in Baden.

religiöser Festigkeit! Dieser Tage wird Nikolaus Puschkin den Leichnam nach Rußland transportieren, der jetzt auf dem kleinen Friedhof unterhalb des Schlosses beigesetzt ist.

In Baden-Baden halten sich auch die schöne Fürstin Marie Wiasemsky, Schwester von Herrn Stolypin, auf, die interessante Madame Kalergis, die Fürstin Butera, die Fürstin Isabelle Gagarin und ihre charmanten Töchter Tanne, Manne und Alice, Madame Olga Narischkin, geb. Gräfin Potozka, Madame Lographo, geb. Fürstin Sutsos, eine Bekannte von Petersburg, Fürstin Lucia Gagarin, geb. Gräfin Guriew und eine ganze Anzahl andere. Man empfing mich gut — wegen der Kronprinzessin.

Nach der Rückkehr von England bezogen Ihre Hoheiten endlich die große Villa[1], die nach 10 Jahren vollendet war. Nikolaus Maximilianowitsch überreichte ihnen Brot und Salz, dann wurden in einem unten liegenden Saal Gebete gesprochen, worauf man dem Priester und den Chorsängern bis zum obersten Stockwerk folgte (wo ich dann so viele Jahre lang geröstet wurde), um jedes Zimmer zu weihen — es war sehr bewegend. Die Kronprinzessin sah ausgeruht aus, hatte natürliche Farben, der Prinz ähnelte ihr darin und erinnerte sie daran, sich zu schonen. Er selbst geht überall hin, wo seine Pflichten es erfordern. Zum gegenwärtigen Zeitpunkt geht es um den Militärdienst, um Paraden. Er nimmt an allem mit guter Laune und Interesse teil, der König ist derzeit, wie ich glaube, gut auf ihn zu sprechen. Königin Sophie kam abends oft in die Villa, — Marie Stolypin und die Fürstin Menschikow kamen von Baden-Baden. Die erste Unterhaltung war ein angenehmes Plätschern, freundlich und gut; die Fürstin Menschikow von weitem Gesichtskreis, mit politischen Ansichten. Ihre Heiterkeit überschreitet ein wenig die Grenzen des Herkömmlichen, trotzdem ist sie immer große Dame und ihren Freunden sehr treu. — Königin Sophie zieht immer hervorragende europäische Persönlichkeiten sowohl aus Frankreich wie aus England an.

Die Abreise nach Rußland zeichnete sich im November ab. Die Kammerfrau Rokow reiste nach Paris, sich um die Toiletten zu kümmern, der Friseur König, um die Köpfe zu studieren. Die königliche Familie ist über einen schweren Unfall sehr betroffen, den der Graf Neipperg[2] durch einen Sturz bei einer Jagd nahe Bregenz erlitten hat. Er hat sich auf schreckliche Weise verletzt: der Kiefer ist gebrochen, ein Auge verloren. Prinzessin Marie ist sehr erschüttert abgereist, ihn zu besuchen.

Im Oktober fanden noch einige Diners statt, ein militärisches nach den geglückten Manövern, ein anderes für die Regenten von Oldenburg. Meine ausgezeichnete Kusine Auguste von Seckendorff, unsere Doyenne unter den reifen Mädchen, hat die Grande Maitresse sehr genossen, ein Fräulein von 70

1 Die Villa Berg.

2 *Graf Alfred von Neipperg* (1807–1865), seit 1840 vermählt mit Prinzessin Marie (1816–1887), Tochter von König Wilhelm I. von Württemberg.

Jahren, wunderbar konserviert, außer an einigen Teilen ihrer Person, wo die Kunst herhalten mußte. In der Diplomatie sind die Seckendorff-Fernemont von angenehmem Äußeren, und der Graf Revertern, schön und liebenswürdig, mit sich selbst zufrieden, Herr von Magirus, Sekretär von Preußen, reich und ein wenig lächerlich — dies sind die neuen Erwerbungen.

31. Oktober Vergangene Woche fanden noch einige festliche Veranstaltungen statt: zuerst für den Prinzen Friedrich, Regenten von Baden[1], dann für den Prinzen Napoleon[2]-Plonplon, der, wie man sagt, in politischer Mission gekommen war. Im Hinblick auf die Vergangenheit, wo er sich sehr undankbar gegen König Wilhelm, seinen Onkel erzeigt hatte, der ihm und seinem verstorbenen Bruder Jérôme[3] Asyl gewährte, hätte seine Stellung schwierig sein können, aber er hat Takt gezeigt und sich selbst seiner alten Kameraden von der Militärschule in Ludwigsburg erinnert. Ich selbst kann mich an ihn in Hosen mit breiten gelben Streifen erinnern. Mein Onkel Karl von Massenbach, Offizier beim Generalstab, war einige Zeit lang sein Erzieher. Besonders bei Tisch zeigte sich der junge Korse damals unzähmbar; eines Tages warf er einen Teller voll Spinat bis an die Decke des Kadetten-Speisesaals — man hat lange Zeit die Spuren gezeigt. Seine Ähnlichkeit mit Napoleon I. ist frappant, ein echter römischer Kaiser- und Tyrannenkopf.

Wir hatten noch einen Einweihungsball in der Villa, es war ein ausgesprochener Erfolg. Königin Sophie ist nach dem Aufenthalt von Prinz Napoleon wieder abgereist, er war ihr Jugendfreund und vielleicht die einzige Schwäche ihres Herzens. Ich habe ihr Ehrenfräulein, die Baronin Heldevier, oft gesehen und sie geliebt, sie war so distinguiert. Fräulein von Pabst, ihre traditionelle Ehrendame, begleitet ständig die Königin und der Salon der holländischen Gemächer wird von unseren Höfen sehr geschätzt. — Seit einigen Tagen glaubt man an einen Krieg, das könnte unseren Aufenthalt in Petersburg bedenklich gestalten.

17. November Brief an meine Mutter: »ich beginne einen Brief aus dem nebelgrauen Weimar. Wir reisten am 15. von Stuttgart ab. Freiherr von Sturmfeder und Gortschakow kamen bis Bruchsal mit, die Stolypins von da bis Frankfurt (da in Karlsruhe wohnhaft). Übernachtung in Gießen — die große Kälte ist schon spürbar. Wir waren hier um 5.30 Uhr. Großer Empfang an einem vortrefflich organisierten Hof, pedantisch, aber seine Traditionen sind anziehend. Sie sind zwar mittelalterlich, haben aber viel Stil. Die Großfürstin Marie Pawlowna[4] ist

1 Der nachmalige *Großherzog Friedrich I.* (1826–1907) wurde nach dem Tod seines Vaters Leopold 1852 zunächst Regent von Baden, da sein älterer Bruder geisteskrank war und führte erst nach dessen Ableben 1858 den Titel Großherzog.

2 *Joseph Charles Paul, Prinz Napoleon* (1822–1891), Sohn von Jérôme Napoleon, König von Westfalen und Katharina von Württemberg, der Schwester König Wilhelms I.

3 *Jérôme,* Graf von Montfort (1814–1847), war württembergischer Oberst.

4 *Marie Pawlowna* (1786–1859), Tochter Kaiser Pauls I., 1804 vermählt mit Großherzog Karl Friedrich von Sachsen-Weimar-Eisenach (1783–1853).

wahrlich die Lieblingstante meiner Prinzessin. Alle Damen sind in tiefer Trauer wegen des Großherzogs[1], tragen große Schleier und Dreieckstuch auf der Stirne. Die Soiree war in höchstem Maße deutsch. Ich habe es aber genossen, nicht dauernd über Rußland räsonnieren zu hören wie anderswo! Anwesend waren Graf Pückler-Muskau und eine hübsche Gräfin Mandelslohe, die mich mehr beeindruckte als die Fresken meines Landsmanns Neher[2]. Man sprach über Politik und wie Konstantinopel eine freie Stadt würde.

Am folgenden Tag Ateliers; man hält darauf, daß Weimar ein Musensitz sei — großes Abendessen — eindrucksvolle Gesellschaft — die Gräfin Fritsch hatte mich dem Wohlwollen der Großherzogin-Mutter empfohlen, so ehrwürdig, aber sehr schwerhörig. Ihr Sohn[3], der Regent, ist ein unterrichteter Mann, der viele Grimassen schneidet; ich habe ihn später sehr geschätzt. Seine Frau ist eine geborene Prinzessin Sophie der Niederlande, sehr häßlich aber sehr geistreich. Anwesend waren ferner die Prinzessin Karl von Preußen, eine Schwester des Großherzogs und ihre Tochter Louise (von der man einst als für den Kronprinzen in Aussicht genommen gesprochen hatte). Sie sind alle schwerhörig, sehr gut glaube ich, aber sehr affektiert und haben gekünstelte Manieren, selbst wenn sie sich in die Ohren schreien.

Berlin Ermüdende Reise; Baron Linden[4], württembergischer Gesandter, begrüßte uns schon in Jüterbog; Prinz (Wilhelm)[5] von Preußen, später Kaiser, war allein am Bahnsteig, da die ganze königliche Familie in Potsdam weilte. Zur russischen Botschaft und den Meyendorff, wo wir wohnten. Großer Empfang — alle Damen in prächtigen Toiletten — zum Abendessen waren die russischen Diplomaten und die Linden geladen.

Wir begaben uns nach Potsdam mit Kammerfrauen und Kartons, in denen sich die Toiletten für ein Abendessen und ein Konzert befanden. Man mußte sich seiner Umgebung vorstellen: außer der Gräfin von Brandenburg als Großmeisterin hatte die Königin Elise[6] noch bei sich die Gräfin Rosa Kanitz, die Gräfin Schlieffen, die Gräfin Dönhoff, die Gräfin Starcke (eine Königin von Preußen konnte nur Gräfinnen für ihre Dienste haben). Alle waren sie sehr liebenswürdig.

Als ich nach dem Diner in Potsdam dem König Friedrich Wilhelm IV. genannt ward, kam er auf mich schüchternes Wesen los und setzte mir seinen Dreispitz auf! — vor dem ganzen Hof und rief: »Da seh' ich ihn wieder, meinen lieben Spielkameraden Herman Massenbach!« Mein Vater war nämlich bis zu seinem 9. Jahr in Berlin gewesen und mit den jungen preußischen Prinzen zusammenge-

1 Verstorben am 8. Juli 1853.
2 Siehe S. 15, Anm. 12.
3 *Karl Alexander,* Großherzog von Sachsen-Weimar, seit 1842 vermählt mit Wilhelmine Sophie der Niederlande.
4 *Freiherr Franz de Paula von Linden* (1800–1888).
5 *Wilhelm I.* (1797–1888), 1871 deutscher Kaiser.
6 *Elise Ludovike* (1801–1873) war seit 1823 vermählt mit König Friedrich Wilhelm IV. von Preußen.

Prinzessin Sophie (1818–1877), Tochter König Wilhelms I. von Württemberg, als Kind. Seit 1839 verheiratet mit Wilhelm III., König der Niederlande (1817–1890). Gemälde eines unbekannten Malers.

Prinzessin Sophie als Königin der Niederlande. Aquarell von F.X. Winterhalter 1850.

Villa Berg, 1846–53 von Architekt Leins im Auftrag des Kronprinzen Karl erbaut. Lithographie von F.F. Wagner um 1860.

Das Dampfschiff »Wilhelm« auf dem Bodensee. Gemälde von Baumgart 1839.

kommen! Die Bekanntschaft war gemacht! Königin Elise war auch recht gütig. Den Haupteindruck aber machte mir Fürstin Liegnitz durch ihr sanftes, einnehmendes, bekannt versöhnliches Wesen.

Gräfin Brandenburg wollte in mir eine Verwandte sehen! Man staunte über das Wohlwollen der gestrengen Dame (das mir später die Zuneigung ihrer Töchter erhielt). Sie trug die vorschriftsmäßigen schwarzen »Barben«, lange herabhängend am Hinterkopf. Zur Tafel wurde ich von A. v. Humboldt[1] geführt; taub und zahnlos machte mir sein abgeschmacktes eitles Gespräch keinen angenehmen Eindruck — nur erzählte ich es nicht. Er könne wegen seiner Hofstellung die Künstler nicht frequentieren, sagte er u.a., da ich ihn nach Rauch[2] und Cornelius[2] gefragt. — Abends noch großes Konzert, wo ich unseren Prinzen August[3] kennenlernte und auch Prinz Friedrich von Preußen vom Rheinstein[4], der ebenfalls mit im Hause meiner Großeltern damals verkehrt haben wollte.

Sonntag war ich in der Domkirche, um Strauß[5] zu hören. Abends in einer schönen Vorstellung der »Stummen von Portici«. Im Schauspielhaus sah ich ein andermal »Jane Eyre«, von der Birch-Pfeiffer[6] gegeben. Wir Hofdamen mußten hinter den jungen Prinzen sitzen, ich kam zunächst vor die Rückseite Friedrich Wilhelms (des späteren Kaisers Friedrich III.), Sohn des Prinzen von Preußen. — Ein bleibender Eindruck: die Fahrt nach Charlottenburg zum Monument der Königin Luise. Bettina[7] durfte ich nicht aufsuchen, weil sie eben das verpönte Buch »an den König« herausgegeben hatte.

Unter dem Dach der lieben Frau von Meyendorff war Gelegenheit, meine dankbaren Erinnerungen aufzufrischen: während ihr Gatte früher die Gesandtschaft in Stuttgart innehatte (Haus von Maur in der Friedrichstraße), bin ich mit ihren Söhnen Alexander und Rudi gleichsam aufgewachsen. In ihren Gärtchen hinter dem Hause pflanzten die Knaben Kopfsalat und Radieschen, mit denen sie Pauline Görlitz und mich je nach Laune beschenkten. Wir hatten auch Tanzstunden zusammen mit den Kindern der englischen Familie Falconer Atlee. Einmal war dort Kindergesellschaft, Frau von Meyendorff traf mich auf der Straße, nahm mich mit — ich hatte aber nur meine wattierte Winterkapotte an, wurde in eine Bluse von Alexander gesteckt — das gefiel mir sehr, denn ich liebte Knabenspielen — meiner Mutter aber weniger.

1 *Alexander von Humboldt* (1769–1859), Naturforscher, bekannt durch seine Reisen in Süd- und Mittelamerika und in Innerasien.

2 Der Bildhauer *Christian Rauch* (1777–1857) und der Maler *Peter Cornelius* (1783–1867), der zur Gruppe der »Nazarener« gehörte.

3 *Prinz August* (1813–1885), Sohn des Prinzen Paul von Württemberg.

4 Rheinstein, Schloß bei Bingen, kam 1829 an Prinz Friedrich von Preußen, der 1863 starb.

5 Den Theologen und Schriftsteller *Viktor von Strauß und Torney* (1809–1890).

6 *Charlotte Birch-Pfeiffer* (1800–1868) aus Stuttgart war Schauspielerin und dramatische Dichterin.

7 *Bettina von Arnim* (1785–1859), Schwester Clemens Brentanos, vertrat in dem 1849 erschienenen Buch liberale Ansichten.

Am *23. November* waren wir in Königsberg, am *24.* in Gumbinnen — schon sehr kalt — die Kronprinzessin sagte, das wäre ihr Klima. Ich werde nie das Kreuzzeichen vergessen, das sie machte, als wir die Grenze passierten.

Die Weiterreise geschah in Reisewagen, nur in Bayern waren wir eine kurze Strecke mit der Eisenbahn weitergekommen.

Kola Leuchtenberg, den wir diesmal von Cannstatt nach Hause brachten, war voller Possen und Übermut während der Fahrt, spielte Cécile Kahlden alle erdenklichen Streiche, die immer etwas unbeweglich, zu sehr korsettiert war. — Man nahm uns abwechselnd in den Wagen der Herrschaften, manchmal fuhr der junge Prinz mit den Herren. Einmal war in Polen die Nachtunterkunft knapp, ich erinnere mich, nur eine Untertasse als Waschschüssel gehabt zu haben.

Rejitza-Dünaburg (Kommandant Limborsky) waren die nächsten Unterkünfte für die Nacht, dann Ouxiany und Kotjangi. Am *28.* Abendessen in Ostrowo — es war unser letztes Nachtlager.

In Jachtera, zwei Stationen vor Gatschina, Kaiser Nikolaus! — Eindruck des liebenden Vaters und gewaltigen Herrn! Ich war völlig überrascht, ihn zum ersten Mal in so unerwarteter Weise zu sehen. Ich errötete, war ganz verlegen! Der Großfürst Michael[1] war bei seinem Vater, liebenswürdig wie immer. Der Kaiser sprach zuerst russisch mit mir und sagte dann auf französisch: »ich war abwesend, als Sie zu meiner Tochter berufen wurden, ich bitte Sie, mir dasselbe Wohlwollen entgegenzubringen wie dem Rest meiner Familie!« Darauf nicht sprachlos zu sein! Die Kronprinzessin fragte mich nachher, welchen Eindruck ich von ihrem Vater habe. »Seine Gestalt heischt Respekt,« antwortete ich, »doch sein Blick ließ den meinen nicht senken, aber ich fühlte, daß man ein gutes Gewissen haben müsse, ihm entgegenzutreten!« Sein Mund hat einen Ausdruck von ermutigender Güte, wenn er lächelt — seine Stirn zeigt noch keine Falte — erinnert er am meisten an die Kronprinzessin, seine Stimme ist schön, sonor!

Bei der Ankunft in Gatschina[2] waren wir gleich bei Ihrer Majestät der Kaiserin, die uns mit gewohnter Güte empfing, so auch die übrigen Mitglieder der Familie. Ich wurde sogleich wieder in meine Rechte als »Mutter Eva« eingesetzt. Der Erbgroßfürst (Alexander II.) kam auch für einen Augenblick, er schien mir verändert und magerer geworden. Alle meine Bekannten hießen mich herzlich willkommen.

Der Palast und der Park sind riesig, Schöpfungen des Kaisers Paul, und enthalten Sehenswürdigkeiten und Reichtümer. Ich bemerkte einen Lüster in Form von Weintrauben, die aus echten Amethysten bestanden. — Am nächsten Tag war ein Te deum für unsere Ankunft: die Chöre waren so schön, daß ich ganz ergriffen wurde. Die Kronprinzessin kam am Arm des Kaisers vorbei und warf mir ein ermutigendes Augenzwinkern zu. Später sah ich bei ihr den Groß-

1 *Großfürst Michael* (1832–1909) vermählte sich 1857 mit Cäcilie von Baden.
2 Stadt südwestlich von Petersburg, bevorzugter Sommersitz von Kaiser Paul I.

fürsten und die Großfürstin Konstantin[1]: er sieht begabt und interessant aus, sie hübsch und naiv.

1. Dezember Gestern Abend wurde Komödie gespielt. Ich hatte einen Teil des Tages bei meiner Prinzessin verbracht, die sich mit Migräne hingelegt hatte. Dabei sah ich nochmals die Familie und den Kaiser Nikolaus — allein! Er sagte: »passen Sie auf, meine Tochter hat meine Natur, dieses Übel kommt von der Leber«. Diesmal konnte ich antworten, ohne in Verwirrung zu geraten, obwohl er mich genau ansah. Je öfter ich das Gesicht des Kaisers sehe, desto mehr beherrscht mich sein Ausdruck, läßt mich überlegen. Ich gerate keineswegs mehr in Verlegenheit, aber er macht auf mich einen außerordentlichen Eindruck trotz des großen Wohlwollens seiner Sprache.

Es gibt in diesem Schloß von eher düsterem Anblick, besonders bei dem Herbstnebel, einen Salon, in dem man sich trifft, genannt das Arsenal, mit Klavier, Billard, Büchern, Spielen. Hier begegnet man sich den ganzen Tag, und da sich dieser Salon auf der Seite der Appartements der Kaiserin befindet, kommt man ständig daran vorbei. Das amüsiert die jungen Großfürsten, die zusehen, was jedermann tut. Inmitten aller springen die Kinder herum, eine Menge kleiner Lieblinge, die einen hübscher und drolliger als die andern. Man muß das Glück gesehen haben, mit dem sie Nikolaus Maximilianowitsch empfingen, der mit uns zurückkam, und die Freude der Kinder von Großfürstin Marie, als sie den Onkel und die Tante wiedersahen, die sie seit dem Englandaufenthalt so sehr liebhaben.

Die Kaiserin ließ mir durch Graf Perowsky, den Kabinettschef, einen prächtigen Zobelmantel mit blauem Satin gefüttert überreichen — ich konnte mich in diesem Glanz nicht wiedererkennen! Alexandrine Dolgoruki kam mir wiederum herzlich entgegen, so wie ihre neue Kollegin bei der Cäsarewna, Anna Tutschew. Nachdem man 8 Tage später in das Winterpalais nach Petersburg übergesiedelt war, wohnte ich mit diesen Damen dicht beieinander über dem sogenannten Commandantsky podiest und schlossen wir uns im Laufe des Winters sehr aneinander an.

6. Dezember Petersburg Nach acht Tagen in Gatschina fühle ich mich in eine neue Welt versetzt. Dieser sogenannte Landaufenthalt war ein fortwährender Karneval, General Ogarew[2] der Organisator der Feste, die aufeinander folgten. A. Dolgorukij zeigte sich ganz besonders zu ihrem Vorteil in dem Tableau »Irrlicht«.

Übrigens wechselt man im fürstlichen Milieu sehr leicht den Aufenthaltsort: so König [Friedrich] Wilhelm IV., der sich schnell nach Charlottenburg begab, nur um seiner geliebten Nichte Olga nahe zu sein, ihr und seinen Schwestern aus Mecklenburg und den Niederlanden. In Petersburg werden währenddessen die Wintervorhaben auserlesen sein. Unsere Hoheiten bewohnen das ehemalige

1 *Großfürst Konstantin* (1827–1892) war seit 1848 vermählt mit Alexandra Josephowna von Sachsen-Altenburg.

2 General *Nikolaj Aleksander Ogarew* (1811–1867).

Jungmädchen-Appartement der Großfürstin Olga, das auf die Newa hinausgeht. Es ist fast eine Tagereise, bis man dort hinkommt, aber man amüsiert sich in den mit Bildern geschmückten Sälen und passiert die Wachstube. Es gibt kaum Korridore in diesen alten Palästen (ganz wie in der Burg von Wien), vom ersten Stock muß man in den Hof hinabsteigen, um einen anderen Hauptbau zu erreichen.

Der große Hof bestand aus Fürst Orlow, Graf Wladimir Adlerberg, Familienminister (1851 traf ich noch Fürst Peter Wolkutky), Graf Kleinmichel, Baron Lieven, dem Hauptvertrauten des Kaisers. Graf Andreas Schuwalow war Oberhofmarschall. Ferner gehörten dazu: die beiden Grafen Mathieu und Michel Wilchorsky, große Musikkenner, Graf Aprunin sowie Graf Ribeaupierre (noch von der Zeit Katharina II.[1]). Die wesentlichen Persönlichkeiten im Zivilhofstaat waren: Graf Alexis Bobrinskij, früherer Stallmeister der Kronprinzessin, er hatte sie an der Grenze empfangen. Seine Frau, geb. Gräfin Samoilow, früher Hoffräulein der Kaiserin Maria Feodorowna[2], mit der sie in Stuttgart gewesen, aus den Memoiren der Fürstin Tuskestanow bekannt, sehr geistreich. Außer Gräfin Baranow, ihrer Obersthofmeisterin, hatte Kaiserin Alexandra[3] noch die vier aus Schlangenbad bekannten Damen: Gräfin Tiesenhausen, Fräulein von Rauch, Fräulein von Nelidoff, Prinzessin Trubetzkoj, die eben bei Tante Tiesenhausen aufgenommene Baronin Nina Pilar, zwei Baronessen Fredericksz, Sophie und Marie, Töchter einer Jugendfreundin, Pauline und Nadine von Bartiniew auf Dauer zum inneren Dienst. Die Bartiniews waren verarmt; ehe sie nach Hofe kamen wohnten sie faktisch (4 Geschwister) in einer großen Berline[4], in der die rechtschaffene Mutter ihre Kinder monatelang durchbrachte. Pauline hatte eine wundervolle Stimme. Für jede offizielle Gelegenheit wurden chiffrierte[5] Damen noch aus der Stadt berufen. Zwei uralte Damen, Fürstin Wolkonsky, Vorbild einer Ehrendame und Fräulein Schischkin (früher bei der Großfürstin Katharina[6], späteren Königin von Württemberg), behielten ihre sorgenfreie Existenz im Winterpalais. Letztere sagte einmal zu unserem Kronprinzen: »ich habe ein Anrecht auf Ihre Achtung, ich war bei Ihrer ersten Mama!« In unserem oberen »Fräuleinkorridor« war noch Fräulein Marianne von Grancy, die liebenswürdige frühere Gouvernante der Cäsarewna, auch Darei Tutschew, die sich, vorerst ohne Stellung, bei ihrer Schwester Elena anschließen durfte, und, als häufiger Gast von Alexandrine, die gutmütige Marguerite Dolgorukij, spätere Gräfin Stenbock.

1 *Kaiserin Katharina II.* (1729–1796), geb. Fürstin Anhalt-Zerbst.
2 *Sophie Dorothee* (1759–1828), Tochter Herzog Friedrich Eugens von Württemberg, 1776 vermählt mit Kaiser Paul I. von Rußland (1754–1801).
3 Siehe S. 18, Anm. 2.
4 Reisewagen. Siehe S. 47, Anm. 3.
5 Deren Namen verschlüsselt waren.
6 *Katharina Pawlowna* (1788–1819), Tochter des Kaisers Paul I., wurde die zweite Gemahlin von König Wilhelm I.

Im Salon der Kaiserin fanden abends Lektüren statt, ins Nebenzimmer lud man die jüngeren Hoffräulein, um die Großfürsten Nikolaus[1] und Michael[1] zu Hause zu halten. Dort ging es heiter, harmlos zu. Madame Vera Opotschinin geb. Skobelew und Nina Pilar wiesen die Huldigungen des Großfürsten Nikolaus mit freundschaftlicher Selbstverleugnung zurück, des bin ich Zeuge, trotz vielem, was Neider darüber gelogen haben. Man redete dem für Schönheit und weibliche Liebenswürdigkeit besonders empfänglichen Großfürsten zu der Verbindung mit Prinzessin Alexandra[2] von Oldenburg zu, welche häßlich und wenig anziehend war. Auch sprach man von Prinzessin Sophie von Nassau, ebenfalls auf Besuch in Petersburg bei Großfürstin Helene, ihrer Tante.

Bei der Cäsarewna vereinigten sich unsere Hoheiten häufig mit entsprechender Umgebung. Man spielte heitere kleine Spiele, besonders »Sekretär[3]«. Alexandrine Dolgorukij hatte eine von der Cäsarewna geduldete Schwärmerei für den Thronfolger[4] — damals spielte man noch mit dem Feuer, hatte es mit einem edlen, sicheren Charakter zu tun. Alexandrine gab sich vielen falschen Schein, wußte aber zu brechen (1860!). Wie oft sind solche Sensiblereien die schiefe Ebene!

Gestern Fest des Kaisers, wir waren vom Morgen bis zum Abend unterwegs. Es fand ein Tedeum statt und ein großer Aufzug in Hofkleidung. Ich durfte zum ersten Mal die meinige anlegen: Ballrock aus bauschigem Tüll, das Vorderteil des Mieders aus dem gleichen Stoff, die Schleppe aus rosa Satin, verziert mit Tüllbäuschen und Silberblättchen, große Ärmel aus blauem Tüll, auf dem Kopf Rosen und Ähren aus Silber. Man versammelte sich bei der Kaiserin im Malachitsaal, von wo aus man im Zug aufbrach, 5 oder 6 große Säle durchschritt, wo die Beamten, Offiziere, Damen aus der Stadt in Reihen aufgestellt waren und Knickse und Verbeugungen machten und betrat die große Kapelle, wo nur die hohen Hofchargen, die Ehrendamen und das diplomatische Korps Zutritt hatten. Die Zeremonie des Handkusses, die unangenehm ist, findet gewöhnlich nur an Ostern statt. Der Rest ist durchaus erträglich, es handelt sich nur darum, seine Schleppe gut zu halten — auf dem linken Arm — und nicht an den Stickereien seines Nachbarn hängen zu bleiben.

24. Dezember Deutscher Weihnachtsabend. Unser Zeppelin hat einen Baum geschmückt, eine liebenswürdige Aufmerksamkeit; wir waren anschließend bei den Fritz Zeppelin (sie ist eine Tochter des Admirals Greigh[5], die später einen Fürsten Clerschtowsky heiratete). Gut gemeint, aber langweilig.

1 Die beiden jüngsten Söhne von Kaiser Nikolaus: Nikolaus (1831–1891) und Michael (1832–1909).
2 *Nikolaus* vermählte sich 1865 mit Alexandra von Oldenburg.
3 Ein Schreibspiel.
4 *Alexander II. Nikolajewitsch.*
5 *Samuel Greigh* aus Schottland (1736–1788) war russischer Admiral, der 1770 die türkische und 1788 die schwedische Flotte besiegte.

Gestern hat mir die Großfürstin das Arbeitszimmer des Kaisers gezeigt, das fast an ihr Toilettenzimmer stößt. Es ist ein kleines längliches Viereck mit einem einzigen Fenster, alten Möbeln in grünem Saffian und einem Feldbett, natürlich auch mit einem großen Schreibtisch. Die Wände sind mit Bildern geschmückt, die seine Kinder gemalt haben. Hier arbeitet er und empfängt die meisten Besucher.

26. Dezember Wir waren im Smolnyj-Kloster zur 25-Jahrfeier des Tages, da die Gemeinde der Kaiserin anvertraut wurde. Großes Fest, die Majestäten, Großfürstinnen und Großfürsten waren vollzählig anwesend. Frau Leontiew, die Superiorin, ist eine sehr würdevolle Frau.

Die Kaiserin hat mich Fräulein von Rauch empfohlen, ihrer großen Favoritin, Tochter des früheren preußischen Gesandten und Freundes der Familie. Kaiser Nikolaus ernannte sie nach dem Tod ihres Vaters zur Vorleserin und Briefschreiberin seiner Gemahlin. Sie mißbrauchte nie diese Vertrauensstellung, hatte aber wegen ihrer Schönheit und ihrer Talente viele Neider.

Von Weihnachten schwebt mir hauptsächlich das Bild in Erinnerung, wie ich Kaiser Nikolaus die kleine Olga Konstantinowna, zwei Jahre alt, am Christbaum hinaufheben sah! Abends, bei der Kaiserin, kommt der Kaiser häufig mit Depeschen herein, die er laut vorliest, oder werden die Briefe der Fürstin Lieven preisgegeben. Ich verstehe nichts von Politik, aber der Moment ist hochinteressant, vollends an so glaubwürdiger Quelle. — Morgen Tedeum wegen eines Sieges über die Türken: 5000 Tote, 12 Kanonen, 3 Fahnen erobert.

Rachel[1] habe ich auch bewundert, in unmoralischen Stücken. Die Kaiserin fand, es solle mir — der Künstlerin zulieb — genehmigt werden. Einmal kam ich auch in die italienische Oper, doch bringe ich die meisten Abende im Winterpalais zu. Es ist doch das Interessanteste und Lohnendste für mich, die Mitglieder der kaiserlichen Familie, die alten Gewohnheiten der Kronprinzessin kennenzulernen. — Auch hier darf ich manchmal der Kaiserin deutsch vorlesen.

Immer noch kein Schnee — ich kann den Pelz nicht tragen. Weihnachten brachte mir von der Kronprinzessin drei wunderhübsche Kleider und Kopfbedeckungen, von den Kaiserlichen Majestäten zwei Lampen von der Petersburger (Peterhofer?) Porzellanfabrik. — An jenem Abend vergaß ich alles über dem Jubel der kaiserlichen Kinder, welche sich um ihre reizenden Geschenke und wunderbaren Spielsachen scharten, die auf vielen Tischen in einem unendlich großen Saal aufgebaut waren. Besonders der kleine Wladimir Alexandrowitsch ist mir als Bild des Frohsinns in Erinnerung geblieben.

1 *Elisa Rachel* (1820–1858), bekannte französische Schauspielerin der Comédie Française in Paris.

1854

Aufenthalt in Petersburg bis zum Mai – die Salons, die Vertraulichkeiten – die Großfürstin Helene –der Marmorpalast –Palais Marie – die Sammlungen – Geburt von Wera Konstantinowna – Ausbruch des Krimkriegs – Aufbruch der Truppen zur Donau – Salon Nesselrode – Madame Kalergis – Salon Karamzin – Peterhof – vor der Abreise – die feindliche Flotte vor Kronstadt – Fürst Gortschakow nach Wien ernannt, Herr Titoff sein Nachfolger – Helene Brunnow –der Krieg –Friedrichshafen im August.

13. Januar Am Vorabend des russischen neuen Jahres spielte man bei der Kaiserin mit Nußschalen, meine erlosch.

Messe in der Großen Kapelle — großer Schmuck aber einfache Kleidung, danach Handkuß — die Kaiserin ist so gut — dann beglückwünschen wir unsere Hoheiten — der Kaiser kam dazu, und als ich ihn beglückwünschte, küßte er mir die Hand. Darauf machten wir uns auf den Weg, um uns in die Hoflisten einzuschreiben. Ich ging kurze Zeit in die Oper, um »Moses« zu hören, dann Souper bei Ihrer Kaiserlichen Hoheit. Ich wünschte ihr ein recht gutes neues Jahr, ernster gemeint als sie ahnte. Die Politik ist so unheilvoll; der Kaiser muß so besorgt sein um seine fern von ihm weilende Tochter.

15. Januar In die Kirche St. Peter mit Fräulein von Rauch. Pastor von Taubenheim, der von dem »dreibeinigen« Gott sich verspricht! Ich lasse mich von A. Voyekow mitnehmen, der geistreichen Ehrendame der Großfürstin Marie mit dem Spitznamen »Mademoiselle de Scudéry[1]«, um in die Eremitage zu gehen. Unvergleichliche Gemälde — in Kertsch gefundene Altertümer, die uns Herr Giles, ehemaliger Lehrer der Großfürstin, erklärt. Alexandrine Voyekow macht ihre Bemerkungen dazu, die immer etwas Originelles haben.

17. Januar Einladung bei der Großfürstin Marie Nikolajewna[2], die uns ihr Palais zeigt. Welche Reichtümer, welche köstlichen Einfälle! Die Kaskade im Gewächshaus als Vorderseite des Kamins! Ich hattte freien Zugang zu den Kindern, die gemeinsam ein kleines Haus mit 2 Stockwerken besaßen, das in einem großen Spielsaal errichtet war, wo der Kaiser, ihr Großvater, sie jeden Tag besuchte. Einmal erlaubten sie sich den Spaß, mich darin einzuschließen und die Lichter auszulöschen!

Frau von Barikow und Gräfin Lisa Tolstoi leiteten die Erziehung der Prinzessinnen Marie und Eugenie, Nikolaus und Eugen hatten den General Rehbinder, Sergej eine *Bonne. Georg* war noch in Windeln.

1 *Madeleine de Scudéry* (1607–1701), französische Schriftstellerin, die vielbewunderte Romane schrieb.

2 Schwester von Kronprinzessin Olga (1819–1876), Gemahlin des Herzogs von Leuchtenberg.

18. Januar Dreikönigsfest, das man hier durch die Segnung der Gewässer feiert. Wir sahen die Prozession auf der Newa vom Malachitsaal aus. Nur die Männer wagten sich in die Kälte hinaus, setzten aber vorsichtshalber Perücken auf. Die drei schönen Schwestern: »M. N., O. N. und M. A.[1] zusammen in einer Gruppe — so verschiedenartige Menschen!

An diesem Tag war der denkwürdige Sturz von Fräulein Schischkin auf dem Parkett: ihr künstliches Gebiß war zersplittert, ein Neger vom Hof sammelte es zusammen.

24. Januar Kola Leuchtenberg wollte mich zur kaiserlichen Bibliothek mitnehmen. Frau von Barikow unterstützte uns. Ich sah dort die bekannte Statue des sitzenden Voltaire. Auf den Abend bin ich mit den Simon Woronzow bei der Kaiserin eingeladen, die Grandins kommen unvermutet dazu, womit das Gelächter begann. Dann kam noch der Kaiser. In der Gesellschaft schüchtert mich sein Blick ein, begegne ich ihm allein, habe ich Vertrauen.

27. Januar Am Nachmittag mit Fräulein Okulow, die mir die Mosaikfabrik zeigt, die Sankt Isaaks-Kathedrale, Kirche der Garden zu Pferd, und die Ateliers Pimenew und Vitali. Abendgesellschaft bei der Kaiserin. Man geht zur Großfürstin Helene[2], um ihre wunderhübschen Bilder aus lebenden Blumen zu besichtigen, gefolgt von einer Deklamation der Rachel. — Erste längere Unterhaltung mit Fräulein von Rahden. — Die Großfürstin war bei ihren Einladungen sehr exklusiv, erst später verstand ich die Bedeutung dieses Salons. Sehr oft improvisierte sie in ihrem schönen Empfangszimmer, einer Art viereckigem Salon, kleine Aufführungen mit richtigen Schauspielern, die, indem man die Möbel einfach umdrehte, ihre besten Rollen vor einem auserwählten Publikum vorführen mußten. Daneben fanden in einem anderen Flügel des Palais sogenannte »morganatische Abendgesellschaften« statt, zu denen eine Generalin Helmersen solche Leute einladen mußte, die die Großfürstin kennenzulernen beabsichtigte. Ihre Oberhofmeisterin, Frau Apranin, hatte in ihrem eigenen Haus im Reichenviertel Empfangstage: Man fürchtete sie, ich sah oft junge Ehrendamen zittern, wenn sie ihr die Hand küßten. Das Geschlecht der Oberhofmeisterinnen ist etwas Sagenhaftes: es gibt einige, die kein menschliches Aussehen mehr haben, so sehr sind sie zusammengeflickt und ausgestopft mit Perücken, künstlichen Gebissen und Gott weiß was noch allem. Eine der Vornehmsten fragte mich neulich, ob es wahr sei, daß Graf Neipperg seinen Unfall bei einer Jagd auf Kamele in Tirol erlitten habe! Ich antwortete ihr respektvoll, aber als ich sie betrachtete, dachte ich, daß ihre vorsintflutlichen Erinnerungen diesen Irrtum verursacht haben könnten, denn man sagt, vor Moses und Noah sei die Welt anders bevölkert gewesen!

1 Marie Nikolajewna, Olga Nikolajewna und Marie Alexandra Nikolajewna.
2 *Helene Pawlowna* (1807–1873), seit 1824 vermählt mit Großfürst Michael (1798–1849), geb. Charlotte Friederike, Tochter des Prinzen Paul von Württemberg (1785–1852).

In Gatschina gefiel mit die Art, Bekanntschaften zu machen, besser, ohne mich in der Menge zu verlieren, was in einem so großen Milieu unvermeidlich ist. Die Großfürstin Helene lädt übrigens fast nie das Gefolge ein, sie findet, es gibt nichts Langweiligeres als eine Ansammlung von Hofleuten. Ich hatte, was mich betrifft, über niemand zu klagen: unsere kleine Gruppe versammelte sich täglich zu einer Marschallstafel: Cécile Kahlden, der Graf Zeppelin, der Baron von Berlichingen, Herr von Adelung, der Baron Karl von Ellrichshausen, Ordonnanzoffizier des Kronprinzen und der Adjutant des Kaisers, Fürst Emil Wittgenstein, Attaché bei seiner Durchlaucht, ein ausgezeichneter Kamerad und in der Folge ein guter Freund.

Die Kammerfräulein gewordene Komtesse Tiesenhausen hatte auch einen hübschen Salon in einem Zwischenstock des Palais, ihre zahlreiche Familie bildete den Hintergrund. Die Grandins kamen oft dorthin und das zog viele Plauderer an. Kaiser Nikolaus scherzte oft mit der Komtesse: als sie einmal ein Kleid mit Pyramidenmuster anhatte, sagte er: »seht mal, von der Höhe dieses Gebäudes sehen euch 40 Jahrhunderte an!« Der Kaiser mochte es nicht leiden, wenn wir nach unserer deutschen Gewohnheit der Kronprinzessin das Schleiertuch reichten, weil es bei ihnen Pagen gibt! — Ein sehr ansprechendes Interieur war das der Schwestern Karamsin[1], Töchter des alten Historikers. Gelehrte und Diplomaten stellten sich hier in Menge ein. Hier traf ich zum ersten Mal Herrn Titoff[2]. Man führte hier unglücklicherweise das Tischrücken ein, und man sagt, Fräulein Sophie habe davon den Verstand verloren. André, ihr Bruder, Gemahl der schönen Aurora, wurde beim Übergang über die Donau getötet.

29. Januar Schlittenpartie mit den Suworow, zuerst zur Bergbaubehörde, dann zu den Gewächshäusern des Grafen Nesselrode[3]. Es war lustig, denn Jugend war mit dabei: Arcadi Suworow und der Graf Karl Toll[4]. Andere Male fanden abends nach einem Souper in der Familie von A. Dolgorukij Troikarennen statt. Seine Mutter, ziemlich steif, war freundlich zu mir. Eine Schar kleiner Brüder, noch im russischen Hemd, wimmelte um uns herum. Einer von ihnen, Sandy, wurde Großmarschall, Nikolaus Diplomat.

1. Februar Besuch bei der Gräfin Bobrinskij-Samailow, die mich bezauberte. Um 6 Uhr bei meiner Großfürstin, wir sprechen vom Kaiser. Plötzlich fragt sie mich mit großem Ernst: »glauben Sie, daß er mich liebt? Warum glauben Sie es?« Ich flehte den Himmel an, mir Worte in den Mund zu legen, die ihr wohltun

1 *Nikolai Michailowitsch Karamsin,* berühmter russischer Geschichtsschreiber 1765–1826.

2 Kaiserlich russischer Geheimer Rat und Reichsrat (1807–1891).

3 *Karl Robert Graf von Nesselrode* (1780–1862), einer der bedeutendsten Diplomaten seiner Zeit, war seit 1800 bei der russischen Gesandtschaft in Stuttgart. 1816 wurde er Minister der Auswärtigen Angelegenheiten, später Kanzler des russischen Reiches.

4 Sohn des berühmten russischen Generals gleichen Namens; russischer Staatsrat und Geschäftsträger in Weimar (1834–1893).

würden. Dann antwortete ich nach meiner Meinung: »er liebt Sie, nicht nur weil Sie so völlig seinen Wünschen entsprechen, sondern auch, weil er weiß, daß seine Neigung für Sie einmalig ist und niemals ersetzt werden wird«. Sie zerfloß in Tränen, drückte mir die Hand und sagte: »wie glücklich bin ich, zu sehen, daß Sie mich darin verstehen«. Dann sprach sie plötzlich vom Kronprinzen und daß auch er den Kaiser lieb habe!

20. Februar Die politischen Nachrichten[1] sind ziemlich schlecht. Ungeachtet dessen kann man die Begeisterung des russischen Volkes kaum beschreiben. Es gibt sogar Privatleute, die ganze Regimenter aufstellen und ausrüsten, wobei sie sagen, ihr vielgeliebter Herrscher verlange niemals zu große Opfer von ihnen. Aber andererseits sieht man auch besorgte Gesichter, tausend falsche Gerüchte der ausländischen Gazetten gehen um, kurz: ein Krisenzustand wie immer bei entscheidenden Momenten.

25. Februar An den Abenden, wenn ich Dienst habe, gehe ich zu Ihrer Kaiserlichen Hoheit, ihr vorzulesen oder zu plaudern. Augenblicklich sind es die Memoiren der Baronin Oberkirch. Nach 6 Uhr kommen gewöhnlich der Kaiser und die Kaiserin. Man bleibt mit ihnen zusammen bis sich der weitere Verlauf des Abends entscheidet. Man verbringt ihn bei der Kaiserin, der Cäsarewna, oder bei meinen Herrschaften. Manchmal behält man mich da; wenn man mich meinem Schicksal überläßt, gehe ich ins Theater oder in einen der Salons ... Graf Nesselrode[2] aus der Schule von Pozzo di Borgo[3] war Minister des Äußeren, damals schon Witwer; es machte die berühmte Madame Kalergis, seine Nichte, die Honneurs bei ihm, anziehend durch ihr musikalisches Talent ebenso wie durch ihre Unterhaltung und ich fühlte mich von jenen kosmopolitischen Kreisen sehr angezogen. Frau von Kalergis nahm sich freundlich meiner an, lud mich immer in ihre bevorzugten kleinen Soireen mit fremden Diplomaten ein und ich genoß diesen Vorteil, bis sich gegen das Frühjahr die Beziehungen zum Ausland so zuspitzten, daß man es im Winterpalais nicht mehr gerne sah, wenn die Hofstaaten mit seinen Vertretern verkehrten. Ich entsinne mich, eines Tages nach der Sortie (Kirchgang mit Tedeum verbunden) zur Feier des Donauübergangs durch die russischen Truppen den österreichischen Botschaftssekretär Grafen Bloome gefragt zu haben: »warum waren Sie heute Morgen nicht bei der Sortie?« Die Antwort: »weil wir da absolut nichts zu tun haben!« Ich erzählte dies der Kronprinzessin ziemlich harmlos und hörte, daß Kaiser Nikolaus davon frappiert gewesen — so sehr ging man vorwärts, Österreichs Argwohn unter-

1 Ausbruch des Krimkriegs (1854–1856).
2 Siehe S. 67, Anm. 3.
3 *Graf Karl Andreas Pozzo di Borgo* (1764–1842), gebürtiger Korse, trat 1803 in russische Dienste, ging 1808 nach Wien, um 1812 nach Petersburg zurückzukehren und gegen Napoleon zu kämpfen. 1825 wurde er Generaladjutant des russischen Kaisers und General der Infanterie. 1835 nahm er seinen Abschied und lebte in Paris.

schätzend. Ich nahm mir aber vor, nie mehr, wenn auch unschuldige Zwischenträgerin zu sein! — Wie oft sah ich von meinen Fenstern auf dem Alexanderplatz die Abschiedsparade der ins Feld ziehenden Truppen und wie der Kaiser zum Schluß den Helm abnahm und mit ihnen betete!

Zu Elise Rauch konnte ich immer kommen, so wie man mich auch bei Graf und Gräfin Münster, dem preußischen Militärattaché einführte. Fräulein von Nelidoff war mit E. Rauch eng befreundet. Was man dieser schönen, nicht sehr gebildeten Dame mit Recht oder Unrecht auch nachsagte, sah sie die Kaiserin gerne um sich und das schlug viele Gerüchte nieder. Nach des Kaisers Tod nahm sie keine Vergünstigung an, wollte nur im Winterpalais verschwinden und absterben.

Eine Familie Tettenborn wollte mich auch immer heranziehen, aus alten Zeiten mit meinem Vater bekannt.

Im Februar wurde Wera Konstantinowna[1] geboren und in der großen Kirche des Winterpalais getauft, ein kirschrotes Kindchen, das gewaltig schrie als es aus dem Wasser herauskam.

26. Februar In die Kirche mit Ihrer Kaiserlichen Hoheit, dann in die Eremitage, wo sie mir ihre Lieblingsbilder zeigte und mir viel erklärte. Am Abend sprach die Kaiserin so liebevoll von meinen Beziehungen zu ihrer Tochter. Es ist einmalig, wie unsere Großfürstin eine Mischung von ihrem Vater und ihrer Mutter darstellt. Sie hat die Geradheit, den Adel und die Ausdauer des Kaisers, auch seine Entschlossenheit; von der Mutter ein demütiges, liebendes Herz, Mangel an Selbstvertrauen, die Fähigkeit, ihre Neigungen anderen zu opfern und dabei immer noch genug für sich selbst zu haben, wenig zu fordern und durch Worte und Aufmerksamkeiten zu belohnen. Blind sind, die von diesen guten Eigenschaften Nutzen haben, ohne sich dessen bewußt zu werden! Ich finde Wera Konstantinowna auf dem Bett der Kronprinzessin — so wahrscheinlich[2]!

28. Februar Madame Kalergis führte mich mit Genehmigung der Kronprinzessin zu der Gräfin Julie Stroganow[3], einem seriösen Salon, in dem empfangen zu werden man sich eifrig bemühte. Vor allem Madame Kalergis war bezaubernd und voll feiner Nuancen. Cosima Wagner sagte später von ihr: »der hervorstechendste und wahrhaft königliche Zug an ihr, der fast übernatürlich wirkt, ist ihre Güte. Sie entspringt aus ihrer angeborenen Vornehmheit, die es niedrig fände, schlecht zu sein«.

1 Tochter des Großfürsten Konstantin (1827–1892), dem Sohn von Kaiser Nikolaus I. und der Prinzessin Alexandra von Sachsen-Altenburg. Wera, geboren am 16. Februar 1854, wurde am 8. Mai 1874 die Gemahlin des Herzogs Eugen von Württemberg. Sie starb in Stuttgart am 11. April 1912.

2 Sie litt unter ihrer Kinderlosigkeit.

3 Strogonow, heute Stroganow, eine angesehene Familie, die sich auf militärischem, diplomatischem und wirtschaftlichem Gebiet auszeichnete und bei Hof eine einflußreiche Rolle spielte.

Die Gräfin Stroganow empfing mich freundlich, mit tausend Worten. Hier machte ich die Bekanntschaft der Gräfin Bray, geb. Gräfin Dendice, des Grafen Valentin Esterhazy, der Madame Katakazi, geb. Comène, und eines Grafen Hompesch[1] aus Bayern.

1. März Am Sonntag fand mit großem Prunk die Taufe der kleinen Wera Konstantinowna statt. Unter den Feierlichkeiten der Karwoche war die Taufe von zwei Samojeden, die aus dem hohen Norden gekommen waren, den Kaiser zu sehen und die aus Bewunderung für die Kirchen und die Gebräuche ihrer schönen christlichen Religion gebeten hatten, an ihren Segnungen teilhaben zu dürfen. Man wollte daher, daß ihr Übertritt zum griechisch-orthodoxen Kultus in der eigenen heiligen Kapelle der Großfürstinnen Marie und Olga stattfand, die Großfürsten Nikolaus und Michael[2] wurden ihre Paten. Die Kaiserin und Madame Potemkin waren zugegen. Außer dem Moment, wo sie nach dem Ritus durch Untertauchen getauft werden mußten und wo man sie hinter einen Wandschirm führte, um sie in eine Badewanne zu tauchen, von wo sie dann in weiten Schlafröcken aus Seide wieder erschienen, wobei alle Anwesenden ihre feierliche Haltung etwas verloren, war es ein schöner und erbaulicher Akt. Einer der Samojeden erkältete sich und starb bald darauf.

2. April Eine heitere Stunde bei Fräulein von Grancy. Das »Echo der Tuilerien« bringts: »l'Autriche triche, la Russe — russe, la Suède aide — Paris rit« [Wortspiel: Österreich mogelt, Rußland ist hinterlistig, Schweden hilft, Paris lacht.] Nachher bei meiner Großfürstin. Der Kaiser kommt überraschend, er wechselt einige Worte mit seiner Tochter, die den Eindruck machten als lösten sie bei ihr eine tiefe Bewegung aus. Als wir wieder allein waren, sagte sie mir, der Kronprinz denke daran, sich während des jetzigen Kriegs in die Reihen der russischen Armee zu begeben und daß man die Zustimmung von König Wilhelm dazu erwarte. Ich weiß nicht, was dies für einen Eindruck bei uns machen wird!

5. April Am Abend bei Madame Kalergis — Graf Esterhazy ist so liebenswürdig — ich plaudere lang mit dem Dichter Tutscheff und einem Herrn Basili, Freund des Kapo d'Istrias[3]. Aber im Grunde langweilen mich die Salons und diese trägen Stunden passen nicht zum Winterpalais.

6. April Soiree bei unseren Hoheiten mit Rubinstein[4]. Er spielt seine »Portraits«.

1 Sohn des bayrischen Finanzministers *Johann Wilhelm von Hompesch.*

2 Die beiden jüngsten Söhne Kaiser Nikolaus I.

3 *Johann Anton Graf Kapo d'Istrias* (1776–1831) und sein Bruder Jony (1778–1857) kämpften um die Freiheit Griechenlands von fremder Herrschaft und suchten dabei die Hilfe Rußlands.

4 Der russische Komponist *Anton Rubinstein* (1830–1894), er gründete das Konservatorium in Petersburg.

29. April *Brief an meine Mutter:* »Die Kronprinzessin sagt immer: ›kommen die Wolken, so gehen wir durch die Wolken‹, aber die Abreise nähert sich. In der Politik kommt es zu Kanonenschüssen, diesem letzten Wort der Könige nach Friedrich II.[1] Das kann in Kronstadt[2] eine sehr befolgte »Unterhaltung« geben. Die Engländer bereiten alle Arten von Niederträchtigkeiten für ihren Angriff vor, z. B. erstickende Kampfstoffe, die zum Tod führen. Man kennt diese Erfindung in Rußland, aber der Kaiser hat ihre Anwendung verboten. Worüber der Kaiser lachen mußte, war unser Umtaufen von waterproof und anderen englischen Ausdrücken, wobei nur das watercloset übrig blieb. — Man wollte das Eis zersägen, aber es ging nicht. Jetzt wird man die Flotte mit dem Eis auslaufen lassen, ein ungeheures Unternehmen, bei dem Großfürst Konstantin seine großen Fähigkeiten entfalten kann. Man kann das von Oranienbaum aus mit bloßem Auge beobachten. — In dem politischen Galimathias will Lord Palmerston[3] beweisen, daß unter anderem der Mohammedanismus besser für die Türken passe als das Christentum!

Unsere Abreise rückt näher. Die äußerlich so tapfere Kronprinzessin scheint mir im Grund ihres Herzens gebrochen zu sein. Unter den souveränen Familien kennt die russische fast allein das Glück der Intimität. Sie sind geboren, um nicht getrennt und besonders nicht, um in andersgeartete Nationalitäten verpflanzt zu werden! In diesem Winter blieb die Familie fast immer unter sich mit wenigen Einladungen. Die Kaiserin, schwach und leidend, konnte nie im voraus mit einem guten Tag rechnen. Aber sie beklagte sich nie und fand immer die Kraft, mit den anderen zu spielen, oder jedenfalls ihr Vergnügen nicht zu stören. Die jungen Großfürsten sind ganz von dem Gedanken erfüllt, sich im Krieg auszuzeichnen; sie sind schön und charmant. Der Kaiser kommt gewöhnlich erst gegen Ende der Soireen. Seine Anwesenheit bewirkt im ersten Augenblick eine gewisse Verlegenheit, aber das verliert sich bald. Alle seine Kinder suchen ihn zu zerstreuen und ihn für einen Augenblick die schweren Sorgen vergessen zu lassen, die sie von seinem Gesicht ablesen. Und oft läßt er sich bei ihrer Sorglosigkeit etwas gehen. — Und wie der Kaiser arbeitet! Es gibt Tage, wo wir bei der Rückkehr von Abendvergnügungen nachts um 2 Uhr noch Licht im Kabinett des Kaisers sehen. Man wird von Respekt erfüllt, und mehr noch, wenn man ihn am nächsten Morgen zu früher Stunde den Tag mit den anderen beginnen sieht!

Die Kaiserin wird bei ihren mangelnden Kräften durch ihr unerschütterliches Herz, ihren Glauben und ihre Geduld unterstützt, die sie aufrecht erhalten und wo alle noch Hilfe finden können.«

1 *Friedrich der Große von Preußen,* geb. 1712, regierte 1740–1786.

2 Russischer Kriegs- und Handelshafen westlich Petersburg.

3 *Henry John Palmerston* (1784–1865) war seit 1830 englischer Außenminister, seit 1855 Premierminister.

10. Mai Kaffee bei der Kaiserin im Landhaus[1], man brummt etwas, weil wir uns verspätet haben, aber es war nicht unsere Schuld. Die Kaiserin war fabelhaft, umarmte mich zum Willkommen, der Kaiser ebenso. Die Großfürsten Nikolaus und Michael gaben uns ihr kleines Droschky zum Spazierenfahren, während der Kaiser mit ihnen nach Kronstadt reiste. Wir kehrten ins Landhaus zurück, um der Kaiserin vorzulesen. Danach Mittagessen und Spaziergang in Richtung auf den Landsitz von Madame Rohrbeck, der treuen Kammerfrau der Kaiserin. Zum Abendessen kam der Erbgroßfürst mit der Großfürstin Alexandra Josephowna — tolles Gelächter! Danach begab man sich wieder in die Wagen, der Kaiser lenkte einen leichten Wagen mit Bänken und wir stiegen in eine große Kutsche mit 8 Plätzen. Wir fuhren fast um den ganzen Park, was mir einen Gesamteindruck vermittelte und der Kronprinz erklärte mir alles mit großer Liebenswürdigkeit. Zur Soiree — der Kaiser war wieder zurückgekehrt — hatte man Offiziere aus dem nahegelegenen Truppenlager eingeladen: Brewern, Lambert, Volkoff. Plötzlich, um ½12 brachte man Briefe aus der Stadt. Ich fühlte, daß es die erwarteten Antworten aus Stuttgart sein mußten, Olga Nikolajewna war ergriffen, öffnete die Briefe nicht gleich. — Wir machten noch eine prächtige Mondschein-Promenade. Als Nina Pilar zurückkehrte, (wir wohnten Tür an Tür) folgte Großfürst Nikolaus im Droschky. Aus dieser unschuldigen Kleinigkeit machten die bösen Zungen ein ganzes Gebäude von Verleumdungen, das in Nichts aufzulösen ich bereit bin.

11. Mai Nina zeigte mir noch die Zimmerflucht im Palais, die meine Großfürstin als Jungvermählte bewohnt hatte. Dann ging es zum Landhaus, wo uns die Gesichter zeigten, daß alles zur Abreise entschlossen war. — Am Abend sah ich bei meiner Großfürstin die Briefe des Königs, voller Vernunft, weil *seine* Politik den Sohn zurückrufen muß. Aber die Antworten an Fürst Gortschakow[2] gleichen denen einer Sphinx und sind für die beängstigend, die ihre Pflicht zu erfüllen suchen! — Die ganzen Tage Diners und Abschiedsbesuche — alle sind so gut!

15. Mai Letzte Soiree bei der Kaiserin — die Großfürsten — die so charmanten Fräulein! Die Kaiserin nahm mich auf die Seite, gab mir ein schönes Souvenir und sagte zu mir, bei Olga zu bleiben, um ihr nützlich zu sein. Ich war lange Zeit darüber gerührt. Die anwesende Großfürstin sagte zu mir: »es war wie ein Segen von Mama«. Der Erbgroßfürst, der mich gestern nicht getroffen hatte, kam zurück — so gütig — und sprach mit Wärme von seiner Schwester und dem Kronprinzen. Um 6 Uhr Spaziergang mit der Großfürstin Alexandra Josephowna. Soiree bei der Cäsarewna — ich verfehle die Audienz der Großfürstin Marie Nikolajewna.

1 Im weiten Park von Peterhof, der kaiserlichen Sommerresidenz von Peter dem Großen erbaute Landhäuser Monplaisir, Marly und Eremitage.

2 Dem russischen Gesandten in Stuttgart, siehe S. 26, Anm. 4.

16. Mai Verabschiedung von der guten Gräfin Baranow, von der Gräfin Tiesenhausen — und die Gebete für die Abreise. Als Olga Nikolajewna eintrat, wurde ich tief gerührt: sie war am Arm ihres Vaters und gab den ihren der Kaiserin, ging gesenkten Blickes. Wir gingen nicht in die Kirche hinein. Als sie das Kreuz küßte, sagte ihr Bajanow mit väterlichem Ausdruck einige Worte. Dann nahmen wir Abschied. Die Kaiserin sagte zu mir: »Gott segne und leite Sie bei Oly!« Der Kaiser drückte mir die Hände und sagte: »Gott möge Sie begleiten« und beim zweitenmal: »ich empfehle Ihnen meine Tochter«. Mir schnürte ihr Kummer fast die Kehle zu und zu gleicher Zeit war ich von tiefster Hochachtung über die Art erfüllt, mit der sie ihre Prüfung auf sich nahmen.

Lebewohl all den Fräulein gesagt, die noch zu mir kamen. Dann zum Palais Marie, zu den Kindern der Großfürstin. Sie war selbst anwesend, behielt mich lange da, um über ihre Schwester zu sprechen, dabei lag viel Ergriffenheit in ihrer Stimme, die zum Herzen sprach.

Helene Brunnow, die — später — die beiden Großfürstinnen Marie und Olga sah, sagte: »Es sind die hübschesten alten Schwestern, die ich je sah!« Bei der Rückkehr noch mehr Verabschiedungen. Diner, dann stiegen wir bei der Kronprinzessin ab, wo wir Anne Alex-Okulow und Elise Rauch bei ihr fanden.

Mit wahrer Ergriffenheit durchquerte ich bei der Abreise die Straßen von Petersburg. Die Nacht war anstrengend. Man traf sich zum Frühstück. Sie bleich, still, natürlich. Der Kronprinz fuhr in der Kutsche mit Ellrichshausen[1], die Kronprinzessin wechselte je nach unserem Dienst.

27. Mai Zurück in Stuttgart — einige Briefentwürfe, wie ich sie schrieb, bevor ich mich an die Korrespondenz gewöhnt hatte, helfen mir hier zu rekapitulieren.

30. Mai Wir haben diese liebe Hauptstadt einer kleinen aber einnehmenden Welt wieder erreicht, wo man uns alle gut aussehend findet. Ich werde dauernd von Besuchen und Aufträgen unterbrochen und werde in dieser schönen Unordnung bis Samstag bleiben, wo wir in die Villa[2] umziehen. König und Königin[3] gehen auch weg: der Souverän nach Baden-Baden, seine erhabene Hälfte nach Homburg, die Prinzessin Katharina[4] mit ihrer Schwester, der Prinzessin Marie[4] nach Schwaigern, Prinzessin Auguste[5] nach Weimar.

Gortschakow wird nach Petersburg gerufen, man sagt, er übernehme wichtige Aufgaben. Hier ist man außer dem König antirussisch. Der Kronprinz ist die

1 Wohl *Freiherr Josef Adolf von Ellrichshausen,* Major à la suite des Ulanen-Regiments König Karl.

2 Villa Berg.

3 *Königin Pauline* (1800–1873), die dritte Gemahlin König Wilhelms I., Mutter von Kronprinz Karl.

4 *Katharina* (1821–1898), stammte aus der 3. Ehe König Wilhelms, *Marie* (1816–1887) aus der 2. Sie war seit 1840 mit Graf Alfred von Neipperg (1807–1865) vermählt.

5 *Prinzessin Auguste* (1826–1898) aus der 3. Ehe König Wilhelms I. heiratete Prinz Hermann zu Sachsen-Weimar-Eisenach (1825–1901).

feste Stütze seiner Frau durch die unerschütterliche Treue, die er gegenüber dem Kaiser zeigt.

Liebe Korrespondentinnen hielten mich auf dem laufenden über das, was sich im Winterpalais tat. Elise Rauch und Anna Tutscheff waren die treuesten. Die Gräfin Münster schrieb mir solange Elise krank war.

Juni Ich schrieb an E. Rauch: »Wir leben still und zurückgezogen auf dem Lande, man hat Zeit, die vergangenen Monate zu überdenken. Die Kronprinzessin ist wohl, sieht blühend aus, beide Herrschaften haben sich ihr Leben eingerichtet wie es am besten für die jetzige Stimmung paßt, sind beinahe immer zusammen. Abends ist man in sehr engem Kreise vereinigt, wo meist Lektüre gemacht wird; die Kronprinzessin eher ernst, aber immer teilnehmend an allem. Besonders ist sie nie durchaus traurig, weil sie sich nie gehen läßt. Kommen die Nachrichten[1], so sind beide Eheleute voll Ungeduld, jedes Wort zu lesen, durchzufühlen — in wehmütiger Freude. — Ich bewohne über ihnen mein Türmchen, habe mich daselbst mit Blumen umgeben und sehe behaglich ins Blaue, d.h. in ein großes Stück Himmel über mir.

September Bei meiner Rückkehr in die Villa nach vierzehn Tagen Aufenthalt in Friedrichshafen[2], erstattete ich Bericht darüber an Herzogin Ludwig[3]. Ihre Majestät Königin Pauline konnte nicht genug zeigen, welche Freude es ihr machte, Vergnügen um sich zu verbreiten. Ihre liebenswürdigen Aufmerksamkeiten, die sie dem Kronprinzen und der Kronprinzessin erwies, entschädigten diese nicht nur für das kleine Opfer, die Villa zu ihrem schönsten Zeitpunkt verlassen zu haben, sondern ließen sie sich auch wohlfühlen in dem Bewußtsein, nicht zu stören. Sie bedauerten aufrichtig, Friedrichshafen nach dem zweiten Aufenthalt wieder zu verlassen, der auf den nach ihrer Hochzeit folgte. S.M. der König, der zum Geburtstag der Königin am 4. September eintraf und bei seiner Ankunft so viel gute Stimmung vorfand, schien Gefallen daran zu finden, und die Anwesenheit S.M. beeinträchtigte in keiner Weise die allgemeine gute Laune. Prinz und Prinzessin Weimar[4] kamen mit ihrer kleinen Familie am 24. August: die Gesellschaft seines Schwagers war für den Kronprinzen ein großes Vergnügen, sie badeten, spazierten und ritten zusammen. Prinzessin Auguste beschäftigte sich viel mit ihren Kindern. Das sind Augenblicke, die für unsere liebe Kronprinzessin offenbar unerfüllbar[5] bleiben — man muß sich dem Willen

1 Aus Rußland.

2 Im königlichen Schloß.

3 *Prinzessin Henriette von Nassau-Weilburg* (1780–1857), 2. Gemahlin Herzog Ludwigs von Württemberg (1756–1817), Mutter der Prinzessin Pauline, der 3. Gemahlin König Wilhelm I. von Württemberg. Ihr Wohnsitz war Kirchheim/Teck.

4 *Prinz Hermann zu Sachsen-Weimar-Eisenach* (1825–1901) war seit 1851 vermählt mit Prinzessin Auguste (1826–1898), Tochter Königs Wilhelm I.

5 Anspielung auf ihre Kinderlosigkeit.

Gottes fügen, der ihr trotzdem genug Arbeit geschenkt hat! Prinzessin Katharina scheint nun auch dem Reiz der Kronprinzessin verfallen zu sein: eines Tages kam sie ihr sogar zuvor, warf sich an ihren Hals und sagte: »liebe, liebe Oly!« Auch die Kronprinzessin badete gern im See.

Gegenwärtig erfreut man sich hier der Anwesenheit des alten Fürsten Wiasemsky und seiner Frau, die sich in Cannstatt aufhalten. Man macht sich mit Herrn Titoff bekannt, der vorübergehend den Fürsten Gortschakow ersetzt. Mehrmals mußte ich dem Fürsten zurückschreiben, um ihm für seine wiederholten Mitteilungen zu danken.

Dezember 1854 Stuttgart Gestern fand die Einweihung des Kronprinzenpalais statt. Man kehrte von der Villa im Schlitten zurück. Sich neu einzurichten ist eine Zerstreuung für die Kronprinzessin, trotzdem bedauert sie, das Schloß[1] verlassen zu müssen, ihren ersten Wohnsitz nach ihrer Heirat, der so viele teure und intime Erinnerungen birgt und für dessen provisorische Einrichtung der Kronprinz reichliche Ausgaben hatte. — Im Palais des Königs! — Gegenwärtig muß man noch Verbesserungen vornehmen. Als man das Kronprinzenpalais erbaute, versäumte man, das umliegende Gelände zu erwerben und diese Plätze sind unerschwinglich teuer geworden.

Der Kurier vom Samstag hat traurige Briefe gebracht, außer denen der Brüder[2], die ihre kriegerische Begeisterung ausstrahlen. Aber die Kronprinzessin ist so ruhig, so würdevoll. Wenn andere sich erregen, selbst wegen einer guten Sache, bewahrt sie die sichere Haltung, die der Tochter eines Kaisers zukommt.

Ich bin noch kaum eingerichtet in meinem neuen Heim und da kann man sich meine Verblüffung vorstellen, als man mir ankündigte, morgen, am 18., dem Geburtstag des Kaisers, finde unser erster Ball statt! Ich war versucht, dieses Wort im Wörterbuch nachzuschlagen und fand da, daß es dem Sinn von tanzen entspreche, einer mechanischen Beschäftigung, bei der die Füße einer großen Zahl von Personen zum Vorschein kommen und woran der übrige Körper und der Kopf nach und nach teilnehmen. — Ich habe mich kaum von meinem Schrecken erholt!

1 Das Neue Schloß in Stuttgart.
2 Die Brüder der Kronprinzessin.

1855

Nochmals Fräulein Okulow – Salon der Prinzessin Marie – Versprechen des Großfürsten Nikolaus und des Kaisers – Reise Ihrer Hoheiten nach Rußland – ich nach Kirchheim und in die Schweiz – Villa – Durchreise der Großfürstin Marie von Weimar – Friedrichshafen bei der Königin Pauline – 11. September Fall von Sewastopol – die Königin Sophie – Hochzeit Magnus.

Januar *Brief an meine Mutter:* Wir leben wie die Maulwürfe — Fräulein Okulow hat sich bei uns wieder aus Rußland eingefunden und ihre alten Rechte und Gewohnheiten eingenommen, wohnt in einem kleinen Appartement über dem Stall, wo sie kleine Soireen gibt — Bilder, um den Prinzen zu zerstreuen (er ist so leicht zu unterhalten). Die Fürstin Butera ist auch da für die kleinen Intimitäten verschiedenster Art. Ihre Hoheiten bleiben Frau von Berlichingen treu, deren Konversion[1] die Beziehungen auf den dringenden Wunsch von König Wilhelm für kurze Zeit unterbrochen hatte. Der in Frankfurt residierende Bismarck[2] hat sich bereitgefunden, unser Gebiet anzuerkennen — Winterhalter[3] ist nochmals gekommen, um ein zweites Bild der Kronprinzessin im Profil zu malen. — Es hat nur einen einzigen Subskriptionsball im Hotel Marquardt gegeben, wo eine Menge junger Mädchen erschien, die sich davon etwas Besonderes erwarteten. — Im Kronprinzenpalais Kammermusik mit einem erwählten Publikum.

31. Januar Unser armer Vetter Seckendorff (Oberhofmarschall), der den ganzen Winter über krank war, ist gestern Abend plötzlich an einem Herzanfall gestorben. Graf Taubenheim[4] ersetzt ihn vorläufig, die Gräfin möchte nicht, daß man ihr den Gemahl wegnimmt, der jedesmal angefordert wird, wenn es irgendwo fehlt. Sie sagt: es fehlt nur noch, daß der Hofprediger pensioniert wird und mein Mann für ihn einspringen muß! — Du fragst nach Nachrichten von Hügels? Sie sind auf dem Weg nach Wien. Baron Karl[5] und Baronin Alexandrine scheinen privilegierte Wesen zu sein, denn mit einem solchen Äußeren ist es ein Rätsel, wie man da die Herzen gewinnen soll. – Man erzählt eine gute Anekdote: Kaiser Franz Joseph hatte von der bemerkenswerten Schönheit der Frau des Gesandten von Sardinien sprechen hören, die zur gleichen Zeit vorgestellt

1 Sie war zum Ärger des Königs zur katholischen Kirche übergetreten.

2 In dem für Rußland unglücklich verlaufenden Krimkrieg hatte Preußen auf den Rat seines Bundesgesandten in Frankfurt, *Otto von Bismarck*, die Neutralität gewahrt.

3 *Franz Xaver Winterhalter* (1805–1873), berühmter Maler eleganter Bildnisse der höchsten Gesellschaft.

4 *Wilhelm Graf von Taubenheim* (1805–1894), Oberstallmeister des Königs Karl.

5 *Karl Alexander Freiherr von Hügel* (1805–1870) war 1855–1864 württ. Minister der auswärtigen Angelegenheiten.

wurde. Er verwechselte die Personen, und um Baron von Hügel etwas Liebenswürdiges zu sagen, sprach er vom Charme seiner Gemahlin!

Im Februar erwachte der Karneval, fast alle Tage waren belegt. Der Montag von den Stoffregen, Dienstag Subskriptionsball, Mittwoch bei den Seckendorff, Gesandten von Preußen, Donnerstag gaben die Galizin eine Tanzveranstaltung, Freitag die Varnbüler und am Samstag gibt gewöhnlich der große Hof ein Fest. — Bei einer dieser Gelegenheiten trug die Kronprinzessin ein mit duftigen Mechelner Spitzen verziertes Kleid, auf dem Kopf eine Franse aus Diamanten und eine Kaskade rosa Federn! — Es gibt hier eine ansehnliche russische Kolonie, sehr angenehm, auf die man aber sehr eifersüchtig ist, obwohl man gerne ihren Einladungen folgt.

Während unserer Nachmittage bei der Kronprinzessin las ich aus Port Royal[1] vor, und an den Abenden im kleinen Kreis der Hoheiten — Fräulein Okulow und manchmal zwei bis drei Gäste — zupft man Scharpie[2] und der Kronprinz und ich lesen abwechselnd mit lauter Stimme die hübschen »dramatischen Sprichwörter«[3] von Leclerq vor, einige Nachrichten aus der Revue des deux Mondes oder flämische Geschichten von Hendrik Conscience[4]. — Herr Titoff geht nach Wien, um Fürst Gortschakow zu unterstützen. In der hübschen russischen Kolonie, die bis jetzt das Beispiel einer herzlichen Eintracht gab, ist es »einer Dame« gelungen, Zwietracht zu säen. Gestern Abend sagte eine von uns: »im Grund gibt es seit 8–10 Tagen keine Geschichten mehr in unserer kleinen Welt«. Die Kronprinzessin, unterrichtet, bemerkte dazu: »Das kommt daher, weil Madame N. N. völlig heiser ist«. Der sogenannte dicke Berlichingen, Baron Fritz, nannte solche gesellschaftlichen Intrigen »Überfluß an Klugheitsmangel«.

Die Nachrichten vom Kriegsschauplatz werden immer ernster (vom türkischen), auch gab die Gesundheit des Kaisers Anlaß zu Besorgnissen. Ach, derselbe schonte sich nicht, bediente sich auch trotz angegriffener Bronchien immer nur des Militär-Tuchmantels ohne Pelzfutter. Als am 1. März die bedenklichen Nachrichten, die der Thronfolger telegraphisch durchgab, zu schleuniger Abreise aufforderten, machte sich das kronprinzliche Paar mit wenig Hoffnung im Herzen auf den Weg. Fräulein von Okulow begleitete es, sowie Baron Berlichingen.

Ich blieb mit schwerem Herzen und der zuversichtlichen Hoffnung, nachzureisen, zurück. Tags darauf traf die Todesnachricht ein. Ich wurde zur Großmama[5] nach Kirchheim beordert, um ihr den Hergang zu erzählen. Damals ging man noch im vierspännigen Postwagen von Plochingen aus. Und dann sollte ich

1 Die bedeutende »Geschichte von Port Royal« des französischen Schriftstellers Sainte-Beuve (1804–1869).

2 Leinwand als Verbandmaterial.

3 Die »Proverbes dramatiques« des französischen Dramatikers Michel Théodore Leclercq (1777–1851).

4 *Hendrik Conscience,* Flämischer Erzähler (1812–1883).

5 *Herzogin Henriette* (1780–1857), 2. Gemahlin des Herzogs Ludwig von Württemberg, siehe S. 74, Anm. 3.

Herrn von Tremblay, den früheren Gouverneur des Kronprinzen beschäftigen, der gerade mit seiner Gattin zu Besuch ankam.

Fräulein Okulow schrieb mir aus Berlin die erste Nachricht von den Reisenden außer einigen telegraphischen Worten. Gleich nach der Ankunft in Frankfurt wurde der verhängnisvolle Schlag vom Tod des Kaisers bekannt. Der Kronprinz und Fräulein Okulow fanden die Kronprinzessin zu angegriffen, ihr dies mitzuteilen; sie wollten ihr die Nacht nicht rauben und erst am nächsten Morgen erfuhr sie die erschütternde Wahrheit. In Berlin empfingen sie Friedrich Wilhelm IV. und die Königin Elise am Zug. Man hielt um 8 Uhr an, wo man Zeit hatte, einem Trauergottesdienst beizuwohnen, dann fuhr man weiter über Königsberg bis Mariampol, wo man einen Adjutanten traf, der beruhigende Nachrichten über die Kaiserin brachte. Sie entschieden sich daher, in den Nächten zu schlafen. Was für eine traurige Ankunft in Petersburg! Ich kenne jeden Winkel, jede Ecke dieses Flügels des Winterpalais. Ich habe sein Bild beständig vor Augen.

Damals führte ich eine Heldentat aus, um einem hingeworfenen Wunsch der Königin Pauline zu entsprechen, ihr doch etwaige Nachrichten mitzuteilen. Ich führte es buchstäblich aus, mich eines Abends nach 6 Uhr mit eben erhaltenen Briefen bei Ihrer Majestät melden zu lassen. Meine Episteln in der Hand, traf ich das alte Ehepaar nach Tisch, Rabouge[1] spielend, und wurde freundlich empfangen. Der ganze alte Hof stellte sich nachher fast auf den Kopf über meine Verwegenheit, denn ich bin somit die Einzige, die diesem tête-à-tête-Spiel beigewohnt. Dies trug sich zu in dem ehemaligen Sommersaal vor zwei scheußlichen Öfen, häßlicher Tapete, verbautem Plafond. Übrigens später der Ort, den man den »Bereich der Königin Olga« nannte, vermöge der ebenbürtigen Kunstschätze und ideenreichen Ausstattung.

18. März Ich bekam einen kleinen Brief von der Kronprinzessin — nach ihrer Ankunft —, worin sie von sich selbst sprach und noch nichts für mich entschied, bevor der Prinz von Weimar, der zur Beisetzung abgeordnet war, die Entscheidung des Königs mitbrachte, ob der Kronprinz bleiben könne.

Königin Pauline sagte mir, sie würde alles tun, daß der König seine Zustimmung gebe, denn sie finde, nichts gehe über die gegenwärtige Pflicht. — Traurig haben wir den 6. März[2] begangen. Was mich betrifft, so hatte die Kronprinzessin am 4. an mich gedacht und mir ein Souvenir hinterlassen.

Ich glaube, ich werde nicht zu ihr kommen. Fräulein Okulow ist wie geschaffen, sie in diesem Augenblick zu unterstützen. Man sagt, sie habe bei der Reise viel Geistesgegenwart gezeigt. Der Kronprinz umgibt seine Frau mit der zartesten Sorge — ich erwartete nichts anderes von ihm. Seit einem Jahr ist eine Veränderung eingetreten, seine Eigentümlichkeiten verschwinden.

Der Kronprinz harrte treulich aus. Er soll bei allen Schwierigkeiten der Reise und bei den vielen Emotionen des damaligen Aufenthalts unübertrefflich lieb

1 Ein Kartenspiel.
2 Geburtstag des Kronprinzen Karl.

und opferwillig gewesen sein. Es ist ja nicht zu verhehlen, daß unser gnädigster Herr später ein großer Sonderling wurde, der durch die großen Fehler seiner Veranlagung[1] sich oft in ein ganz falsches Licht stellte. Aber sein Herz sündigte vielleicht nur durch seine zu große Freigebigkeit, die sehr ausgenutzt wurde und besonders von denen, die am lautesten von seinen Schwächen sprachen.

Übrigens: im Jahr 1892, nach dem Tod beider Eheleute, bekam ich durch Vermittlung einen Thomas a Kempis[2] zur Hand, worin mit Bleistift vom Jahr 1855 in Petersburg Bibelsprüche abgeschrieben standen und nachher die Widmung »für Oly nach meinem Tod«, deutlich von des Kronprinzen Hand.

Die Königliche Familie wohnte dem ersten offiziellen Trauergottesdienst für den Kaiser in der russischen Kirche an. — Es wurde Ende Mai, bis meine Herrschaften zurückkehrten. Die Kronprinzessin schrieb mir inzwischen, daß bei der unbestimmten Dauer ihres Aufenthalts sie mich — leider — nicht nachkommen lassen würde. Da entschloß ich mich, meine Mutter in Genf zu besuchen.

Mai Ich erwartete die Herrschaften in der Villa mit dem Rest unseres Hofes und den Russen. Die Kronprinzessin kämpfte mit ihrer Ergriffenheit. Sie brachte mir die kleine Daguerrotypie ihres Portraits in Uniform mit, die über dem Bett ihres Vaters hing und die er sterbend segnete. Großfürst Nikolaus besorgte sie ihr für mich. Ich wagte nicht, sie viel zu fragen. Eines Tages erzählte mir die Kronprinzessin aus eigenem Antrieb die letzten Augenblicke ihres Vaters: »Als ihm Dr. Mandl gesagt hatte, wie ernst sein Zustand sei, wollte er sich sammeln. Dann ließ er seinen Sohn kommen, um ihm seine Anweisungen zu geben, nachts 3 Uhr. Die Kaiserin kam dazu, tapfer vor dem Schmerz des Opfers, und meldete ihm die Ankunft seines Beichtvaters Bajanow. Er antwortete auf die Gebete der Beichte und drückte dabei die Hand seiner Frau.

Die junge Kaiserin[3] schreibt oft, im übrigen spricht man wenig von Petersburg, um nicht aus der Fassung zu kommen und wieder die hiesigen Interessen gut wahrzunehmen. Die königliche Familie, die Prinzessin Wilhelm[4] und Frau von Taubenheim waren gleich nach der Ankunft des Kronprinzenpaars in die Villa gekommen, erfüllt von Mitgefühl. Fräulein Okulow stieg in der Stadt ab. Helene Brunnow, eingeladen von den Königlichen Hoheiten und ich übernehmen die Führung durch die Villa. Cécile Kahlden beherbergt ihre Schwester in der Stadt.

1 Anspielung auf seine Männerfreundschaften.

2 Berühmter Mönch (1379–1471), dessen bekanntestes Werk, die »Vier Bücher von der Nachfolge Christi« große Verbreitung fanden.

3 *Prinzessin Marie von Hessen* (1824–1880), seit 1841 vermählt mit dem Thronfolger Kaiser Alexander II.

4 *Theodolinde,* geb. Prinzessin Leuchtenberg (1814–1857), Gemahlin des Herzogs Wilhelm von Urach (1810–1869) und Gräfin Marie von Württemberg (1815–1866), Gemahlin des Grafen Wilhelm von Taubenheim (1805–1894).

Petersburg, 18. Februar. *Brief des Barons Meyendorff*[1] nach dem Tod des Kaisers: »... es war eine schöne Seele, die das Bedürfnis hatte, zu lieben und ihre Pflicht zu tun. Ich traf ihn nach der Ankunft der Kuriere, die ihm die Nachricht von den Schlachten bei Alma[2] und Inkerman[2] brachten und sehe ihn noch vor mir: den Kopf in seine Hände gestützt, sagte er: 240 Offiziere! 240 Tapfere! Wo finde ich sie wieder? Und die Tränen strömten ihm über das Gesicht! Vergangenen Samstag erhielt er telegraphisch die erste Nachricht von der grausamen Affäre bei Eupatoria[3] und seitdem verschlechterte sich sein Zustand zusehends. Aber am Dienstag arbeitete er noch. — Wie gut war er zu meiner Frau! Nie kam in ihrer Gegenwart der Name Buol[4] über seine Lippen und er verbot anderen, mit ihr darüber zu sprechen, weil, wie er sagte, sie mehr als wir darunter leidet, was Österreich tut. Welch anderer Mann, ich sage, nicht Souverän — hätte solches Feingefühl besessen? — Ich will nichts über den neuen Kaiser sagen, der noch ganz von Schmerz erfüllt ist, und ich werde mir nicht anmaßen, den Propheten zu spielen, außer in einem Punkt: zu wissen, daß die, welche ihn für schwach halten, sich sehr täuschen. Es wird viele Enttäuschte hier und im Ausland geben, wenn man ihn so beurteilt. Und ich garantiere dafür, daß er sich Respekt verschaffen wird!«

10. März *Brief aus Petersburg:* »... Ich fühle, daß Ihr Herz mir dankbar sein wird, wenn ich Ihre Sorge lindere, die Sie gewiß erfüllt, wenn Sie an die schmerzlichen Stunden denken, die im Winterpalais verstreichen. Ich habe Ihnen schon mitgeteilt, daß die Gesundheit unserer geliebten Kaiserin wie durch ein Wunder all diesen ergreifenden Gemütsbewegungen widersteht. Die Seele unterstützt den Körper. Sie trägt ihr Kreuz als wahre Christin. Wenn der Stützpunkt im Himmel liegt, welches Gewicht kann man dann nicht tragen? Sie wohnt allen Trauergebeten bei und wird die letzten Pflichten bis zum Ende erfüllen. Sie will es — und wer wollte es heute wagen, ihr dies zu verbieten? Am Tag der Thronbesteigung ihres Sohnes legte sie Weiß an und ging hin, ihn zu beglückwünschen und zu segnen. Es ist für sie ein großer Trost, ihrem Gemahl die letzten Pflichten zu erfüllen, und wenn Sie wüßten, mit welcher Sanftmut, welcher rührenden Schlichtheit diese engelsgleiche Frau die Prüfung auf sich nimmt, die der Himmel ihr auferlegt hat! Wie rührend ist sie, wenn sie Gott dankt, daß er dem Kaiser den Schmerz erspart hat, sie zu überleben! Die Hoffnung, nicht zu lange warten zu müssen, um wieder mit ihm vereinigt zu sein, zaubert ein herzzerreißendes Lächeln auf ihre Lippen. Sie fühlt sich wie überströmt von den Erinnerungen dieser 38 Jahre voll Glück.

1 Siehe S. 26, Anm. 5.
2 Schlachten des Krimkriegs, die die Russen unter großen Verlusten verloren.
3 Am 14. Sept. 1854 landete im Krimkrieg das Heer der Alliierten bei Eupatoria, um dann Sewastopol zu belagern.
4 *Graf Buol-Schauenstein* (1791–1865), österreichischer Staatsmann, war Befürworter einer Rußland feindlichen Politik, seine Schwester, Gemahlin des Freiherrn Peter von Meyendorff, war patriotische Russin und daher mit ihrem Bruder zerstritten.

Sie dankt Gott für diese ihr so teure Vergangenheit und neigt sich ergeben vor einem so heiligen Schmerz. Von welch unaussprechlicher Sanftmut ist noch für diese gesegnete Seele das Bewußtsein, diesem wahrhaft bewunderungswürdigen Tod beigewohnt zu haben.

Aber nicht sie allein findet Trost, indem sie die kleinsten Einzelheiten dieses wahren Christenglaubens auf Erden sich vergegenwärtigt: es gibt nur einen Ruf der Bewunderung, des Dankes und der Liebe für diesen Souverän und Ehrenmann, der bis zum Tod seinem edlen und großen Charakter treugeblieben ist. Man erkennt jetzt die tiefen Überzeugungen, die die Grundlage dafür waren: der heiße religiöse Glaube, die große Liebe für sein Land, die hohe Auffassung von seiner Pflicht! Das strahlte noch in seinen brechenden Augen und sein Leben und sein Tod sind sozusagen in der gleichen Wahrheit verschmolzen. Man hat den ganzen Menschen verstanden, man hat den großen Kaiser verstanden und ein einstimmiges Gefühl der Begeisterung strömte aus allen Herzen. Wenn man daran denkt, was er alles in diesem letzten Jahr erlitten hat, bemächtigt sich einem dabei eine herzzerreißende Angst. Welche Sorgen, welche durchwachten Nächte! Welche Arbeit, welcher Eifer, welch grenzenlose Hingabe! Nur der Tod allein, die Ruhe in Gott, konnte Entspannung von einer solchen Überanstrengung bringen. Möge der ewige Friede seine Seele trösten! Möge er von seinem himmlischen Aufenthalt aus über Rußland wachen! Oh wie war es so ganz russisch, dieses Herz, das aufgehört hat zu schlagen! Das Volk fühlte es wohl, sein Schmerz läßt sich nicht beschreiben und seine Tränen, sein Schluchzen sind herzzerreißend!«

Dieser letzte Brief ist ein deutlicher Beweis für die Überspanntheit, die damals in Rußland für Vaterland und Souverän herrschte. Ein Fremder, der Marschall Windischgrätz[1], der den Kaiser Nikolaus ohne Vorurteile bewunderte, sagte: »Dieser Tod des Kaisers ist ein Buch der Frömmigkeit, das man auf den Knien lesen muß.«

Juni Bald tauchte der Plan auf, nach Friedrichshafen zu gehen, unter das Dach der Königin Pauline. Es gab eine Verzögerung wegen der unerwarteten Durchreise der Großfürstin Marie Pawlowna[2], einer Tante der Königin. Sie brachte das hübsche Fräulein von Stein mit, die dann Herrn von Lindenau heiratete.

Juli Mein Onkel Spitzemberg ist nach Paris gegangen, während seine Frau die Königin Pauline ins Bad begleitete. Sein ältester Sohn Wilhelm ging mit ihm, angeblich um die Ausstellung[3] zu besichtigen, in Wahrheit wegen einer ärztli-

1 *Alfred Candidus Fürst zu Windischgrätz* (1787–1862), österreichischer Feldmarschall.
2 Tochter des Kaisers Paul I. von Rußland (1754–1801) und seiner 2. Gemahlin Maria Feodorowna von Württemberg (1759–1828), verh. Großherzogin von Sachsen-Weimar (1786–1859).
3 Die Pariser Weltausstellung von 1855.

chen Konsultation. Bei seiner Rückkehr hatten wir bei ihm ein schönes Abendessen mit Austern und Champagner, um die Ernennung von Karl Spitzemberg nach Wien zu feiern. Überraschend wurde er von seinen Amtszimmern in Ellwangen weggeholt, um beim diplomatischen Kongreß aufzutreten. Seine Eltern sind begeistert. Der König hat ihn zum Kammerherrn ernannt und Karl, von Ruhm überhäuft, nimmt zusehends zivilisierte Formen an. — Der Großfürst Nikolaus hat sich unterdessen mit der Prinzessin Alexandra von Oldenburg verlobt. — Anna Kahlden, die Schwester von Cécile, hat sich sehr darum bemüht, daß diese nicht konvertiere.

August *Brief an meine Mutter aus Friedrichshafen.* Die Gesellschaft besteht aus den hohen Herrschaften: Königin Pauline, Prinzessin Katharina[1], dem Kronprinzenpaar — alle sind guter Laune. Ferner aus meiner hervorragenden Kusine Auguste von Seckendorff — einem alten Mädchen im guten Sinne des Worts, ihr Lieblingsausdruck ist »schrecklich« bei jeder Gelegenheit, ohne daß es ihrem Charakter entsprechen würde — der Baronin Bertha von Palm, der anderen Ehrendame, keineswegs zimperlich und immer zum Lachen aufgelegt — Frau Anna von Maucler, bei allen beliebt — Fräulein Okulow, ein wenig lebhaft — dem Baron vom Holtz, der das Leben leicht nimmt — dem Grafen Zeppelin, der zufrieden ist, daß er gebraucht wird — Cécile Kahlden, zu schweigsam für den Salon, weil ihre Toiletten und tausend Kleinigkeiten sie beschäftigen — und mir. König Wilhelm trifft am Donnerstag ein, verbringt hier zwei Tage und begibt sich für einen Monat nach Vevey.

Oktober Man blieb in Friedrichshafen, verbrachte dort den 11. September, den Geburtstag der Kronprinzessin — traurig dieses Jahr, während dem auch noch die Nachricht vom Fall von Sewastopol[2] kam. Die Kronprinzessin mußte ein Feuerwerk und eine Illumination des Gartens über sich ergehen lassen, die in guter Absicht vorbereitet worden waren und die man nicht abbestellte, um nicht soviel andere zu enttäuschen. — Die Königin der Niederlande war auch gekommen und belebte unseren Kreis durch die Lebhaftigkeit ihres Geistes. Sie kehrte mit uns nach Stuttgart zurück. Nun fand die Vermählung von Helene Brunnow mit Magnus[3] statt. Ich war gegen diesen unüberlegten Streich, den Helene damit beging, daß sie den Anspruch auf eine ungewisse Zukunft akzeptierte, nachdem ein erster Verlobter, ein Franzose, sie in unmöglicher Weise hatte sitzen lassen. Königin Sophie, für die Helene schwärmte, sagte von ihr: »für diese arme hin- und hergerissene Seele gab es wenig Glück auf dieser Erde. Seit ihrer Kindheit erschüttert, hatte sich ihr Gemütsleben zu sehr entfaltet und war ihr in gewissem Sinn unentbehrlich geworden. Jeder Vorsorge feind, fand sie in der Stärke ihrer

1 Tochter König Wilhelms I., seit 1845 Gemahlin des Prinzen Friedrich von Württemberg, Mutter König Wilhelms II., lebte 1821–1898.

2 Am 11. September 1855 besetzt durch die Truppen der verbündeten Westmächte.

3 *Freiherr von Magnus* war preußischer Gesandter und bevollmächtigter Minister in Stuttgart.

Königin Pauline von Württemberg (1800–1873), Tochter des Herzogs Ludwig und der Herzogin Henriette von Württemberg, dritte Gemahlin König Wilhelms I. Gemälde eines unbekannten Malers.

Die russische Kirche in Stuttgart. Zeichnung von Eveline von Massenbach.

Hotel Bellevue
in Wildbad, davor die
Kaiserinwitwe
Alexandra Feodorowna,
Tochter von König
Wilhelm III. von Preußen.
Aus der Illustrierten
Zeitung Leipzig vom
13. September 1856.

Wildbad. Zeichnung von Baumann, lithographiert von Emminger, um 1850.

Imagination Freude für einen Tag, auf die nur zu oft Erschütterung, ja Jammer folgten.

Ich machte auch eine kleine Reise nach Mannheim zu meiner Schwester Pauline, die Fräulein Jung anvertraut war, einer Schwester von Jung-Stilling[1], die kennenzulernen mich interessierte.

Ich wurde Brautjungfer von Helene Brunnow. Es sah aus, als würde man zu einem Opfer gehen. Vater und Mutter machten Theater: die alten Brunnows[2], denen man den Spitznamen, »die Krokodile« gegeben hatte, wegen der Ähnlichkeit des Barons mit ihnen und den Tränen der Baronin.

Tod meiner Großmutter in Riga. — Graf Alfred Neipperg in Winnenden interniert.

Gerücht von einer Heirat der Fürstin Lubinka Suworow mit meinem Vetter James Armitstead! Man wird niemals gestatten, daß ein alltäglicher Name sich mit einer vornehmen Familie verbindet, wenn sie auch weder Vermögen noch Gelegenheit zu einer Versorgung hat. Er ist ein charmanter Junge, für den sie sich in Riga interessierte. Seine Mittel würden es ihm erlauben, ihr Reisen zu ermöglichen und sich niederzulassen, wo es sie hinziehen würde.

1 Eigentlich *Heinrich Jung*, Arzt und Dichter (1740–1817), bekannt durch seine Freundschaft mit Goethe während dessen Straßburger Zeit. Später Kameralist und Staatswissenschaftler.

2 Verwandte des russischen Diplomaten Graf von Brunnow (1797–1875), der 1839 Gesandter in Stuttgart war? Der Dichter Hermann Kurz heiratete 1851 eine in Obereßlingen geborene Eva-Maria von Brunnow.

1856

Ernster Winter – Schlaganfall der Herzogin Henriette – Kurzer Aufenthalt in Kirchheim – Tod der Gräfin Albertine Uxküll – Vermählung des Großfürsten Nikolaus in Petersburg – Erster Jahrestag des Todes des Kaisers – Fürstin Butera – Fürst Basil Mechtschersky – Fräulein Annenkow – die Markgräfin von Baden – Fürst Gortschakow Minister der Auswärtigen Angelegenheiten – die Kaiserinmutter wird auf den 10. Juni nach Wildbad angemeldet – König Wilhelm in Paris – die Hoheiten in Warschau – Treffen mit Alexander II., Winterhalter, Rubinstein – die Kaiserin kommt mit Großfürst Michael – Galadiner – Wildbad – Brautschau – der Regent von Baden – Vorlesung bei der Kaiserin – Zürich – Krankheit des Kronprinzen – Krönung in Moskau – Friedrichshafen – König Otto von Griechenland – der Kaiser kommt nochmals zu einem Besuch in die Villa – verbringt den Winter in Nizza – die Benckendorff nach Stuttgart ernannt.

Dieser Winter war natürlich der Trauer gewidmet. Gleich zu Anfang starb uns die liebe Gräfin Albertine Uxküll am 13. Januar an hitziger Gicht rasch, aber unter vielen Schmerzen. Die ältesten Söhne kamen zu spät aus österreichischen Garnisonen. Der Graf[1] ist in Verzweiflung, viele treue Anhänger weinen ihr nach. Nach 14 Tagen mußte der Gatte, jetzt württembergischer Hofmarschall, wieder Dienst tun. Drei kleine Kinder ahnen nicht, was für eine Mutter sie verloren.

Eben um dieselbe Zeit bekam Herzogin Henriette[2] einen Schlaganfall; man erwartete das Ende. Alle Kinder und Enkel von nah und fern waren versammelt, sogar König Wilhelm ließ sich herbei, nach Kirchheim zu fahren. Die edle Frau erholte sich und blieb ihren Getreuen noch für ein Jahr geschenkt. Nachdem die Familie sich getrost wieder zerstreut — als Letzter war Herzog Alexander[3] geblieben — fand es Königin Pauline doch unheimlich, niemanden bei der Mutter zu wissen. Nach dem Tod der alten Des Echerolles, Erzieherin ihrer Töchter (eine gescheite bucklige Emigrantin), hatte sich die Hoheit nie mehr für eine Hofdame entschlossen. — So bat Ihre Majestät die Kronprinzessin, mich — als der Frau Herzogin bekannt und keine Rücksichten erheischend — auf kurze Zeit hinzugeben. Ich tat es so gerne, es war mir ein Hochgenuß, bei der lieben Greisin zu verweilen, welche, beinahe wieder zu Kräften gekommen, mich

1 *Graf Rudolf von Uxküll-Gyllenband.*

2 Zweite Gemahlin des Herzogs Ludwig von Württemberg, geb. Prinzessin von Nassau-Weilburg (1780–1857), siehe S. 74, Anm. 3.

3 *Herzog Alexander* (1804–1885) war der zweite Sohn von Herzogin Henriette.

abwechselnd belehrte, heiter neckte und immer mehr in tiefster Anhänglichkeit fesselte. Wenn ich ihr vorlas, mußte ich ins Hörrohr sprechen, dann verstand sie mich gut. Bei Tisch durfte ich »mon prochain« [meinen Nächsten] nicht vergessen. Dies war nämlich der sehr geschwätzige Papagei, der den Mahlzeiten anwohnte.

Das liebe alte Kirchheimer Schloß mit seinen von Andenken aller Zeiten gefüllten Räumen war einmal Residenz der Franziska von Hohenheim gewesen — seine sonnige Terrasse auf dem alten Schloßwall, wo ich so oft mit der Hoheit gesessen, wird mir unvergeßlich bleiben. Die Beamten des Städtchens, die ergrauten Diener, die bis lange jene kanariengelbe Livrée des Herzogshauses trugen, sehe ich noch vor mir. Dazu die treue Kammerfrau Griesinger, spätere Oberin des Kirchheimer königlichen Henrietten-Frauenstifts. Der alte Kammerlakai Weißkopf mußte mir einmal unverhofft »den Wagen für Visiten anmelden«, als ich zu lange vergaß, die Exzellenz von Hügel zu besuchen (die sogenannte rote Lisette), wie Frau Herzogin es gewünscht. Und mit welch gutmütig schelmischem Lächeln empfing mich die liebe alte Dame, als ich gehorsamst und kleinlaut von dem erstandenen Pensum zurückkehrte!

Frau Herzogin war im Volke unendlich beliebt durch ihre Frömmigkeit, ihr Wohltun; bis auf die Kinder ging ihre Popularität über. Einstmals verheerte eine Seuche die Ställe des Orts, alle herzoglichen Pferde gingen drauf. Ein kleiner Knabe schlich sich ins Schloß und durfte der Frau Herzogin »einen Gulden« aus seinem Sparkäßle »zur Unterstützung«, wie er sich ausdrückte, übergeben. Mit vollständigem Ernst nahm die fürstliche Matrone diese Herzensgabe an! Und noch mehr: als bald darauf die Hoheit ihre neuen Pferde anspannen ließ, staunte man, wie sie das Knäblein zu ihrer ersten Ausfahrt mit denselben einlud.

N.B. Am 2. September 1870 kam ich mit Königin Olga wieder nach Kirchheim, wo das Schloß mit Verwundeten besetzt war und Ihre Majestät ihnen die Einnahme von Sedan mitteilte, sorgend, daß die Franzosen nicht zuviel von dem Jubel hörten.

Als Witwe meinte Ihre Majestät Kirchheim zu ihrer Sommerresidenz zu wählen, stand aber davon ab, weil es 300000 Mark Reparaturkosten für das Land erheischt hätte.

2. Februar Tod des Marschalls Fürst Paskewitsch[1].

5. Februar Großes Diner zur Feier der Hochzeit des Großfürsten Nikolaus[2] — Soiree Butera — Tod von Mama Sturmfeder in Wien.

20. Februar Eröffnung des Landtags — Diner der Abgeordneten im großen Hof — Aussicht, daß die Kaiserin nach Wildbad kommt, die russischen Ärzte

1 *Iwan Fedorowitsch Paskewitsch*, Fürst von Warschau 1782–1856, russ. Feldherr, Generaladjutant des Kaisers Nikolaus, bekannt durch seine Tapferkeit.

2 Vermählt mit Prinzessin Alexandra von Oldenburg.

schlagen eine solche belebende Kur vor und einen Winter im Süden. — Schon will man Graf Uxküll mit Fräulein Bertha von Palm wiederverheiraten — ich versuche das Porträt von Winterhalter in Pastell zu kopieren — die Titoff kamen nach Stuttgart zurück, die Kronprinzessin freute sich darüber, weil dies die letzte Wahl ihres Vaters war.

1. März Bewegender Gottesdienst zum Jahrestag von des Kaisers Tod. — Ich lese »Fabiola«[1] — Ankunft meiner Mutter, welche die Hoheiten liebenswürdigerweise mit Prinz Friedrich[2] einladen, einem alten Bekannten meiner Eltern.

21. März Ostern, nachdem wir unsere Andacht gehalten haben. Am Abend liturgische Andacht in der Stiftskirche.

Nachrichten von einem Frieden[3]. Lektüre der Erzählungen der Königin von Navarra — In Cannstatt hält sich ein Fräulein Annenkow auf, eine Seherin, Ehrenfräulein der Großfürstin Alexandra Josephowna, die Ihrer Kaiserlichen Hoheit anempfohlen ist. Ich soll hingehen und sehen, ob man etwas für sie tun kann. Eine Frau von Berg begleitet sie. — Es ist sicher, daß die Kaiserin kommt.

17. April Ankunft der Königin Sophie — Frau von Radowitz, geb. Gräfin Voss, ist zum Besuch von Frau von Berlichingen gekommen, sie kennen sich seit langer Zeit — Der Kronprinz ist ein wenig verärgert über Fräulein Okulow, die man nach Heidelberg schickt, um frische Luft zu schnappen.

23. April Fürst Gortschakow[4] wird Minister der Auswärtigen Angelegenheiten.

29. April Ball in der Villa aus Anlaß des Geburtstags von Kaiser Alexander. Die drei Markgrafen von Baden[5] kommen mit ihrer Mutter hierher, die immer so wohlwollend ist. Heute Morgen ist König Wilhelm nach Paris gereist. Es gibt keine Erklärung für diese Reise, wenn es nicht die politische Klugheit des Königs ist, der in diesem Augenblick nicht eine Einladung[6] des Kaisers Louis Napoleon ablehnen will.

Graf Taubenheim befördert ein arabisches Pferd aus dem kgl. Gestüt Weil nach Riga, das ich für meinen Onkel bestellen mußte, den Bruder meiner Mutter.

1 Historischer Roman, der im altchristlichen Rom spielt, von dem irischen Schriftsteller Nicolas Patrick Wiseman (1802–1865).

2 *Prinz Friedrich von Württemberg* (1808–1870), Vater von König Wilhelm II.

3 Friede von Paris am 30. März 1856, der den Krimkrieg beendete.

4 *Alexander Michailowitsch Gortschakow* (1798–1883), vermittelte die Vermählung der Großfürstin Olga mit König Karl.

5 *Friedrich* (1826–1907), *Wilhelm* (1829–1897), *Karl* (1832–1906), Söhne des Großherzogs Leopold (1790–1852) und seiner Gemahlin Sophie, Tochter des Königs Gustav IV. von Schweden (1801–1865).

6 Es ging um eine politische Annäherung, wie der darauffolgende württ. Ordenssegen an zahlreiche franz. Persönlichkeiten beweist.

5. Mai Fräulein Okulow gab in Weil einen kleinen ländlichen Ball, und heute gibt uns Fürst Basil Mechtscherskij, Junggeselle und Freund der Fürstin Butera, ebenfalls ein Fest, bei dem die Fürstin Biron von Kurland[1], seine Tochter, die Honneurs machen wird. Er bittet fast alle hübschen jungen Mädchen von hier, ihn zu heiraten, so häßlich und alt er ist.

16. Mai Plötzlicher Entschluß der Hoheiten, nach Warschau zu reisen, um Kaiser Alexander zu treffen. Camille Sturmfeder begleitet sie. Man fährt über Berlin zurück, wo sich schon die Kaiserinmutter aufhält und wo man Fräulein Okulow zurücklassen wird.

König Wilhelm ist aus Paris zurückgekehrt, begeistert, verjüngt. Taubenheim und Maucler berichten sehr interessant.

6. Juni Rückkehr der Königlichen Hoheiten von Warschau und Berlin. Ausgezeichnete Erinnerungen, gesteigert durch die Gewißheit, daß die Kaiserin nicht in Gefahr ist. Der nach Berlin gerufene Dr. Ludwig verspricht nachhaltige Hilfe von einer Kur in Wildbad.

9. Juni Umzug in die Villa — Sitzungen für das Portrait von Winterhalter — von vorne, zwanglos — Rosen.

17.–20. Juni *Brief an meine Mutter:* Am Dienstag gingen wir nach Bruchsal, um zum Extrazug der Kaiserin zu kommen, der um 1 Uhr eintraf. Sie war von Großfürst Michael begleitet. An den kränklichen Zustand Ihrer Majestät gewöhnt, fand ich die Kaiserin nicht verändert. Ihr Gesichtsausdruck ist trauriger als früher, gewinnt aber, wenn das noch möglich ist, an Güte, die sich auf alles erstreckt, was sie umgibt. Sie war sehr müde von den tausend Begegnungen und Besuchen unterwegs. In Ludwigsburg erwartete unsere Königliche Familie sie, in der Villa die Russen und der Hof. Eine Stunde später wurde ich gerufen, Ihrer Majestät vorzulesen, das beruhigt sie, während sie sich ausruht, denn wegen ihrer schlechten Augen kann sie sich nur schwer allein beschäftigen. Am Abend kamen das Gefolge und der König von Preußen, Friedrich Wilhelm IV.[2], der seinerseits auch in Stuttgart eingetroffen war. Am nächsten Tag Frühstück in der Familie, dann großes Galadiner in der Stadt für den König von Preußen. Ihre Hoheiten und der Großfürst Michael konnten sich davon nicht ausschließen. — Die Kaiserin lud zu sich die Gräfin Theodolinde[3], die Fürstin Butera, den Baron Meyendorff ein und behielt mich da, die Honneurs zu machen. Anschließend begab sie sich mit mir nach Stuttgart, um noch zu Ende des königlichen Festes zu erscheinen. Am Abend verschiedene Einladungen, vorwiegend deutsche.

1 Kurland wurde 1737–1795 von den Herzögen Biron regiert und kam dann als eine der Ostseeprovinzen an Rußland.

2 *König Friedrich Wilhelm IV.* (1795–1861) war der Bruder der Kaiserin (1798–1860).

3 *Prinzessin Theodolinde von Leuchtenberg* (1810–1869), seit 1841 Gemahlin des Herzogs Wilhelm von Urach (1814–1857).

19. Juni Tedeum in der Stadt — Besuch Ihrer Majestät bei Königin Pauline. Großes Diner und Theater für den König von Preußen in der Wilhelma. Soiree für die Kaiserin in der Villa, Rubinstein am Klavier. Alle Abende kommen Prinzessin Weimar oder C. Sturmfeder oder Katharina Igelström in die Villa, um sich frisieren zu lassen und zwar in meinem Türmchen. Sie kommen nicht ohne den Friseur König aus, der die Woche über den Dienst eines Kammerdieners versieht.

20. Juni Die Herrschaften holen bei strömendem Regen die Kaiserin ab, um ihr die Wilhelma zu zeigen — Sie empfängt meinen alten Onkel Spitzemberg in Erinnerung an Palermo, wo er den Kronprinzen begleitete.

21. Juni Die Kaiserin reist mit ihren Kindern im Wagen nach Wildbad ab. Weil Pferde fehlen, werden wir sie erst morgen treffen. Ich habe daher Zeit, mich mit dem Einpacken zu beschäftigen.

22. Juni Abfahrt um 9 Uhr statt um 7 Uhr wegen der Trödelei von C. Kahlden.

25. Juni *Brief an meine Mutter aus Wildbad:* Die Tage vergehen hier gleichförmig, sind angenehm, nicht unbequem. Frühstück ab ½8 Uhr — an den Tagen wo ich Dienst habe großer Spaziergang mit der Kronprinzessin — dann habe ich frei bis zum Mittagessen um 2 Uhr, sofern mich die Kaiserin nicht rufen läßt, um ihr vorzulesen. Wir haben Marschallstafel, die sich bis 4 Uhr hinzieht, worauf man oft noch einen längeren Spaziergang macht. Manchmal bittet Ihre Majestät auch nochmals eine von uns, ihr vorzulesen, worauf sie zu ihrem Kaffee einlädt, der in einem bezaubernden Service aus vergoldetem Silber serviert wird. Ich habe das Privileg, ihr die Biographie von Stein[1] vorzulesen, doch konnte ich mir nicht die Bemerkungen notieren, mit denen mich Ihre Majestät unterbrach und »in sinniger gemütlicher Weise« ihre Erinnerungen an die Königin Luise zitierte ... Abends trifft man sich bei Ihrer Majestät um ½9 Uhr in ihren beiden Salons, wo es in dem einen für die Alten Lektüre und Ruhe gibt, in dem anderen Unterhaltung für die jungen Alten. Die Gräfin Tiesenhausen versieht die Funktion einer Großmeisterin, gut und leicht für uns; ferner zwei Ehrenfräulein, Marie Fredericksz und Nina Pilar, freundlich, zum Lachen aufgelegt und gute Kameradinnen. Graf Stephan Apraxin[2], Zeremonienmeister, ist sehr galant; Baron und Baronin Meyendorff[3] führen das Haus und Graf Peter Schuwalow[4] ist dessen Hauptperson, ein Ehrenmann im wahrsten Sinne des Worts. Seine Frau Marie,

1 *Karl Reichsfreiherr vom und zum Stein* (1757–1831), leitender Minister in Preußen, Gegner Napoleons I.

2 Flügeladjutant des russischen Kaisers.

3 *Freiherr Georg von Meyendorff* (1794–1879).

4 *Graf Peter Schuwalow* (1827–1889) war russischer Generalmajor.

geb. Fürstin Gagarin, ist schön und angenehm. Für den Großfürsten Michael sind der General Alexander Philosophow und der Fürst Serge Gagarin dabei.

Wir erhalten Besuche, die 1–2 Tage bleiben: die Fürstin Lieven[1], die Großherzogin Stephanie[2], die Fürstin Léonille Wittgenstein[3], die Fürstin Sophie Radziwill[4]. Andere machen hier eine Kur, z. B. Prinz Friedrich von Oldenburg, der sich, wenn er zum Diner zur Kaiserin kommt, bei Regenwetter in einem Tragsessel transportieren läßt. Die Kaiserin selbst bedient sich einer Sänfte mit 4 jungen Württembergern in der Livree unseres Hofes. — Sie hatte sich ein wenig erkältet, so daß man die Bäder unterbrechen mußte, aber Dr. Ludwig, der gestern kam, ist sehr zufrieden, er hat Ihre Majestät besser bei Kräften gefunden. Er setzt sein Vertrauen hauptsächlich auf das Wasser, das er der Kaiserin in kleinen Mengen zu verschiedenen Stunden zu trinken vorschreibt. Wenn die Kur andauern könnte, würde sie fühlbar Gutes bewirken, aber der Zeitpunkt der Krönung von Alexander II. rückt näher und die Kaiserin will unbedingt selber ihren ältesten Sohn segnen. Sie hält daran mit solcher Schwärmerei fest, daß die Enttäuschung ihr schlecht bekommen würde.

Der Kronprinz liest ihr auch häufig vor, aber es ist ihr lieber, wenn sie ihn mit Großfürst Michael auf der Jagd weiß. Sie will vor allem ihre Kinder nicht belästigen, wenn sie glaubt, ihren Wunsch zu erraten, sich vom Programm etwas freizumachen.

Die Wege für alle Spaziergänge sind reizvoll, mit feinem Sand bestreut, der keine Spuren des Regens hinterläßt, so daß man jeden schönen Augenblick nützen kann.

Eine verborgene Kraft bester Art um die Kaiserin war Frau von Rohrbeck, die alte Kammerfrau, von welcher Kaiser Nikolaus noch in der Todesstunde anerkennend sprach. Leibarzt Dr. von Karell stand sich gut mit Staatsrat Ludwig, und letzterer verstand sich bald mit Frau von Rohrbeck, deren ehrliches, offenes Wesen ihm sympathisch, vielleicht zu seiner eckigen Weise paßte.

König Wilhelm und Königin Pauline taten ihr möglichstes, um den ersten Besuch der Kaiserin im Lande zu ehren, und erschienen auch abwechselnd in Wildbad. Es strömte daselbst von Größen und Neugierigen aller Art, denen die Kräfte der Kaiserin nicht immer gewachsen waren. Als anwesende Badegäste zählten noch Fürstin Woronzow[5] mit ihrer Freundin, Gräfin Choiseul — noch

1 *Fürstin Lieven,* geb. von Benckendorff (1784–1857), Witwe des russ. Diplomaten Christoph Fürst von Lieven (1774–1839), die in Kreisen der Diplomatie eine große Rolle spielte.

2 Witwe des Großherzogs *Karl Ludwig Friedrich von Baden* und Nichte der Kaiserin Josephine Beauharnais (1759–1860). Sie residierte meist in Mannheim.

3 *Leonille Wittgenstein,* wohl die Gemahlin des russischen Generalmajors Fürst Emil von Wittgenstein (1824–1878).

4 *Sophie Radziwill,* Gemahlin des kaiserlich russischen Flügeladjutanten Leo Radziwill, geb. Prinzessin Urussow.

5 Gemahlin des Fürsten *Michael Woronzow* (1782–1856), bedeutenden russischen Feldmarschalls und Generalgouverneurs von Neurußland.

aus der Richelieuzeit[1] in Odessa, der Herzog von Sagan-Valençay[2], Graf Morny[3] — auf dem Wege zu den Krönungsfeierlichkeiten nach Moskau, der sich mit den Hofdamen Liebkind machte. — In anderer Färbung die Prinzessin von Preußen mit der schönen Gräfin Luise Oriola[4].

Kaiser Alexander überraschte seine Mutter mehrere Male von Kissingen aus mit seinem Besuch. Dann wurden in dem Großen Saal des Hotels Bellevue unter dem Dache der wohlwollenden, freigebigen, immer gerne mit der Jugend sich freuenden Fürstin thé dansants improvisiert. Man ließ die Blüte der jungen Herrn von Stuttgart kommen, u. a. beide Wimpffen[5], Baron Otto Walterskirchen, den neuen österreichischen Sekretär o. A.

Mittlerweile leistete Winterhalter sein Meisterstück mit dem Profilbild der Kaiserin. Frau von Meyendorff hatte den Kummer um ihren Sohn Alexander, welcher im Krimfeldzug geblieben, zurückgedrängt, um mit Diensteifer ihren Gatten zu unterstützen und sogar mit erheiterndem Humor die Witwe des Kaisers zu umgeben. Manchmal fragte sie mich, wenn spannende Kapitel in meiner Lektüre vorauszusehen waren und erschien, den Moment berechnend, mit brennenden Fragen, um sie dadurch schneller abgewiesen oder erledigt zu sehen.

11. Juli *Brief an meine Mutter:* Großfürst Michael ist versprochen, das ist die Neuigkeit, die seit einer Stunde durchs Haus eilt. Am Mittwoch waren die Prinzessinnen Marie und Cäcilie von Baden mit ihrer Mutter, der Großherzogin Sophie[6] angekommen, einer Frau von ernstem Sinn, anders geartet wie die Großherzogin Stephanie, die sehr viel lebhafter ist. Heute Morgen hat der Großfürst seinen Antrag gestellt. Die Prinzessin Cäcilie ist 16 Jahre alt, sie ist frisch, braun, hat schöne Augen, eine hübsche Nase. Der Mund ist etwas groß, aber mit schönen Zähnen geziert. Ihr Wesen ist bescheiden, ohne zuviel Hemmungen. Sie muß sich wie im Himmel fühlen, einen so charmanten Verlobten zu haben, denn der Großfürst ist ungemein liebenswürdig und gut.

Am Sonntag, dem Geburtstag der Kronprinzessin, geht man im Familienkreis nach Liebenzell. Immer noch unerwartete Besuche. Namentlich die Prinzen von Preußen fehlen nicht.

1 *Armand Emmanuel Duplessis Herzog von Richelieu* (1766–1822) hatte 1790 unter Suworow mit Auszeichnung am russischen Feldzug gegen die Türken teilgenommen und war von Kaiser Alexander I. 1803 zum Gouverneur von Odessa ernannt worden. Er erwarb sich große Verdienste um das Aufblühen dieser Stadt.

2 *Herzog Ludwig von Sagan* erbte von seiner Mutter, Herzogin von Talleyrand-Périgord, diesen Titel samt dem der Stadt Valençay.

3 *Charles Auguste Herzog von Morny* (1811–1865) war seit 1856 französischer Gesandter in Petersburg.

4 Gemahlin des preußischen Gesandten Graf Oriola.

5 Die Freiherrn Wilhelm und Dagobert von Wimpffen.

6 *Großherzogin Sophie* (1801–1863), Tochter des Königs Gustav IV. von Schweden, seit 1819 vermählt mit Großherzog Leopold von Baden.

17. Juli Seitdem sich der Großfürst versprochen hat, richtet sich alles nach den Verlobten. Es hat auch Reitpferde, und 8 Esel stehen der Jugend zu Verfügung. Die Esel sind übrigens so schlecht dressiert, daß wir, die jungen Leute, es vorziehen zu Fuß zu gehen, wenn wir uns nicht hoch zu Roß zeigen.

Brief an Anna Tutscheff: »Ich fand die Prinzessin Cäcilie von Baden anfangs ein freundliches Kind, es war ihr erster Schritt aus ihrem Studierzimmer. In Karlsruhe lebte sie in der Familie und mit ihren Lehrern, nie kam sie ins Theater oder zu einem Ball. Sie wurde streng und gewissenhaft erzogen. Ihre Gouvernante, eine kleine Miss Byrn, ist, das sei nebenbei gesagt, sehr originell. Nun, ihr Erwachen bei der Entwicklung der Dinge schien mir voll Anmut, Freude, Keuschheit, Gefühl — all dies kam zusammen und klopfte überraschend an ihr Herz, das so völlig in Unwissenheit gehalten war. Ihre Verwirrung und Überraschung waren voll Charme und anmutigem Benehmen und die einfache, natürliche Art, mit der sie alles annahm, was sich ihr im Grund wie ein Traum darbot, ohne betört zu sein, aber auch ohne zu große Bescheidenheit, all dies läßt mich hoffen, daß sie eine begabte Natur ist, die sich reich entfalten wird und die unseren charmanten Großfürsten glücklich machen kann.«

24. Juli Tagebuch: Es ist entschieden, daß die Kaiserin nicht mehr durch Stuttgart fährt, sondern direkt über Mühlacker und Frankfurt heimreist. Die Hoheiten kehren in die Villa zurück und möchten hier eine ruhige Zeit verbringen. — Gestern war hier noch ein improvisierter sehr lustiger Ball, nach dem die Baden zurückreisten, geleitet von dem Verlobten. Dabei darf ich die alte Ehrendame, Madame von Edelsheim[1] nicht vergessen, unsere Verwandte.

Ich genieße noch so sehr wie möglich die Anwesenheit von Frau von Meyendorff: mir ist noch selten ein so ausgezeichnetes Gemüt begegnet, ein so gerechter Sinn — ihre Bemerkungen machen mich glücklich!

Villa, August Der Gedanke, im Herbst noch nach Scheveningen zu gehen, hatte unter uns schon vor der Rückreise der Kaiserin Gestalt angenommen, als der Kronprinz sich im Bad sehr erkältete und lange Zeit mit einer Lungenentzündung das Bett hüten mußte. Dr. Ludwig verordnete aber einen Aufenthalt am Züricher See sobald der Kronprinz reisen konnte. Noch zuvor haben sich Ihre Hoheiten von Baron Berlichingen[2] getrennt, der durch den Grafen F. Zeppelin[3] ersetzt wurde. Auch D. Wimpffen wurde als Adjutant entlassen. Er war ein rechtschaffener Mann, aber sehr rechthaberisch und pedantisch, man hatte viel Geduld mit ihm.

September Vor der Abreise nach Zürich mit einem Aufenthalt in Friedrichshafen hatten wir noch ein königliches Diner à la Wilhelm für den König Otto[4]

1 *Freiherr von Edelsheim* war Oberhofmeister der Großherzogin von Baden.
2 Siehe S. 26, Anm. 6.
3 Siehe S. 23, Anm. 2.
4 *Otto I.*, König von Griechenland (1815–1867), Sohn König Ludwigs I. von Bayern, wurde

von Griechenland. Dieser trug das griechische Nationalkostüm und war von zwei schönen Adjutanten begleitet, besonders einem Fürsten Mronzi. König Wilhelm war am 1. September mit der Königin Sophie zurückgekehrt, die am Tedeum für die Krönung teilnehmen wollte.

Tagebuch: In Zürich, Hotel Baur, war man gut untergebracht. Graf Zeppelin debütierte als Hofmarschall, Baron Eduard Valois als interimistischer Adjutant. Man machte viele Promenaden zu Wasser und zu Land: Brändlikon, Zollikon nicht zu vergessen. Der alte Erzieher Tremblay war wiederum eingeladen, nicht ohne seine Ehehälfte, etwas steife, im ganzen aber gute Menschen. Er ein Pedant, dem die Natur seines freimütigen Zöglings unverständlich geblieben; mit König Wilhelm harmonierte er. Übrigens lachte man über das Ehepaar, weil sie ein kleines Zimmer innehatten, und um Toilette zu machen einen Regenschirm aufspannten! Auch Wilhelm Wimpffen brachte seine sympathische junge Frau, geb. Bona von Damiani. Herr von Neurath, Titoff, Basarow[1], Kanzler Wächter[2] kamen abwechselnd als Touristen. Titoff zeichnete sich durch die unglaublichste Zerstreutheit aus. Königin Sophie brachte Prinzeß Katharina[3] mit — kurz, es war ein gemütlicher, ungezwungener Verkehr. Die Kronprinzessin liebte es damals schon, unerkannt mit mir zu Antiquaren zu gehen, aber fast immer verriet sie sich durch ihre unvergleichlichen, wenn auch noch so liebenswürdigen fürstlichen Manieren.

W. Spitzemberg und Muschanow — ein neuer russischer Sekretär — kamen als Wallfahrer aus Einsiedeln unter dem Namen Gebrüder Muckenberger. An Regentagen las man die Memoiren der Königin Hortense[4].

Während des Aufenthalts kam dieser erhebende Brief von der Kaiserin: »Oly! wie war die Krönung ergreifend! Welche Anteilnahme Sascha[5] fand! Welch gerührte Miene hatte Marie[5], durch und durch betend und andächtig! Wenn ich an mich im Jahr 1826 zurückdenke, erinnere ich mich, daß ich viel mehr im Himmel als auf der Erde war, ganz in Gott und dem Kaiser! Und diesmal erst! Meine Seele suchte eine andere, glücklich schon und doch für seinen Sohn und Rußland betend. Ich hatte Mut bis zum Schluß. Tränen, ja, aber kein Schluchzen und sehr zufrieden, diesen ältesten und geliebten Sohn auf dem Thron am Tag seiner Weihe segnen zu können. Ich betrachtete es unter diesem Gesichtspunkt und der Herr gab mir die Kraft.«

1832 von der griech. Nationalversammlung gewählt, 1862 durch einen Aufstand gestürzt.

1 Russischer Propst in Stuttgart.

2 *Karl Georg von Wächter* (1797–1880), Prof. in Tübingen, Kanzler und Kammerpräsident, seit 1852 in Leipzig.

3 Die Tochter König Wilhelms I., Gemahlin des Prinzen Friedrich von Württemberg.

4 *Hortense* (1783–1837), Königin von Holland 1806–1810, Tochter des Generals Beauharnais und der späteren Kaiserin Josephine, heiratete 1802 auf Wunsch Napoleons dessen Bruder Ludwig.

5 *Alexander II.* und seine Gemahlin Marie von Hessen (1824–1880), vermählt 1841. Siehe S. 18, Anm. 1.

Fräulein Okulow ist Ehrenfräulein geworden. Beim Verlassen von Zürich sagte mir Valois seine Eindrücke vom Kronprinzen: immer versteht er, die Leute für sich zu gewinnen.

Oktober. Villa. Die Fürstin Mathilde Bonaparte[1] macht Besuch. Charmanter Eindruck. Die Magnus[2] sind nach Brüssel ernannt worden — ein großer Kummer für mich! Neue Lage in der Heirat der Großfürstin Marie Nikolajewna mit dem Grafen Gregor Stroganow[3].

7. Oktober Zum Treffen mit der Kaiserin geht man ihr bis Ulm entgegen. Man brachte sie in der Villa unter, wo sie die »blaue Laube« in der Veranda erwartete, die eigens so konstruiert worden war, daß Ihre Majestät im Freien sein konnte und doch geschützt war.

12. Oktober Gottlob befindet sich die Kaiserin so wohl, daß sie mehr unternimmt als man ihr zumuten möchte. Sie will alles mit eigenen Augen sehen, was ihre Tochter angeht und ist von allem entzückt, findet das Wetter so herrlich und warm, kann sich garnicht trennen. Das macht die Kronprinzessin so glücklich, vollends wenn sie die Kaiserin in der kleinen russischen Droschke die Villagärten durchstreifen sieht. Serra di Falco, der Besitzer von Olivuzza in Sizilien, wo die Verlobung unserer Herrschaften stattfand, hat auch aufgewartet. Die vielen Empfänge führe ich nicht an. Ihre Majestät will aber alle Persönlichkeiten sehen, die ihren Kindern nahestehen. Ich lese ihr »Europäisches Sklavenleben« von Hackländer[4] vor, was die hohe Frau sehr amüsiert, Stuttgarter Hofszenen schildernd. Um diese Zeit wurde auch die Nikolauspflege — neue Blindenanstalt — in Erinnerung ihres Vaters von der Kronprinzessin eingeweiht.

18. Oktober Am Tag der Abreise machte die Kaiserin den Umweg über Kirchheim, um die liebe Frau Herzogin Henriette zu begrüßen, bestieg dann wieder ihren Extrazug bis Friedrichshafen. Meine Herrschaften begleiteten sie bis zur Landesgrenze.

Dezember Ruhiger Herbst. Besuch des Herzogs Alexander mit den Gräfinnen von Hohenstein. Die Kronprinzessin kommt in Ulm mit ihrer Schwester Marie und deren Gatten zusammen. Fortgesetzte gute Nachrichten aus Nizza von der Kaiserin.

1 *Mathilde Laetizia* (1820–1904), Tochter von Jerôme Napoleon, König von Westfalen und Prinzessin Katharina von Württemberg.

2 Der preußische Gesandte am Stuttgarter Hof mit seiner Familie.

3 Die Witwe des Herzogs von Leuchtenberg ging damit eine morganatische Ehe ein. Siehe S. 65, Anm. 2.

4 Siehe S. 27, Anm. 3.

1857

Tod der Herzogin Henriette – Graf Benckendorff Gesandter Rußlands – Reise nach Nizza – nach Karlsruhe zu den Verlobten – Straßburg – Mömpelgard – Besançon—Lyon – Besuch im Kloster von Wilma von Württemberg – Marseille – der Olaf – Nizza Villa Orestis – König Victor Emanuel – Großfürstin Helene – Tod der Gräfin Theodolinde – Rom – Pius IX. – Antonelli – die spanische Familie – Rückkehr über Genua – Genf – Großfürstin Marie – Wildbad mit der Kaiserin – Kissingen mit Alexander II. – Bad Brückenau – Scheveningen – die holländischen Majestäten – Soesdyck – Königin Anna – Villa: Begegnung der Kaiser – Napoleon und Alexander – Geburt von Olga Benckendorff – Krankheit des Vaters – ruhiger Winter.

Am 2. Januar erlag die teure Herzogin Henriette einem wiederholten Schlaganfall. Königin Pauline fand die hohe Mutter noch am Leben, aber jeder Mitteilung unfähig. Die kronprinzlichen Herrschaften trafen erst eine Stunde nach dem Tode ein[1]. Derselbe Schmerzenslaut geht durch alle Seelen und unsere Kronprinzessin, die ein wenig aufgeheitert war, bereit, etwas für Geselligkeit und Jugend zu tun, hat nun wieder ein traurig ernstes Aussehen. Sie hat Unersetzliches verloren! Vielleicht wird sie einst ihrer Familie das sein, was in der verehrten Großmutter alle zu einstimmigem Vertrauen aufforderte. Nur hatte sie, wie jedem, der diese Enkelin liebte, gleichsam ein Recht auf sich gegeben und wünschte ihm wohl, brachte ihm Glück und Segen.

Nachdem der Kronprinz immer noch hustete, folgten Ihre Königlichen Hoheiten im Februar dem Ruf der Kaiserin-Mutter nach Nizza. Das liebenswürdige Ehepaar Benckendorff[2] hatte noch vorher von der russischen Gesandtschaft Besitz genommen.

Abreise 22. *Februar* Kleiner Aufenthalt in Karlsruhe, die jungen Herrschaften und das Brautpaar Michael zu besuchen. Die Großherzogin entzückte mich durch ihre Liebenswürdigkeit. Nach einem großen Hofdiner war ich noch en Soirée bei unserem Gesandten von Thumb[3] und seiner Gattin, geb. von Amerongen, wo wir Stolypins[4], Malsens[5] und viele Bekannte trafen. Weiter per Bahn bis Straßburg, dann zu Wagen über Mühlhausen, am alten Mömpelgard sehnsüchtig vorbei. Sehr originelles Nachtlager in Besançon, wo die Stadt wegen der

1 Die Beisetzung in der Stiftskirche Stuttgart fand erst am 6. April 1857 statt.
2 *Konstantin Graf von Benckendorff* (1816–1858), russischer General und Diplomat.
3 *Freiherr Otto von Thumb-Neuburg,* Kammerherr und Legationsrat.
4 Russischer Geheimrat, Gesandter am niederländischen Hof.
5 Siehe S. 14, Anm. 4.

Fastnacht in Aufregung und Verkleidung erschien. Noch einmal nächtigte man in Lyon. Dort wurde ich in das Kloster geschickt, wo Wilma von Württemberg[1] ihr Noviziat zubrachte. Ich fand sie, einen Boden scheuernd, im höchsten Grade befriedigt, so sehr, daß die Äbtissin sie mir auf ein paar Stunden mitgab, sich der Kronprinzessin zu zeigen. Nie verleugnete Wilma später ihren Beruf, der sie am Sterbebette der Herzogin Ferdinand[2] von Württemberg, geb. Fürstin Metternich, in Wien erfaßt haben soll. Kurz vor ihrer Einkleidung wies sie den Heiratsantrag eines Grafen Festetics zurück.

In Marseille wenig Zeit für Eindrücke. Einschiffung auf der russischen Fregatte Olaf. Wir hofften, am nächsten Tag zum Frühstück in Nizza zu sein, stattdessen war die Überfahrt stürmisch. Nach 27 Stunden trafen wir im Hafen von Villafranca ein.

Nizza, 28. Februar Brief an meine Mutter: »Gestern Abend sind wir endlich an unserem Bestimmungsort eingetroffen. Bei Marseille haben wir begonnen, Italien in uns aufzunehmen, aber unsere Überfahrt war stürmisch. Fast jedermann, ich inbegriffen, wurde seekrank. Wir waren in einem Zustand, den man unmöglich verstehen kann außer denen, die diese tragikomischen Situationen kennen. Um 10 Uhr abends mußten wir uns von unseren Pritschen erheben, um in eine Schaluppe zu steigen, die zu allem Unglück noch mit bengalischem Feuer erleuchtet wurde, was gewiß einen bezaubernden Eindruck machte, den wir aber kaum bemerkten.

Nizza liegt eine halbe Stunde von Villafranca entfernt, wegen unseres Zustands und unserer Kleidung waren wir aber nicht in der Lage, noch vor der Kaiserin zu erscheinen, die der Kronprinz und die Kronprinzessin nur noch kurz vor dem Schlafengehen begrüßten. Ich landete direkt in der Villa von Orestis an der Promenade des Anglais, einer reizenden und bequemen vornehmen Gaststätte, wo Ihre Hoheiten das erste Stockwerk bewohnen, geräumig und elegant. Ihr Gefolge: Zeppelin, Wimpffen und ich, ist im Erdgeschoß nicht weniger gut untergebracht. Ich habe einen kleinen Salon, der ebenerdig gerade in den Garten führt, welcher an das Meer grenzt, ein Schlafzimmer und ein Badezimmer. Die Herren bewohnen den gegenüberliegenden Flügel. — Um mich dreht sich noch alles, der Fußboden meines Zimmers schwankt — eine Folge des schrecklichen gestrigen Tages. Trotzdem war ich in der Villa Avigdor, dem Wohnsitz der Kaiserin, wo wir unsere Mahlzeiten einnehmen, und in der Villa Bermond bei der Großfürstin Helene[3]. Die Kaiserin sieht gut aus und ist mit ihrem Aufenthalt zufrieden, obwohl sie in der letzten Zeit nervös ist wegen der schweren Krank-

1 *Wilhelmine* (1834–1910), Tochter des Grafen Alexander von Württemberg, die Nonne wurde.

2 *Pauline Kunigunde von Metternich-Winneburg-Ochsenhausen* (1771–1855), zweite Gemahlin des Herzogs Ferdinand von Württemberg (1763–1834).

3 Siehe S. 66, Anm. 2.

heit des Kindes von Großfürst Nikolaus. Großfürstin Helene ist schöner denn je, leidet aber sehr und kann wegen ihrer Nervenschmerzen sich an nichts erfreuen.

Unser Garten ist voller Palmen und Orangenbäume mit Laubengängen aus Rosen. Die Luft ist belebend aber mild, man geht mit einem leichten Tuch und Strohhut aus. Man kann tausend Bekanntschaften machen, tausend Arbeiten warten jeden Augenblick auf einen, aber ich glaube, das wird sich in zwei bis drei Tagen legen. Die Kaiserin hat mich liebenswürdigerweise bereits zum Vorlesen angefordert.«

4. März *Brief an meine Mutter:* »Meine Briefe kommen unregelmäßig, ich greife zur Feder, wenn ich gerade Zeit habe. Diese Woche, der ersten der russischen Fastenzeit, geben sie sich alle der Andacht hin, die Stunden, die sie in der Kirche verbringen, gehören mir. Nizza ist prächtig mit seinen verschiedenen Promenaden, doch finde ich sein Klima nicht so bezaubernd wie man immer sagt: es hat Windstöße von erstickender Hitze, dann erhebt sich wieder ein Wind, der einem durch und durch geht. Wir tragen alle blaue Brillen gegen die Rückstrahlung des Lichts, selbst die Herren tragen Sonnenschirme und die Damen haben die Mode der kleinen runden Hüte aus Stroh oder Filz mit langen Federn aufgegriffen, die von den englischen Ladies eingeführt wurde, die zur Krönung gekommen sind.

Die Hofgesellschaft besteht aus den üblichen Damen, vermehrt um die Gräfin Aline Gondowitsch, den Grafen Matthias Wilchorsky, der Baron Meyendorff ersetzt, den Großfürsten Konstantin, der einige Zeit bei seiner Mutter bleibt und zugleich Marineinteressen verfolgt, ein Fürst Uchtomskij ist sein Adjutant. Der König von Sardinien hat ihm einen General Angrogna beigegeben, einen gutaussehenden Schönredner. Graf und Gäfin d'Aglié vertreten bei der Kaiserin den Hof von Turin; Graf Peter Schuwalow hilft dem Grafen Wilchorsky. Seine Frau und die Gräfin Stackelberg, die Gemahlin des russischen Geschäftsträgers in Turin, sind ausgesprochene Schönheiten. Meine erste Lektüre bei Ihrer Majestät war der volkstümliche Roman »an der Riviera« von Antonio in englisch. Die Kaiserin bemerkte mir gegenüber, daß meine Aussprache nicht ganz richtig sei, daß sie es so aber besser verstünde; ich brauchte mir keine Illusionen zu machen. Was das Deutsch betrifft, so gab sich keine der russischen Damen die Mühe, es zu lernen.«

11. März *Brief an meine Mutter:* »Um 9 Uhr bin ich gewöhnlich bereit — wir haben Unterredung mit den Herren — um 11 Uhr begleite ich Ihre Hoheit auf einem sehr hübschen Weg längs des Meeres zur Kaiserin — ich gehe einen Moment zu den Ehrenfräulein, dann kehre ich zurück. Das ist der einzige Augenblick für meine Korrespondenz und, wenn möglich, für ein wenig Lektüre über Rom, wohin wir der Kaiserin vorausfahren werden, um dort die Osterwoche zu verbringen. — Mittags Essen an der Marschallstafel, dann warte ich auf die Kronprinzessin, um sie zurückzubegleiten, wenn sie mit dem Prinzen promeniert. Manchmal nimmt mich Ihre Majestät mit, wenn sie mit ihren Damen spazierengeht. Wir haben Kutschen vom König von Sardinien oder Korbwagen mit Ponys. Ein andermal gehe ich mit den Damen der Großfürstin Helene. Sie sind so freundlich: die Baronin von Kahlden, die mich am meisten interessiert, Fräulein Lise Euler ist auch angenehm, und Helene von Staat, so hübsch. Baron Rosen ist ihr Zeremonienmeister. — Später finden dann bei uns die Vorstellungen statt. Abendessen ist um ½6 Uhr in der Villa Avigdor, die Soiree der Kaiserin um ½9 Uhr. Man macht neue Bekanntschaften: ich nenne die Gräfin Agnes de Pourtalès[1] geborene Lothumb (?), Fräulein Ely, Hofdame der Königin Victoria, die Marquisen Balbo und von Cortange, italienische Adelsdamen, die Herzogin von Manchester, geb. Alten, aus Hannover stammend.«

Tagebuch: Die Kaiserin ist eben zu gut! Ein Zug unter vielen! Die Tochter der Madame Volnys, erster dramatischer Künstlerin am französischen Theater in Petersburg, lag brustleidend, aufgegeben in Nizza. Die Mutter hatte nicht den Mut, Urlaub zu verlangen. Da bat die Kaiserin den Sohn Alexander II., sie ihr als Vorleserin zu schicken! Man genoß nun auch ihr Talent, und sie verleugnete ihren Humor nicht, der in keinem Salon Anstand erregte. Einmal wollte Großfürst Konstantin ein zweideutiges Buch vorgelesen haben: »das ist nur gut für Sie, Durchlaucht!« rief die witzige Alte.

Unsere russischen jungen Damen schwärmen für Garibaldi[2] und äußern es durch rote Blusen, welche ihnen unser Kronprinz freundlich humoristisch vorwarf. Ein hervorragender Salon war der einer holländischen Familie Verschür, von der Königin Sophie empfohlen, wo ich Alphonse Karr[3] kennenlernte. In dem weiteren Kreise der Großfürstin Helene befinden sich Fürst und Fürstin Odoevskij[4], die eine Zeitlang in Petersburg ihren »morganatischen Salon« geführt: er ein Dichter, sie eine liebenswürdige Karikatur, besonders auf dem Felde jugendlicher Toiletten. Auf Reisen sollen sie sehr genügsam gelebt haben, man sagte ihnen nach, sie hätten in den verschiedenen Schubladen einer großen Kommode gewohnt!

Bei den Vorstellungen der Kronprinzessin waren einmal sämtliche Mitglieder der Familie de Maistre[5] geladen und stritten sich während der ganzen Audienz über ihre Vorrechte. — Auf dem schönen Schloß Villeneuve der Familie la

1 *Agnes de Pourtalès* (1812–1861), Gemahlin des preußischen Diplomaten Albert Graf von Pourtalès.

2 *Giuseppe Garibaldi,* italienischer Freiheitskämpfer (1807–1882).

3 *Alphonse Karr* (1808–1890), französischer Schriftsteller, Verfasser zahlreicher volkstümlicher Romane.

4 *Vladimir Odoevskij* (1803–1869) war ein hervorragender Vertreter der philosophischen Romantik in Rußland, von Schelling beeinflußt.

5 *Xavier Comte de Maistre* (1763–1852), franz. Dichter, trat 1799 in russische Militärdienste und wurde 1817 als Generalmajor entlassen. Verfasser sachlicher, sentimentaler oder sarkastischer Erzählungen.

Panisse wurden interessante Portraits der Frau von Sévigné[1] und von Grignan[1] gezeigt. Der beliebteste Spaziergang war Beaulieu, von wo man zu Esel nach St. Jean zur schönen Aussicht, aber auch zu Ehren der Fischsuppe bouillabaisse gelangte, einer Mischung von Fischen und Krabben.«

Ende März *Brief an meine Mutter:* »Abends nach der Kaiserin wird man noch in Privathäuser eingeladen. Man sieht und hört dort die Gräfin Vigier[2], geb. Crüwell, eine deutsche Sängerin ersten Ranges und sehr hübsch — naturalisierte große Dame (besonders in der Halbwelt) durch ihre Heirat. Sie war eine gute und ehrbare Frau, sie hatte nur eine wahre Sucht nach extravaganten Toiletten, die sie später lächerlich machten. Trotzdem konnte sie in ihren alten Tagen mit Recht sagen: »das ist meine einzige Schamlosigkeit«.

Ich bin ein für allemal bei der Großfürstin Helene verpflichtet, einem sehr intellektuellen Salon, und ich bedaure es, so wenig Nutzen daraus ziehen zu können.

Prinz Karl[3] von Preußen ist eingetroffen, meiner Meinung nach ein wenig sympathischer Prinz, obwohl er sehr einschmeichelnd zu den Damen ist.

Wir Württemberger mußten eine Einladung zum Ball bei den Avigdor, unserem Konsul in Nizza, annehmen. Sie ist eine geborene Kaulla[4] aus Stuttgart, hübsch und ordentlich. — Vergangene Woche machten wir einen Ausflug nach Menton und nach Monaco, bekannten Plätzen an der Uferstraße. Die Kaiserin ließ sich dazu überreden, zur See zurückzukehren auf dem Governolo, einem sardischen Wachtschiff, das vom König zur Verfügung gestellt worden war und das noch nicht die Ehre ihres Besuches gehabt hatte. Wir wurden in einer Art und Weise hin und hergeschüttelt, daß die Kaiserin nur noch ihre Kosaken hatte, um sie zu pflegen. Beim Einschiffen war der Hof verschwunden, es blieben nur meine Hoheiten, der Dr. Karell, der Graf Peter und die Gräfin Marie Schuwalow und ich. Ich wurde bei Villafranca unter einem Sack in der Nähe einer Luke wiedergefunden und ich werde nie den spöttischen Blick des Marineoffiziers vergessen, der mir half, in das Beiboot hinabzusteigen«.

1866 ging die Governolo in der Seeschlacht bei Lissa[5] unter — es war für mich fast eine Genugtuung!

1 *Marie Marquise de Sévigné* (1626–1696), franz. Schriftstellerin, bekannt durch ihre Briefe an ihre Tochter, Madame de Grignan.
2 *Sophie Crüwell* aus Bielefeld, geb. 1826, berühmte Opernsängerin, die in London und Paris ihre Haupterfolge hatte, wo sie 1854 Graf Vigier heiratete. 1874 verlieh ihr der Papst wegen ihrer Verdienste um die Krankenpflege die Goldene Rose.
3 *Karl Prinz von Preußen* (1801–1883), Sohn König Friedrich Wilhelms III., war seit 1827 mit Prinzessin Marie von Sachsen-Weimar (1808–1877) verheiratet. 1854 Generalfeldzeugmeister und Chef der Artillerie, legte er eine wertvolle Sammlung von Waffen und Kunstschätzen an.
4 Aus der bekannten jüdischen Bankiersfamilie Württembergs.
5 Am 20. Juli 1866 wurde die italienische Flotte bei der Insel Lissa von der österreichischen geschlagen.

»Kaisertreffen« im Herbst 1857 in Stuttgart zwischen Napoleon III. von Frankreich, Alexander von Rußland und König Wilhelm I. von Württemberg. Die Lithographie von Carl Schwarz zeigt die drei Monarchen bei ihrer Ankunft auf dem Cannstatter Wasen anläßlich des dortigen Volksfestes.

Prinzessin Marie von Württemberg (1816–1887), Tochter König Wilhelms I., 1840 vermählt mit Graf Alfred von Neipperg (1807–1865), als Kind. Gemälde eines unbekannten Malers.

Prinzessin Auguste von Württember (1826–1898), Tochter König Wilhelms I. und seiner 3. Gemahlin Pauline, seit 1851 verheiratet mit Prinz Hermann zu Sachsen-Weimar-Eisenach (1825–1901). Historische Aufnahme von 1851 oder 1853.

2. April Gestern ist also König Viktor Emanuel[1] eingetroffen, eine höchst originelle und einzigartige Persönlichkeit. Er kam zu Pferd bis in den Garten der Kaiserin.

Vornehme Reitergestalt, sanft mit der Kaiserin, sonst ein Polterer, dessen Urteil aber nicht ohne Überlegenheit sein soll. Man gab ihm eine musikalische Soiree und ein Galafrühstück (er kam ohne Cavour[2]), worauf der König noch für alle Herrschaften große Tafel in seinem Palais anordnete. — Unsere Hoheiten reisten in derselben Nacht gen Rom. Der König zeichnete besonders E. Rahden aus, Beweis eines guten Geschmacks. Die Tafel war luxuriös, zum Dessert gab es kleine Geschenke in den Bonbons.

Gerade als man sich einschiffte kam die Todesnachricht der Gräfin Theodolinde[3] von Württemberg, für Kronprinz und Kronprinzessin ein empfindlicher Verlust. — Von Civita Vecchia zu Wagen angekommen, wollten Ihre Majestäten direkt in die Petrikirche als erstem Eindruck in Rom. Wir wurden in der russischen Botschaft, Palazzo Teoli, auf dem Corso einlogiert, unter den Fittichen des Herrn von Kisilev, dem späteren beneideten Gatten einer schönen Prinzessin Ruspoli.

Welch herrliche Eindrücke haben sich in dieser »ewigen Stadt« dem Herzen und den Augen aufgedrängt! Man kam kaum zu sich. — Als die Kaiserin folgte, wurden erst Exkursionen unternommen. In meinen Erinnerungen kreuzen sich Natur, liebe Menschen, religiöse Streiflichter; ich konnte mich aber für den katholischen Kultus *dort* nicht begeistern, wiewohl mir die innigsten Eindrücke, besonders vom unterirdischen Sankt Peter und den Katakomben blieben.

Meine Herrschaften machten eine große Fête mit bei dem österreichischen Botschafter Fürst Coloredo und seiner Gattin, einer gebieterischen Frau: kuriose alte Dame, schlecht angezogen, aber mit einem berühmten siebenreihigen Perlenkollier aufgeputzt.

Nachdem die hochmütigen römischen Fürstinnen erklärt hatten, wenn von der Kronprinzessin angeredet sich nicht einmal erheben zu wollen, stiegen sie, als Ihre Königliche Hoheit hereintrat und sich in der ihr eigenen fürstlich gewinnenden Art in blendender Schönheit verneigte, wie vom elektrischen Schlag gerührt von dem haut pas, ihrem privilegierten Sitze herab, grüßten ehrfurchtsvoll und wurden von der triumphierenden Botschafterin vorgestellt. (Zeuge: Fürst Victor Barjatinskij, Marineoffizier). Es waren die Fürstinnen Doria, del Drago, Massimo, Rospigliosi, Borghese, Lancelotti — altes vornehmes Hexenkonfekt wie sie im Bilderbuch stehen — mit wunderbarem Familienschmuck. Die schönste junge Frau war eine Baronin Rothschild aus Neapel. — Beim französischen

1 *Viktor Emanuel II.* (1820–1878), König von Sardinien (1849–61), dann von Italien.

2 Der Staatsmann Graf *Camillo Cavour* (1810–1861) legte den Grund für die Einigung Italiens unter dem Haus Savoyen.

3 Siehe S. 27, Anm. 5. Gräfin Theodolinde geb. Prinzessin Leuchtenberg, 2. Gemahlin des Herzogs Wilhelm von Urach.

Botschafter Baron Rayneval wurde man zu einem Théatre de société eingeladen, wo wieder viele geistliche und weltliche Großen erschienen: Königin Christine von Spanien, Kardinal Antonelli in der ersten Reihe der Zuschauer, ich neben einer wunderschönen Hofdame der Königin, Gräfin Quinto. Sonst lernte ich noch liebe Freunde der Kronprinzessin kennen: die wunderschöne Fürstin Léonille Wittgenstein, Schwester des Marschalls Barjatinskij, die mich bei einer Soiree Salviati zu sich beschied, Fürstin Marie Wolkonsky-Benckendorff und deren Tochter Lise, schon damals ein originelles Wesen, die ich sehr stolz war, chaperonieren (als Anstandsdame begleiten) zu dürfen. — Beziehungen, die sich durch Jahre fortknüpften.

Bei einer Soiree im Palazzo Bospigliosi. — An freien Abenden ging ich an das Krankenbett der Frau Maler Lindemann-Frommel[1], geb. von Racknitz, einer Art Landsmännin, welche in dieser Weise gewählte Gesellschaft aus allen Sphären heranzog. — Frau Dr. Ehrhardt, geb. von Meiserimmel, besuchte ich auch: ihr Mann war der beste Arzt in Rom, ferner traf ich Baron Ow[2], unseren Gesandten in Florenz und Herrn von Kolb[3], den Württembergischen Konsul in Rom — gleich gebildet, gleich liebenswürdig.

Die Aufwartung beim Heiligen Vater geschah im üblichen Zeremoniell. Die Schleiertracht bereitete mir in ihrer malerischen Eigentümlichkeit viel Spaß. Ich unterhielt mich gut mit der geistlichen Garde und den Kardinälen Pacca, Ricci, Boromeo. Monsignore Talbot hatte mir Bücher zugeschickt, vielleicht um mich zu gewinnen! Wie fesseln die zu jeder Zeit offenen katholischen Kirchen bedürftige Gemüter, fordern in müden Stunden zur Einkehr, zur Umkehr auf, noch dazu, wenn die mannigfaltigen, oft gar zu freien Richtungen des Protestantismus einen unbefriedigt und unklar lassen!

Viele Galerien wurden besucht. Damals hatte ich noch keinen Geschmack am cinque cento, bewunderte mehr die schöne Natur, von Anfang an aber alle Raffaels[4]. Eindruck machten mir die Skulpturen des Vatikans, besonders bei einer wunderbaren Abendbeleuchtung, die auf ein Souper bei Kardinal Antonelli[5] folgte. Nebenbei frappierten mich aber einige Monsignore mit niederen Weihen, die ich auf einmal in leichten Schuhen, als Kammerdiener servierend, erkannte!

1 *Lindemann-Frommel*, Lithograph und Maler, geb. 1819 zu Markirch im Elsaß, gest. 1891 in Rom; wo er Professor an der Akademie San Luca war.

2 *Freiherr Adolf von Ow* war Staatsrat und außerordentl. Gesandter am italienischen Hof sowie bei der Schweiz.

3 *Karl Kolb* (1800–1868), Bankier, württ. Konsul in Rom.

4 *Raffael Santi* (1483–1520), italienischer Maler und Baumeister.

5 *Giacomo Antonelli* (1806–1876), päpstlicher Kardinal-Staatssekretär, der unter Papst Gregor XVI. eine staatsmännische Laufbahn einschlug. Unter Pius IX. gewann er maßgebenden Einfluß und erhielt 1847 den Kardinalshut. Nach dem Angriff des Volkes auf den Quirinal riet er Pius IX. zur Flucht. Nach dessen Rückkehr mit französischer Hilfe trat A. an die Spitze des Staatsrats und führte ein streng absolutistisches Polizeiregiment. Die Ansprüche des

Rom, 5. April *Brief an meine Mutter:* Am Montag der heiligen Woche waren wir schon am frühen Morgen in St. Peter, um einer vierstündigen Feier beizuwohnen, die mit der Segnung und Verteilung von Palmzweigen durch den Papst selbst beginnt und dann durch eine große, prunkvoll von den Kardinälen gefeierte Messe fortgesetzt wird. Wir saßen auf einer Tribüne links vom Papst mit der Königin Christine[1], ihren drei Töchtern, Rianzarès, dem König Max[2] von Bayern und vielen anderen illustren Persönlichkeiten.

13. April Am Gründonnerstag waren wir vormittags in der Sixtinischen Kapelle — des Gesangs wegen —, dann fand auf dem St. Petersplatz die Segnung statt, wahrhaftig eine sehr schöne Zeremonie, an der wir von einer Galerie des Vatikans aus teilnahmen (ich glaube sogar von den Loggien Raffaels aus). Danach fand die Fußwaschung von 12 Pilgern durch den Papst selbst statt — das Publikum zerstreute sich. Am Karfreitag fand keinerlei Gottesdienst statt.

Am Ostersonntag ist das wichtigste Amt in St. Peter: der Papst liest selbst die Messe, Antonelli assistiert ihm, wobei die weltlich Gesinnten seinen Schritt, seinen hübschen Fuß bewundern, wenn er die Kirche durchquert.

20. April Am Samstag wurde die berühmte Illumination der Kuppel von St. Peter wiederholt. Dieses Schauspiel verdient wirklich seinen europäischen Ruf.

22. April Wir sind von Frascati zurückgekommen — einem etwas verunglückten Ausflug, weil ein Gewitter aufzog und uns zwang, früher heimzukehren. Im übrigen fanden wir in Rom die telegraphische Nachricht von der Abreise der Kaiserin und ihrer Ankunft hier (morgen) vor, nach allerlei Verzögerungen, verursacht durch das Wetter und ihre Gesundheit.

1. Mai Seit der Ankunft Ihrer Majestät sehen wir die Dinge zusammen mit ihr an, aber oft weniger gut, wenn auch in mehr Bewegung wegen der Ungewißheit der Pläne und Wünsche. Einmal wurden wir aus den Calixtus-Katakomben zurückgeholt, um mit Ihrer Majestät in die Kuppel von St. Peter zu steigen: so rasch ändert sie ihre Entschlüsse. Dennoch genießt die Kronprinzessin die Eindrücke sehr, die sie mit ihrer guten Mutter teilt.

Der Heilige Vater hat den Besuch der Kaiserin erwidert. Wir waren auf sechs Vorzimmer verteilt, je nach unserer Bedeutung. Die Kaiserin erwartete den Heiligen Vater im letzten Zimmer, darauf die Kronprinzessin, umgeben von ihrem weiblichen Hofstaat, das heißt mir, dann die Hofdamen, darauf die Herren. Auf der Treppe der Kronprinz und, um den Wagenschlag der päpstlichen Staatskutsche zu öffnen, der russische Gesandte in Person. Alle Katholiken

jungen Königreichs Italien auf die Besitzungen des Kirchenstaats wies er mit heftigen aber erfolglosen Protesten zurück.

1 Königin und Regentin von Spanien (1806–1878), vierte Gemahlin König Ferdinands VII. Nach dessen Tod 1833 vermählte sie sich in morganatischer Ehe mit Don Fernando Muñoz, den sie zum Herzog von Rianzares erhob.

2 *Maximilian II. Joseph* (1811–1864).

knieten beim Vorbeigehen des Papstes nieder, selbst auf dem Hof. Pius IX.[1] ist ein gewinnender Greis, voll Würde und Milde, der eine wahre Verehrung einflößt. Es ist wirklich ein Ereignis im Leben, ihm vorgestellt worden zu sein.

5. Mai Heute ist der Geburtstag der Kaiserin. Man macht einen Ausflug von Albano nach Frascati und Tivoli. Das Wetter ist dafür nicht günstig, aber man hat es eilig wegen der Abreise am 10. Mai nach Genua.

Noch ein Wort über die Ateliers: Tenerani[2], Wolff[3], Bienaimé[4], Achtermann[5] waren die Bevorzugten. Zum Engländer Ghiberti[6] nahm man mich nicht mit, weil er eine farbige Venus ausstellte. Dem jungen Württemberger Kopff[7] bestellte die Kronprinzessin mich, was ihn zuerst bekanntmachte. Für Portrait und Genre hatte er viel Talent, er brauchte aber Protektion, da er sich aus dürftiger Geburt hervorarbeitete.

Das Einlaufen in den Hafen von Genua war ein schöner Eindruck, diesmal ohne Seekrankheit. Wir hatten einige Stunden Zeit, um verschiedene Kirchen und Paläste zu bewundern, besonders den Palazzo Brignole Sale. Dann trennte sich die Kaiserin von ihren Kindern mit der Absicht, vor der Wildbader Kur noch eine Zeitlang auf der Villa mit ihnen zuzubringen. Unser Heimweg ging an den Borromäischen Inseln vorbei, die Herzogin von Genua stand vor der Casa Rapallo, mit dessen Besitzer sie morganatisch verheiratet ist. Wir fuhren mit Bewunderung durch diesen Teil Oberitaliens, den schönen Weg über den Simplon, seltene Steine sammelnd, zu Eisenbahn und zu Wagen, in der Richtung nach Genf, wo Großfürstin Marie mit Graf Stroganow und dem ihnen eben geborenen Söhnchen (früh gestorben) in der Villa Sellon oder Bocage, sich aufhielt.

Während des kurzen Aufenthalts besuchte man auch Großfürstin Anna Feodorowna und die guten Tremblays.

1 *Giovanni Maria, Graf von Mastai-Feretti* (1792–1878), der trotz des Verlustes der weltlichen Herrscherstellung Einfluß und Bedeutung des Papsttums zu steigern verstand.

2 *Pietro Tenerani* (1789–1869), italienischer Bildhauer, Schüler von Canova und Thorwaldsen, Professor an der Akademie von San Luca.

3 *Emil Wolff* (1802–1879), Bildhauer aus Berlin, Schüler von Schadow, lebte seit 1822 in Rom, wo er namentlich Genrefiguren fertigte, aber auch Büsten und Portraitstatuen berühmter Personen.

4 *Luigi Bienaimé* (1795–1878), italienischer Bildhauer, Mitarbeiter Thorwaldsens, Gestalter idealer, lyrischer oder religiöser Figuren.

5 *Wilhelm Achtermann* (1799–1884), Bildhauer aus einem Dorf bei Münster, arbeitete zuerst in Berlin bis er die Mittel zu einer Italienreise hatte. In Rom gestaltete er religiöse Werke wie eine Kreuzabnahme und einen Altar für den Dom von Prag.

6 *Lorenzo Ghiberti* (1378–1455) war ein berühmter Bildhauer in Florenz. Hier wohl Pseudonym für einen englischen Künstler.

7 *Josef Kopf* (1827–1903) aus Unlingen bei Riedlingen wirkte als Bildhauer in Rom. Er fertigte Figuren für die Villa Berg, Schloß Rosenstein sowie das Neue Schloß in Stuttgart und die Villa Oranienbaum bei Petersburg.

Etwa einen Monat auf der Villa. Tod meiner lieben Tante Spitzemberg[1].

Wildbad, Juni Die Kaiserin ging direkt nach Wildbad. Am Anfang war Regenwetter, bald fanden sich aber die fürstlichen Besuche ein und mit ihnen wahres Sommerklima. Großherzogin Sophie von Baden mit beiden Töchtern und dem Bräutigam, Großfürst Michael[2], Prinz und Prinzessin Friedrich der Niederlande[3], der König von Württemberg, später die Königin. Auch Lady Cowley[4] hatte man die Freude wiederzusehen.

Prinz Peter von Oldenburg[5] spielte in Wildbad eine beinahe heimatliche Rolle. Als Stiefsohn König Wilhelms in Württemberg erzogen, hatte der Prinz große Anhänglichkeit an Land und Sitten bewahrt, zugleich war er ein ständiger Kurgast. Kapellmeister Kühner spielte vielfach die Kompositionen des Prinzen. Einmal überraschte er ihn mit einer Kondolenzpolka (nach dem Tod seines Sohnes) einem eigenen Opus von Kühner. Ein selten ehrenhafter Charakter, Wohltäter der Armen, gründete er einst ein Kinderspital »aus seinen Ersparnissen«. Er stand meinen Herrschaften aufrichtig nahe.

4. Juli *Brief an meine Mutter:* »Die Kaiserin läßt mich weiterhin rufen, ihr vorzulesen, was mir sehr großes Vergnügen bereitet. Unter den verschiedenen schwächlichen Gesundheiten aus denen der Hof Ihrer Majestät besteht, bin ich noch der Herkules der Schar. Ich schließe mich wahrhaftig an die Schuwalows[6] an, beide sind ganze Charaktere, nicht jedermann zugänglich, die aber meine Freunde werden und es auf Dauer bleiben. — Ich bin zwei- oder dreimal mit Wimpffen und Muchanow[7] zu Pferd ausgeritten.

Vorgestern sind der Kaiser[8] und die Kaiserin von Kissingen kommend hier eingetroffen. Ich freute mich persönlich darüber und habe bei ihnen dieselbe Güte angetroffen, wie einst. Obwohl die hohe Familie sozusagen unter sich ist, sieht man sie fortwährend im Haus, im Garten, und selbst am Abend kommen sie für einige Augenblicke zu unseren Soireen, die unten im großen Speisesaal stattfinden. Man vergnügt sich dabei zur Genüge und tanzt sogar mit Damen, denn es hat kaum Herren hier. Man hätte gerne etwas für die Jugend arrangiert, aber da der Kaiser offizielle Besuche aus Stuttgart abgelehnt hat, konnte man keine Tänzer einladen.

1 *Elisabeth Juliane von Massenbach,* geb. 1803, seit 1828 vermählt mit Freiherrn Hugo von Spitzemberg, gest. 17. Mai 1857. Staatsdame der Königin Pauline.

2 Siehe S. 34, Anm. 1.

3 *Prinz Friedrich der Niederlande* (1797–1881), zweiter Sohn des Königs Wilhelm I., seit 1825 mit Prinzessin Luise von Preußen vermählt, Tochter König Friedrich Wilhelms III.

4 Gemahlin des englischen Diplomaten *Henry Wellesley Graf Cowley,* 1832–38 Legationssekretär in Stuttgart, 1848 Gesandter beim Frankfurter Bundestag, seit 1852 in Paris.

5 *Peter Konstantin* (1812–1881), war der Sohn von Prinz Peter Friedrich von Oldenburg u. der Prinzessin Katharina, der späteren Gemahlin König Wilhelms I. von Württemberg.

6 *Graf Paul Schuwalow* (1830–1908) war russischer Legationsrat in Stuttgart, später Botschafter in Berlin.

7 Russischer Staatsrat und Kammerherr.

8 *Alexander II.* und seine Gemahlin Marie von Hessen, siehe S. 20, Anm. 2.

8. Juni Am Samstag hatten wir ein ländliches Fest mit Kinderdarbietungen, Flößen auf der Enz für den Kaiser, Tiroler Liedern, Tee im Freien. Bei der Rückkehr kleiner Tanz, an dem der Kaiser teilnahm. Der anwesende Fürst Gortschakow war sehr liebenswürdig.

Unsere Herrschaften haben sich verabredet, mit Kaiser und Kaiserin in Kissingen zusammenzutreffen. Der Kaiser überraschte vorher noch seine Mutter am 12. zu ihrem Namenstag. Dann reiste man, alle zusammen, bis Mühlacker. Harte Trennung für die Kronprinzessin. In Wildbad beim Abschied ein Regen von Geschenken und Dekorationen.

Kurzer Aufenthalt auf der Villa. Dort ordnete ich meine Korrespondenz und verschiedene Rückstände, schrieb an Katharina Igelström[1] meine römischen Erlebnisse, ausführlich, in ruhiger Betrachtung, wußte ich doch, daß jedes Wort ihr ein Labsal war, besonders meine Eindrücke über *unsere* Kronprinzessin: »In der Welt der Künstler wie in allen Sphären rief sie eine große Sensation hervor und einen echten Enthusiasmus. Es ist nicht nur die Bewunderung für die junge, schöne und liebenswürdige Großfürstin, die mit tausend Eigenschaften brilliert, sondern schon eine achtungsvolle Ehrerbietung für die Frau von Welt, deren Urteil tiefschürfend ist, und das einen aufklärt, ohne dabei zu vergessen, das Urteil derer sich anzueignen, deren Meinung richtig und ins Auge springend zu sein scheint.« Der Kronprinz begleitete sie nach seinen eigenen Erinnerungen: »immer nach dem Idealen gerichtet.«

Nach dem Tode meiner lieben Tante, der Staatsdame Baronin von Spitzemberg im Mai dieses Jahres, bat mich die Kronprinzessin, in den Frauenverein für die Versorgung verwahrloster Kinder an deren Stelle einzutreten. Ich tat es mit Freuden und bin das älteste Mitglied geworden. Die erste Vorsteherin, mit der ich zu tun hatte, war Frau Oberkirchenrat von Köstlin, dann Frau von Luck, zuletzt Gräfin Marie Taubenheim Tochter, welche diese Wirksamkeit nur mit dem gesegneten Beruf einer Diakonissen-Oberin vertauschte. — Später vermied es Königin Olga, mich in Komitees zu bringen, um mich mehr zu ihrer Verfügung zu behalten, Fühlung durfte ich mit allen haben.

Kissingen, 24. Juli *Brief an meine Mutter:* Die Kronprinzessin entschädigt sich für die Trennung von ihrer Mutter durch gute und vertraute Beziehungen zur Kaiserin Marie. Der Aufenthalt ist ungemein interessant. Um den Kaiser sammelt sich immer eine Menge hervorragender Persönlichkeiten. Seine tägliche Umgebung bestand bis zu seiner Abreise heute Nacht aus folgenden ausgezeichneten Männern: den beiden Kisilev[2], allen Adlerberg[3], Tottleben[4], Chrepto-

1 Siehe S. 16, Anm. 5.

2 *Paul Graf von Kisilev* (1788–1872), russischer General und Botschafter, und *Graf Nikolaj Kisilev* (1800–1869).

3 *Wladimir Graf von Adlerberg* (1790–1884), russischer Hofminister und General, Alexander (1818–1888), Nikolaj (1819–1892).

4 *Eduard von Totleben* (1818–1884), russischer Ingenieurgeneral.

witsch[1], Severin[2] von München, Budberg[3] von Wien, Richter[2] von Brüssel. Der Hofstaat ist charmant mit seinen Damen, alten Freundinnen von mir: A. Dolgorukij, A. Tutscheff, Fräulein von Grancy, immer voll Aufmerksamkeiten, frisch und liebenswürdig mit ihren Locken; Fürst Basil Dolgorukij[4] ist ein wahres Muster von Hofmarschall: er hat mir einen Teil seines Appartements abgetreten und wohnt in einem Zimmer neben mir — welche Aufmerksamkeit!

Ich wohne ganz nahe bei der Freitreppe und kann sehen, wer kommt und geht, was natürlich sehr unterhaltend ist.

Gestern ist mein Freund Winterhalter angekommen, um ein Porträt Ihrer Majestät zu fertigen. Der Kaiser hat mich wiederum mit einer ganz besonderen Auszeichnung beehrt, indem er mich wie einst besuchte, als er noch Großfürst war. — Die Majestäten von Bayern sind ebenfalls in Kissingen und werden auch in Brückenau sein, wohin wir uns von hier aus begeben. König Max, ein Weiser mit roter Nase. — Königin Marie, sehr gut in den Kaffeegesellschaften, Jugendfreundin der Kronprinzessin aus der Zeit von Fischbach. Hier sind wir im Hinblick auf Toiletten sehr viel mehr »angestrengt« als in Wildbad. Man ißt mit den Majestäten zu Mittag, man promeniert mit ihnen und am Abend speist man an ihrem Tisch. Um 10 Uhr ist alles zu Ende, aber dafür muß man schon um ½7 Uhr aufstehen und die Promenade entlanggehen, die hinsichtlich ihrer Gezwungenheit und Monotonie all denen in den kleinen Bädern Deutschlands gleicht.

Brückenau 28. Juli Brückenau ist reizend, ganz ländlich — Wälder, Bäche, sogar ein bißchen sich gehen lassen — es erinnert an den Schwarzwald. Das Leben der Kaiserin Marie ist so vernünftig und frei von Gebundenheit — hier hätte man gern eine Erholungskur gemacht. Die beiden Kinder, die Großfürstin Marie und der Großfürst Alexis sind wahre Schätze! Winterhalter hat ein bezauberndes Porträt gemalt — die Kaiserin ist in voller Schönheit wiedergegeben; ich hatte das Privileg, Perlen für ihre Frisur zu liefern. Die echten Perlen waren zu schwer, weshalb man künstliche suchte und ich hatte römische. Als Belohnung erhielt ich die erste Lithographie. Hier sagte mir auch die Kronprinzessin, daß sie mich nach Scheveningen mitnehmen wolle, wohin Camille Sturmfeder auf alle Fälle gehen muß, aber sie allein genügt nicht für den Dienst. Bevor ich von dieser Absicht erfuhr, hatte ich eine dringende Einladung von Helene Magnus nach Brüssel angenommen. Wir werden also von hier nach Frankfurt reisen, wo C. Kahlden zurückbleibt, dann nach Köln und über Utrecht nach Soezdyck, dem Aufenthaltsort der Königin Anna Pawlowna[5], einer Tante Ihrer

1 *Graf Michael Chreptowitsch* (1809–1891), russischer Geheimer Rat und Obersthofmeister.
2 *Severin* desgl. *G. Richter,* russ. Generalmajor und Diplomat.
3 *Andreas von Budberg* (1817–1881), russischer Diplomat.
4 *Fürst Wladimir Dolgoruki* (1810–1891), Generalmajor und Generaladjutant, Gouverneur von Moskau.
5 *Anna Pawlowna* (1795–1865), Schwester Kaiser Alexanders I. von Rußland, seit 1816 vermählt mit Prinz Wilhelm II. der Niederlande.

Hoheiten. Wir denken am 5. August in Scheveningen einzutreffen und dabei Sardam[1] und Amsterdam kurz zu besichtigen.

1. August. Scheveningen Brief an meine Mutter: »Glücklich am Meer angekommen, sind wir ziemlich primitiv untergebracht, aber die Kronprinzessin gibt uns ein Beispiel an ›Bescheidenheit‹, so daß niemand etwas zu sagen wagt. — Königin Anna war sehr liebenswürdig. Wir verließen sie, beeindruckt von der eigentümlichen Atmosphäre. Dieses Sichzurückziehen ist wie eine sichtbare Schachtel, die sich öffnet und dumpfig riecht. Alle Allüren sind darin komprimiert und rätselhaft, aber was die Truhe enthält, ist kostbar, hat großen Stil, vornehme Haltung. Die Schloßherrin gibt ihre Mittagessen auf einer sehr gepflegten Terrasse, zu der man dekolletiert kommen muß. Man macht viele Verbeugungen. Bei den Promenaden halten die Wagen an, man erhebt sich, wenn man die Königin bei einer Begegnung grüßt.

Unter den hundertjährigen Eichen wundern einen diese veralteten Allüren weniger, ich habe nicht zuviel Zwang empfunden — Respekt: ja! und den Wunsch, mehr zu wissen und zu glauben, daß im Grunde unter der Rinde dieser Souveränin der Vergangenheit viele edlen Eigenschaften vorhanden sind. Die Königin Anna hat ihrer Schwiegertochter[2] viele bitteren Augenblicke bereitet, indem sie immer die Partei des Königs ergriff. — Wir besuchten nur kurz Den Haag und Rotterdam.

7. August Wir kommen aus dem Meer und zollen ihr alle ein gutes Lob! Das Wasser warm, nur die Wellen mir etwas zu stark. — C. Sturmfeder eine angenehme Reisegefährtin, wohl aufbrausend und etwas unzuverlässig, dazwischen aber von Herzen gut und so heiter angelegt.

Ich werde mein Bad zur gleichen Zeit wie die Hoheiten nehmen, um für den Spaziergang danach bereit zu sein. Bei der Rückkehr um 9 Uhr reichhaltiges Frühstück. ½1 Uhr zweites Frühstück, ½6 Uhr Abendessen. Abends 9 Uhr Whist und Tee, um dann so lang wie möglich im Freien zu bleiben. Noch keine Bekanntschaften gemacht außer Prinz Heinrich[3] und seiner Frau, geb. Prinzessin von Sachsen-Weimar, ein sehr ruhiges Paar, sowie den Erbprinzen von Sachsen, ein nettes Kind, das wir zuweilen mit seinem Gouverneur, Herrn von Wardenburg, sehen.

14. August Königin Sophie ist in England, sie kommt erst am 20. zurück. Den Haag ist eine hübsche Stadt, das ist unser einziger Spaziergang außer dem Strand, eintönig, aber das beruhigt wie die Kanäle und Enten nach den erhabenen und poetischen Eindrücken in Italien. Der General Isakow[4] ist eingetroffen,

1 Saardam oder Zaandam nordwestlich von Amsterdam.

2 Der Königin Sophie, siehe S. 24, Anm. 4.

3 *Wilhelm Friedrich Heinrich, Prinz der Niederlande* (1820–1879), zweiter Sohn des Königs Wilhelm II. der Niederlande, Statthalter des Großherzogtums Luxemburg, seit 1853 vermählt mit Prinzessin Amalie von Weimar.

4 *Nikolaj Isakow* (1821–1891), Chefgeneral der kaiserlich russischen Militärschulen.

ein sympathischer Bekannter der beiden Hoheiten, ferner eine Gräfin Apony aus London, die eine Ausstellung von Kleidern macht, sie ist übrigens charmant. Ich habe den Baron Steengracht[1] wieder gesehen, der seinerzeit den Prinzen von Oranien, jetzt König, in Stuttgart begleitete. Er spricht mit Vergnügen von der Zeit, da mein Vater beim Prinzen Dienst tat (1838?) und wo sie bei der Taufe meiner Schwester waren, der letzten, bei der die königliche Familie vollzählig erschienen sei und wo das mit der alten Etikette passierte, daß meine Mutter mit einem Knie den Boden berührte, um die Königin Pauline zu empfangen. — Steengracht hat eine hübsche Gemäldesammlung.

27. August Königin Sophie kommt täglich morgens und abends, aber da sie den Weg zu Fuß zurücklegt, haben die Ausflüge nicht zugenommen und unser Lebensablauf ist ruhig geblieben, abgesehen von dem Besuch des Königs[2], der meinen Herrschaften ein aufwendiges Diner gegeben hat.

6. September Großfürstin Marie[3] ist überraschend angekommen, ihre Schwester zu besuchen, was den König veranlaßte, von Loo zurückzukehren. Sie wohnt in der Stadt. — Den Haag, Huys ten Bosch, Loo, das sind drei Punkte, die schwer miteinander zu vereinen sind, um sich zu treffen — man mußte sich einig werden, was mit einem großen Diner endete, das der König am 4. September gab, dem Geburtstag unserer Königin Pauline, aber auch des Prinzen von Oranien[4]. Der arme König macht einen tristen Eindruck. Seine andauernden Orgien richten seine Gesundheit zugrunde, doch wenn er spricht, zeigt sich noch ein Rest seines einstigen vornehmen Aussehens und seines wahrhaften Wohlwollens. Man hätte ihn auf dem rechten Weg zurückhalten können. Er sprach mit mir über meinen Vater, meine Mutter, den Spitzemberg. — Nach einem Ausflug nach Huys de Parr zu Onkel Friedrich fuhren wir am 12. von Scheveningen ab, verbrachten einen Tag in Amsterdam und trafen am 15. wieder in der Villa ein.

Nachdem wir von dieser Reise zurückgekehrt waren, bereitete man die Kaiserzusammenkunft in Stuttgart vor zwischen Alexander II. und Napoleon III., zu welcher sich die Großfürstin Helene[5] und die Königin Sophie auch einfanden — unversehens noch Königin Amalie von Griechenland[6] (welche so gerne etwas ausgewirkt hätte). Weniger Kaiserin Marie, die, Eugénie[7] mit leeren Versprechungen hinhaltend, ihre Gegenwart bald verhieß, bald versagte, so daß

1 *Steengracht van Oosterland*, königlich niederländischer Kammerherr.

2 *König Wilhelm III.* der Niederlande (1817–1890) regierte seit 1849.

3 Witwe des Herzogs von Leuchtenberg, siehe S. 36, Anm. 3.

4 *Kronprinz Wilhelm* (1840–1879).

5 Tochter Kaiser Pauls I. (1784–1803), vermählt seit 1799 mit Friedrich Ludwig von Mecklenburg-Schwerin.

6 Tochter des Großherzogs August von Oldenburg (1818–1875), seit 1836 vermählt mit König Otto von Griechenland.

7 *Eugénie* (1826–1920), Kaiserin der Franzosen, Tochter des span. Grafen von Montijo, 1853 mit Napoleon III. vermählt, hatte unheilvollen politischen Einfluß.

die französische Kaiserin wegblieb und Napoleon es sehr ressentierte [verbitterte]. Die Kaiser aber fanden und sprachen sich, besonders nach einem gewissen Déjeuner auf der Villa, wo König Wilhelm nicht geladen war und diese vermeintliche Zurücksetzung seinem Sohn und seiner Schwiegertochter nie verzieh und lange fühlen ließ. Während der Kaisertage waren im Salon der Königin Sophie jeden Abend Schreibspiele, wo besonders Helene von Staal, die gefeierte Hofdame der Großfürstin Helene, von Kaiser Napoleon sehr ausgezeichnet wurde. Manche berühmten und bedeutenden Menschen kamen den fremden Gästen zulieb nach Stuttgart: Drouyn de Lhuys[1], Clarendon[2], Gonzenbach[3], Lady Ely.

In Baden, wo die meisten der fremden Fürstinnen damals verkehrten, sprach sich Thiers[4] folgendermaßen über sie aus: die Prinzessin von Preußen — ein verdrehter und verschnürter Geist, die Großfürstin Helene — die Einzige, die eine Richtung hatte und die immens begabt war, die Königin Sophie — je mehr Möglichkeiten, desto mehr Unerwartetes und auch desto mehr Inkonsequenz. Ich habe das von der Fürstin Menschikow, einer Freundin von Monsieur Thiers.

Auf dem Villa-Ball für die Kaiser erschien Gräfin Benckendorff[5] noch im Gefühl ihrer Pflicht, den damals schon viele Zeichen der Geistesabwesenheit gebenden Gatten begleiten zu sollen. Wenige Tage darauf kam Olga auf die Welt. Keine sechs Wochen vergingen, und die arme Gräfin mußte ihren Gatten zuerst nach Vevey, dann nach Paris begleiten, wo er im Irrenhaus starb. Sie ließ die kleine Olga unter unserem Schutz zurück, die älteren Kinder ihren Verwandten nach Münster gebend.

Damals entwickelte sich auch die Krankheit Karl Ellrichshausens, dem ich als zeitweiligem Kollegen immer gut blieb.

1 *Eduard Drouyn de Lhuys* (1805–1881), französischer Diplomat, Minister der Auswärtigen Angelegenheiten.

2 *George Graf von Clarendon* (1800–1870), englischer Staatsmann, 1858 auf dem Pariser Kongreß gestürzt.

3 *August von Gonzenbach* (1808–1887), Schweizer Politiker und Historiker.

4 *Adolphe Thiers* (1797–1877), französischer Staatsmann und Geschichtsschreiber, mehrfach Minister und Ministerpräsident.

5 *Konstantin von Benckendorff* (1817–1858) war russischer General und Diplomat. 1857 kam er, zum Generalleutnant befördert, als Gesandter nach Stuttgart.

1858

West wird der Freund des Kronprinzen – Fräulein Okulow kommt zurück – ein lebhafter Winter – Reise nach Petersburg über Hannover und Kiel – ich bekomme die Masern, werde in Zarskoje interniert – Peterhof – Familienleben zwischen den verschiedenen Unternehmungen – Torfbrände – Fest des 13. Juli – großer Ball – die Bäder von Peterhof – Fürstin Wolkonsky – die Inseln – Strelna – Zurück übers Meer – Stettin – Berlin – Königin Elise – Tante Luise – Weimar – Belvedere – Villa – Großfürstin Marie – Weinlese – König Wilhelm in Nizza.

Der Winter war gesellschaftlich animiert. Meine Mutter war nach Stuttgart zurückgekehrt, um meine Schwester[1] in die Welt einzuführen. Fräulein Okulow blieb auch nicht aus. Ihre Hoheiten leisteten das Ihrige, doch hatte die Kronprinzessin das Recht, nach drei Jahren wieder ihre Mutter in Rußland zu besuchen, welche diesen Sommer ohne ausländische Kur bleiben sollte. Die Kronprinzessin war zu Hause ohne bestimmte Aufgabe, mit dem Vater[2] immer mehr oder weniger auf gespanntem Fuße. Dieses Verhältnis zu applanieren, gab sich besonders Graf Taubenheim[3], der ergebene, vertraute Anhänger des Königs, zugleich ritterlicher Verehrer der Kronprinzessin, alle erdenkliche Mühe.

Der Kronprinz liebte ernste Lektüre, vor allem klassische, war aber trotz allem desœuvriert[4], hatte auch wenig passende Umgebung. Baron Dagobert von Wimpffen, sein jetziger Adjutant, ein phlegmatischer Biedermann, Wilhelm Wimpffen[5], der andere Jugendfreund, eine sympathische Natur, aber mehr enfant terrible als fördernd, jetzt neu verheiratet. Der Kronprinz fand Gefallen an Mr. Sackville West, einem englischen Sekretär, mit dem er kosmopolitische Ideen austauschte, der ihn aber leider für den Spiritismus interessierte.

In Verbindung mit einer Seebäder-Kur in Scheveningen machte Seine Königliche Hoheit allein den Besuch in Paris, begeisterte sich für die Kaiserin Eugénie, welcher er seine Freundschaft immer bewahrte, und holte seine Gattin im Juni in Peterhof ein. Im Mai etwa ging die Kronprinzessin nach Petersburg über Hannover, Hamburg und Kiel, wo man sich auf dem »Gratiarstschin« einschiffte. Das große Bild von Svanoff »Christus in der Wüste« reiste mit uns auf Befürwortung der Großfürstin Helene, die den Künstler in Rom schätzen lernte. Damals fing meine dienstliche Korrespondenz mit Edith Kahlden an, welche mich viele Jahre lang in Liebe durchs Leben begleitete.

1 *Pauline Wilhelmine,* geb. 4. Oktober 1838, vermählt am 26. April 1860 mit Freiherrn Benno von Herman auf Wain.
2 *König Wilhelm I.*
3 *Wilhelm Graf von Taubenheim* (1805–1894), Oberststallmeister des Königs.
4 Untätig, beschäftigungslos.
5 Königlicher Kammerherr.

Abreise mit der Eisenbahn — mir klingen die Ohren von den Adieu von ganz Stuttgart.

14. Mai Ankunft in Hannover. Mittagessen bei Hof. Die Königin Marie[1] ist gut zu mir in Erinnerung an Kirchheim. Der arme König[2] ist sehr formell und bündig; er gab eine Gesellschaft, war gegen mich geneigt, als man ihn unterbrach, wollte im Gespräch fortfahren und drehte sich aus Versehen auf die andere Seite — man denke sich das Gelächter! — Lüneburger Heide — in Harburg den Wagen nach Hamburg bestiegen. Die Kronprinzessin ist aus der Fassung gebracht, weint. Fräulein Okulow nimmt sich ihrer an. Streifzug durch die Gewächshäuser und bemerkenswerten Gärten.

15. Mai Mittagessen mit den Hoheiten in einem Austernkeller — das russische Schiff wird signalisiert, es durchquert das Eis.

16. Mai Abreise nach Kiel um 4 Uhr — Dort Empfang eines dänischen Offizierskorps — der Herzog von Glücksburg begleitet die Kronprinzessin auf das Schiff. Ich gehe sogleich in meine Kabine und lege mich zu Bett.

27. Mai Ich schreibe ein wenig mit dem Bleistift. Wir waren auf dem Meer, alles ging gut. Nur ich machte eine Ausnahme, mußte im Bett bleiben mit Husten, Kopfweh, Fieber. Die Kronprinzessin besuchte mich, rührend in ihrer Güte. Am Abend fuhr ich zufällig mit der Hand über mein Gesicht und fand da etwas Ungewohntes: es war ein Ausschlag, den man als Masern erklärte! Andere meinten, es seien Windpocken, die meine Schwester bei meiner Abreise hatte, aber ich glaubte dagegen gefeit zu sein, nachdem ich sie 1851 hatte, bevor ich an den Hof berufen wurde. Nie zuvor empfand ich solche Herzbeklemmung für die Kronprinzessin, der ich solche Unannehmlichkeit verursachte. Wenn ich nur all denen, die mich umgaben, aus dem Weg gehen könnte! So verbrachte ich den Dienstag bis zum Freitag, immer in der Hoffnung, es sei eine andere, weniger unangenehme Krankheit. Man kam in Kronstadt an. Die Kronprinzessin ließ mir ständig tröstende Worte ausrichten wie: es sei besser, daß mich die Krankheit unterwegs befallen habe, sonst hätte man mich in Stuttgart zurücklassen müssen! Der Kaiser, die Kaiserin Marie, alle Großfürsten kamen an Bord, ich hörte alles von meiner Kabine aus, ohne an der Wiedersehensfreude teilnehmen zu können. Man fragte nach mir, und bald wurde allen die fatale Nachricht bekannt.

Man wollte mich in die Stadt verbringen, ins Winterpalais — der Hof war in Zarskoje — doch Gott sei Dank entschied der Kaiser anders. Er schickte mir einen Adjutanten, um mir sagen zu lassen, ich solle noch in aller Ruhe eine Nacht auf dem Schiff verbringen bis zum nächsten Morgen, dann werde man den Doktor Karell schicken, mich nach Zarskoje zu transportieren. Man werde mir in der Zwischenzeit ein Appartement — abgesondert — vorbereiten. Fräulein

1 *Königin Marie,* geb. Prinzessin Maria von Sachsen-Altenburg.
2 *Georg V.*, König von Hannover (1819–1878) war blind, was aber verheimlicht wurde.

Okulow blieb zurück, um auf mich aufzupassen, obgleich die Arme Todesängste wegen einer Ansteckung ausstand und nicht wagte, sich mir zu nähern.

Karell kam, war unzufrieden mit der Behandlung des Marinearztes, entschied aber, mich sogleich nach Zarskoje zu transportieren. (Man bereitete mir inzwischen eine ganz isolierte Unterkunft). Zuerst war sie auf einem kleineren Schiff, das mich nach Peterhof[1] bringen sollte. Man holte mich mittels eines großen Flaschenzugs in einem Korb von dem großen Schiff, verbrachte mich in eine Kabine des anderen, die ich auf meinen eigenen Beinen erreichte, und von da trugen mich die Matrosen längs des Kais in einen geheizten Wagen. — Ich betrachtete Peterhof im Vorbeifahren: alle Bauten erschienen mir wie Wunder, die sich meinen Augen entzogen. Endlich kamen wir an dem kleinen Haus Meyendorff nahe beim Lyzeum an, ich stieg eine Treppe hinauf und man legte mich in ein warmes gutes Bett hinter vielen Gardinen: das war alles, was ich fürs erste von Zarskoje sah.

2. Juni Ich rekapituliere: am 23. — die Nacht war gut — teilte mir die Kronprinzessin voll Besorgnis mit — wolle Gott, daß dies die letzte Beunruhigung ist, die ich ihr verursache — man habe Angst vor einer Ansteckung wegen der kaiserlichen Kinder. Trotzdem erhalte ich einige heimliche Besuche. Die Kaiserinnen sind voller Aufmerksamkeiten für mich. A. Dolgorukij sendet mir die besten Wünsche. Am 24., Pfingstsonntag, einem langen, monotonen Tag, an dem ich nichts habe, um mich damit zu beschäftigen, besuchen mich Fräulein Okulow und die Kammerfrauen, ebenso Camille am 26. Sie hat meiner Mutter geschrieben. — Die Kronprinzessin ist in die Stadt gegangen, ihre Gräber zu besuchen. Am 27. Briefe aus Stuttgart — ich kann selbst wieder ein bißchen lesen und schreiben. — 28. meine Kronprinzessin schickt mir Grüße. — Alex Tolstoi[2] besucht mich im geheimen — C. Sturmfeder ist etwas unzufrieden, daß sich Fräulein Okulow so viel herausnimmt — 29. Kaiserin Marie schickt mir ihr Bild mit einem Handbillet — 30. ich darf aufstehen, fühle mich kräftiger — 3. Juni, habe ein Bad genommen, nicht ganz angenehm, weil zu warm. — 7. Juni. Die Kronprinzessin ist mit der Kaiserin nach Peterhof, dem Kronprinzen entgegen! Adelungs haben nun auch die Masern bekommen! — Die Kaiserin-Mutter schickte mir durch Dr. Karell eine reizende Nadel — eine russische Perle in Gold gefaßt — und ließ sagen, diese habe man in meinem Bad gefunden. Karell ist ein so lieber, zuverlässiger Arzt. Einmal kamen Kaiser und Kaiserin mit der Kronprinzessin vorüber, grüßten mich durchs Fenster, ließen meine Jungfer herunterkommen, um nach mir zu fragen.

12. Juni Ich fahre in der Kutsche aus und sehe am Abend die Kronprinzessin wieder, die *so* liebenswürdig ist und zu mir sagt, ich solle ins Palais Alexander kommen. Der Fürst war da, in sehr guter Laune.

1 Die kaiserliche Sommerresidenz, südwestlich von Petersburg.

2 *Alexej Konstantinowitsch Graf Tolstoi* (1818–1875), russischer Dichter, Jugendfreund Kaiser Alexanders II.

13. Juni Beim Wegfahren mit der Kutsche begegnete ich der Kaiserin-Mutter, die anhalten ließ und mit mir längere Zeit mit viel Güte sprach, kurz darauf die Majestäten ebenfalls.

15. Juni Ich verlasse heute mein kleines Hospital mit einem Gefühl tiefer Dankbarkeit gegenüber Gott und all denen, die so gut zu mir waren. — Man bleibt noch etwa eine gute Woche in Zarskoje und geht dann nach Peterhof, zur gleichen Zeit, wie der Kaiser zu einer Fahrt nach Archangelsk aufbricht und unseren Kronprinzen mitnimmt.

C. Sturmfeder und der Graf Taube kehren dann nach Stuttgart zurück, erstere von ihrem Gemahl angefordert, letzterer von seinem Minister, dem Baron Karl Hügel[1].

In Zarskoje wurde ich wieder in die Gewohnheiten des Palais integriert, von den Kaiserinnen empfangen und besuchte die Großfürstin Alexandra Josephowna in Pawlowsk, überall mit Güte überhäuft. Fürst Gortschakow suchte mich auf — ich freute mich, Frau Mimi von Meyendorff wiederzusehen und die Gräfin Benckendorff, die wegen ihres Sohnes nach Rußland gekommen war. Sie hat noch immer den gleichen Charme, grande dame von freiem Charakter. Weiter traf ich die Gräfin Baranow, von so einfacher Güte, und den Grafen Alexis Bobrinskij. Auch machte ich die Bekanntschaft des Ober-Vorschneiders Muschanow, eines Freundes des Fürsten Gortschakow, eine offizielle, etwas lächerliche Persönlichkeit, diesmal im Dienst bei der Kronprinzessin zusammen mit dem Kammerfräulein Okulow. Die Hofdamen waren noch dieselben, freundlich entgegenkommend, so daß ich mich geradezu in Verlegenheit gebracht fühlte; der gute Herr von Storck, Sekretär der Kaiserin, begann mich auch wieder wegen meiner Bemühungen im Russischen zu necken.

25. Juni Fahrt nach Peterhof, nachdem ich von der Verlobung Wawa Galizins mit unserem Muschanow erfahren und Pauline Krusenstern[2]-Zeppelin, die Witwe des Admirals, wiedergesehen hatte. C. Sturmfeder und ich werden im Lustschlößchen Alexandria durch die Kaiserin Alexandra Feodorowna[3] empfangen, die einen immer so aufmuntert. Die Kronprinzessin zeigt uns das ganze intime obere Stockwerk und die einstigen Zimmer ihres Vaters neben den ihren. Alles so klein, gedrängt, intim! Wieviel Gemütsregungen muß diese Nachbarschaft bei ihr auslösen! — Oft geht sie dorthin beten. — Für die Arbeit ging der Kaiser ins große Palais, in das Zimmer Peters des Großen.

Ich wurde in den »gotischen Häusern« untergebracht, zusammen mit den Bartiniew und den Fredericksz, originellen alten Jungfern. Der Hund von Nadine

1 *Karl Freiherr von Hügel* (1805–1870) war 1855–1864 Minister der auswärtigen Angelegenheiten.

2 *Adam Ritter von Krusenstern* (1770–1846) aus Estland war ein berühmter Seemann, der auf seiner Weltumseglung 1803–06 wichtige geographische Ergebnisse erzielte. 1841 wurde er Generaladmiral.

3 Witwe Kaiser Nikolaus I., Kaiserinmutter.

wurde verdächtigt, die Pest zu haben! Sophie Fredericksz war in ihren Erzählungen sehr naiv, die die meiste Zeit in Anspruch nahmen, sie waren aber von einer solch unglaublichen Genauigkeit, daß man geneigt war, sie ins Reich der Phantasie zu verweisen. Im Verlauf des Tages lud uns Fräulein Okulow in die Isba [Blockhaus] von Nicolsky im Park von Peterhof ein, um mit ihrem Samowar vorlieb zu nehmen, es war aber sehr gemütlich. Dann zeigte sie uns Czarilpin und Olginostrow, so daß wir kaum Zeit hatten, zum Diner nach Znamensky zu Großfürst Nikolaus[1] zu gehen. Großfürstin Alexandra Petrowna machte einen wenig eleganten Eindruck, ich hätte dem guten Großfürsten eine andere Frau gewünscht; ihr Kind ist reizend. Bei der Rückkehr war ich sehr müde, doch mußte ich noch zu einer Musik nach Monplaisir gehen, wo die Gräfin A. Tolstoi die Gäste zum Tee begrüßte. Unterhaltung mit Fürst Gortschakow über »unsere Zustände«, Kartenpartie und »Nachtwache« mit Camille, die sehr bewegt war und mich bis 1 Uhr nachts mit Wehklagen aufhielt. — Der gute Dagobert Wimpffen besucht mich jeden Tag — ein guter Junge, aber ohne Horizont.

29. Juni Ihre Kaiserliche Hoheit nahm mich nach Sergnievka zur Großfürstin Marie[2] mit, wo man zu ihrem Kindersommer ging. Dort gab es ein ländliches Mittagsmahl. Es war sehr, sehr nett und erst Marusty! Die Großfürstin Marie war ganz Güte, sie hatte eine glückliche Miene. Olga Nikolajewna war so natürlich, Graf Stroganow[3] ein schöner Mann mit guten Sitten und umgänglich. Die Großfürstin erzieht ihre Kinder sehr gut, obwohl sie ganz verschiedenen Charakter haben. Die Gräfin Lisa Tolstoi ersetzt Madame Barikow mehr als Alexandrine, ihre Schwester. Alexandrine ist sehr geistreich, hat das Herz auf dem rechten Fleck, besitzt aber eine eigenwillige Beharrlichkeit. A. Vojekow[4] ist häßlich, aber charmant, eine Frau von Welt mit tausend schillernden Facetten.

30. Juni Mittagessen bei der Fürstin Oldenburg, die sich vor allen Krankheiten fürchtet und mich erst 6 Wochen nach meinen Masern sehen wollte, weil sie Angst vor einer Ansteckung hatte. Man sagt hier, sie sei darin gegen Jung und Alt unerbittlich. Das macht das Beispiel des Grafen Nesselrode[5] im vergangenen Jahr, das diese Panik verursacht hat. — Schließlich bin ich lange genug Zauberprinzeßchen gewesen: so stufte man mich jedenfalls bei meiner Ankunft ein und sprach von meinen mysteriösen Abenteuern.

1. Juli Die Kronprinzessin zeigt mit heute Morgen einen Weg, der von dem Landhaus bis zu der Meierei führt, wo der Kaiser die »Wassermusik« aufführen wird. Wir haben oft Marschallstafel — genannt »opulente Quälerei« — der Graf Tolstoi präsidiert mit vielen Gesten.

1 *Großfürst Nikolaus* (1831–1891), seit 1856 vermählt mit Alexandra von Oldenburg.
2 Verwitwete Herzogin von Leuchtenberg, seit 1856 vermählt mit Graf Aleksej Grigorij Stroganow, siehe S. 65, Anm. 2 und S. 95, Anm. 3.
3 Graf Aleksej Grigorij (= Gregor) Stroganow, Gardeoberst und kaiserlicher Statthalter (1797–1879).
4 Ihr Gemahl war russischer Generalmajor und Adjutant des Kaisers.
5 *Karl Robert Graf von Nesselrode* (1780–1862) war russischer Reichskanzler.

3. Juli Die Kronprinzessin kommt, Camille Zeppelin und mir Adieu zu sagen, wir begleiten sie bis Kronstadt.

4. Juli Ihre Kaiserliche Hoheit nimmt mich nach Znamensky mit. Tee bei Großfürst Nikolaus in einer Muster-Meierei, wo die Großfürstin als Bäuerin gekleidet erscheint.

5. Juli Abendessen in Oranienbaum[1], einem Ort des Vergnügens, bei der Großfürstin Katherine. Anwesend waren Baron Plessen[2], Graf Werthern[3], Graf Fredro[4], sehr angenehme Plauderer. Die Großfürstin hat, ohne schön zu sein, den ganzen Reiz und die Güte alter Tradition und guter Absichten. Auch da ist ein kleines Kind! Arme Kronprinzessin!

6. Juli Man schiffte sich nach Jelaghin ein — unruhige Überfahrt. — Man stieg an der Landzunge aus, richtete sich ein. Fräulein Okulow arrangierte sogleich einen Spaziergang, worüber ich mich sehr freute. Sie zeigte mir die kostbaren Erinnerungen der Kronprinzessin in allen Einzelheiten. Ihre Hoheit war mit der Kaiserin A[lexandra] F[eodorowna] auf der Festung — am Vorabend des Geburtstags von Kaiser Nikolaus. Ich wurde zu ihrem Frühstück eingeladen, dann holte mich Frau von Meyendorff zur Insel der Apotheker ab, in den prächtigen botanischen Garten, der dem alten Ehepaar als Sommeraufenthalt zugewiesen ist. Die Kaiserin stattete ihnen mit Olga Nikolajewna einen Besuch ab; zum Diner kam Zeppelin. Ernst war da, ein netter Junge, in Stuttgart geboren — wie mag ich doch Frau von Meyendorff!

Beim Tee Ihrer Kaiserlichen Hoheit war Vater Bajanow, ihr alter Beichtvater. Wie sie sich freute, wieder in ihrem Land Fuß zu fassen! Wobei sie fast traurig sagte: Wozu eigentlich?

7. Juli Man schiffte sich zum Ladoga ein, das Kloster von Wallam zu besichtigen. — Der Kaiser ist von Archangelsk und dem Kloster von Solowetza[5] mit dem Kronprinzen zurückgekommen, voll humoristischer Berichte. Für diese kurze Fahrt nahm man nur Fräulein Okulow mit. Es ärgerte mich, daß sie es mir wegschnappte.

Ich verbrachte den Tag in der Stadt, war in der Festung, dann in St. Isaak, das mich sehr beeindruckte. Am Soltikowsky pod abgesetzt, wollte ich die Zimmer Kaiser Nikolaus wiedersehen und die früheren Appartements meiner Großfürstin — sie sind gegenwärtig von Großfürst Nikolaus bewohnt bis sein Palais fertiggestellt ist —, dann ging ich zu Fräulein Nelidow, die sich zu freuen schien, mich wiederzusehen. — Wimpffen schloß sich mir wieder an, wir aßen mit

1 Stadt am Finnischen Meerbusen, 40 km von Petersburg entfernt, beliebter Sommeraufenthalt.

2 *Wilhelm August von Plessen* (1808–1887), württ. Justizminister 1850–1856.

3 Großherzogl. Sächsischer Geheimrat und Kammerherr.

4 *Johann Alexander Graf Fredro* (1829–1891), polnischer Lustspieldichter.

5 Das Kloster von Solowetza war ein berühmter Wallfahrtsort.

Lobstein[1] zu Mittag, der mir immer unsympathischer wird. Nachdem wir noch die schönen Säle Yanache durchquert, die interessanten Bilder betrachtet und noch in der Perspektive promeniert hatten, kehrten wir nach Peterhof zurück.

8. Juli Einladung zum Diner bei der Kaiserin Alexandra Feodorowna mit dem Herzog von Ossuna[2], der Großfürstin Marie, dem Herzog Georg von Mecklenburg-Strelitz[3], Fürst Gortschakow, Graf Stroganow, Fürstin Shakowsky-Modena. Promenade mit Sophie Fredericksz, die so umgänglich plaudert.

9. Juli Besuche bei den Gräfinnen Baranow und Tiesenhausen; amüsante Unterhaltung letzterer mit ihrer Nichte über die Möglichkeit einer Heirat mit dem Herzog von Ossuna.

13. Juli Es waren viele Abende, so hübsch und anregend, entweder im Landhaus oder Schreibspiele in der Ferme beim jungen Paar. Kavaliere: General Richter[4], Graf Béthancourt, Fürst Wiasemsky. Unsere teure Kronprinzessin konnte die Ihrigen recht genießen, aber besonders war sie bemüht, ihren Mann zur Geltung zu bringen, ihn selbst sein hartes Leben[5] von früher vergessen zu machen — und wie reizend adoptierten ihn ihre Geschwister. Oft machte er selbst es ihr aber schwer, weil seine Launen so ungleich waren — und da kam es heraus, daß die Gattin oft harte Augenblicke durchmachte. Er ist aber so reuig, wenn er zu sich kommt — das besticht und versöhnt wieder.

Jetzt hat die Kronprinzessin zu mir gesagt, ich solle sie immer ins Bad begleiten, wo man dann die weiteren Tagespläne bespricht. — Großfürst und Großfürstin Michael kommen auch oft herüber — sie entwickelt sich in sympathischer Weise, hat eine nette Hofdame: Marie Genscherow.

16. Juli Im Bad mit der Prinzessin — Promenade mit Ihren Majestäten. Man fischt mich für das Diner des Kaisers mit den Majestäten heraus. Dabei sind Fürst Viktor Wassiltschikow und Fürst Orlow[6], Vater, der von der Heirat seines Sohnes[7] spricht sowie Herr Hans Tolstoi.

Die junge Kaiserin hat für mich so viel Anmut und diese Miene braver Kinder, die erscheinen und mit denen man sich gleich vertraut fühlt. Welches Privileg, sie so in ihrer Familie zu sehen! Auch in Sergnievska hat man einen ganz anderen Eindruck, wenn man diese Fürstinnen als Mütter sieht, namentlich die Großfür-

1 Württ. Geheimer Legationsrat a. D., königl. Kammerherr.
2 Spanisches Adelsgeschlecht.
3 *Prinz Georg von Mecklenburg-Strelitz* (1824–1876) war russischer General der Artillerie.
4 Russischer Generalmajor von der Suite des Kaisers.
5 Anspielung auf die schweren Spannungen zwischen dem Kronprinzen und seinem autoritären Vater.
6 *Alexej Fürst Orlow* (1787–1861), Präsident des russischen Reichsrats und des Ministerrats.
7 *Nikolaj Alexejewitsch Fürst Orlow* (1820–1885), russischer Diplomat.

stin Marie, deren Erziehungsweise so vernünftig ist und nicht übertrieben wie bei den Oldenburg.

Abends geht man zuweilen an den Hafen, wo es immer etwas zu sehen gibt — dann zum Empfang bei den Alexis Puschkin[1]. Da begegnet man liebenswürdigen Herren, aber auch Leuten zum Lachen wie den beiden Grafinischka Gräfinnen Aprunin — alte und reiche, gute und lächerliche, die noch bereit sind, sich zu verheiraten.

19. Juli Wir gingen — der Hof in großer Vollzähligkeit — zur prächtigen Flottenparade bei Kronstadt — die neuen Schraubendampfer, ein Schauspiel, das mir viel Spaß macht. Bei der Rückkehr längeres Gespräch mit dem Fürsten Gortschakow über unseren Prinzen und auch mit Isakow, der aufs tiefste betrübt ist über die Geistesverfassung seines königlichen Freundes. Herr Titoff möchte gern den Posten von Stuttgart wieder haben, seine Stelle beim Erbgroßfürsten ist nicht von Dauer. Das entscheidet die Frage einer Ernennung von Isakow.

20. Juli Muschanow und Graf Peter Schuwalow[2] erzählen Erstaunliches von Hume und den spiritistischen Sitzungen, die er abhält. Der Kronprinz will ihn sehen. Kaiserin Alexandra Feodorowna[3] läßt sich auch dazu überreden. Die Kronprinzessin meidet derartige Eindrücke.

Bei der Rückkehr zum Landhaus erzählt Seine Majestät mit großer Bewegung, was sich zugetragen hat: ... seine Hand ... die Glocke ... usw. usw. Man sagt, Kaiser Nikolaus sei [spiritistisch] herbeizitiert worden! Ich pflichte der Kronprinzessin voll und ganz bei, sich derartiger Dinge zu enthalten. Später erzählt auch der Kronprinz von seinen Erfahrungen, seine Neugier auf diesem Gebiet ist geweckt.

21. Juli In der Kutsche bei der Rückfahrt von Strelna, wo sie den Prinzen zu einer zweiten Séance mit Hume zurückgelassen hatte, wollte die Kronprinzessin erfahren, worüber ich mich mit Isakow unterhalten habe. Sie warf mir meine vorsichtige Zurückhaltung als Mangel an Offenheit vor — aber wie kann ich diese Wahrheiten wiederholen ohne sie zu verletzen und zu beunruhigen? Ich weiß viel über das, was sie umgibt, aber ich empfinde einen wahren Schmerz, ihr eine unangenehme Sache zu gestehen, was vielleicht zu nichts nützt. — Weiter in Sergnievka eine ideale Soiree, dann im Landhaus, wo man den Tee nahm mit den beiden Kaiserinnen, Marie Fredericksz, Anna Tutscheff, Gortschakow, Isakow. Der Kaiser kam dazu, er erzählte von der Séance bei Hume: die Stühle, die Tische fielen von selbst um, bewegt von unsichtbaren Händen, die sie berühren, während man nur in Gedanken Fragen stellte. Wie froh bin ich, nichts davon gesehen zu haben, es würde mir bleiben, glaube ich. Die Kräfte existieren, aber es ist uns

1 Russischer Hofmarschall und Hofmeister.
2 Siehe S. 90, Anm. 4.
3 Siehe S. 18, Anm. 2.

verboten, daran zu rühren, wie die Heilige Schrift sagt. Die Kronprinzessin schien so bewegt zu sein.

22. Juli Am Morgen wartete ich auf Ihre kaiserliche Hoheit bei der Rinella, einem Pavillon, der nach einem ähnlichen in Palermo benannt ist, als die beiden Kaiserinnen vorbeikamen. Unterwegs noch mehr Fragen. Die Kronprinzessin zwang mich, ihr die Meinung von Isakow[1] zu sagen. Danach wurde sie so sanft, ja fast demütig, mir zuzuhören und fragte, »ob sie auch die rechte Art mit dem Kronprinzen habe?« Sie hält ihn für so überlegen und beklagt diese Anfälle von Unzufriedenheit am meisten für ihn selbst, weil er sich sehr unglücklich fühlen müsse, um so weit zu kommen. Welch großmütiges Herz!

Wir gehen dann nach Michaelowsk zur Einweihung des neuen Bauwerks, des Sommerpalastes des Großfürsten. — Anna Alexinowna erzählte mir noch viele Einzelheiten und besonders, daß man beginne, die Launen des Prinzen zu bemerken.

23. Juli Sankt Olgatag: Glückwünsche, Messe, Parade der Kadetten, charmanter Ball, kostbares Arrangement. Olga Nikolajewna trug eine Toilette aus malvenfarbenem Flor mit Ähren. Ich bin in Gedanken, tanze mit Nikolaus Maximilianowitsch und N. Puschkin, dessen junge Frau, geb. Orlow-Denissow, ganz reizend ist.

25. Juli Promenade in Gesellschaft, ich an der Seite des Kaisers auf einem leichten Wagen mit Bänken. Er spricht von Paris und dem Kronprinzen. Ich glaube, er hat auch mit Zeppelin[2] gesprochen, der die richtige Meinung darüber hat.

26. Juli Ein neuer Adjutant: Fürst Dimitri Gortschakow (der M. Beck heiratete).

6. August Brief an meine Mutter: »Wir haben zwei reizende Tage im Lager von Krasnoe Selo[3] zugebracht, um den Übungen zuzusehen und die hübsche Gegend zu besuchen. Die Manöver verliefen vortrefflich. Das Schauspiel war prächtig, ganz neu für mich, die ich nie eine Armee von 40000 Mann gesehen habe (selbst nicht in Verona). Im Zelt des Kaisers gab es ein Mittagessen, Tee in Duderhof. In der Zwischenzeit ließ mich die Kronprinzessin rufen, ich solle sie in die Kirche begleiten, in die kleine Kapelle von Krasnoe. Sie betet mit den armen unschuldigen Dorfbewohnern.

Am Montag begannen die Festlichkeiten für den Hochzeitstag der Kaiserin. Zuvor hatten wir noch ein schönes Theatererlebnis: »Das graue Haar« von Octave Feuillet[4] und ein Ballett, danach ein großartiges Souper. Anschließend

1 Über Kronprinz Karl.
2 *Graf Eberhard von Zeppelin* vom Ministerium der auswärtigen Angelegenheiten.
3 »Kaiserdorf« bei Petersburg, heute Krasnoje Selo.
4 Eigentlich: »Das weiße Haar«. *Feuillet* (1821–1890) war ein französischer Erzähler und Dramatiker, Mitglied der Académie française.

Spazierfahrt in offenen Wagen durch die Gärten, die prächtig illuminiert waren, während die Wasserkünste spielten. Es ist üblich, sich in den Wagen zu setzen wie man gerade gekleidet ist, mit unbedecktem Kopf und einem Burnus über das ausgeschnittene Kleid geworfen. Es ist eine Torheit bei diesen kalten Nächten, die wie bei uns im November sind. Auch nahm ich kühn meine Blumenkrone ab und ersetzte sie durch einen Hut, wie ich auch einen Mantel anzog, um die Wirkung zu verstärken.

Am nächsten Tag, dem 4. August, Messe in großer Toilette, dann Parade, Handkuß, Marschallstafel für 300 Personen mit in großem Staat aufgeputzten Gästen. Schließlich um 9 Uhr der offizielle Ball in großer Gala. Es wurde ein sehr schönes Fest mit Luxus, gutem Geschmack, Fröhlichkeit, vielen schönen Toiletten.

5. August Im Landhaus finde ich die Kronprinzessin dabei, wie sie ihre alten Kinderspielzeuge mustert, Kegel usw., und sie eines nach dem anderen ausprobiert. Der Prinz kommt dazu und ist sehr guter Laune. Wir gingen spazieren, er war sehr liebenswürdig: wir genossen es wie eine Erholung.«

7. August Geburtstag der Kaiserin Marie — zur Kirche im Familienkreis — abends Tee und Tanz in Monplaisir — Kunstfeuerwerk für die Kinder — M. Wolkonsky und L. Benckendorff reisen wieder ab und laden mich nach Chrestovsky ein.

12. August Ich bitte, am 11. dorthin gehen zu dürfen, man empfängt mich mit offenen Armen — ich verbringe dort einen reizenden Tag. Die Fürstin Marie Wolkonsky ist so weiblich, so ätherisch, ihre Tochter Lise so voll Initiative, frei, offen, charmant. Ich traf dort noch den Fürsten Sutsos, Herrn Gedeonow vom Theater, den Grafen Dimitri Nesselrode. Die Unterhaltung war ganz anders als bei Hof.

Rückkehr am Mittag des nächsten Tages mit dem Dampfschiff zur Segnung der Gewässer und der Fahnen. Ich bin todmüde und schlafe bis zum Diner. – Promenade in Strelna mit den Majestäten und vielen anderen. Souper mit meinen Hoheiten und Herrn von Grimm, dem einstigen Erzieher des Großfürsten Konstantin. — Die Kaiserin verliest einen Brief über den Gesundheitszustand des Königs von Preußen[1] — die Kronprinzessin ist immer noch etwas kränklich, geht ins Bad, diniert mit mir. — Promenade mit den Hofdamen nach Monplaisir — die Adjutanten Mirbach, Brewern, Albedinskij, die Puschkin und Herr von Loe[2], preußischer Militärattaché.

1 *Friedrich Wilhelm IV. von Preußen* erkrankte 1857 an einem Gehirnleiden, dem er 1861 erlag.

2 *Otto Freiherr von Loë* (1835–1892).

15. August Protestantische Kirche. — Diner Puschkin mit dem Herzog von Ossuna[1] — musikalische Soiree, veranstaltet von Graf Mathieu. Abreise nach Krasnoe mit der ausgezeichneten Nadine Bart.

18. August Großes Militärdiner zum Abschluß — große und prächtige Parade. — Die Art und Weise, mit der der Kaiser den Truppen dankte, ging mir zu Herzen, und jedesmal der schöne Zapfenstreich und das Gebet.

21. August Die Stoffregen[2] sind für Amsterdam nominiert worden — Soiree mit Nina Pilar, die so ausgezeichnet ist.

22. August Messe im Landhaus anläßlich der Geburt des Konstantin[3] Konstantinowitsch. — Zur Eisenbahn: Abreise Ihrer Majestäten nach Nischny, sie nehmen den Kronprinzen mit.

23. August Partie nach Wronnilberg, weiter als Oranienbaum, zu den württembergischen Kolonisten, die noch aus der Zeit der Kaiserin Maria Feodorowna[4] stammen.

29. August Messe — Vorstellung der Gräfin Lobenhausen, Gemahlin des Fürsten Heinrich Hohenlohe — Diner in Monplaisir bei der Kaiserin zwischen den kleinen Großfürsten Wladimir und Alexander — Später gehe ich mit S. Fredericky zur Kirche des hl. Sergius an das Grab der Fürstin Gortschakow.

30. August Im Gefolge der Kaiserin zum Frauenkloster und zur Kapelle André Karamzin. Bei der Rückfahrt brannte neuerdings das Gelände auf beiden Seiten der Bahnstrecke.

4. September Brief an meine Mutter: »Diner bei der Kaiserin-Mutter mit Lobstein zu Ehren des Geburtstags von Königin Pauline: man will immer korrekt sein — Die Reise nach Moskau erscheint mir zweifelhaft: eine kleine Indisposition der Kronprinzessin, die sich hinzieht, könnte sie auch verhindern. — Während der ganzen Zeit bin ich häufig im Landhaus. Ich lese den ›Schneemann‹. Von Zeit zu Zeit kommt die Kaiserin herauf, man plaudert. Sie ist so mütterlich im vollen Sinne des Worts, und zwar zu allen, die sich ihr nähern. Ich muß immer an die Verehrung denken, die Frau von Meyendorff, wirklich eine geistreiche Dame, ihr entgegenbringt. Umsorgt und verwöhnt, vom verstorbenen Kaiser auf Händen getragen, ist es nun so, wie wenn sich ihr Herz in Liebe und Wohlwollen verströmen wolle, um alle, die sich ihr nähern, zu belohnen. Obwohl sie leidend ist, blieb sie ein Mittelpunkt für ihre Kinder. Kaiserin Marie hat mehr Tiefe, aber sie versteht es nicht in gleicher Weise, ihre Umgebung zu bestimmen und zu erheitern, indem sie jedem den Auftrieb gibt, den er braucht und ihn mit guten

1 Siehe S. 119, Anm. 2.
2 Kaiserlich russischer Kammerherr und Staatsrat.
3 Sohn von Großfürst Konstantin und Alexandra Josephowna von Sachsen-Altenburg.
4 Gemahlin Kaiser Pauls I., geb. Sophie Dorothee von Württemberg (1759–1828).

Worten belohnt. Aber niemand versteht zuzuhören wie Kaiserin Marie und sich dessen zu entsinnen, was sie interessiert hat.«

6. September Ihre Kaiserliche Hoheit schläft lang, ich lese ihr abwechselnd mit Fräulein Okulow vor. — Die Kaiserin steht auf, nimmt mich ohne Toilette zu ihrer Soiree mit, an der nur die Hofdamen und Volkow[1] teilnahmen.

7. September Tedeum zum Jahrestag der Krönung — es ist betrübend, daß es nicht nach Moskau geht, aber die Freude der Kaiserin-Mutter darüber tut einem wohl und auch die Kronprinzessin macht ein erleichtertes Gesicht, daß ihr diese Anstrengungen erspart bleiben. — Was die Gerüchte über die Cholera betrifft, so sind sie stark übertrieben; in Petersburg gibt es immer ein paar Fälle.

8. September Mittags im Landhaus. Fräulein Okulow liest etwas vor, das zum Totlachen ist. Später trinkt Olga Nikolajewna Kaffee mit mir. Sie sagt: »Wenn ich auch manchen kleinen Kummer hatte, so wird mir doch nichts fehlen.« Welch lobenswerte Illusion! — Ich lese der Kaiserin ein wenig aus Stein[2] und Arndts[3] »Wanderungen« vor. Am Abend kommen die Gräfin Baranow, Volkow und Muschanow, den zu zeichnen ich nicht widerstehen kann.

11. September Geburtstag der Kronprinzessin (und des Kaisers). Die Kaiserin ist rührend, wie sie die Geschenke und einen Kuchen mit 36 Kerzen vorbereitet. — Adelung ist Exzellenz geworden. Gortschakow hat das blaue Band des Ordens vom Heiligen Geist erhalten. — Handkuß nach der Messe.

12. September Ich gehe nach Strelna zu Anette Kamarowskij — die Großfürstin empfängt mich mit ihrem Gatten, zeigt mir ihr Neugeborenes, sie sind so lieb zusammen. Auch sie spricht von den eigenartigen Launen unseres Kronprinzen, sie liebt ihren Vetter so sehr.

13. September In die Stadt, den Kronprinzen zu empfangen, der aus Nischny zurückkommt. Auch die Kaiserin ging mit. Der Tag ist schon traurig, überschattet von der Abreise. Dann Anweisungen und Gegenanweisungen, unnötiges Warten, zum Teil der Fehler meiner Hoheiten. Am Abend kommen Wimpffen und Slepzow[4], als Adjutanten dem Prinzen zugeteilt, die mir mit Zufriedenheit von der Reise erzählen.

14. September Die Kronprinzessin macht schon ihr Abschiedsgesicht, obwohl sie viel auf sich nimmt.

1 Russischer Staatsrat.

2 *Karl Reichsfreiherr vom und zum Stein* (1757–1831), leitender Minister in Preußen, das er durch innere Reformen erneuerte. 1812/13 war er Berater des russischen Kaisers Alexander I. Seine Denkschriften über deutsche Verfassungen erschienen 1848, seine Briefe an den Freiherrn von Gagern 1833, seine Biographie 1849–56.

3 *Ernst Moritz Arndt* (1769–1860) schrieb 1858 »Meine Wanderungen und Wandelungen mit dem Reichsfreiherrn vom Stein«.

4 *von Slepzow,* kaiserl. russischer Generalmajor.

15. September Mittags Abschiedsgottesdienst in der Großen Kirche — die Hofdamen entführen mich noch zur Musik — ich speise bei den Fredericksz zu Mittag — am Abend ist man bei der Kaiserin Alexandra Feodorowna[1] mit dem entsprechenden Gefolge und bei Marie Maximilianowna[2], mit der ich mich so gut verstehe, trotz des Altersunterschieds.

16. September Exerzieren der Gardereiter unter meinen Fenstern. Abschied von ihrem Kommandeur, Graf Brewern, dann zum Landhaus: Kaiserin Alexandra Feodorowna empfing mich allein, schenkte mir sehr hübsche Nadeln: Perlen und Diamanten zur Erinnerung. Dann bat sie mich, über verschiedene Dinge offen mit ihr zu sprechen. Sie sagte noch zu mir: »auf Ihre Treue habe ich immer gebaut«. — Ich dankte dann auch Kaiserin Marie für all ihre und des Kaisers Güte, die sie mir, besonders auch während meiner Krankheit erwiesen hatten. Sie sprach mit mir auch vom Prinzen und seiner wechselhaften Stimmung, die »von einer unerlaubten Aufrichtigkeit« komme.

Es war Zeit, abzureisen — die ganze Familie begleitete die Kronprinzessin zum Hafen. Die Kaiserin-Mutter segnete sie! Auf das kleine Schiff kamen dann Kaiserin Marie, Großfürst Konstantin, Fräulein Okulow, Alexander Dolgorukij, Mascha Fredericky, die Fürstin Eugenie, Lobstein und andere Herren. Fräulein Okulow war verzweifelt. Ich versprach, ihr aus Berlin zu schreiben. Die Kronprinzessin weinte, aber nicht bitterlich wie bei den früheren Trennungen, sondern in einem ruhigen und resignierten Schmerz. Der Kronprinz zeigte sich feinfühlig und charmant.

17. September auf See Gestern, bald gegen Abend — alles hatte sich zur Ruhe gelegt — wurde das Meer sehr unruhig, einer nach dem anderen wurde seekrank. Am Abend erschienen alle wieder, man trank Tee und spielte Karten.

19. September Ankunft in Swinemünde. Alle wurden herausgetrommelt. Man machte Wimpffen glauben, die Komtesse Lakonska (Vorspeise zum Frühstück) würde ihm sehr gefallen. Er glaubte wirklich, es handele sich um eine Dame und beeilte sich!

Die Reise wurde auf einem preußischen Schiff bis Stettin fortgesetzt. Dort verabschiedete man den General Plaoutin, der zum Dienst beim Kronprinzen abgeordnet war, und begab sich zum Zug.

In Berlin waren Prinz August[3] von Württemberg, Baron Budberg[4] und unser Linden[5] sowie noch einige andere Bekannte am Bahnhof. Vom ersten Moment an erschienen der Prinz von Preußen (der nachmalige Kaiser Wilhelm I.), die

1 Witwe des Kaisers Nikolaus I. Siehe S. 18, Anm. 2.
2 Witwe des Herzogs Max von Leuchtenberg, nun Gräfin Stroganow, siehe S. 95, Anm. 3.
3 Sohn des Prinzen Paul von Württemberg (1813–1885).
4 *Andreas von Budberg,* russischer Diplomat (1820–1881).
5 *Freiherr Franz de Paula von Linden,* württ. Gesandter in Berlin.

Prinzessin Karl[1], die Prinzessin Friedrich[2] Wilhelm (Kaiser Friedrich) und die Prinzessin Louise der Niederlande. Man speiste um 8 Uhr zu Abend. — Am nächsten Tag waren die Hoheiten unter sich, wir bei dem Botschafter Budberg mit den entsprechenden Legationen, Herrn von Mohrenheim[3], damals Botschaftsrat — er war mit dem hübschen Fräulein von Korff versprochen — und dem freundlichen Sekretär Davidoff.

21. September Abfahrt nach Weimar — unterwegs ist man heiter — Ankunft im Belvedere[4], einer ländlichen Residenz — alles ist dekolletiert — und steif. Man soupiert mit großem Prunk. Die Großherzogin Marie[5] ist sehr liebenswürdig, aber völlig taub.

22. September Spaziergang rund um das Belvedere. Mittags Abfahrt nach Eisenach, wo das regierende Paar[6] die Hoheiten erwartete, um sie auf die Wartburg zu führen. Es war ein kunstgeschichtlich und historisch sehr interessanter Ausflug mit einer netten Hofdame, Fräulein Fritsch. Beim Diner sitze ich zwischen dem Herrn von Beaulieu[7] und dem Bildhauer Wolff[8] aus Rom. — Der Großherzog begleitet uns bis nach Guntershausen.

Am 23. Diner in Frankfurt — Warenhäuser — Bekannte — dann Heidelberg usw. Schließlich direkt zur Villa. Die ersten Gespräche sind ein wenig entmutigend. Ich freue mich, die Langenburg, Luise Benckendorff und ihre Schwester Stephanie Croy, Marie Wolkonsky, die sie hier aufgesucht hat und meinen Onkel, General Spitzemberg, wiederzusehen.

27. September Kirchenbesuch anläßlich des Geburtstags von König Wilhelm, Theater in Galakleidung — schöner Empfang — Hofdiner, bei dem man sich nicht mehr so zu lieben schien wie in der Vergangenheit.

28. September Volksfest, bei dem mich König Wilhelm auf die Heirat mit Gortschakow anspricht — großes Gelächter der Hofleute! An all dem ist nur das wahr: eines Tages bat mich Gortschakow in Peterhof scherzhaft um meine Hand, worauf ich ihm antwortete, wir seien beide noch zu jung. — Königin Sophie war natürlich auch zum Geburtstag ihres Vaters gekommen. Ihre Gesell-

1 *Prinzessin Marie von Sachsen-Weimar* (1808–1877), seit 1827 vermählt mit Prinz Karl von Preußen (1801–1883).

2 *Victoria Princess Royal von Großbritannien* (1840–1901), seit 1858 vermählt mit Friedrich III. von Preußen (1831–1888), deutscher Kaiser.

3 *Freiherr von Mohrenheim,* russischer Staatsrat und Diplomat.

4 Sommerresidenz des Großherzogs von Weimar.

5 Tochter des Kaisers Paul I. von Rußland, lebte 1786–1859, vermählt 1804 mit Karl Friedrich von Sachsen-Weimar (1783–1853), der 1828 zur Regierung kam.

6 *Karl Alexander,* Großherzog von Sachsen-Weimar, seit 1842 vermählt mit Wilhelmine Prinzessin der Niederlande.

7 Großherzogl. Sächsischer Oberhofmeister.

8 *Emil Wolff* (1802–1879), seit 1822 in Rom.

schaft, ihr Salon sind eine große Hilfe für die Herrschaften[1], besonders als Großfürstin Marie Nikolajewna eintraf, (die schon vor ihnen in die Fremde gereist war). — Alexandrine Vojekow ist so geistreich, hat soviel Bildung und Unerwartetes. Sie spricht von selbst, das ist so angenehm. Die Großfürstin gibt sich soviel Mühe, es macht richtig Vergnügen, zu sehen, wie gut das Verständnis zwischen den Schwestern ist. Bei einem Diner, das König Wilhelm ihr zu Ehren gab, war die Großfürstin ganz brillant und wurde vom König bewundert. — Es folgten Landpartien auf die Solitude, nach Weil, wobei sich die Wolkonsky, Benckendorff, Fonton (von Frankfurt), Titoff, die Emil Maucler und Felix Meyendorff (anstelle von Muschanow) anschlossen. Wir durchquerten die Villa mit *runden* Hüten. Dazwischen gab es Soireen mit Schreibspielen, die sehr heiter verliefen. Am 5. Oktober, einen Tag vor ihrer Abreise, kam Großfürstin Marie sehr spät zu mir — ich war schon in meinem Türmchen am Schreiben —, um mit mir über viele Dinge zu sprechen. Sie war so liebevoll, fand soviel gute Worte — ich konnte lange nicht einschlafen!

Während all dieser Empfänge, dem Kommen und Gehen, gibt es Komplikationen, endlose Schwierigkeiten mit den Wagen, ohne Grund. Ist es denn an allen deutschen Höfen so?

6. Oktober Ruhiger Abend mit meinen beiden Herrschaften, wir betrachteten Bilder von Paul Delaroche[2]. — Man zieht Dr. Gräfe, den bekannten Augenarzt in Stuttgart zu Rate. — Es gibt schöne Bilder von Gallait[3] zu sehen.

9. Oktober Tee für Königin Sophie mit den lieben alten Meyendorff, die für zwei Tage hier sind. Die Baronin wollte mit mir in der Stadt herumgehen: Wir machten Halt vor dem Palais Friedrich, ich gedachte sie zu verlassen — »oh nein! Warten Sie auf mich, es wird nur einen Augenblick dauern!« Keine fünf Minuten später kam sie die Treppe zu meiner großen Verwunderung wieder herab — und ich vermute, auch zu der von Prinzessin Katharina — aber die geistreiche Baronin konnte sich mit ihrem Humor und immer gutem Geschmack alles erlauben.

Ich lese der Kronprinzessin aus der Biographie von Ary Scheffer[4] vor.

14. Oktober Hübsche Soiree bei Königin Sophie mit Lord und Lady Constance Clarendon[5], Hügel, Taubenheim, Neurath, Fürst Paul Wiasemsky. Zuvor Diner für die Standesherrn Wolfegg, Rechberg, Schaesberg, Königsegg, Pückler, Wurzach.

15. Oktober Weinlese für Kinder in der Villa — der Kronprinz hat den Vortritt vor Prinz Wilhelm von Oranien.

1 D.h. für das Kronprinzenpaar.
2 *Paul Delaroche* (1797–1856), französischer Maler.
3 *Louis Gallait* (1812–1887), belgischer Maler.
4 *Ary Scheffer* (1795–1858), französischer Maler.
5 *George Graf von Clarendon* (1800–1870), bedeutender englischer Staatsmann.

19. Oktober Königliche Weinlese auf der Prag — endloser Ball bei den Weimar, aber sehr gelungen; ihr Raum im Palais ist nicht groß, aber die Nebenräume waren gut ausgenützt und sie machen die Honneurs wie einfache Privatleute. Ich machte die Bekanntschaft des netten Prinzen von Oranien[1], um den sich die Damen streiten. Königin Sophie ist entzückt darüber, daß man sich darum bemüht, ihm sein ungelenkes Wesen abzugewöhnen.

21. Oktober Ball in der Villa. Die Kronprinzessin hat Migräne. Ich eile zu Dr. Ludwig, daß er ihr helfe. Sie zwang sich und war großartig. Als Fremde kamen: Madame Kalergis[2], Fürstin Menschikow[3], Herr Rothan[4], die Basilewsky, Kurakin, Trubetzkoj[5] (Verwandte von Frau von Hügel) und Madame Adolf Uhde, eine schöne Amerikanerin, Schwägerin des Grafen Uxküll.

22. Oktober Migräne, daß ich mich kaum rühren kann und melancholisch. In die Stadt, Madame Kalergis aufzusuchen. Wir plauderten angesichts einer Menge von Besuchen — mondän. Am Abend Quartett für sie in der Villa, danach kleine Soiree mit dem Fürsten Wiasemsky.

24. Oktober Predigt; einen Augenblick bei Frau von Berlichingen, die immer ein offenes Herz für mich hat. Die Kronprinzessin hatte gerötete Augen. Ich las ihr ein wenig aus »Ximenes« von Hefele[6] vor.

26. Oktober Der König und die Königin Sophie sind einzigartig gewesen! — Der Kronprinz hat Besuch von Graf Friant[7], seinem Freund seit er in Paris war.

30. Oktober Geburtstag der Prinzessin Marie[8]. Frau von Berlichingen beruhigt mich über die Schwätzereien, die mich aufwühlen und die Vorwürfe, die ich erhalte.

3. November Sitzung des Frauen-Vereins. Am Abend Patiencen gelegt mit den Herrschaften. Zuvor große Auseinandersetzung über die »Rechtlichkeit«. »Wenn der Freund dich kränkt, verzeih' es und versteh'. Es ist ihm selbst nicht wohl, sonst tät' er dir nicht weh!«

1 *Kronprinz Wilhelm* (1840–1879), Sohn König Wilhelms III. der Niederlande und der Königin Sophie.
2 Gemahlin des griechischen Staatsmannes Demetrios Kalergis.
3 Gemahlin von Fürst Alexander Menschikow (1787–1869), russ. Admiral und Staatsmann.
4 von Rothan, ehem. französischer Gesandter in Braunschweig.
5 Frau von Fürst *Sergej Trubetzkoj* (1829–1899), russischer Staatsrat.
6 *Karl Joseph Hefele* (1809–1893), Bischof von Rottenburg.
7 *General Jean François Friant,* Sohn des bekannten napoleonischen Generals Louis Graf Friant.
8 Gemahlin des Grafen Alfred von Neipperg, siehe S. 24, Anm. 6.

8. November Letzter Tag in der Villa. — Die Abreise König Wilhelms nach dem Süden ist auf den 20. November festgelegt. — Königin Sophie bleibt bis dahin hier. — Dieser Tage hat in Langenburg die glänzende Hochzeit der Prinzessin Feodora stattgefunden, an der die Weimar und die Meiningen als Verwandte teilgenommen haben. — Die Königin von England hat prächtige Geschenke übersandt.

1859

Kostümball im Kronprinzenpalais – die Stuttgarter Aristokratie – Empfänge bei Königin Pauline und Prinzessin Friedrich in Abwesenheit des Königs – Gräfin Reculot – Sir Alexander Malet – 4 hübsche russische Salons – Tod der Großfürstin Marie Pawlowna von Weimar – Tod von Helene Magnus – Tod der Fürstin Louise Windischgrätz – der Dichter Tutscheff – Ems – Vertrag von Villafranca – Friedrichshafen – Herzogin von Berry – Interlaken – Heirat des Grafen Uxküll.

Im Winter 1858/59 lebte man gesellig, ein Kostümball im Kronprinzenpalais brachte Leben in die feinen Kreise. Königin Pauline hatte jede Woche Empfangsabende in Abwesenheit des Königs; auch Prinz Friedrich[1] gab ein paar Bälle. Nette junge Haushalte waren in der diplomatischen wie in der einheimischen Welt aufgetaucht, deren Frauen sich an Schönheit oder Charme überboten. Dazwischen war Gräfin Reculot (geb. von Valmy), Frau des französischen Gesandten, kein sehr freundliches Element, ihre schöne Stimme die einzige poetische Ader an ihr. Man schrieb ihr die anonymen Briefe zu, die dazumal in der Gesellschaft kursierten und viel Zwietracht stifteten. Sie war die Tochter des Marschalls Kellermann[2], Herzogs von Valmy, Schwägerin von Adelina Patti[3] durch Marquis de Caux, deren ersten Gatten. Graf Reculot war ein angenehmer Gesellschafter, von der Kronprinzessin sowohl als von Königin Sophie geschätzt.

Baron Felix Meyendorff, erster Sekretär der russischen Gesandtschaft, ein gescheiter Kopf, dem aber deutsche Kleinpolitik nicht genügte. Seiner geistig bedeutenden, rechtschaffenen aber reizlosen Frau (Schwester der Frau von Staal) gab er wohl Anlaß zur Eifersucht, doch habe ich nie an ein wirkliches Verhältnis zu A. W.[4] geglaubt. Frauen, die unbedeutende Männer haben, sind so leicht der Verleumdung ausgesetzt. Felix Meyendorff ist mir ein wahrhaftiger Freund gewesen; durch seine vielseitige Bildung, seine ästhetischen Liebhabereien, die ihn in Literatur und Kunst so weit brachten, war er für mich sehr anregend. Trotz aller Diplomatie und trotzdem er durch mich der Kronprinzessin nähertreten wollte, danke ich ihm viele Wahrheiten, die mir kein anderer sagte. Graf Karl Toll[5], der zweite Sekretär, war ein braver, aus der Chevaliergarde übergekommener Offizier. Seine wunderhübsche Frau, Helene geb. Strandtmann, war wohl der Hebel zu seiner Beförderung nach Stuttgart. Sie erwiesen sich als gastfrei,

1 Vater König Wilhelms II.
2 *Franz Christoph Kellermann* (1735–1820), Herzog von Valmy, Marschall von Frankreich.
3 Gefeierte italien. Koloratursopranistin (1843–1919).
4 A.W. = Amelie Wimpffen?
5 Sohn des russischen Generals Karl Graf von Toll (1777–1842). Er wurde russischer Staatsrat und Geschäftsträger in Weimar (1834–1893).

elegant, dekorativ, angenehm. Manche kleine, zur Wichtigkeit wachsende Schwätzereien hatten wohl dort ihren Ursprung und verbreiteten sich, Zündstoff findend, in der späteren Ära 1865–1867.

Graf Lambsdorff[1], der russische Militärattaché, machte »großes Haus« (Neckarstraße 42) mit seiner schönen, reichen Gattin geb. Beek, aus der ersten Ehe der Fürstin Marie Wiasemsky geb. Stolypin. Fürst Julius Urussow, Attaché, hatte die reizende, eher unbedeutende Tochter des Grafen Stenbock[2] zur Frau, empfing viel und mit Ostentation.

Außer Amelie Wimpffen gehörten Edith Fleischmann geb. Gräfin Metfort, Louise Beroldingen geb. Gräfin Lodron, Pauline Gräfin Salm-Hoogstraten zu den gefeierten Damen der Stuttgarter Aristokratie.

Lady Malet, die englische Gesandtin, Sonderling in weiblicher Gestalt, von Königin Sophie sehr ausgezeichnet, trieb den britischen sans-gène[3] so weit, daß sie während einer Festveranstaltung, eines Flohs habhaft geworden, ihn in die erste beste Tasse Tee auf dem Brett eines herumreichenden Kammerdieners zerdrückte!

Wilhelm Spitzemberg[4] verheiratete sich damals mit Marie von Herman — Varnbüler arrangierte die Partie. Meine Schwester Pauline[5] ward die Braut des Baron Benno von Herman. König Wilhelm wußte mir darüber mit beißendem Spott zu sagen: »es müsse mir doch unangenehm sein, von meiner jungen Schwester überholt zu werden.« — Da antwortete ich rasch: »das kommt daher, weil Eure Majestät so viel Schlimmes über die Hofdamen sagen.« Er lachte schrecklich und ich bekam nie mehr eine Unart!

Karl Spitzemberg[6] war nach Paris versetzt und es entspann sich ein lohnender Briefwechsel, der die Kronprinzessin interessierte. — Am 9. Januar starb Helene Magnus[7] in Brüssel im Wochenbett — mir ein großes Leid. Pauline d'Astorg[8], auch nach Brüssel versetzt, gab schriftliche Details. — Am 29. Januar Tod des alten Ministers von Maucler[9] (von Mömpelgard), eine große Kapazität, besonders an der württembergischen Verfassung beteiligt, und am 30. Baron E. von

1 *Nikolai Graf von Lambsdorff* (1804–1877), General und kaiserlich russischer Staatsrat und Zeremonienmeister.

2 Schwedisches Adelsgeschlecht.

3 Ungeniertheit.

4 *Wilhelm Spitzemberg,* Obristkammerherr, Generalleutnant und Generaladjutant des Königs Wilhelm. Die Hochzeit fand am 3. Juni 1857 statt.

5 *Pauline Wilhelmine von Massenbach,* geb. 1838, vermählte sich am 26. April 1860 mit Benno Freiherrn von Herman auf Wain.

6 *Karl Freiherr von Spitzemberg,* geb. 1826, Kammerherr, Staatsrat und ao. Gesandter in Paris, dann in Berlin und Dresden, war vermählt mit Hildegard Freiin Varnbüler von und zu Hemmingen.

7 *Helene Magnus,* Gemahlin des preußischen ao. Gesandten und bevollmächtigten Ministers Freiherrn von Magnus.

8 *Pauline d'Astorg,* Gemahlin des französischen Gesandten Graf d'Astorg. Siehe S. 27, Anm. 4.

9 *Freiherr Eugen von Maucler* (1783–1859), Geheimer Rat, Justizminister, Präsident des Geheimen Rats.

Wächter[1], vortragender Rat im Ministerium des Äußeren, eine angenehme Gewohnheit weniger für Ihre Hoheiten.

Gräfin Benckendorff war mit ihren Kindern nach dem Tode des Gatten zurückgekehrt, ihr Haus aufzulösen. Ich ging mit ihr in die Gruft nach Heslach, wo auch ihre Schwiegereltern liegen.

Bei allem hatte der Karneval seinen Lauf. Am 5. Februar großer Hofball — allerlei gesellschaftliche Widerwärtigkeiten dazu. Ein kleines Fest bei Titoff, wo Masken erschienen. Die Gesundheit der Hausfrau ließ keine regelmäßigen Empfänge zu — Ball bei Prinz Friedrich und endlich der »Jahrmarktsball« im Kronprinzenpalais mit Quadrillen und hübschen Einzelmasken (ich als Zigeunerin). Ich beschäftigte mich besonders damit, die alten Damen zu kostümieren.

Nach dem Karneval und auch sonst an freien Tagen besuchte die Kronprinzessin viel ihre Olgaheilanstalt[2], die Nikolauspflege[3] und — wie es Königin Pauline wünschte — das Diakonissenhaus[4], damals noch in der Kanzleistraße. Ihre Kaiserliche Hoheit hat auch wieder angefangen zu modellieren, doch finde ich sie immer nicht recht wohl, bedaure sie, immer Menschen sehen zu müssen ohne Interessen. Aber Anregung braucht sie auch und vollends der Kronprinz.

Am 25. Februar starb in Rom der neugeborene Sohn der Großfürstin Marie, dessen Grab wir 1869 auf dem Kirchhof der Dissidenten besuchten. — Am 4. März kamen die lieben Herrschaften selbst, mir zu gratulieren.

Auch muß ich den Besuch des Dichters Tutscheff[5] in Stuttgart erwähnen, dessen Eindrücke mir von meinen Freundinnen, seinen Töchtern, wiedergegeben sind: »Die Großfürstin Olga ist wahrhaft charmant, so weiblich und so rein. Und der feenhafte Wohnsitz in dem sie lebt mit einem Horizont von Hügeln, der ihn umgibt, gleicht einem Mittelpunkt des Friedens, des Lichtes und des Wohlbefindens, die von ihr auszuströmen scheinen; alles zusammen paßt so gut zu ihrer Person. Noch ein Löckchen von ihr ist bezaubernd! Ihr Gemahl, der einen wahren Kult mit ihr treibt, hat mich gerührt, als er mir gegenüber naiv den Kummer zum Ausdruck brachte, den er darüber empfindet, daß er das Geschenk einer solchen Frau nicht genügend zu würdigen vermag. Und man hörte aus dem Ton, in dem er das sagte, daß es ein zutiefst ehrliches Gefühl war, das er dabei empfand. — Dann sprach er mit mir über Tagesangelegenheiten in sehr vernünftiger und ausgewogener Weise ... Und dabei machte ich wie schon so oft von neuem die Beobachtung, daß die Fürsten, wenn sie auch nicht klüger sind wie die

1 *Freiherr Eduard von Wächter* (1804–1859), Geheimer Legationsrat, Direktor des Staats- und Hausarchivs, seit 1854 Staatsrat.

2 Die 1842 von den Ärzten Dr. Cleß und Dr. Elben gegründete Anstalt für arme kranke Kinder stand unter dem Protektorat der Kronprinzessin.

3 Von der Kronprinzessin zur Erinnerung an ihren Vater ins Leben gerufen.

4 1853 vom Diakonissenverein in Stuttgart gegründet zur Ausbildung junger Frauen in der Krankenpflege.

5 *Fjodor J. Tjuttschew* (1803–1873), feinsinniger Naturschilderer.

übrige Menschheit, doch sehr viel mehr Geradheit und Sicherheit in ihrer Einsicht besitzen, was wohl von ihrer Stellung herrührt.«

10. März Nachricht vom plötzlichen Tod der Fürstin Louise von Windisch-Grätz, Jugendfreundin der Kronprinzessin.

2. April König Wilhelm aus Nizza zurückgekehrt. Guter Beginn mit dem Kronprinzen. Seine Majestät wird im Theater mit Ovationen empfangen.

11. April Großfürstin Marie Nikolajewna[1] kommt für einige Zeit. Ich kann sie nicht zur Villa begleiten, weil kein Platz vorhanden ist, werde aber angenehm von A. Vojekow unterhalten. — Die Großfürstin geht mit mir incognito durch die Kaufhäuser, verrät sich aber durch ihre Sprache.

16. April Frauenvereins-Sitzung[2], um über ein Jubiläumsalbum für Frau von Luck zu diskutieren. Ich soll bei der Deputation dabeisein.

Mai Nach der Abreise der Großfürstin übersiedle ich wieder in die Villa. Die Kronprinzessin hat in Berg eine Kleinkinderschule[3] gegründet, die sie oft besucht, allein, in einem russischen Pferdewagen. Ebenso die umliegenden kleinen Schulen und andere in Gablenberg und Gaisburg. Man wohnte auch den Paraden in Cannstatt und Ludwigsburg bei.

2. Juni Pfingsten auf dem Rotenberg. Minister Noroff beim Tee von Vater Basarow[4] — nachher die Messe.

24. Juni Tod der Großfürstin Marie Pawlowna von Weimar. Große Trauer der Kronprinzessin.

Bald darauf trafen sich Ihre Königlichen Majestäten mit der Kaiserin-Mutter, dieses Mal in Ems, mit den üblichen Begleitungen und Begegnungen zusammen: Großherzogin Alexandrine von Mecklenburg, Prinzessin Friedrich der Niederlande, preußische Prinzen (Prinz Georg), russische Diplomaten wetteiferten, sich zu nähern. Auch kam Erzherzog Stephan[5] aus seinem damaligen Besitztum Schloß Schaumburg herüber. Die Kronprinzessin sah ihn zum erstenmal, nachdem dieser Prinz — ehe der Kronprinz sie begehrte — in Vorschlag gekommen, durch Metternichs Furcht vor slawischem Einfluß abgewendet war. Eine ritterliche, ältliche, aber etwas zum Don Quichotte neigende Erscheinung. — Auf der

1 Schwester der Kronprinzessin Olga.

2 Der »Frauenverein für christliche Armenpflege in Stuttgart« wurde im November 1850 gegründet.

3 Die 1838 gegründete Kleinkinder-Anstalt und Industrieschule in Berg wurde von der Kronprinzessin zu neuem Leben erweckt und unter ihren besonderen Schutz gestellt. Die Kleinkinder-Bewahranstalt zählte durchschnittlich 60–70, die Industrieschule 50–60 Kinder.

4 Griechisch-orthodoxer Propst in Stuttgart.

5 Der 1817 geborene Erzherzog wurde 1847 Palatin von Ungarn, mußte aber infolge der Märzereignisse von 1848 entsagen und zog sich 1850 auf seine Besitzungen in Nassau zurück. Er starb 1867 in Mentone.

Schaumburg begrüßte man die Königin Amalie[1] von Griechenland und es zogen daselbst die Kadetten von Oranienstein[2] auf, unter denen sich viele Söhne Württembergs befanden. Die lieben Knaben sandten seitdem jedes Jahr am 11. September ein Glückwunschtelegramm.

Um diese Zeit kam die bedeutsame Nachricht des Friedens von Villafranca[3]. — In Ems trennte man sich von der Kaiserin, um sie bald darauf in Interlaken wiederzusehen. Dazwischen ein kleiner Aufenthalt in Friedrichshafen bei Königin Pauline, die immer alles aufbot, um so mütterlich und fürstlich wie möglich für ihre Kinder zu sorgen, ihnen jede Freude zu verschaffen. Wegen der Ausgaben war dann des öfteren mit König Wilhelm ein Hühnchen zu rupfen. Prinzessin Katharina[4] war gut zu haben, wenn man ihr, wie der Kronprinz sich ausdrückte, »das Monopol ihrer Mutter« überließ, während Prinzessin Marie[5] »das Monopol des Vaters« innehatte. Die Königin machte mich mit der alten Kammerfrau Stahl, einer Großmacht in ihrem Hause, bekannt. Es war wegen einer Moser'schen Angelegenheit, die ich vertreten sollte. Sie war gebildet, aber einseitig intrigant, wovon leider viele Beweise der armen Königin großen Kummer bereiteten.

Aus den vier Uferstaaten kamen beständig Besuche herübergedampft: von der Mainau, vom Heiligenberg, wo der Fürst von Fürstenberg mit seinen Damen sich aufhielt, von Schloß Herrschberg[6] die verwitwete Fürstin Salm, deren Sohn vom Jesuitenkloster heraus wieder zum Stammhalter rehabilitiert wurde, von Villa Amsee bei Lindau die Familie Luitpold von Bayern.

Eine sehr anregende Begegnung war die mit der Herzogin von Parma[7], verwitwete Schwester des Grafen von Chambord[8], deren Töchter in Riedenburg von Wilma von Württemberg und Mathilde Berlichingen geleitet wurden. Sie kam von Schloß Wartegg bei Rorschach mit ihrer sonderbaren Mutter, der Herzogin von Berry[9], um Königin Pauline aufzuwarten. Die alte Dame — sie hatte männliche Züge und das Aussehen eines Erzherzogs —, wie der Kronprinz sich ausdrückte, kam per Dampfschiff, dekolletiert mit langen Ohrgehängen

1 *Amalie,* Gemahlin des Königs Otto von Griechenland, Tochter des Großherzogs August von Oldenburg. 1818 geboren, starb sie, nach Ottos Vertreibung in Bamberg lebend, 1875.

2 Das Schloß Oranienstein bei Diez auf einem Felsen der Lahn, ursprünglich ein Benediktiner-Nonnenkloster, war in eine Kadettenanstalt mit 220 Zöglingen umgewandelt worden.

3 Nach der für Österreich unglücklichen Schlacht bei Solferino im Krieg Frankreichs und Sardiniens gegen Österreich kam es im Juli 1859 zum Waffenstillstand von Villafranca, dem am 10. November der Friede zu Zürich folgte. Österreich mußte die Lombardei abtreten.

4 Tochter König Wilhelms, Gemahlin des Prinzen Friedrich von Württemberg.

5 *Prinzessin Marie,* Gemahlin des Grafen Alfred von Neipperg (1816–1887).

6 *Hersberg* bei Immenstaad am Bodensee.

7 *Louise Bourbon,* Witwe des 1854 ermordeten Herzogs Karl III. von Parma.

8 *Heinrich Karl Graf von Chambord* (1820–1883), Sohn des 1870 ermordeten Herzogs Karl Ferdinand von Berry.

9 *Karoline Ferdinande Herzogin von Berry* (1798–1870), Tochter des Königs Franz I. von Neapel, 1816 vermählt mit Karl Ferdinand, Herzog von Berry.

angetan, sehr finster und linkisch in die Welt blickend, undistinguiert in Manieren und Redensarten. Man behauptet, daß wegen der Zungenfreiheit ihrer Mutter die Herzogin von Parma ihre Töchter während deren Besuche gerne im Kloster ließ. Sie selbst war freilich ganz das Gegenteil, Mademoiselle, eine kleine, runde, feingebildete Französin, voller Humor und Schlagfertigkeit. Sie sagte unter anderem, als sie die von König Wilhelm etwas verstümmelten Laubengänge im Schloßgarten zu Friedrichshafen erblickte: »Was für ein Massaker«! Begleiterin der Herzogin von Berry war eine alte legitimistische Marquise de Quesnay, artig, aber äußerst altmodisch und komisch in ihren »opinions«.[1] — Bald nachher erwiderte Königin Pauline den Besuch. In Rorschach, beim Aussteigen, zerriß Hoflakai Gänssle — sein Name sei hiermit verewigt — dergestalt mein leichtes Musselinkleid, daß ich kaum mehr anständig mitfahren konnte! Erster Heiterkeitserfolg! Dort war alles auch furchtbar komisch! Die alte Berry war womöglich noch lächerlicher; eine Etikette ancien régime, welche z.B. den kleinen parmesanischen Prinzen, kaum eine Spanne hoch, fürstliche Ehren erwies. Die alten Hofdamen verneigten sich wie Strohhalme. Immer fuhren sie wieder von den Stühlen auf, wenn die Bürschlein gravitätisch durchs Zimmer schritten. Nach und nach bekamen wir alle solche Lachkrämpfe, daß wir einander auswichen, um nicht loszuplatzen und nie habe ich Königin Pauline so heiter gesehen, denn auch sie, von Herzog Alexander[2], ihrem Bruder, angestiftet, konnte sich der urkomischen Eindrücke nicht erwehren. Ganz famose Schokolade bekam man aber dazwischen hinein.

30. August Brief an meine Mutter: Wir führen mit Ihrer Majestät ein äußerst ruhiges Leben, ein Tag ist wie der andere, dieselben Gewohnheiten, kleine Spaziergänge. Zu den Soireen kann man kommen oder wegbleiben, wie man will. Ich mache mich gelegentlich selbständig, da ich russische und französische Bekannte in anderen Pensionen habe wie die Dolgorukij, Bulgakow, Frau Basilewsky geb. Ogarew — die erstere ist Ziehmutter unserer Windspiele — eine Familie Juvisy — eine intelligente und gerne plaudernde Welt. Der Fürst Wiasemsky ist Gast der Kaiserin. Der Baron Roderich Spiegel, Vater meiner Kusine Melanie Seckendorff, stellt sich mir vor, Herr Saburow, Gesandtschaftssekretär in London, amüsiert uns mit seinen Berichten von der gefährlichen Besteigung der Jungfrau, wovon er noch ein ganz zerschundenes Gesicht hatte. Wir machten einen Ausflug auf dem Thuner See, um die schöne Villa des Grafen Wilhelm Pourtalès zu sehen und die der Rougemont, Verwandten unserer Reichard.

Winterhalter ist hier als Badegast. Heute kommt die Herzogin von Parma an, die im Familienkreis empfangen wird. Außerdem ist Kossuth[3] hier, es wird

1 Meinungen.
2 *Herzog Alexander* (1804–1885), seit 1835 vermählt mit Claudine Gräfin von Rhédey.
3 *Ludwig Kossuth* (1802–1894) war Führer der ungarischen Unabhängigkeitsbewegung von 1848/49. 1849 zum Reichsverweser Ungarns gewählt, mußte er abdanken und fliehen. Seitdem lebte er im Ausland.

interessant sein, ihn zu sehen. Er wohnt in unserem Badehaus. Übrigens nehme ich meine Bäder mit Erfolg. Karell verspricht, daß wir echte Amazonen würden. Die Großfürstin Anna Feodorowna[1] ist auch von Bern, wo sie derzeit wohnt, angekommen, um die Kaiserin zu begrüßen, begleitet von ihrer Hofdame, Fräulein von Hebdritt.

18. September Das Wetter hat sich abgekühlt, wir waren nur einmal in Grindelwald, konnten oft vor Regen nicht ausgehen. Nina Pilar hatte ihre kleine Schwester Lisine zu Besuch, ein charmanter kleiner Fratz, wurde später Frau Stolypin. Ferner erschienen Fürstin Woronzow[2] und Gräfin Ruccelai. Auch tauchte Marie Mechtscherskij — als Kind — zum ersten Male auf, ein mutterloses, d.h. der unwürdigen Mutter von der Kaiserin weggenommenes, kleines Mädchen mit Anlagen zu den verführerischsten Reizen, aber auch zu allen edlen Eigenschaften. Sie ward uns Hoffräulein — trotz der Gouvernante — ziemlich überlassen und war viel bei mir, weil ich Dienstes halber am meisten zu Hause blieb. Sie attachierte sich an mich, und so oft ich sie — in den höchsten Sphären — in Petersburg wiederfand, erinnerte sich ihr Herz, daß sie sich mir angeschlossen. — Die Kaiserin reist am 21. ab.

Villa Wir brechen am 24. auf nach der Villa. Prächtiges Wetter, günstige Wärme für die Weinlese. Jedermann weiß, daß der König den Winter im Süden verbringen wird, aber Seine Majestät gibt es nicht zu, solange die Königin Sophie hier ist, weil er sie nicht mitnehmen will. Inzwischen gibt sie reizende Soireen mit geistreichen Spielen und wird selbst für vierzehn Tage nach Frankreich gehen, um einen hartnäckigen Husten auszuheilen. Sie wird im November zurückkommen.

Die Gräfin Benckendorff, die sich mit ihren Kindern in Cannstatt niedergelassen hat, besucht mich oft mit ihnen. Eines ist netter als das andere.

In diesem Herbst hätte ich mich beinahe verheiratet; ganz unsympathisch war mir der Gedanke an einen Beschützer nicht. Als aber die Kronprinzessin diese Verbindung gleichlautend mit Verbleiben in meiner Stellung betrachtete, wollte ich nicht mehr. Ich hätte nie einen Mann in die Lage bringen mögen, sich mit dem Hofe zu teilen.

Ich habe jedoch nie bereut, meiner Aufgabe bei der Kronprinzessin treu geblieben zu sein, so schwer es mir manchmal wurde, auszuharren, weil ihre Seele zu edel war, um meine Widersacher zu erkennen.

Dezember Übliche Armen-Weihnachten, Quartett-Soireen. Botschafter Budbergs Besuch, um die Anerkennung[3] Italiens zu erklären.

1 Geborene Prinzessin von Sachsen-Coburg, verheiratet mit Großfürst Konstantin (1779–1831).

2 Gemahlin des russischen Generals Simon Michailowitsch Woronzow, gest. 1882.

3 Die Anerkennung des Königsreichs Italien durch Rußland.

1860

Winter in Stuttgart – angenehme Geselligkeit – der Kronprinz Regent in Abwesenheit seines Vaters (Meran) – die Kaiserin wieder in Nizza – Begegnung mit Napoleon III. in Lyon – Wildbad – die Königlichen Hoheiten später nach der Insel Wight – Torquay – Eindrücke in London – Parlament – Baron Brunnow – Großfürstin Marie und Kinder – Königin Marie Amélie in Ryde – Rasche Abreise nach Rußland im Oktober – Tod der Kaiserin Alexandra – Tod von Fräulein Okulow bei der Rückkehr von Moskau.

Januar Graf Uxküll wird sich mit der schönen Gräfin Fries wiederverheiraten, der Kusine des österreichischen Gesandten Baron Handel. — Zum russischen Neuen Jahr schenkte mir die Kronprinzessin die Losungen mit ihrem Porträt.

18. Januar Großer Ball bei unseren Hoheiten — die Kronprinzessin ist von zauberhafter Schönheit — Königin Pauline hat wieder ihre Samstage aufgenommen — Herr Titoff ist sehr gefällig, seine Salons zu öffnen. Die Abwesenheit seiner Frau ist der Grund dafür, warum seine reizende Tochter Mary die Honneurs macht und zwar mit sehr viel Anmut. Sie ist außergewöhnlich begabt; im übrigen ist ihre Gouvernante, Miss Douglas, allmächtig im Hause, aber die Zerstreuungen des Hausherrn zwingen sie auch fast dazu. In seine abstrakten Studien vertieft — er wollte den Sport nicht vernachlässigen — kann man ihn vor seinem Schreibtisch in den Überschuhen antreffen, aber so in Gedanken versunken, daß er den vorgefahrenen Wagen stundenlang warten läßt. — Auch die Karl Hügel[1] haben einen schönen Salon, ihre Töchter Elise und Alexandrine sind sehr talentiert.

Der feuchte und wechselhafte Winter läßt die Kronprinzessin mehr als sonst unter ihrer Migräne leiden. Der Kronprinz wurde lange Zeit von Ohrenweh geplagt, was ihn nicht hindert, in seiner Aktivität als Regierungsbevollmächtigter während der Abwesenheit des Königs auszuharren. Man ist glücklich, ihn mit Aufgaben beschäftigt zu sehen, die in Beziehung zu seiner zukünftigen Stellung stehen, und zu beobachten, daß seine Bemühungen von Popularität gekrönt werden. Die Kronprinzessin freut sich über dieses Ergebnis. Ganz allgemein ist dieser Winter der erste, den sie hier mit wahrer Seelenruhe verbringt. Die königliche Familie ist geeint, Königin Pauline kann ihre wahre Natur: sanft und versöhnlich, zeigen. Und die anderen Elemente sind zum Frieden bewogen oder zumindest eingeschüchtert.

1 Siehe S. 28, Anm. 3.

Die Kaiserin verbringt den Winter in Nizza, die Fürstin Eugenie Maximilianowna ist bei ihr. Bei der Rückreise durch Frankreich kam Napoleon III.[1], der Feind von Zar Nikolaus, sie in Lyon zu begrüßen. Eine erregende Begegnung! Eugenie nahm sie auf sich in der Befürchtung, die aufgeregte Kaiserin könnte den politischen Fragen nicht gewachsen sein. Man schlug vor, Großfürstin Helene solle ihr beistehen. Doch die Kaiserin erwiderte in ihrer Würde und ihrer Logik als Dame von Welt: Eugenie wird mir helfen! — Unsere Hoheiten trafen ihre Mutter in Wildbad.

15. Juli, Wildbad *Brief an meine Mutter:* »Diesmal ißt man an der Marschallstafel im Tageskleid zu Mittag und bleibt so bis zum Abendessen, ein angenehmer Fortschritt. Baron Linden ist hier als Badekommissär mit seiner Frau, geb. Gräfin Leutrum, und ihrem kleinen Hugo. — Die Kronprinzessin hat mir gesagt, daß wir im August zur Insel Wight fahren würden und daß die Kaiserin sich noch in Stolzenfels[2] aufhalten werde, bevor sie nach Rußland zurückkehre.

Ihre Majestät hat nicht viel von ihrer Kur gehabt, da sie wegen der Kälte ihre Bäder unterbrechen mußte. Sie hat ihr Zimmer und manchmal ihr Bett während 15 Tagen nicht verlassen. Dabei hatte man so sehr mit einer Wirkung der hiesigen Bäder gerechnet. Auch hat man soweit möglich Besuche vermieden. Es kamen nur die drei Prinzen von Preußen aus Anlaß des Geburtstags der Königin Luise[3] am 19. Juli. Die Kaiserin verspürt vielleicht ein Nachlassen ihrer Kräfte, denn sie hat den Kronprinzen gebeten, seine Frau bald nach Rußland zu bringen.

Villa Es ist fast niemand in Stuttgart, wo ein Novemberwetter herrscht. Außer einem Besuch bei den Adelung in Obereßlingen nur Alltägliches. — Karl Spitzemberg zieht von uns weg, sehr glücklich über seinen neuen Posten in Petersburg.

2. August Wir gehen morgen nach Baden, um König Wilhelm zu begrüßen, Übernachtung ist in Mannheim.«

8. August *Brief an meine Mutter:* »Die Überfahrt von Ostende war entsetzlich, fast gefährlich. In der Meerenge waren die Wogen über das Schiff hinweggegangen, das uns an die Landungsbrücke von Ryde brachte, wo Baron Brunnow[4] wartete, von Kälte erstarrt.

In Baden war der Empfang ziemlich gut gewesen, Seine Majestät[5] von einer schrecklichen Taubheit, sehr gealtert. Die Reise den Rhein hinab hat durch die

1 *Napoleon III.*, französischer Kaiser (1852–1870).

2 Schloß am linken Ufer des Rheins gegenüber der Lahnmündung, 1836–42 nach Entwürfen von Schinkel wiederhergestellt.

3 *Luise*, Königin von Preußen (1776–1810), seit 1793 mit dem späteren König Wilhelm III. v. Preußen vermählt. Sie wurde im Volk durch ihre Anmut und Warmherzigkeit sehr beliebt.

4 *Philipp Graf von Brunnow* (1797–1875), russischer Diplomat.

5 *König Wilhelm I.*

neue Eisenbahn von Bingen nach Köln nicht gewonnen. Viele Aussichtspunkte sind für die Reisenden verloren. In Köln begegnete uns der Prinz von Preußen, auch auf dem Weg nach Ostende. Wir legten diese Strecke in 9 Stunden zurück. 1846 fuhr ich sie mit meiner Großmutter, die Angst vor der Eisenbahn hatte, in fünf Etappen mit der Post bis Brüssel. Wir übernachteten in Aachen, Lüttich, Löwen und Malines. Was konnte man da für hübsche Länder sehen! Das läßt sich durch keine Dampfgeschwindigkeit ersetzen! In Ostende machten wir einen Spaziergang auf dem Deich ehe wir uns auf der Königlich Englischen Jacht einschifften, die Ihren Hoheiten zur Verfügung gestellt worden war. Eine Riesenmenge promenierte in den erstaunlichsten Toiletten.

Tower Cottage in Schanklin[1] ist eine alte Baracke mit Wendeltreppen und voller Überraschungen; man geht eine steile Küste hinab bis zum Meer, wo an Ketten festgemachte Badehäuschen vor sich hindämmerten und die Badenden vom Wasser abhielten!«

16. August Wir haben uns eingewöhnt, die Bäder sind sehr angenehm und reizen weniger als die in der Nordsee. Das zwanglose Leben, das man hier genießt, hat viel für sich, nur ist das Wetter nicht sehr angenehm. Schade, denn die Landschaft ist reizend. In Ryde besteht eine elegante russische Kolonie: die Gräfin Faniouche-Stroganow[2], die Fürstinnen Betsy, Olympia und Corona Barjatinskij[3], Fürstin Luise Kotschubey[4], Gräfin Chreptowitsch[5] mit ihrer Nichte Mimi Titoff.

Ein sehr interessanter Besuch war der bei Königin Marie Amélie der Franzosen, Witwe von Louis Philippe[6], die in Ryde mit ihren Enkeln Paris und Chartres in der Villa von Sir Augustus Clifford wohnte, eines Mitglieds des Parlaments. Sie war sehr achtbar und verabschiedete sich von mir mit den Worten: »erinnern Sie sich der Alten«. Sie zeigt viel Hoheit in ihrer Haltung. Der Graf von Paris ist ein Jüngling von schiefer Gestalt, Chartres ist besser; außerdem waren die Töchter des Herzogs von Nemours da. Die Hofdame, eine ehemalige Marquise, trieb die Prüderie soweit, daß sie die Statuen in der Halle mit Reisedecken verhüllte. Sie erklärte, dies geschehe, um die Tugend der jungen Prinzen zu retten. Ich glaube, daß es sie vielleicht noch viel neugieriger machte. Der Eindruck, den diese schottischen Tücher auf dem weißen Marmor machten, wirkte sehr drollig. — Einmal machten wir einen Rundgang auf der Insel bis Cowes und

1 *Shanklin,* Stadt auf der Insel Wight mit Seebädern.
2 *Graf Paul Stroganow,* russischer Staatsrat und Kammerherr.
3 *Fürst Alexander Barjatinskij* war Generaladjutant des Kaisers von Rußland.
4 Gemahlin des Fürsten *Viktor Kotschubey* (1768–1834).
5 Siehe S. 109, Anm. 1.
6 Der »Bürgerkönig« (1773–1850). Anfangs Anhänger der Revolution von 1789 ging er 1793 zu den Österreichern über. 1817 nach Frankreich zurückgekehrt, machte er seinen Hof zum Sammelpunkt der liberalen Opposition. 1830 bestieg er den Thron, 1848 von der Revolution gestürzt, floh er nach England.

Osborne, wo man nur der kleinen Prinzessin Beatrix[1] begegnete, die noch kaum gehen konnte. Königin Victoria befand sich in Schottland. Die Hoheiten hatten ihr 1853 ihre Aufwartung gemacht.

Um die Kur zu unterbrechen, machte man einen Abstecher nach London, dann nach Torquay[2]. Zur größten Verwunderung traf man Großfürstin Marie, die Kronprinzessin erwartend, in Claridge's Hotel. — Man besuchte an demselben Abend noch einige Magazine, weil am folgenden Sonntag alles streng verschlossen war.

Schon die Ankunft auf der Eisenbahn macht den eigensten Eindruck. Man fährt wenigstens eine halbe Stunde lang über Brücken und Viadukte durch die Stadt, im Niveau von den Kaminen, welche bekanntlich nirgends so zahlreich vertreten sind, und die besonders im Halbschleier des Londoner Nebels und Kohlendampfes mir vorkamen, als gehörten sie zu einer kolossalen Maschine, deren Ressorts sie bilden.

¾ Stunden waren bis zum Hotel zu fahren. Nach 4 Uhr etwa gingen wir mit den Herrschaften in die Westminster Abtei — wundervoll bis in alle Details mit Grabmälern von den meisten verdienstvollen Männern und erhabenen Frauen, die England je verherrlichten. Man findet Königin Elisabeth unweit des General Wolff[3], dicht daneben Shakespeare und Newton sowie den dramatischen Künstler Garrick[4]. — Vorüber an den fabelhaft großen, prachtvoll durchgeführten Parlamentsgebäuden gingen wir zu den Boutiquen der Regent Street, Oxford Street, Piccadilly, wo man wieder betäubt wird von den Reichtümern eines vielseitigen und immer guten Geschmacks. Nur Zeit müßte man haben, um nicht alles im Fluge zu sehen. Sie sagen, ich sei wie eine Rakete, um überall hinauszufliegen, nichts zu versäumen in diesen vier geschenkten Tagen.

Am andern Morgen mußte ich um 11 Uhr in der griechischen Kapelle sein, fuhr aber schon viel früher fort, um den Tower, die Paulskirche wenigstens von außen zu sehen. Um 1 Uhr Abfahrt nach Richmond, einem reizend gelegenen Ort an der Themse, wo man sonntags meistens frühstückt, dann noch mit Großfürstin Marie nach Hampton-Court[5]. Montags waren Ihre Königlichen Hoheiten meist unter sich. Wimpffen und ich wollten über die Hauptbrücken Londons in die City gelangen, was eine charakteristische Fahrt abgab. Diese Stadt, vier- bis fünfmal größer als Petersburg, trägt das Gepräge der Nation, deren Zentrum sie für Intelligenz, Politik, Erfindungen vorstellt. Ungemütlich, streng, ernst, aber

1 Tochter der Königin Viktoria von England, geb. am 14. April 1857, 1885 vermählt mit Prinz Heinrich von Battenberg.

2 Badeort in Devonshire.

3 *James Wolfe* (1726–1759), berühmter General, der das französische Kanada für England eroberte und dabei den Tod fand.

4 *David Garrick* (1716–1779), berühmter Schauspieler und Leiter des Drury-Lane-Theaters.

5 Wohnsitz der Könige von England, 1515 ff. von Kardinal Wolsey erbaut und 1526 König Heinrich VIII. geschenkt.

Sinnbild alles Praktischen. Solche Bauten findet man nur bei den Alten, in den Berichten über assyrische und babylonische Größen und Vorbilder.

Brief an meine Mutter: »Ich kannte das große Babylon nicht und versuchte zu sehen, was die Hoheiten schon besichtigt hatten und zwar wenn Ihre Kaiserliche Hoheit sich ausruhte oder bei Tagesanbruch. Aber das war schwierig. Einmal kam ich vor geschlossene Türen um 9 Uhr vormittags, als ich den berühmten Schneider Poole aufsuchen wollte.

Einer meiner stärksten Eindrücke war die Schließung des Parlaments, wohin mich Baron Brunnow mit Alexandra Vojekow in seiner Prunkkarosse mitnahm. Lord Granville[1] verlas die Ansprache der Königin (Vertagung des Parlaments) in der offiziellen feierlichen Amtstracht, Perücke und Mantel, die vier Anwälte, auch in der Tracht des Mittelalters, antworteten aus der Mitte des Saales mit dem alten normannischen Spruch: »die Königin will es so«. Das Unterhaus stimmte zu, indem es die Schranken, man könnte sagen im Angesicht des Redners, berührte. Sie machten spöttische Gesichter und zeigten eine höchst kritische Gelassenheit. Es waren viele interessante Beobachter unter den Zuhörern.

Nach der Zeremonie war Lord Granville so freundlich, uns einige Dokumente in den anliegenden Archiven zu zeigen. Er machte uns besonders auf das Todesurteil Karls I.[2] aufmerksam, unterzeichnet von Cromwell. Mademoiselle Voyekow würzte unseren Rundgang mit ihren gelehrten Bemerkungen, pikant, geistreich, was dem Baron Brunnow seinen Schwung nahm. Man könnte ihn pedantisch nennen, denn sein heller Geist verbarg sich in einem merkwürdigen Schweigen. Er war mehr mit sich selbst beschäftigt als mit seinen Aufgaben, besonders beherrschte ihn die fixe Idee, er könnte sich erkälten. Einer seiner Sprüche war: »Was ist eine Dame heutzutage?« Antwort: »ein wenig Nerven und viel Spitzen!« Die Baronin war erbärmlich und lächerlich. Der Baron vergab ihr stillschweigend ihre Galanterien der Vergangenheit und Gegenwart, aber man behauptet, daß er, als sie einige Jahre später während der Hochzeitsfeierlichkeiten der Großfürstin Marie Alexandrowna[3], Herzogin von Edinburgh, starb, sie mehrere Tage im Keller auf Eis verbarg, und dann seinen Botschaftsrat, Herrn Davidoff beauftragte, bei der Beerdigung den Vorsitz zu übernehmen.

Ich sah auch Sydenham[4] mit dem Palast der ersten Weltausstellung; zauberhaft in seiner Art, den Regent's Park und seinen zoologischen Garten: die

1 *George Leveson-Gower Graf Granville* (1815–1891) bedeutender Politiker und Staatsmann, Minister des Auswärtigen und der Kolonien, Präsident des Geheimen Rats.

2 *König Karl I.* (1600–1649), dessen Absolutismus und katholische Neigungen 1640 einen Bürgerkrieg hervorriefen, wurde vom Parlamentsheer geschlagen. Er floh nach Schottland, wurde 1647 an das Parlament ausgeliefert und 1649 auf Betreiben Cromwells hingerichtet.

3 *Alfred Herzog von Sachsen-Coburg-Gotha,* Herzog von Edinburgh, Sohn von Prinz Albert und Königin Victoria, vermählte sich am 23. Januar 1874 in Petersburg mit der Großfürstin Marie, einziger Tochter des Kaisers Alexander II. von Rußland. Aus der Ehe gingen 5 Kinder hervor.

4 Vorort von London.

Strauße und Flamingos beeindruckten mich durch ihre Anmut, die Nilpferde als Monstrositäten der Schöpfung. Das Museum von Kensington faszinierte mich ebenso wie der botanische Garten von Kew mit seinen berühmten Gewächshäusern, wo Sir William Hooker[1] den Hoheiten die Honneurs machte. Schlecht bekam mir ein Mittagessen von white bates[2] in Greenwich, nachdem wir die Invaliden besichtigt hatten. Ich hatte 22 Arten Fische versucht, die für mich unverdaulich waren!«

London im Wagen zu durchqueren war für mich wie eine Traumreise, bei der man niemals ankommt. Man flanierte in der Oxfordstreet und der Bondstreet, und nirgends, nicht einmal in Paris, habe ich eine so große Auswahl von Dingen des guten Geschmacks gesehen und zwar ohne Ausnahme: Toiletten, Einbände, Antiquitäten und die unvergleichlichen kostbaren Steine von Store und Mortimer. Häufig geleitete uns Saburow.

Noch einige Museen, Besichtigung des Hauptpostamts, nochmals Westminster, dann Rückkehr nach Schanklin. Dort besserte sich das Wetter. Gutes Wiedersehen mit Baron Peter Meyendorff[3] und seinem Sohn Ernst. Abreise über London und kleine Fahrt nach Torquay zum Besuch von Großfürst und Großfürstin Michael sowie der Großfürstin Marie Nikolajewna. Die Hoheiten feierten hier die Erinnerungen an 1853.

Ich komme von diesem hübschen Land nicht mehr los, alle Tage malerischere Ausflüge, die einen wie die andern, und immer erleichterte mir die Nähe der Großfürstin Marie all diese Vergnügungen. — Am *29. September* fahren wir über das Meer zurück — kurzer Halt in Brüssel.

Stuttgart Oktober Man sagt hier, der König kehre nicht nach Meran zurück. Erleichterung für die Hoheiten, denn die Nachrichten aus Petersburg (Zarskoje) werden beunruhigend. Man drängt sie, zu kommen. Der Kaiser will die Fahrt auf einigen unvollendeten Strecken der Eisenbahn erleichtern.

Brief an meine Mutter: »Traurige Nachrichten, die die Reise beschleunigen. Man fährt durch bis zur preußischen Grenze, wo die Eisenbahnlinie aufhört. An jeder Station alarmierendere Nachrichten. Aus dem Eisenbahnwagen ausgestiegen, begab sich die Prinzessin, obwohl völlig erschöpft, mit dem Prinzen in den Postwagen, dazu eine Kammerfrau und ein Diener. Der Großfürst Michael folgte nach. Die Pferdekutschen hatten keine Zeit gehabt, an der Grenze anzulangen: wir fanden sie in Kowno. Man sagte uns, wir müßten von dort in zwei Stunden weiterreisen, der Zug fahre erst ab Ostrow und wir würden ohne Nachricht sein.

Vielleicht wißt Ihr in Deutschland vor uns, wie es in Zarskoje steht.«

1 *William Jackson Hooker* (1785–1865), bekannter Botaniker.

2 *whitebait,* kleiner Weißfisch, der beim whitebait-dinner, dem Ministeressen, in Greenwich serviert wurde.

3 Siehe S. 26, Anm. 5.

Blick vom Kriegsberg auf Stuttgart. Lithographie von C. Schacher um 1860. Am linken Bildrand der alte Bahnhof, oberhalb davon das Neue Schloß. Ganz unten rechts das 1820–27 erbaute Katharinenhospital.

Das Kronprinzenpalais in Stuttgart, 1846–1850 von L. Gaab erbaut. Lithographie von Fr. Mühlecker, 1850.

Schlittenfahrt bei der Villa Berg. Lithographie von C. Pfann nach Widder.

1. November Zarskoje Vor einer Stunde sind wir[1], Cécile, Zeppelin, Adelung hier angekommen. Am Morgen um 8 Uhr hatte die Kaiserin zu leben aufgehört. — »Warum seid Ihr nicht früher gekommen? Mama hat nach Euch gefragt!« waren die ersten Worte der Kronprinzessin. »Sie sagte: wo ist Eva[2]?« — Schuld daran war eine unverständliche Rücksichtslosigkeit dieser Herren, die es vorzogen, unterwegs eine Nacht zu schlafen!

Die Hoheiten kamen Gott sei Dank rechtzeitig genug an, um noch einige Tage ihrer Mutter die letzten Dienste zu erweisen und ihren letzten Segen zu empfangen. Als die Hoheiten da waren, sagte die Kaiserin: »Trost, Segen!« und wollte sie nicht wieder von sich gehen lassen. Die Prinzessin, die eine heftige Migräne hatte, sank einen Augenblick lang entkräftet auf ihr Bett. Doch der Kaiser suchte sie, denn die Sterbende machte immer Zeichen, daß sie sie bei sich haben wollte. Sie segnete alle ihre Kinder und gab zu verstehen, daß alle Bediensteten und die ihr am nächsten stehenden Personen kommen sollten, um Abschied zu nehmen. Sie hatte für jeden einen Blick, oft auch ein Wort. Dann kamen wieder ruhige Stunden. Am Donnerstag früh begann die Agonie, die bis ½9 Uhr dauerte.

Ich erfuhr in der Ankunftshalle, daß alles vorbei war. Ich lenkte meinen Wagen zum Palais Alexander. Da ging alles drüber und drunter, niemand wußte ein noch aus. Ich stieß auf den Großfürsten Konstantin, der mich an Großfürst Nikolaus weiterreichte, und dieser nahm mich zu seiner Schwester mit.

Elise Fersen empfing mich mit ihrer gewohnten Freundschaft. Sie war selbst in tiefster Trauer und ließ mich an allem teilnehmen, was mein Herz interessieren konnte. Ich sah die Kaiserin noch in ihrem Bett: unverändert, den schönsten, friedlichsten Ausdruck auf ihren Zügen, dann trugen sie ihre Söhne zum Sarg. Ich war bei den ersten Trauergebeten, es war ungemein ergreifend, alle meine guten Bekannten waren in Tränen. Ich verbrachte den Abend bei der Kronprinzessin mit den Großfürsten und mehreren Hofdamen. Man sprach nur von den Szenen am Morgen und der vorhergehenden Tage. Cécile Kahlden und ich hatten das Privileg, den Dienst bei dem Leichnam in der Trauerkapelle auf dem Katafalk zu versehen, wo die Kaiserin jetzt ruht. Wir stehen aufrecht auf den Stufen der Estrade auf beiden Seiten des Kopfes der Verstorbenen. Außer den Damen sind zwei Offiziere der Regimenter Ihrer Majestät zu Dienst, ein Generaladjutant, ein Kammerherr und eine Kammerfrau. Die provisorische Kirche ist mit schwarzem und goldenem Tuch und rotem Samt ausgeschlagen. Unsere Kleider, unsere Schleier wirkten erschreckend. Mehrmals fiel mein Dienst in die Nacht, ich liebte die feierliche Stille dieser Stunden. Um unsere so geliebte Kaiserin sammelte sich keine Menge, sondern es kamen die alten Diener, die Vertrauten. Es gab eine rührende Szene mit ihrem alten Kutscher, der sich nicht von ihr trennen konnte.

1 Die Genannten waren nicht mit dem Kronprinzenpaar gekommen, sondern diesem nachgereist.

2 *Eveline von Massenbach.*

Wir blieben zwei Stunden unbeweglich auf der ersten Stufe, links von mir der blanke Säbel eines Kürassieroffiziers, der unter mir postiert war. Einmal ergab es sich, daß dies Herzog Wilhelm von Mecklenburg[1] war, der »Neffe Schnaps«. Kaiserin Marie erschien kaum bei den Beisetzungsfeierlichkeiten, da sie eben ihren Sohn Paul geboren hatte.

Es gab ein prächtiges Manifest des Kaisers und einen Bericht über die letzten Augenblicke der Kaiserin, geschrieben von Gilles.

Gegen den Rat der Ärzte ist Kaiserin Marie noch erschienen, Abschied zu nehmen von dem Leichnam vor seiner Überführung in die Festung mit der Etappe von Tschesme. Wir folgten. Ich war in der Kutsche mit Gräfin Baranow. — Die Familie und der Hof bleiben im Winterpalast bis zur Beisetzung und kehren dann nach Zarskoje auf 6 Wochen stille Zeit zurück.

Während des Trauergottesdienstes gab es eine dramatische Szene als der Trauerflor auf dem Katafalk Feuer fing — ich glaube durch die Ungeschicklichkeit eines kleinen Großfürsten. Die Damen vom Dienst, Alexandrine Dolgorukij von Moskau und Fräulein Gamalée, bedeckten, als sie die Funken auf die verehrte sterbliche Hülle fallen sahen, diese mit dem kaiserlichen Mantel und blieben unbeweglich an ihrem Platz!

Gestern hat sich der Kaiser mir zum ersten Mal genähert und mich umarmt ohne ein Wort hervorbringen zu können; er hat sich fast erschreckend verändert. Die Kronprinzessin wird von Tag zu Tag betrübter und wehmütiger anzusehen. Ihre Züge haben den schmerzlichen Ausdruck von 1855. Sie hat ihrem Schwiegervater geschrieben, um ihm zu danken, daß er ihr nie Schwierigkeiten bei der Erfüllung ihrer Kindespflichten gemacht und auch diesmal sie nicht vom Kronprinzen trennt, der wie ein Sohn an der Kaiserin hing.

St. Petersburg Karl Spitzemberg besucht mich täglich. Trotz der Feierlichkeiten finde ich Zeit, mich mit einigen Freunden zu treffen: den Suworow, Frau von Meyendorff, die eine schwere Krankheit hinter sich hat und die Kaiserin wie eine Mutter beweint. — Aber bei allem spricht man auch über Politik, Emanzipation usw. Der Graf E. Stackelberg, Herr Bulabin, Baron Peter Meyendorff geben ihre Erleuchtungen von sich. Für mich ist das noch unverständlich wie die Wagnerische Musik.

Zarskoje 28. November Es ist schrecklich traurig hier. Meine Fenster im Großen Palais gehen auf einen großen Garten, wo der Schnee, obwohl man gekehrt hat, noch einen Fuß hoch ist. Hier marschiere ich am Vormittag. Mittags um 2 Uhr wird es etwas klarer, dann muß man sich wieder bei einer Lampe beschäftigen. Ich bekomme nur wenig Besuche außer dem Ehepaar Meyendorff.

1 *Friedrich Wilhelm* Herzog von Mecklenburg (1827–1879).

Petersburg Großer Trauergottesdienst während der 40 Tage. — In der Stadt, dann Abreise nach Moskau mit der Absicht, das arme Fräulein Okulow zurückzuholen, die sich, ein wenig durcheinander, weigert, wieder zu ihrer einstigen Schülerin zurückzukommen. Die Hoheiten nehmen Karl Spitz mit, um ihm eine Freude zu machen.

Wir waren 5 Tage im Kreml — bei 25 Grad Kälte! Ich habe alles gesehen, was man zwischen den Verpflichtungen des Hofes und den Migränen [der Kronprinzessin] sehen kann: die antike Stadt der Zaren, ihre Lage, ihr ganz eigenartiger Charakter haben mich ungemein interessiert. Die Kirchen und alle Bauwerke sind hier sehr merkwürdig und von einem Geschmack, der sich von dem mehr europäischen Petersburgs sehr unterscheidet. Das ist byzantinisch, tatarisch, aber dieser altertümliche Stil hat Eleganz und Größe. Das Haus Romanow, die Terema mit der historischen Galerie interessierten mich lebhaft. Ich besuchte sogar einen alten Salon in Moskau, nämlich den von Frau Suschkow, Tante der Tutscheff, und speiste an der Seite des bekannten Schitaret, des Metropoliten, und machte die Bekanntschaft der charmanten Fürstin Luise Galizin[1] geb. Paschkow. Ich kaufte mir einen reizenden Pelzhut (von dem Frau von Bismarck dann das Modell wollte). Die Rückreise im geheizten Eisenbahnwagen, nachts, mit einem Ofen in der Mitte, war ziemlich mühsam.

Nach der Rückkehr nach Petersburg verlegte man mich in den dritten Stock mit einem prächtigen Ausblick auf die Newa. Nebenan die einstigen offiziellen Zimmer des Kaisers Nikolaus. Fräulein Okulow bewohnte das kleine Appartement, wo ich einst in der Nähe der Kronprinzessin gewohnt hatte (es geht auf den Hof hinaus). Von meiner Höhe aus konnte ich die Beförderung mit Schlitten, die Fahrten auf der Newa, die Zelte der Samojeden[2] sehen und hatte das Memento der Festung Peter und Paul vor Augen, die die mir heiligen Gräber enthielt.

Nichts Beachtlicheres als diese Reise nach Moskau, die der armen Anna Alexinowna galt, die von Melancholie befallen und ohne Zweifel unheilbar ist.

23. Dezember Katherina Igelström[3], die mir überhaupt sehr hilfreich und freundschaftlich ist, ließ uns zu Weihnachten Pfefferkuchen backen. Ich habe nichts Besonderes geleistet, als mich in den Weihnachtsbuden umzusehen, ohne was zu kaufen. Die Preise sind zu toll, aber der Anblick ist reizend. — Alles bei 10—18 Grad Kälte!

Die Erbschaft der Kaiserin ist jetzt verteilt, das meiste haben beide Töchter erhalten. Da aber die Kronprinzessin 2 Millionen Rubel, die ihr Kaiser Nikolaus

1 *Fürst Johann Galizin* war russischer Hofmeister.

2 Völkergruppe aus dem Ural z. T. mit mongolischen Zügen, die von Rentierzucht, Fischfang und Jagd lebt.

3 Siehe S. 16, Anm. 5.

ohne Bürgschaft, ohne Unterschrift überließ, um die Schulden des Kronprinzen, die auf der Villa[1] lagen, zu bezahlen, ebenso wie die Einrichtungskosten im Ludwigsburger Schloß 1846, zurückerstatten will, so gibt sie es an Schmuck ins Kabinett. Reihenlang liegen die Reichtümer da, von denen sich die echte Tochter ihres Vaters trennen will, um ihrem Gewissen zu genügen. — Adelung[2] ist gar nicht einverstanden, der alte Graf W. Adlerberg[3], Familienminister, findet es auch überflüssig, denn wieviel hat Kaiser Nikolaus in ähnlicher Weise den anderen Kindern geschenkt!

1 Der Villa Berg.
2 Der Sekretär der Königin Olga.
3 *Wladimir Graf von Adlerberg* (1790–1884), russischer Hofminister und General.

1861

Petersburg – Salons – die Häuslichkeit von Bismarck – die Thun, Borch, Jussupow, Gortschakow, Meyendorff, Fürstin Kotschubey – Abende mit Schreibspielen bei der Gräfin Moira – Tutscheff – Großfürstin Helene – E. Rahden – die Ristori – Tod Friedrich Wilhelms IV. – Tod von Fräulein Okulow – Emanzipation wird erklärt – Depeschen von Bismarck für Berlin – Reise nach Freudenstadt – Villa – Friedrichshafen – Tod des Fürsten Gortschakow von Warschau – Prinz Wily als Matrose – Parodie der »Bürgschaft« – Marie Fredericksz – Lotto dauphin – die Markgrafen von Baden – die Grafen von Teck und von Khevenhüller – Königin Pauline in Gleisweiler – Parade in Köngen – der König 80 Jahre – Krönung in Königsberg – der König in Nizza – Prinzessin Marie folgt ihm nach.

An russisch Weihnachten war die Kaiserin so gütig, auch uns Deutschen zu bescheren, wobei mir einige schöne Porzellan- und Bronzegegenstände zufielen.

Zu Neujahr kam eine große Ausfahrt. Ich hatte eine Schleppe von weißer Seide mit Tarlatan[1]-Rüschen garniert, recht hübsch! An allen Feiertagen muß man weiße Wolle anlegen, nicht gerade häßlich, aber sehr leicht schmutzend.

Der Tod Friedrich Wilhelms IV.[2] von Preußen hat in der Kaiserlichen Familie neue Wunden aufgerissen.

Die Emanzipationsfrage[3] drängt, durch welche der Kaiser seinem Adel entfremdet und, wie man fürchtet, von den Liberalen im Stich gelassen wird. Großfürstin Helene[4] ist tief drinnen mit den Milutineschen Ideen[5] und Illusionen durch verschiedene Idealisten. Ich verstehe wenig davon, außer daß die Fürsten mit den ehrlichsten Absichten meist irregeführt werden und nicht zu ihren edlen Zielen.

18. Januar Dreikönigstag — Segnung der Gewässer. Man täuscht den lieben Gott ein wenig, indem man Perücken aufsetzt! — Ich gehe manchmal in

1 Eine Art Musselinstoff.

2 *Friedrich Wilhelm IV.*, König 1840–1861, geb. 1795. Unter dem Druck der Revolution von 1848 wandelte er Preußen zur konstitutionellen Monarchie um. Die deutsche Kaiserkrone, angetragen von der Frankfurter Nationalversammlung, lehnte er ab. 1858 wurde er geisteskrank. Sein Bruder Wilhelm I. übernahm 1858 die Regentschaft.

3 Die im Krimkrieg zutage getretene wirtschaftliche Rückständigkeit veranlaßte Kaiser Alexander II. 1861 zur Bauernbefreiung und ohne Einschränkung der Selbstherrschaft zu einschneidenden Reformen, was in dem kirchlich gebundenen Rußland eine gesellschaftliche Bewegung und Umschichtung auslöste.

4 *Charlotte Friederike* (1807–1873), Tochter des Herzogs Paul von Württemberg, einem Sohn des Königs Friedrich, war seit 1824 mit Großfürst Michael von Rußland (1798–1849) vermählt und erhielt den russischen Namen Helena Pawlowna.

5 *N. A. Miljutin* war ein die Bauernbefreiung vorbereitender Beamter.

Gesellschaft, mehr als mir lieb ist, aber wenn man einmal im Zuge ist, kann man nicht mehr anhalten wie man will. Zum Glück dauern die Abendunterhaltungen nicht mehr so lang wie früher, man kann sich ohne weiteres schon um Mitternacht zurückziehen, nachdem man schon zuvor eine Soiree hatte, sei es bei den Meyendorff, sei es bei anderen ruhigen und angenehmen Freunden. Die Theater sind uns natürlich verschlossen[1]. Ich hatte auch den Rückhalt im Heim der Bismarck[2], bei denen mich Karl Spitzemberg eingeführt hatte. Ich wußte nicht ganz den Wert dieser Bekanntschaft zu schätzen, obwohl ich gern dort hinging. Die preußische Königin[3] war für mich niemals ein Anreiz. Die Baronin[4] hatte einen pietistischen Anflug, die Kinder[5], Schüler in jugendlichem Alter, verrieten in nichts ihre künftige Größe und der Gesandte, leidend, erging sich reichlich in einer etwas gezwungenen Heiterkeit. Und dabei war es noch das Bier allein, das ihn in spaßhafte Laune versetzte. Ich begegnete dort den Herren von Schlözer[6] und von Holstein[7], Sekretären des künftigen großen Mannes. Ersterer war der Geschichtsschreiber Friedrichs II., der andere wurde nur zu bekannt durch den Prozeß von Harry Arnim. Während dieser Zeit erhielt ich oft vom Kanzler Fürst Gortschakow kleine Briefe, meist unbedeutenden Inhalts, die mir vom Winterpalais durch einen Stafettenboten gebracht wurden. Der Zufall wollte es, daß ich mehrmals solche Sendungen erhielt, als ich zum Diner bei den Bismarcks eingeladen war, was großen Eindruck machte. Und ich war boshaft genug, sie über deren Bedeutung im unklaren zu lassen.

17. Februar Fräulein Okulow ist an schwerer Darmentzündung erkrankt, die Kronprinzessin läßt ihren Tränen freien Lauf! Solche Tränen enthalten wohl mehr als einen Kummer!

März Die alte Okulow ist nicht mehr! Die Kronprinzessin pflegte sie treulich. Nicht minder teilnehmend war der Kronprinz. Sie versüßten ihre letzten Stunden. — Nachher mußte ich mich mit starker Erkältung, die ich mir beim

1 Wegen der Trauer um die Kaiserin.

2 *Fürst Otto von Bismarck* (1815–1898) war seit 1859 preußischer Gesandter in Petersburg. 1862 ging er nach Paris.

3 *Marie-Luise-Auguste von Sachsen* (1811–1890), vermählt seit 1829 mit König Wilhelm I. von Preußen (1797–1888, 1871 Deutscher Kaiser).

4 *Johanna von Puttkammer* (1824–1894), vermählt seit 1847 mit Otto von Bismarck.

5 Herbert, Michael und Marie von Bismarck.

6 *Kurd von Schlözer* (1822–1894), preußischer Diplomat, war 1857–1867 Legationssekretär bzw. -rat in St. Petersburg. Er veröffentlichte zahlreiche Werke u.a. zur Geschichte der Ostseeländer und Friedrichs des Großen. Sein Großvater war der aus Württemberg stammende Historiker August Ludwig Schlözer (1735–1809).

7 *Friedrich von Holstein* (1837–1909), seit 1859 im preußischen diplomatischen Dienst, war Mitarbeiter Bismarcks. Nach dessen Sturz übte er einen verhängnisvollen Einfluß auf die deutsche Außenpolitik aus, wobei er sich persönlich im Hintergrund hielt. — 1871 geriet er in Paris in Gegensatz zu Botschafter Harry von Arnim und verschaffte das Material zu einem Prozeß gegen diesen wegen der Zurückhaltung und Veröffentlichung geheimer amtlicher Dokumente.

Leichenbegängnis zuzog, legen. Ich hatte Zeit, über die ernsten Eindrücke einer solchen Toten besser nachzudenken.

Die offenen Salons in Petersburg waren zahlreich und sehr elegant. Die österreichische Botschaft, vertreten durch den Grafen Friedrich Thun[1], der den Grafen Valentin Esterhazy ersetzt hatte, und seine charmante bessere Hälfte, die Gräfin Leopoldine, geb. Gräfin Lamberg (deren Vater[2] 1848 umkam), wetteiferte in ihrem Haus Lazareff am Michaelsplatz mit dem Palais Belocelsky der Fürstin Kotschubey und dem des Fürsten Jussupow und seiner Frau, geb. Gräfin Ribeaupierre. Im Haus der Gräfin Borch, geb. Gräfin Laval, am englischen Kai traf man überall das Feinste an Diplomaten und die Creme der Gesellschaft der großen russischen Namen an, vermischt mit Künstlern und Autoren. Die Töchter der Gräfin Borch waren Mary, die Fürstin Galizin wurde und die ich so schätzte, sowie die Fürstin Krapotkin, deren Gemahl von den Nihilisten ermordet wurde.

Die Fürstin Sophie Radziwill[3] machte damals die Honneurs im Salon ihres Schwagers, des Fürsten Gortschakow, ihre schönen blonden Locken bildeten einen Heiligenschein. Die Baronin Bismarck konnte eine krankhafte Ängstlichkeit nicht loswerden. Sie wollte nur mit mir zum ersten Festessen des Kanzlers gehen, da ihr Mann ein ganz zurückgezogenes Leben führte, und es ist eine Tatsache, daß sich die Baronin die ganze Zeit über an meiner Seite hielt und sich meine geringe Erfahrung und meine Bekannten und Freunde zunutze machte. Ich verlor dadurch keineswegs mein Gleichgewicht, aber es amüsiert mich, wenn ich daran denke. In ihrer wohlwollenden Biederkeit bat sie auch darum, meinen Pelzhut aus Moskau nachmachen zu dürfen.

Graf Nesselrode[4], der sich zur Ruhe gesetzt hatte, bewohnte sein eigenes Haus an der Litinia. Madame Kalergis, seine getreue Antigone, half ihm, seine Papiere in Ordnung zu bringen. — Graf Bevertern war damals erster Sekretär des Grafen Thun und machte der Fürstin Helene Kotschubey ein wenig den Hof, die ihrerseits den Kanzler in Atem halten wollte. Eines Tages sah ich letzteren im Salon der Großfürstin Helene bei einem brillianten Konzert von Rubinstein, wobei die beiden Helenen miteinander rivalisierten. Fräulein Helene von Staal war dabei fast triumphierend, und die schöne Witwe von der Anitschkowbrücke machte zu mir halbvertrauliche Bemerkungen über ihre schöne Rivalin. Bald zeigte auch Madame Akinfieff, die künftige Herzogin von Leuchtenberg, einen dekadenten Geschmack an dem umworbenen Objekt. Sie wohnte bei ihrem Onkel und ließ ihn ihre Launen spüren.

1 *Friedrich Graf von Thun* (1810–1881), österreichischer Diplomat, war 1857–1863 Gesandter in St. Petersburg.

2 *Philipp Graf von Lamberg*, geb. 1791, Feldmarschall-Leutnant und Palatin von Ungarn, wurde am 28. September 1848 auf der Brücke von Budapest ermordet.

3 *Sophie Radziwill*, Gemahlin des Fürsten Leo Radziwill (1808–1882), kaiserlicher Flügeladjutant.

4 Siehe S. 117, Anm. 5.

Im gleichen Winter wurde die Heirat der Fürstin Marusty viel besprochen, wobei Prinz Wilhelm von Baden sichtlich ein Mitbewerber war.

Der Salon der Gräfin Moira, Tante von A. Dolgorukij und Witwe des Gesandten von Portugal, repräsentierte das Schreibspiel in seiner Vollendung. Ich wurde als Freundin zugelassen und bewahre viele Fragen und Antworten aus der Feder des Fürsten Wiasemsky, von Herrn Titoff, von Tutscheff, von Graf A. Bobrinskij (bevor er Sekretär wurde), von dem Dichter Markewitsch[1], ohne die Damen zu zählen. — Die Welt des Hofes sah diese exklusiven Soireen nicht sehr gern, aber man sagte es nicht laut, da der Kaiser mit der Gräfin Moira gut Freund war. Ich sah diese charmante Frau später wieder, die so geistreich gastfreundlich war, da hatte sie ein Augenleiden und empfing den Kaiser mit einem aufgespannten Sonnenschirm, um sich vor den Lampen zu schützen.

Ganz intime Salons waren die der alten Meyendorff, wo man die Wagen Schlag 10 Uhr ankündigte, der Fürstin Anna Matwewen Galizin, die ihre Tochter Katia, künftige Gräfin Ignatieff, in die Gesellschaft einführte, der Fürstin Isabelle Gagarin mit ihren Töchtern in ihrer schönen Wohnung in der Morskoïa, immer gastfreundlich und wohlwollend, ohne von ein wenig Fanatismus und vielen anziehenden Originalitäten loszulassen, des alten Ehepaars Fürst Peter Mechtschersky-Karamzin, dessen Tochter Katia, spätere Gräfin Kleinmichel[2], begann, ihren Platz unter den jungen, schönen und gefeierten Mädchen einzunehmen. Ihr Sohn war der bekannte und wenig empfehlenswerte Redakteur des »Graschdianin«; die Schwester der Fürstin, die Tante Lise, flößte mir große Freundschaft ein: ein großer Charakter, der sich als großzügig erwies. Die Gräfin Tiesenhausen war jeden Abend bei ihr, umgeben von einem Schwarm junger Verwandter. — Nina Pilar gab einen Teetisch mit unvergleichlichem, anziehendem Charme. Man ging auch zu Nadine Bartiniew, die sich, nachdem sie den alten Fürsten Menschikow[3] vergessen hatte, noch Illusionen über die Gefühle des Herzogs von Ossuna hingab. Bei den Schwestern Fredericksz, Sophie und Marie, war man als Kamerad immer gern gesehen, nicht zu sprechen von den Nachbarn, mit Vorliebe den Tutscheff und Alexander Dolgoruky. Mein größtes Vergnügen war jedoch, mich Edith Rahden[4] zu nähern. Sie war schwer zu erreichen, so beschäftigt war sie, aber schon eine halbe Stunde vertrautes Beisammensein mit ihr lohnte ein wochenlanges Warten! Auch Madame Anna Barjatinskij[5] (Anna von Kasan) hatte ihren gebildeten, vielbesuchten, eleganten und auserlesenen

1 *Boleslaw Michailowitsch Markowitsch* (1822–1884), Schriftsteller.

2 *Graf Peter Kleinmichel* (1793–1869), war kaiserlicher Generaladjutant und wurde 1842 General der Infanterie, dann Oberdirektor der Verwaltung der Wege und öffentlichen Bauten.

3 *Alexander Fürst Menschikow* (1787–1869), russischer Staatsmann, General und Chef des Marinegeneralstabs. Witzig und zu beißendem Spott geneigt, spielte er in der russischen Gesellschaft eine große Rolle.

4 Tochter des Barons *Wilhelm von Rahden* (1793–1860), Militär und Schriftsteller aus Breslau, der in preußischen, russischen und spanischen Kriegsdiensten stand.

5 Verwandte des Dichters Baratynskij (1800–1844)?

Salon. Trotz ihrer allseitigen Höflichkeit war sie die in den Palais sehr protegierte Rivalin der Fürstin Helene Kotschubey, die aber ihre Tressen[1] erst nach dem Tod von Kaiser Alexander II. erhielt und zwar dank der Freundschaft mit der Kaiserin Augusta[2].

Kaiserin Marie gab kleine Soireen oder Plauderdiners an den Tagen wo der Kaiser auf die Jagd ging. Madame Maltzeff, die Fürstin Wiasemsky waren hier die weiblichen Säulen. Erstere verstand mit unerschöpflichem Schwung den Geschmack an tiefschürfenden Vorlesungen mit erholsamen Pläsanterien zu verbinden. Der Fürst Wiasemsky (der Dichter) und der Fürst Serge Urussow waren die hauptsächlichsten Plauderer. Auf Wunsch der Kronprinzessin lud man dazu häufig alte Diener ihres Vaters ein: Fürst Orlow[3], Graf Panin[4], Baron Lieven[5], Walonyeff, Plautin, Volkow[6], Isakow[7], und den Grafen Ribeaupierre.

Dem Frühling zu begann man größere Soireen zu geben, die »morganatisch« genannt wurden: man wollte die Trauer zugunsten der Jugend etwas einschränken. Diese Veranstaltungen fanden in dem Raum gegenüber den Appartements des Kaisers statt (der bei der Explosion[8] von 1879 einstürzte). Man wollte die Großfürstin Marie Alexandrowna und ihre Brüder unterhalten und ließ daher die Ristori[9] deklamieren, die aber meiner Ansicht nach der Rachel[10] nicht gleichkommt, dann sangen die Italiener.

Die kaiserlichen Kinder können so skizziert werden: *Nina*[11], der Erbe: angenehmes Äußere, begabt, ein wenig überfein und gekünstelt, eine fast zu empfindsame Natur. *Sascha*[11] (Alexander III.): ehrlich wie Gold, ein mürrischer Wohltäter mit weitem Herz, noch ohne viel Interessen. *Wladimir* [geb. 1847]: ein Mann von Geschmack mit sehr entwickelten künstlerischen und kulinarischen Neigungen und einem sehr getreuen Herzen. *Marie* [geb. 1853]: ähnelt niemand, ist ehrlich, guten, geraden Sinnes und ganz rundlich. *Alexis* [geb. 1850]: ist schon

1 D.h. zur Geltung kam.

2 *Augusta Marie Luise,* deutsche Kaiserin und Königin von Preußen (1811–1890), Tochter des Großherzogs Karl Friedrich von Sachsen-Weimar und der Großfürstin Maria Paulowna.

3 *Nikolai Alexejewitsch Fürst Orlow* (1820–1885), russischer Diplomat.

4 *Viktor Nikititsch Graf Panin* (1800–1874), war Staatssekretär, 1840–1861 Justizminister und leitete das Komitee für das Gesetz über die Aufhebung der Leibeigenschaft.

5 *Baron Wilhelm Heinrich von Lieven* (1800–1880), General der Infanterie und Generaladjutant.

6 *Sergej Iv. Wolkow* (1803–1879), russischer Generalleutnant und Generaladjutant.

7 *Nikolaj Isakow* war Leiter der russischen Militärschulen.

8 1879 verübten Nihilisten mehrere Attentate auf Kaiser Alexander II., am 17. Februar 1880 (nicht 1879) versuchten sie das Winterpalais in die Luft zu sprengen. Am 1. März 1881 erlag der Kaiser einem neuen Attentat. Vgl. S. 13, Anm. 4.

9 *Adelaide Ristori,* berühmte italienische Schauspielerin, geb. 1822, die 1861 in Rußland auftrat.

10 *Elisa Rachel,* französische Schauspielerin (1820–1858), die bis 1855 an der Comédie Française in Paris wirkte.

11 Nikolaus starb 1865 vor seinem Bruder Alexander, dem nachmaligen Kaiser Alexander III. (1845–1894), der sich mit dessen Braut, Prinzessin Dagmar von Dänemark vermählte.

ganz auf Tanz und Vergnügen aus. *Sergius* [geb. 1857]: kenntnisreich, zartfühlend, schlau. *Paul* [geb. 1860]: noch in den Windeln, blieb lange Zeit ein kleiner unergründlicher Mann, jetzt nennt er sich Pitz.

Alexandrine Dolgorukij hatte bei den kaiserlichen Soireen fantastische Allüren, die sie bloßstellten, ohne daß — dafür lege ich meine Hand ins Feuer — ihre sittsame Tugend darunter litt. Sie war eine Mischung von mystischer Überspanntheit, idealer Aufopferung und Mangel an vernünftiger Logik, aber dabei mit allem so anziehend — was für eine treue Freundin und so wenig verstanden! Die Großfürstin Marie[1] kam damals mit einer kleinen Helene Stroganow nieder und war sehr leidend.

Ende März Die Emanzipationsfrage ist jetzt vor dem Reichsrat, wird sehr heftig debattiert. Am 2. April wird der Ukas proklamiert; so lange bittet der Kaiser seine Geschwister, um ihn zu bleiben. Dadurch ist man die stille Woche auch noch hier.

10. April Am Sonntag wurde das bekannte Manifest[2] in den Kirchen verlesen. Es gab Äußerungen der Freude, aber keine Akklamationen. Das Volk beginnt zu verstehen, daß die Freiheit nominell zu geben noch nicht alles ist: die Entwicklung ihrer Bedingungen muß den Preis dafür bestimmen.

Vor unserer Abreise wollte sich Bismarck meiner Vermittlung bedienen, um Depeschen abzusenden. Er wünschte sie mir selbst zu übergeben und nahm es auf sich, am letzten Morgen lange Viertelstunden in meiner Wohnung im Winterpalais auf mich zu warten. — Ich begleitete meine Prinzessin auf Straßen und Wegen, wie es ihre Gewohnheit war. Sie hielt damit gewissermaßen eine Nachlese ihrer zarten Ernte von Erinnerungen an die alte Heimat.

Nach unserer Ankunft in Berlin hatte ich nichts Eiligeres zu tun, als Bismarcks Schreiben Graf Linden mit der Bitte zu übergeben, es Herrn von Schleinitz[3] auszuhändigen. Baron Budberg mokierte sich sehr über meinen mangelnden diplomatischen Sinn und bemerkte, ich hätte argwöhnen müssen, daß man den Dossier durchsuchen würde. In meiner Ahnungslosigkeit verstand ich nicht, daß das Siegel eines Briefes keine geheiligte Sache ist. In der Botschaft war Ernst Meyendorff, von dem Baron Budberg zu mir sagte: »das ist ein vorbildlicher Beamter«, was ich dessen Mutter schrieb.

Prinzregent Wilhelm[4] war König geworden. Wir kamen über die Strecke Warschau—Breslau an, nachdem wir Petersburg auf vor Schmutz grundlos gewordenen Straßen verlassen hatten. Unsere tiefe Trauer dauerte an, während man sie im Berlin Friedrich Wilhelms IV. nur 6 Wochen eingehalten hatte und uns in Farben empfing. Es war eine Regel des Hofes in Rücksicht auf den Handel.

1 Siehe S. 117, Anm. 2.
2 Über die Aufhebung der Leibeigenschaft.
3 *Alexander Gustav Adolf von Schleinitz* (1807–1885), preußischer Staats- nachmals königlicher Hausminister.
4 *Wilhelm I.* (1797–1888), Prinzregent, König von Preußen, 1871 deutscher Kaiser.

Die Schwestern der verstorbenen Kaiserin befanden sich in Berlin und verhätschelten die Kronprinzessin, indem sie sie mit Fragen über ihre vielgeliebte Charlotte völlig erschöpften.

Man kehrte geradewegs zur Villa zurück und vertiefte sich dann in gute Lektüre wie »Marie Regina« von der Gräfin Hahn-Hahn-Toqueville und Joseph de Maistre. — Plan einer Reise in das Land. Zuerst empfing man die Gesellschaft in kleinen Gruppen, die Diplomaten einen nach dem anderen, abends, an Stelle von Audienzen.

Felix Meyendorff spuckt Blut und wird nach Interlaken geschickt. Marie Fredericksz wird vom Kronprinzen eingeladen, um seiner Frau eine Freude zu machen. — Joseph Ellrichshausen ist sehr verliebt in Helene Neurath.

21. Mai Abfahrt nach Freudenstadt, in der Kutsche mit Zeppelin. Ovation des Liederkranzes für die Hoheiten. Wir besuchten die einzigartige Kirche in Form eines halben Kreuzes, wo sich die Männer und Frauen nicht sehen.

22. Mai Regen — Floßfahrt auf der Kinzig — Kloster in Altensteig[1] — Mittagessen bei den Bissingen[2] in Schramberg — der alte Graf Cajetan, so gesinnungstüchtig — Fabriken von Üchtritz und Faist sowie Hauff — in Zimmern Empfang durch 60 Reiter — in Rottweil Fackelzug und russische Lieder — Industrie- und Viehausstellung — Postmeister Platz, ein ehemaliger Roter — Rückkehr über Oberndorf, Ansprache, daß man sich vor Lachen den Leib halten mußte — Sulz, Horb, Herrenberg, immer im Wagen. Rückkehr spät abends in die Villa.

Juni Königin Sophie in Stuttgart — Lady Ely besucht sie — die Stoffregen zu Besuch — Tod des Fürsten Gortschakow, Vaters von Frau von Meyendorff.

Der Kronprinz ist zum Abendmahl gegangen, dann hat er am Abend Fürst und Fürstin Hohenlohe-Waldenburg empfangen. Ich gehe oft zu den Wimpfen in ihren hübschen Garten — ich beginne mit der Lektüre von Macaulay[3].

Juli Kleine Reise nach Soden, die Fürstin Friedrich der Niederlande[4] zu besuchen — Diner mit dem König von Preußen. Begegnung mit den Astorg und den Muschanow (Wawa) — gefährlicher Zustand meines Vetters Franz Spitzemberg.

23. Juli Große Soiree in der Villa zum Fest der Heiligen Olga. Graf Matthias Wilchorsky, die Fürstin Dolgorukij-Bulgakow, die Sampaja kommen zu Besuch. Graf Matthias hatte damals schon seinen weichen Hocker auf dem Rücken, der zu einem Polypen wurde, an dem er starb. Madame Sampaja war die schöne Witwe eines ehemaligen französischen Sekretärs an unserer Gesandt-

1 In Altensteig befand sich kein Kloster, gemeint ist wohl das Schloß mit der Schloßkirche.
2 Die einstigen Herren von Schramberg.
3 *Thomas Lord Macaulay* (1800–1859), englischer Politiker und Geschichtsschreiber.
4 *Prinzessin Luise von Preußen,* seit 1825 vermählt mit Prinz Friedrich der Niederlande.

schaft — charmant. Man hat über sie gesprochen und später auch über ihre Tochter.

28. Juli Die liebevolle Gastfreundschaft der Königin Pauline in Friedrichshafen verlangte nur das eine: sich zu wiederholen. Ihre Majestät lud sogar Marie Fredericksz ein, und der Großfürst Michael, der auf der Durchreise war, kam für einen Tag dorthin. Man blieb ungefähr sechs Wochen bis zur Abreise der Königin, die eine Traubenkur in Gleisweiler[1] sehr nötig hatte. Seine Majestät erschien oft nicht bei Tisch.

Friedrichshafen. Es ist hier alles beim alten. Die Königin erhält Nachricht von der sympathischen Verlobung ihrer Nichte Leopoldine von Baden mit dem Prinzen Hermann Hohenlohe-Langenburg. Der junge Erbgraf Zeil ist mit einer Gräfin Wolfegg versprochen. Die russischen Majestäten sind in Libau. Aus Warschau hört man viel Ernstes, und Gott gebe nur, daß die Anerkennung Italiens durch Rußland nicht manches auf die Spitze treibt. Dazu Plonplon — einen Sohn!

Kaiser Alexander schickte in jenen Zeiten extra den Botschafter Baron Budberg, um der Kronprinzessin diesen politischen Schritt zu erklären, den sie nicht fassen wollte.

Am Bodensee weilen für den Augenblick die Familien Sigmaringen und Fürstenberg. Prinz und Prinzessin Luitpold[2] waren zu Besuch. Wir sahen, wie sie sich unbeobachtet glaubend, im Garten küßten. — Prälat Pfaff[3], der zur Kur am Bodensee, hält manchmal schöne Predigten, zuweilen auch Dr. Günther, der Hofmeister des Prinzen Wily[4], ein gutmütiger, sehr gesprächiger Kandidat. — Bislang war der kleine Prinz noch in sogenannten costumes, meist nach Tisch erschienen: blaues Samtblüschen mit weißem Federbarett, die ganze Wonne von Mutter und Großmutter, gehütet von seinem alten Fräulein Strauß. Seit vorigem Jahr etwa ist er den Kinderschuhen entwachsen; sein Großvater schenkte ihm einen Klipper[5], und nun lebt er mit Hilfe des Matrosen Nagel mehr auf dem Wasser als auf dem Lande. Die Kronprinzessin brachte ihm ein weißes Matrosenkostüm mit, wie es ihre Neffen in Peterhof tragen, und von diesem kann er sich garnicht trennen, so daß es vorläufig jeden Abend für den nächsten Morgen gewaschen wird. Prinz Wily scheint begabt und sehr gutmütig zu sein, er ist mit seinem Diener Zaininger so nett, was man als Nachbarin wohl bemerken kann.

Auguste Seckendorf und der Baron vom Holtz, vertretender Adjutant, Graf Gronsfeld, machen einem das Leben nicht schwer. Eingeladen wird Baronin

1 Dorf in der Pfalz am Fuß der Vogesen mit bedeutendem Weinbau, bekannt durch seine Kuren.

2 *Luitpold,* Prinzregent von Bayern (1821–1912), 1844 vermählt mit *Prinzessin Auguste von Toskana.*

3 *Sixt Karl Pfaff* (1805–1879), Prälat, Prediger an der Stiftskirche in Stuttgart.

4 Der nachmalige König Wilhelm II.

5 Segelboot.

Anna Maucler, wenn die Gesundheit ihres Sohnes August es gestattet. Graf Hugo Leutrum und der alte Herr von Schott vom Ulmer Landesgericht animieren, wenn es auch nicht sehr feine Herren sind; daneben allerlei Beamte. Sonst dienen zu meiner Bildung die Gemälde an den Wänden meiner Zimmer. Die Manie S. M. des Königs, seine Schlösser mit indezenten Bildern zu schmücken, ist leider berühmt, manche mußten verhängt werden.

Mein junger Vetter Franz Spitzemberg ist gestorben. — Meine Mutter schreibt mir aus Kreuth, daß die Briefe über den Empfang des russischen Kaiserpaares in Riga rührend seien. Ebenso telegraphiert Alexander II. an seine Schwester: »trotz der Anstrengung ist die Reise durch diese Provinzen herzerfreuend, ein herzlicher Empfang, der unbeschreiblich ist.«

Die Herrschaften besuchen hier täglich das Riedle, einen kleinen Wald, welchen die Kronprinzessin aus dem Nachlaß ihrer Mutter um 40000 Gulden erworben und zur öffentlichen Promenade gestiftet hat. Eine hübsche Frühstückshütte wurde aus Anlaß des Besuchs der markgräflichen Damen eingeweiht.

Graf Franz Teck[1], Sohn des Herzogs Alexander und sein Freund, Graf Khevenhüller, waren auch heitere Zugaben.

Schloß Montfort[2] soll in maurischem Stil aus der Ruine Langenargen entstehen!

Gräfin Taubenheim[3] war mit einer Freundin in Lindau, mußte aber schnell nach Stuttgart aufbrechen, wo ihr Mann an Nervenschwäche, einer Art Hypochondrie unwohl, den König nicht nach Holland begleiten kann. Ebensowenig Maucler wegen der Krankheit seines Sohnes. Da wird wohl Baron Julius Hügel die Führung übernehmen.

Im August machten die Hoheiten eine etwas forcierte Expedition nach Reichenau bei Chur zur Familie Planta. Später fuhr ich auf zwei Tage nach Wain, kam wegen überfüllter Waggons mit dem Prinzen Friedrich zurück, ein sehr angenehmer Schutz. Der Prinz war zum Geburtstag seiner Gattin herangereist. Wir arrangierten für diesen Tag dem Prinzen Wily zulieb Schillers »Bürgschaft« als Travestie. Anna Maucler erschien als Sonne, Dr. Elsässer[4] (2. Hofarzt) als Tyrann, ich als Hüter in Schloßportier-Livree, der Kronprinz als Häscher (in Landjägeruniform), Prinz Wily selbst als Möros, glückselig in seiner ersten Rolle. Prinzeß Katharina war unwohl, kam aber doch, lag nachher zu Bett mit gastrischem Fieber. — Schade, daß die Markgräfin abreist, sie hatte in allem einen so begütigenden Einfluß.

1 *Franz Herzog von Teck* (1837–1900), vermählt 1866 mit *Mary* von Cambridge, Prinzessin von Großbritannien (1833–1897).

2 Anstelle der 1649 ausgebrannten, später wieder hergestellten Inselburg ließ König Wilhelm I. das Schloß Montfort im »maurischen Stil« errichten.

3 Siehe S. 28, Anm. 1.

4 *Karl Ludwig Elsässer* (1808–1874), Arzt in Neuenstadt a. d. L., dann Obermedizinalrat und kgl. Leibarzt.

6. September Der König war zum 4.[1] einige Tage hier. Das ist immer ein steifer Moment, vollends wenn Seine Majestät und seine Herrn sich dem sonst recht lustigen Lotto dauphin anschließen. Da werden auch die Essensstunden verändert: statt Diner um ½2 Uhr und Souper um 8 Uhr wird um 11 Uhr gefrühstückt, um 5 Uhr gespeist.

Der Kronprinz kam am 8. aus dem Lager von Köngen recht befriedigt zurück, er will es von Stuttgart aus mit seiner Gemahlin wieder besuchen.

11. September Geburtstag der Kronprinzessin: schon der Trauer wegen in aller Stille gefeiert. Sonst hieß es den ganzen Tag sich ankleiden und sich umkleiden — und dann die süßen Gerichte, von denen Anna Maucler bis zu sieben an den Festtagen gezählt hat. Das ist das Privileg eines großen Hofes, besonders wenn die Damen das Menü machen.

12. September Zurück nach Stuttgart mit Königin Pauline, die man für Gleisweiler[2] bestimmt hat, obwohl sie wünschte, am 80. Geburtstag ihres königlichen Gemahls da zu sein.

14. September Ausflug zu Pferd zum Lager von Köngen, Wiedersehen mit dem General Miller[3], Mittagessen in Boihingen bei den Thumb. — Die Kronprinzessin ist solch eine elegante Reiterin, ich folgte mit Wimpffen auf einem Pferd des Grafen Cäsar Beroldingen. Dieser Ausflug führte zu Verdrießlichkeiten mit General Miller.

27. September Geburtstag des Königs — Galavorstellung im Theater: Faust — großes Diner im Weißen Saal — der Prinz von Oranien, Prinz Peter von Oldenburg — Herzog Philipp[4].

Oktober, Villa Reise der Hoheiten zur Fabrik von Wasseralfingen. — Hübsche Spaziergänge in Uhlbach und Botnang. — Der König leidet sehr an Schwindelanfällen, er schickt seinen Sohn, ihn bei der Krönung in Königsberg[5] zu vertreten. General Hardegg, Graf C. Beroldingen, Wimpffen begleiten ihn.

25. Oktober Rückkehr des Kronprinzen von Königsberg. Wir gehen ihm zur Begrüßung nach Ludwigsburg entgegen. Alle Herren sagen, wie umgänglich er gewesen sei und wie man ihn schätzte.

König Wilhelm verursacht mehr Sorgen als die Königin. Die Schwindelanfälle kommen häufiger und Dr. Ludwig soll auf eine baldige Krisis gefaßt sein.

1 Geburtstag der Königin Pauline.

2 Siehe S. 156, Anm. 1.

3 *Moritz von Miller*, Kriegsminister, General der Infanterie (1792–1866).

4 Sohn von Herzog Alexander (1802–1881), lebte 1838–1917, heiratete 1865 Erzherzogin Marie Therese (1845–1927).

5 *Krönung König Wilhelms I.* von Preußen am 18. Oktober 1861.

Ein neuer Kapellmeister Eckert[1] aus Wien ist angestellt.

25. November Stuttgart Ich bin seit heute wieder ein Stadtkind geworden! Das Publikum ist ganz für Hoffmann — und mit Recht. Frau von Prokesch[2] kann man zu den lieblichsten Künstlerinnen rechnen. Der arme Baron Gall[3] ist aber sehr aufgeregt, weil ihm die anderen Schauspielerinnen Szenen machen.

Das Ehepaar Karl Hügel feierte in aller Stille seine silberne Hochzeit.

Madame Schewitsch, geb. Gräfin Blondov, bringt den Winter in Stuttgart zu. Sie kann eine Ansprache werden. — Madame Olga Narischkine-Polotzki[4], die berühmt schöne Mutter der Gräfin Sophie Schuwalow, ist gestorben.

1 *Karl Eckert* (1820–1879) aus Potsdam, Komponist und Kapellmeister, war nach München, Paris und Wien 1861–1868 Hofkapellmeister in Stuttgart.

2 *Friederike Gossmann*, aus einer Schauspielerfamilie. Seit 1861 vermählt mit Graf Anton Prokesch.

3 *Ferdinand Freiherr von Gall*, Hoftheaterintendant in Stuttgart (1809–1872).

4 *von Narischkine* war russischer Kammerherr und Staatsrat.

1862

Winter in Stuttgart – der König wird schwächer – Intimitäten Gagarin – Sturdza – Schewitsch – die Meyendorff, Toll, Wimpffen – Pfingsten auf dem Rotenberg – erste Operation des Prinzen Friedrich – Villa: die Peter Schuwalow – Graf Blondov – Fürstin Luise Galitzin – Friedrichshafen: Marschall Barjatinskij, Prinz A. von Hessen; Ragaz, Luzern – Hotel Byron – Hauteville, Genf, Villa Rothschild – Oktober: Königin Sophie – Abende mit Schreibspielen – Familie Blondow – bei Gustav Werner in Reutlingen – Prinz von Oranien – die Titoff, Lambsdorff – Unterhaltung mit Prinzessin Katharina – Durchreise des Fürsten Gortschakow – man sagt, der König reise nach Nizza, Prinzessin Marie würde ihn dort treffen – Meyendorff wird Gesandter in Rom – Frage von N. Leuchtenberg für den Thron von Griechenland – D. Wimpffen verläßt den Hof.

1. Januar Predigt über das Konkordat — trostlos! Ich wurde zu Herrn von Schulenburg geschickt wegen des Jahrestages des Königs von Preußen; danach aus Varnhagen[1] vorgelesen.

Unser alter Souverän wird schwach, will aber, daß der Karneval stattfindet. Er versetzt sich häufig selbst in Aufregung, indem er an einem Tag krank ist wie ein wirklicher Greis, am anderen Bälle abhalten läßt und hartnäckig darauf besteht, dabei die Honneurs zu machen, obwohl der Arzt vor solcher Unklugheit dringend warnt. Es ist traurig anzusehen, wie sich das Alter selbst der Privilegien entäußert, die ihm zustehen und die so schön sind, wenn sie richtig verstanden werden. Im übrigen ist die Stimmung in der Familie gegenwärtig sehr mild, und nie zuvor wurde Weihnachten mit mehr liebenswürdigen Aufmerksamkeiten gefeiert.

Die Kronprinzessin hat als regelmäßige Stütze die Fürstin Gagarin-Sturdza, die hier für die Erziehung und die Gesundheit ihrer Kinder weilt. Sie ist verwandt mit den Edeling-Hufeland (Weimar) und eine Quelle für Erinnerungen. Ebenso Madame Schewitsch-Blondow, voller Geist und Herz. Letztere hat eine alte Gouvernante bei sich, Fräulein du Tour, die den Reiz der Besuche erhöht, die man ihr macht.

Der Baron Münch, Sekretär bei der österreichischen Gesandtschaft, Herr von Varnbüler, Titoff, die Gräfin Salm sind die Gesprächspartner des Prinzen und

1 *Karl August Varnhagen von Ense* (1785–1858), Diplomat und Schriftsteller: Denkwürdigkeiten, Tagebücher, Erinnerungen.

der Kronprinzessin. Inzwischen kam auch Fürstin Menschikow mit Briefen von Thiers[1] und anderen politischen Freunden an. Die Herzogin von Valmy[2] erschien vor der Abreise der Reculot und es gab noch einen Kampf mit weiblichen Waffen, den ihre Tochter mit Madame de Damrémont[3] ausfocht.

Meine Bekannten, mit denen ich in der ruhigen Zeit verkehre, sind: Frau von Berlichingen mit ihrem reichen Geist und ihrer unerschöpflichen Güte und Anna Maucler, deren ehrliche Natur und gesundes Urteil ihren Materialismus und völligen Mangel an Innenleben vergessen lassen. Neben meinen gewöhnlichen Aufgaben, die hauptsächlich darin bestehen, Nichtigkeiten gewissenhaft auszuführen, lese ich viel. Unser armer Karl Ellrichshausen mußte in ein Privatirrenhaus eingeliefert werden — vielleicht eine Folge seines Tischrückens —, während Joseph[4] die charmante und reiche Helene bekommen hat, Tochter von Herrn von Neurath.

4. März, mein Geburtstag Meine Hoheiten beglückwünschen mich persönlich mit Veilchensträußen. — Ich schreibe an die gute Komtesse Baranow — Gala-Theatervorstellung für den Kronprinzen — Maskenball. Noch nicht erwähnt habe ich die jungen und auffallenden Erscheinungen beim Karneval, wie die Fräulein Hildegard und Sophie Varnbüler im Gefolge ihrer charmanten Schwester Anna, den Grafen Eberhard[5] von Württemberg, Bruder von Wilma, den Grafen Ferdinand Bissingen.

9. März Buß- und Bettag. Langweilige Predigt. Neuer Alarm für den alten König. Der Kronprinz läßt sich etwas zu sehr gehen, darüber zu sprechen, das setzt ihn ins Unrecht.

11. März Prinzessin Katherine wohnt der ersten Operation bei, der sich ihr armer Gemahl, Prinz Friedrich, unterziehen mußte: krebsartiger Abszeß im Gesicht.

17. März Die Kronprinzessin ist beunruhigt über das, was mir Schulenburg in Sachen Politik sagt. — Ich verstehe nichts davon.

Die Hofdiners finden wieder regelmäßig statt. König Wilhelm spricht mit mir über den Brief, den Herr Stolypin mir vom Tod seines Onkels Nesselrode geschrieben hat.

1 *Adolphe Thiers,* französischer Staatsmann und Geschichtsschreiber (1797–1877), Gegner Napoleons III.

2 Zum Herzog zum Valmy wurde der Sieger der dortigen Schlacht, Kellermann (1735–1820), von Napoleon I. ernannt.

3 Witwe des Generals Charles-Marie de Damrémont (1783–1837) Gouverneur von Algerien.

4 Siehe S. 73, Anm. 1.

5 Sohn des Grafen *Alexander von Württemberg* und der Gräfin Helene von Festetics, lebte 1832–1896.

20. März Woche der Andachten. Ich lese aus dem Leben der stigmatisierten Anna Katharina Emmerich[1] vor; die Kronprinzessin ist davon sehr beeindruckt. Tod der Gräfin Degenfeld, der Schwester von Varnbüler, einer guten alten Bekannten des Kronprinzen.

30. März Mein Onkel Spitzemberg ist sehr krank, man läßt Karl rufen.

1. April Kaiserliche Hoheit bestellt Emailwaren bei Petitot in Paris durch Vermittlung des Grafen Peter Schuwalow. Interessanter Brief der Gräfin Antoinette Blondov — Großfürst Konstantin Präsident des Staatsrats.

Karl Spitzemberg hat für den Kronprinzen neue russische Uniformen mitgebracht — Adolf Berlichingen tritt ins Noviziat ein — F. Meyendorff soll den Posten in Rom erhalten — liebe Briefe von seiner Tante Mimi und der Gräfin Baranow.

Professor Fraas[2], Naturforscher und Anatom, interessiert die Kronprinzessin.

14. April Kaiserliche Hoheit läßt mich rufen, um geheime Depeschen über Bismarck und Hohenlohe zu lesen, sowie Papiere des Grafen Nesselrode über die Teilung Polens. Fürst Gortschakow erlaubte, daß ich eingeweiht wurde, weil er wußte, daß ich nichts davon verstünde.

16. April Brief von E. Rahden — das ist jedesmal wie eine gute Unterhaltung. — Osterwoche. Grüneisen predigt über die Nontranssubstantiation, es ist eine Lobrede auf Schleiermacher.

26. April Brief der armen Fürstin Wiasemsky aus Bonn, wo sie ihren alten Gemahl in einer Privatirrenanstalt besuchte.

29. April Messe zum Geburtstag des Kaisers. Am Abend zum Oratorium. Die Hoheiten haben Franz Teck ein Pferd geschenkt.

7. Mai Diner der Standesherren. — Ich lese der Kaiserlichen Hoheit die »Causeries d'un curieux« [Plaudereien eines Neugierigen] von Feuillet de Conches[3] vor. — Diner für die Ritterschaft — abends Patiencen gelegt.

15. Mai Fahrt zur Villa. Königin Pauline wird nach Rippoldsau geschickt. Die Markgräfin von Baden ist ziemlich krank. — Ankunft der Fürsten Schuwalow, ich gehe mit ihnen zu Peters[4] und Wirth[4].

20. Mai Heiteres Diner mit Gesellschaft aus Stuttgart — die Kronprinzessin, die Zahnweh hat, sagt: »ich lächle nur um nicht zu zeigen, daß es mir wehtut, so mache ich es oft im Leben« — es kommt selten vor, daß sie Derartiges sagt.

1 Nonne in dem Kloster Agnetenberg zu Dülmen in Westfalen (1774–1824), die in ihren Ekstasen Kenntnisse über die Leidensgeschichte Jesu offenbarte, die gedruckt erschienen.

2 *Oskar Fraas* (1824–1897), Naturforscher, Vorstand des Naturalienkabinetts in Stuttgart.

3 Französischer Historiker (1798–1887).

4 *Pieter Francis Peters* und *Paul Wirth* waren Maler in Stuttgart.

30. Mai Ankunft der Königin Sophie aus Paris — der Kronprinz ist ihretwegen in mörderischer Laune — Fräulein Elise von Luylen läßt ihre Häßlichkeit durch ihr reizendes musikalisches Talent vergessen — Drouyn de l'Huys[1] ist hier wegen der Königin — Partie zu den Wasserfällen von Kaltental und nach Weil.

1. Juni Herzog Philipp von Württemberg kommt mit Baron Gutenberg.

7. Juni Diner für den Grafen Blondov, seine Tochter Antoinette (Kronprinzessin der Slawen, wie man sie nennt) und ihre Freundin Katharina Ermolov.

16. Juni Ankunft von Luise Galizin-Baranow, Madame Luise Narischkin, Schwester von Helene Toll, ein Fräulein Nelidow mit ihrer Tante, hofiert von R. Schott. Diese russische Gesellschaft versteht sich in ihrer Liebenswürdigkeit sehr gut mit unseren freundlichen Familien. Graf Blondow wird die Gründung von Gustav Werner[2] in Reutlingen besuchen.

3. Juli Großfürst Michael kommt mit Fürst Sergius Gagarin aus Karlsruhe — Nachricht vom Attentat auf Großfürst Konstantin[3] in Warschau.

Reise nach Friedrichshafen.

25. August Brief an meine Mutter: »Ich kann hier ungestört lesen und schreiben, was mir ungemein wohltut, aber auch das Baden im See — am 23. Fest der Kronprinzessin — man speiste in Manzell — Marie Fredericksz war noch dabei — man benannte eine Bank im Riedle »Bank der Mascha« — Prinzessin Katharine ist nach Bregenz zu einer Fahnenweihe gegangen.

Der Pfarrer Wunderlich hält »sehr wunderliche« Predigten. Wenn man Diners mit Beamten besucht, hat es unter ihnen immer sehr kenntnisreiche Leute, aber auch originelle. So zum Beispiel den Antiquar Moll von Tettnang. — Wir machen Ausflüge auf den See. Gestern wurden wir von einem Gewitter überrascht, das die Aussicht und die Kleider verdarb. Und die Spässe des Grafen Leutrum machten einen seekrank. Die prächtige Beleuchtung am Abend in Monplaisir war ein Trost dafür. Monplaisir nannte man eine Landzunge des Gartens schon bevor man den Namen nach dem Beispiel von Peterhof nachahmte.

Was die Besuche anbelangt, so waren es wie üblich die Ufernachbarinnen, dann der Marschall Bariatinsky[4] mit Prinz Alexander[5] von Hessen. Der Kronprinz wurde ungeduldig über »diese alten Kurmacher seiner Frau«. Ich war sehr neugierig, den Marschall wiederzusehen. — Predigt des Prälaten Müller. — Man weihte auch eine Kirche in Ravensburg ein.«

1 Französischer Staatsmann (1805–1881).
2 Theologe, Begründer und Vorstand menschenfreundlicher Anstalten (1809–1887)
3 *Konstantin Nikolajewitsch* (1827–1892) wurde 1862 zum Statthalter in Polen ernannt, um die durch Unruhen stockenden Verwaltungsreformen wieder aufzunehmen. Am 3. Juli wurde ein Mordanschlag auf ihn versucht, der aber scheiterte.
4 *Fürst Alexander Barjatinskij* (1814–1879), Generaladjutant des Kaisers von Rußland.
5 *Prinz Alexander Ludwig von Hessen* (1823–1888) stand 1840–1851 in russischen Diensten und zeichnete sich in den kaukasischen Kämpfen aus.

1. September Fahrt nach Ludwigsburg zu den Neurath. — Der arme Prinz Friedrich hat wegen seines Auges nochmals nach Berlin gehen müssen, es ist sehr beunruhigend. Er kommt jedoch zum 4. September mit dem König und dem Prinzen von Weimar. — Tod des Herzogs Bernhard von Sachsen-Weimar. — Hauptmann Linkh macht seinen Antritt beim jungen Prinzen Wily und zeigt dabei, daß er von innen und außen dieselbe viereckige Persönlichkeit bleiben wird!

Villeneuve [Genfer See] *Hotel Byron* *Brief an meine Mutter:* Am 5. September machten wir uns wie schon projektiert über den See, blieben am selbigen Tag in Ragaz, von Großfürstin Helene erwartet. Baron Rosen[1], E. Rahden und ein Fräulein von Manderstiern waren die Umgebung, immer bemüht, liebenswürdig zu sein. Auch hatte die Großfürstin die Schweizer Gelehrten Tschudi[2] und Osenbrüggen[3] bei sich und machte sich viel mit einem Kapuzinerpater Theodose aus Chur zu schaffen, den E. Rahden kultivieren sollte. — Am 6. kamen wir über den Wallenstädter See bei Luzern, wo wir eine Kirche und ein schönes Campo Santo sahen, am 7. vollends hieher, Neuchâtel berührend. Hotel Byron ist ein schöner Punkt wiewohl nicht der schönste am Genfer See. Während einer ganzen Woche regnete es fast immer. Den einzigen schönen Tag benützten die Hoheiten, um Hauteville und Chillon zu sehen. Ersteres Schloß ist der Sitz einer Schwester des Grafen Zeppelin: Catherine Grand d'Hauteville.

Am 10. und 11. war die Kronprinzessin nicht sehr wohl. Herr von Titoff schrieb einen reizenden Brief für die 40 Jahre der Kronprinzessin. Der Gatte war lieb und pflegte sie mit mir. — Russen findet man in der ganzen Gegend zerstreut. Für den Prinzen war Mr. West gekommen.

19. September Heute ging es über Lausanne nach Genf. Die lieben alten Meyendorffs, Fürstin Biron von Kurland, die alte Fürstin Wiasemsky, Ogerow als Gesandter in Bern zeigten sich hier und dort. In Genf war man natürlich bei Bautte, und für Bücher bei Cherbuliez.

22. September Ich besuchte die schöne Villa Ferdinand Rothschild, hatte Fürstin Luise Galizin zu Tisch. — Auf der Rückreise in Zürich noch einmal Großfürstin Helene getroffen.

Villa Die Kronprinzessin hat Graf Taubenheim ein Terrain am See in Friedrichshafen abgekauft und dem Kronprinzen geschenkt in der Absicht, ein Landhaus darauf zu bauen. — Es ist ein schönes Bild von Knaus[4] ausgestellt. — Man

1 Wohl *Andreas Baron von Rosen,* russischer Schriftsteller, geb. 1800 in Estland, gest. 1884 in St. Petersburg.

2 *Iwan Tschudi* (1816–1887), Alpenforscher.

3 *Eduard Osenbrüggen* (1809–1879), Rechtsgelehrter aus Holstein, der seit 1851 als Professor in Zürich tätig war.

4 *Ludwig Knaus* aus Wiesbaden (1829–1910), in Düsseldorf ausgebildet, machte sich einen Namen als Maler des Volkslebens und von Genrebildern.

spricht hier laut von einer Winterreise des Königs. Davon hängen unsere russischen Pläne ab.

25. September Ernennung der kleinen Rantzau an den Hof von Alexandra Josephowna[1].

27. September Geburtstag des Königs — Galatheatervorstellung — der Prinz von Oranien[2] mit seiner Mutter — Ministerium Drouyn de L'Huys.

11. Oktober Nachricht vom Entweichen der Königin von Neapel! Abschied der Felix Meyendorff, die nach Rom gehen: Große Lücke.

26. Oktober Ich riskiere eine Auseinandersetzung mit Prinzessin Katharina[3] über ihre eigenartigen Manieren und bitte sie, »daß ihr Glück, einen Sohn zu haben und damit den Segen der Zukunft, kein Stachel werde mit meinen Herrschaften« und sie nimmt es sehr gut auf!

2. November Hoftafel. Der König neckt mich über meine Beleibtheit. Ich sage, es sei eine optische Täuschung! Fürst Gortschakow und Fürstin Menschikow sind auf der Anreise.

12. November Abreise des Königs Wilhelm nach Nizza.

16. November Prinz Wily zum Leutnant ernannt.

17. November Ich werde beauftragt, Meyendorff in Rom zu schelten, daß er sich nicht genug um die Kirchenangelegenheiten kümmere.

22. November Schönes Wetter — ich will Mut fassen!

23. November Konzert Sivori[4].

27. November Antrittsrede des Kaplans Günther. Er sagte manches zu deutlich, aber es kam von Herzen. — Soiree bei den Titoff mit der Gossmann[5].

28. November Die Kronprinzessin sagt mir, daß man davon spreche, Nikolaus Leuchtenberg sei für den Thron von Griechenland ausersehen.

1. Dezember Pompöses diplomatisches Diner. Die Kronprinzessin hat eine geschwollene Wange, muß aber erscheinen. Sie leidet, ist entstellt.

3. Dezember Es hat sich zu einer Gesichtsrose entwickelt, ich muß der Kaiserin schreiben. Das Erysipel zieht sich auf die Augen.

9. Dezember Schreckliches Gewitter. Idee von Kronprinzessin Olga, ihre Memoiren zu schreiben. Sie ist so gut — und daher fühle ich mich so glücklich zu leben.

1 Gemahlin des Großfürsten Konstantin.

2 Der niederländische Thronfolger Wilhelm III. mit Königin Sophie.

3 Mutter des späteren Königs Wilhelm II.

4 *Camille Sivori* (1815–1894), hervorragender Violonist aus der Schule Paganinis.

5 *Friederike Gossmann,* berühmte Schauspielerin, 1861 vermählt mit Graf Karl von Prokesch-Osten, siehe S. 159, Anm. 2.

12. Dezember Meine guten Kusinen Seckendorff und mein alter Onkel Spitzemberg besuchen mich. — Lektüre: »Venezianische Diplomatie« von Baschet[1]. — Fritz Berlichingen geht nach Paris, wo seine Tochter Mathilde den Schleier nimmt. Sein Vetter Rudolf ist sehr angenehm.

15. Dezember Nebel wie in London — ein Gemälde von Feuerbach[2]. Man sagt, Königin Sophie werde den König in Nizza besuchen und wolle Gräfin Taubenheim mitnehmen.

22. Dezember Ich vertrete die Großfürstin Katharina bei der Taufe Toll.

24. Dezember Weihnachten bei den Spitzemberg, nett wegen der Kinder.

28. Dezember Armenweihnachten wie gewöhnlich.

28. Dezember Dagobert Wimpffen verläßt den Hof wegen einer törichten Heirat — Pauline Salm ist sehr aufrichtig über Fragen des Hofes.

31. Dezember Soiree zum Jahresende — nichts für das Herz!

1 *Armand Baschet* (1829–1886), franz. Schriftsteller, Herausgeber unedierter Papiere aus den venezianischen Archiven.

2 *Anselm Feuerbach* (1829–1880), Maler, seit 1856 in Rom.

1863

Ruhiger Winter – Briefe von F. Meyendorff aus Rom – das Paar Herman – Langenburg – Schützenball – der Kronprinz 40 Jahre alt – die Großfürstinnen Olga und Katharina an Ostern – Amélie Berstett – im April Idee eines Ministerrats – Rückkehr des Königs – die Markgrafen von Baden – Königin Sophie – man unterhält Prinz Wily bei seinem ersten Auftreten – die Weimar in Monrepos – Königin Elise in Wildbad – die Schulenburg – Genf, die Villa Bocage – Bildhauer Kopf – der Kronprinz zum Frankfurter Fürstenkongreß – E. Naville, Sorel, Mermillod – Großfürstin Marie – Oktober in Stuttgart – Fünfzigjahrfeier der Schlacht bei Leipzig – Julius Mohl – Karl Spitzemberg in Wien – Großfürstin Helene – Madame Viardot – Königin Sophie – 2. Dezember Tod des Grafen Ferdinand Zeppelin – Wera Konstantinowna zu uns genommen – Unterhaltung mit Haurowitz.

7. Januar Ball bei uns. Es erscheinen die Rudolf Zeppelin, das Ehepaar Sverbeyeff, er ist neuer Attaché bei der russischen Gesandtschaft — und die Lambsdorff als Militärattaché. Das Ehepaar E. Wolff, hier wegen der Erziehung seiner Kinder, vermehrt die russische Kolonie. — Herr Kalergis ist wahnsinnig geworden. — Egloffstein bringt mir Briefe von Emil Maucler aus Nizza. Prinzessin Marie hat ihren Vater aufgesucht. — Schokolade bei H. Toll, A. Wimpffen. — Edith Fleischmann. — Die Kronprinzessin sagt, der Kontakt mit der Jugend erfrische sie, sie fühle sich noch jung — und trotzdem von den anderen getrennt[1].

Ball Rechberg sehr langweilig wegen der ewigen Zirkel gewisser Prinzessinnen.

17. Januar Hofball bei Königin Pauline mit Prinz Wily. Angeregte Unterhaltung mit Prinz Friedrich.

Ich habe ein schlechtes Gewissen wegen der Wahrheiten, die ich nicht zu sagen wage.

22. Januar Polytechniker-Ball. — Langer Brief von F. Meyendorff aus Rom.

24. Januar Nochmals Hofball — erste Schritte des Ehepaars Herman — Langenburg — Fredericksz ist angekommen — häufige Soireen bei Gagarin, Trubezkoj[2], Pechtschereff (die Kinder in Cannstatt), Madame Schewitsch!

31. Januar Schützenball. Die Kronprinzessin ist bezaubernd mit ihrem Volk.

1 Wegen ihrer Kinderlosigkeit.
2 *Fürst Sergej Trubeckoj* (1829–1899).

7. Februar Redoute, zu der ich geheimnisvoll mit W. Spitzemberg gehe.

14. Februar Großer Hofball. Nikolaus Hohenlohe und der nette Baron Münch-Bellinghausen von der österreichischen Gesandtschaft machen Madame Sverbeev, einer großen Schönheit, den Hof.

3. März Ein Mitglied der königlichen Familie erzählt, daß sich andere Familienmitglieder über die unseren beim abwesenden König beklagt haben!

6. März Der Kronprinz erhält von allen Seiten Glückwünsche. — Telegramm einer Gesellschaft der Vierzigjährigen, seiner Zeitgenossen. Schöner Brief Kaiser Alexanders II.

23. März Ankunft von Fräulein von Grancy, sie wird herzlich begrüßt.

2. April Karwoche. Die Großfürstinnen Olga, Katharina und Marie Maximilianowna halten ihre Andacht hier. — A. Berstett (später Frau von Holzing) begleitet sie. Sie war allezeit charmant.

14. April Prinzessin Marie ist von Nizza zurück: schlechte Nachrichten.

18. April Während wir noch warten, triumphale Rückkehr des Königs. Die Unseren gehen ihm in Esslingen entgegen.

20. April Frage eines Ministerrats[1].

22. April Der König läßt sich den Vorschlag durch Neurath übergeben, der, wie auch Herr Titoff, den Kronprinzen sehr unterstützt.

1. Mai Der König verweigert den Ministerrat völlig.

3. Mai Hofdiner ohne den König.

10. Mai Auch das Sonntagsdiner ohne König.

12. Mai Übersiedlung in die Villa — W. Spitzemberg ersetzt D. Wimpffen, da der König meinem Onkel grollt.

13. Mai Ankunft der Königin Sophie.

16. Mai Großer Alarm wegen des Königs.

17. Mai Es geht ihm besser, aber meine Herrschaften dürfen nicht zu ihm.

18. Mai Weitere Besserung, der Kronprinz sieht seinen Vater, ist betrübt; die Kronprinzessin ist am Ende ihrer Nerven.

19. Mai Ankunft der Markgrafen von Baden.

27. Mai Soiree bei Königin Sophie.

29. Mai Jugendsoiree für Prinz Wily, der sehr nett ist.

31. Mai Russische Pfingsten, man geht auf den Rotenberg — das ist so poetisch und überall Blüten! Am Nachmittag Fürst Astorg mit Kindern.

1 Für den Fall einer Regierungsunfähigkeit des Königs.

1. Juni Aufeinanderfolgende Besuche der Gräfin Benckendorff, Gräfin Chreptowitsch (so hervorragend, aber nicht ganz grundlos mit dem Spitznamen »Jungfrau von Mortici« bedacht), der Madame Malzeff und der Fürstin Marie Wiasemsky — alle diese Damen kamen aus Baden.

6. Juni 50 Personen in der Villa.

10. Juni Der König besucht die Weimar in Monrepos.

15. Juni Hoftafel — ich finde das Aussehen des Königs erschreckend — die Schulenburg gehen nach Wildbad, die Königin Elise zu besuchen.

19. Juni Silberhochzeit der Emil Maucler[1] — Weckherlin wählt auf der Solitude alle Arten von Gegenständen für Königin Sophie aus (Öfen, Lüster usw.).

21. Juni Heute früh dankbar gestimmt, bin 12 Jahre bei der Kronprinzessin. — Mittlerweile besuchen Ihre Hoheiten die Königin Elise[2] und die Tante von Mecklenburg in Wildbad. — W. Spitzemberg debütiert gut als Reisemarschall — man begegnete Baron James Rothschild[3] und dem Herzog von Sagan[4]. Die Komtesse Caroline Beroldingen versendet ein Rundschreiben an die katholischen Damen, das aus Versehen an die Stubenrauch[5] geht!

14. Juli Dr. Haurowitz von Großfürst Konstantin geschickt. Da die Schwäche des Königs nicht zu verkennen ist, wollten sich die Hoheiten, ohne es zu betonen, nicht zu weit entfernen. Da sie vom Genfer See gute Erinnerungen mitgebracht hatten, mietete man die Villa Bocage, die zuvor schon Großfürstin Marie bewohnt hatte. Sie gehört der Gräfin Hortense de Sellon, einer Kusine der Sarons.

Nach Übernachtungen in Friedrichshafen und Bern kamen wir am 26. dort an. Es ist ein reizendes Anwesen mit großem Park, ziemlich nahe beim See mit einem herrlichen Blick auf den Montblanc. Zeppelin und Spitzemberg, zum Major ernannt, begleiten uns. Letzterer kann seine Erinnerungen aus der Zeit auffrischen, wo er bei Topfer in Pension war. Während dreier Wochen genossen wir eine angenehme Ruhe. Man hatte den Bildhauer Kopf[6] kommen lassen, der Büsten der Hoheiten anfertigen sollte. — Er speiste mit den Kammerfrauen, um

1 *Freiherr Friedrich Paul Emil Maucler* (1809–1870).

2 *Königin Elise von Preußen,* Gemahlin König Friedrich Wilhelms IV. Siehe auch S. 15, Anm. 8.

3 *Jakob Rothschild* (1792–1868), Chef des Hauses Gebrüder Rothschild in Paris.

4 *Ludwig von Talleyrand-Périgord* geb. 1811, wurde nach dem Tod seiner Mutter, der Herzogin von Kurland, 1862 Herzog von Sagan.

5 *Amalie Stubenrauch* (1805–1876), Schauspielerin am Stuttgarter Hoftheater 1828–1846, Maitresse König Wilhelms I.

6 *Joseph Kopf* (1827–1903); fertigte zahlreiche Figuren für den Kronprinzen.

ihn an seinem Arbeitsplatz zu lassen. Aber ein Künstler, der aus Rom kommt, bietet immer interessante Kontakte. Im übrigen glückte seine Arbeit vortrefflich. Wenn es nicht zu heiß war, machte man nachbarliche Besuche bei Familien in Hermance, Tremblay, im Park; man besuchte die Ateliers von Calame[1], Humbert[2], Diday[3], machte die Bekanntschaft von Herrn Dunant[4], dem interessanten Gründer des Roten Kreuzes und von Professor Sorel, dem einstigen Gouverneur [Erzieher] des Großherzogs von Sachsen, plauderte mit dem politischen Schriftsteller Schedo Ferroti[5] (Baron Fircks). Der Prinz Peter Oldenburg auf dem Abstieg vom Montblanc und Prinz Wily, der die Schweiz kennenlernte, kamen zu kurzen Besuchen. Man unternahm reizvolle Ausflüge nach Cologny und zu den Quellen von Evian.

Mitten in diesen friedlichen Ferienaufenthalt platzte plötzlich der Adjutant des Königs, Baron Paul Maucler[6], wie eine Bombe, um den Kronprinzen wegzuholen. Er sollte seinen Vater bei dem bekannten Fürstenkongreß in Frankfurt[7] vertreten. Man gab ihm den Grafen Hügel als Begleiter. Der Prinz konnte sich nicht verweigern und reiste unter der Bedingung, daß auch Neurath mitgehe mit Spitzemberg zu dieser ermüdenden und wenig erfolgreichen Mission. Es war das letzte Mal, daß der alte Deutsche Bund zusammenkam — mit Ausnahme des Königs von Preußen, den Bismarck an der Teilnahme hinderte.

Die Kronprinzessin verbrachte während der Abwesenheit ihres Gemahls die Tage zwischen Furcht und Hoffnung, glücklich, ihn wie die Souveräne und die Staatsmänner in aller Öffentlichkeit beschäftigt zu wissen, mit denen er sich zum ersten Male auf dem Felde der Politik maß, aber auch in der dauernden Befürchtung, es könnten Hintergedanken dabei im Spiel sein, denn zuviele Pfeile hatten sie getroffen und bittere Spuren hinterlassen.

Diesmal war König Wilhelm freundlich und hat alles mögliche aufgeboten, aber die ganz entgegengesetzte Handlungsweise im Frühjahr kann nicht vergessen bleiben. Zuerst wird der Kronprinz allen Geschäften entfremdet, und dann soll er gut genug sein, um so eine Geschichte auszutragen! — Der König soll sehr hinfällig sein, nachts immer Anfälle haben — sowohl das Steinleiden als auch Ansammlung von Schleim auf der Brust bringen die Beängstigungen.

Der Kronprinz kam am 3. September zurück und lobte von Spitzemberg »mit seiner besonnenen Ruhe« sehr. Dieser bemühte sich um seinen Herrn und

1 *Alexander Calame* (1810–1864), schweizer Maler.
2 *Ferdinand Humbert* (1842–1934), französ. Maler.
3 *François Diday* (1802–1877), schweizer Maler in Genf.
4 *Henri Dunant* (1828–1910), Genf.
5 *Theodor von Fircks* (1812–1872), schrieb verschiedene Bücher über Rußland und den dortigen »Nihilismus«.
6 Freiherr *Paul Maucler* (1809–1870).
7 Der Fürstentag in Frankfurt a. M. vom August 1863 unter Vorsitz von Kaiser Franz Joseph zur Beratung einer Reform des Deutschen Bundes. Die Beratungen blieben erfolglos, da Preußen eine Beteiligung ablehnte.

widmete ihm alle seine Fähigkeiten. Der Kronprinz schloß sich ihm an und, wie es immer so ist, ohne Rückhalt, was früher oder später zu Enttäuschungen führt.

Während der Abwesenheit des Kronprinzen hörten wir den Abbé Mermillod[1], dessen bekannte Beredtheit uns 20 Minuten lang ergriff — mit der Uhr in der Hand nach der jesuitischen Weisung, die Zwischenredner nicht ermüden will. — Wir besuchten das Haus Eynard[2] und die Uhrenfabriken Meyllan, Golay, Leréche. Man suchte auch Ernest Naville[3], den christlichen Philosophen, auf in seinem Ruhesitz am Salève, woraus sich eine kontroverse Korrespondenz mit unserem Bischof, Hochwürden Hefele[4], ergab. Mehrmals kam Großfürstin Marie von Lausanne zu Besuch.

14. September Schlechte Telegramme über den Zustand des Königs. Briefe von Hügel, Neurath, Egloffstein[5], daß Seine Majestät einen Ministerrat angeordnet habe. Der Kronprinz ist höchst aufgeregt und läßt es an seiner Frau aus. Sie sagt zu mir: »das kommt in den besten Familien vor!«

24. September Erneute Reise nach Zürich — die Gräfin Taubenheim[6] bringt ihre Nichten nach Montreux — die arme Marie von Württemberg ist schwer schwindsüchtig.

26. September Der Empfang durch den König ist gut.

27. September Geburtstag Seiner Majestät — Volksfest — Pferderennen — Diner und Kunst-Feuerwerk auf dem Rosenstein (das man für 6000 francs hat aus Paris kommen lassen). Dem König geht es wieder ziemlich gut, er empfängt in Uniform.

5. Oktober Große Soiree in der Villa für den Prinzen von Oranien. Winterhalter malt das Porträt von Königin Sophie.

6. Oktober Diner in der Wilhelma für Erzherzog Joseph[7].

13. Oktober Die Kronprinzessin ist unzufrieden mit mir, weil ich ihr so wenig erzähle. Das ist wahr, aber wie soll ich es ihr hinterbringen[8]?

18. Oktober 50-Jahrfeier der Schlacht bei Leipzig. In der Stadt sind überall Fahnen. — Karl Spitzemberg reist nach Wien. Interessante Soiree mit Julius Mohl[9] von Paris, er erzählt von Louis Philippe, Renan, Miss Nightingale.

1 *Kaspar Kardinal Mermillod* (1824–1892).
2 *Jean Gabriel Eynard* (1775–1863), berühmter Philhellene aus Lyon, Abgeordneter der Republik Genf beim Wiener Kongreß.
3 *Jules Ernest Naville* (1816–1890), schweizer Publizist.
4 *Karl Josef Hefele* (1809–1893), Bischof von Rottenburg.
5 *Lothar Ludwig Freiherr von Egloffstein* (1823–1888), Generalmajor.
6 *Marie von Taubenheim* (1815–1866), Gemahlin des Grafen Wilhelm August von Taubenheim, Tochter von Herzog Wilhelm von Württemberg.
7 *Joseph Karl Ludwig*, Erzherzog von Österreich, Sohn des Erzherzog-Palatins Joseph, Feldmarschall-Leutnant.
8 Was sie vom Kronprinzen weiß.
9 *Julius Mohl* (1800–1876), Orientalist, Professor des Persischen am Collège de France.

Man spricht viel von der Beziehung — magnetisch — der Fürstin zu Wied zu Roggenbach[1].

Ich habe die Kronprinzessin dabei überrascht, wie sie beim Anblick von Prinz Wily die Tränen hinunterschluckte.

30. Oktober Durchreise der Großfürstin Helene[2] — Besuch der Gräfin Latiche-Adlerberg — ich muß mit Madame Viardot[3] sprechen, daß sie ein Konzert bei meinen Hoheiten gibt.

12. November Unvermuteter Besuch von Madame Silvia Livingstone, der einstigen Flamme des Kronprinzen (für die er sogar auf den Thron verzichten wollte). Sie interessiert die Kronprinzessin sehr.

Plan eines Kongresses in Paris, an dem die Königin Sophie arbeitet.

14. November Besuch der Schule in Berg, wo die Kinder das kleine Windspiel Dura »Fräulein Hurra« nennen.

15. November Erntedankfest, wobei Prälat Grüneisen[4] von Ceres und Proserpina spricht.

23. November Ministerdiner: Egloffstein sucht mich oft auf, informiert mich, er ist kenntnisreich und gut unterrichtet.

24. November Großes Konzert mit Madame Viardot — Fredericksz nach London versetzt.

30. November Hoftafel: der König ist schwindlig, aber gesprächig. Die neue Gräfin Cäsar Beroldingen-Lodron, ihre einfache, natürliche Art mutet mich an.

2. Dezember Heute Früh 5 Uhr ist Ferdinand Graf Zeppelin am Typhus gestorben. Die kleine Wera Konstantinowna[5] ist am selben Tag unter das Dach ihrer Adoptiveltern gekommen, von Dr. Haurowitz gebracht. Das originelle Kind bemerkte, ob der Graf vor Schrecken über ihre Ankunft starb. Die Kronprinzessin sagt mir nur, daß sie wahrscheinlich bleibt und wünscht, daß ich mich ein wenig mit ihr abgebe, weil sie gebildeten Umgang für ihre Nichte wünscht bis eine Gouvernante gefunden ist. Pontiatins werden ihre Kamerädchen sein. Sie ist voller Herz und Begabung, aber eigensinnig, was beim Spazierengehen sehr hervortritt.

1 *Franz Freiherr von Roggenbach* (1825–1907), badischer Staatsmann.

2 Siehe S. 19, Anm. 2.

3 *Pauline Viardot-Garcia* (1821–1910), gefeierte Sängerin.

4 *Karl Grüneisen* (1807–1878), Oberhofprediger.

5 *Wera Konstantinowna,* Tochter des russ. Großfürsten Konstantin und seiner Gemahlin Alexandra Josephowna von Sachsen-Altenburg, Nichte der Königin Olga. Spätere Gemahlin des Herzogs Eugen von Württemberg, geb. St. Petersburg 1854, gest. Stuttgart 1912.

7. Dezember Großfürst und Großfürstin Konstantin kommen, um die Kleine feierlich zu übergeben — rührender Abschied.

13. Dezember Die Kronprinzessin ist rührend in ihrer neuen Aufgabe als Mutter. — Konfirmation von Prinz Wily.

Mit der Lektüre von »Port Royal« begonnen.

17.–20. Dezember Kurzer Aufenthalt bei meiner Schwester in Wain.

28. Dezember Armenweihnachten für die kleine Wera.

Niemals zeigte der Kronprinz mehr Herz, mehr Zartgefühl und Gemüt als er, zusammen mit seiner Frau, der es dadurch leichter wurde, die Aufgabe annahm, die ihnen Kaiser Alexander II. anbot. Wera Konstantinowna, unter ungünstigen gesundheitlichen Vorzeichen — von beiden Eltern her — geboren, beeindruckt von den Schrecken von Warschau[1], zeigte so seltsame nervliche Stimmungen — neben unbestreitbaren geistigen und Gemütsanlagen —, daß ihre Mutter sie nicht so leicht erziehen konnte, wie ihre Schwester Olga, ein durchsichtiger Charakter. Zuerst versuchte man, sie zur Königin von Hannover zu geben, doch dies führte zu nichts. Es halfen weder strenge Argumente noch schmeichelnde Überredungsversuche. Es war davon die Rede, sie zu einem Arzt zu geben, da hatte der Kaiser, um den Eltern diesen peinlichen Schritt zu ersparen, die Idee, seine Schwester zu bitten, sich des Kindes auf eine begrenzte Zeit anzunehmen. Die Dauer sollte vom Erfolg ihrer Bemühungen abhängen. Die Kronprinzessin setzte ihr ganzes Herz daran, ja auch ihren Patriotismus, gemäß dem Grundsatz ihrer Tante Maria Pawlowna: »man muß immer, selbst von ferne, für Rußland arbeiten«. Sie widmete sich ihrer Aufgabe so sehr, daß sie sich vornahm, der Kleinen die Ursache ihres Exils vergessen zu machen. Es wäre für Wera vielleicht besser gewesen, sie hätte von diesem Motiv gewußt, denn zwischendurch lehnte sie sich oft gegen den Aufenthalt in Stuttgart auf, wo sie ihrer Tante als Kind diene, ja ihr durch schlecht informierte Leute aufgehalst worden sei.

1 Dem Attentat auf ihren Vater, Konstantin Nikolajewitsch, Großfürst von Rußland (1827–1892), kaiserlicher Statthalter in Polen, das polnische Nationalisten am 3. Juli 1862 auf ihn verübt hatten, gefolgt von der im Herbst 1863 ausgebrochenen Revolution gegen die russische Herrschaft.

1864

*Schleswig-Holstein – Herzog Wilhelm von Württemberg –
Erstes Auftreten von Wera Konstantinowna –
Rücktritt meines Onkels Spitzemberg – Tod von René Fleischmann –
Großfürst Konstantin – Hochzeit von Karl Spitzemberg – Herr Titoff –
Fräulein Trupow – Schwäche König Wilhelms –
er überläßt zeitweise die Regierung seinem Sohn – Pläne für den neuen Hof –
Besuch von Prinzessin Marusty – Tod meines Onkels –
Tod von Fräulein von Grancy – Abreise nach Kissingen –
Begegnung der Könige – Rückruf zum Rosenstein – Regierungsantritt –
Manifest – Hübsche Ansprache des jungen Königs an die Höfe –
Schwierigkeiten – Ostende: Leopold I. – Rückreise nach Stuttgart –
Verlassen des Kronprinzenpalais, um der Königinmutter Platz zu machen –
11. September am Bodensee – die russischen Majestäten –
Volksfest in Cannstatt – Großfürst Wladimir auf dem Rosenstein –
kleine Reise nach Heilbronn – Hall – Comburg –
der Erbgroßfürst verlobt – nach 24 Wochen Trauer Karnevalsvorbereitungen
im Hinblick auf den Handel – Winterhalter – Gräfin Benckendorff.*

1. Januar Allgemeine Glückwünsche — Schleswig-Holsteinische Predigt[1] — der Kronprinz ist unpäßlich und verschnupft gegen den König und Hügel[2] — die Kronprinzessin nimmt allein am Hofdiner teil — der König fragt sie, ob man in Petersburg für Augustenburg[3] sei: »Ja, hier hält man sein Wort!« Um 1 Uhr gehe ich mit Wera Konstantinowna spazieren — es ist unmöglich, sie an der katholischen Kirche vorbeizubringen — sie hatte den Schrecken von Warschau noch in Erinnerung — am Abend Kindergesellschaft.

4. Januar Ankunft des Großfürsten Konstantin, der am Abend zum Zirkus (Reitbahn) geht — dann Titoff und Kireeff.

5. Januar Vorabend des russischen Weihnachten – Olga Nikolajewna wird krank und erschreckt uns durch eine Ohnmacht, sie kann an der Feier nicht teilnehmen.

6. Januar Dreikönigsfest — Olga Nikolajewna geht es besser — ich lese ihr vor während man in der Kirche ist — ich gehe mit der Kleinen spazieren; eine große Wickelpuppe, genannt Eugen, Fürst von Montenegro, wird ihr großer Liebling.

Kleines heiteres Souper bei Pauline Salm.

1 Im Januar 1864 brach der deutsch-dänische Krieg wegen der widerrechtlichen Annektion Schleswigs durch Dänemark aus.
2 *Karl Freiherr von Hügel,* siehe S. 28, Anm. 3.
3 In Holstein wurde Friedrich VIII. von Augustenburg als Herzog ausgerufen.

7. Januar Szene mit Wera vor dem Spaziergang — ich schicke den Schlitten zurück — sie gehorcht — ich lese »Port Royal«[1].

9. Januar Migräne infolge eines riesigen Spaziergangs mit der Kleinen, die mich jedoch interessiert — die jungen Kiderlen wollen mit ihr Gymnastik treiben.

10. Januar Sonntag — ich gehe zum Empfang bei den Hügel — der Kronprinz geht mit Wera spazieren — Kinderabend — von 6–8 um das Bett der Königin.

11. Januar Große Aufregung über die Abdankung meines Onkels Spitzemberg[2] — man findet, der König sei hart gewesen — es trifft zu, daß der arme Alte dauernd alles durcheinander brachte — die Gouvernante aus Petersburg, Fräulein Trupow, Freundin des Dr. Karell, ist eingetroffen. — Ihre Kaiserliche Hoheit empfiehlt sie mir.

13. Januar Gräfin M. Taubenheim gratuliert zum russischen Neuen Jahr.

14. Januar Tod von Marie Württemberg[3] — E. Maucler erzählt mir seine Unterredungen mit Herrn Titoff und Prälat Binder über die Umgebung der Hoheiten.

17. Januar Mit Madame Buturlin Paschkow Bekanntschaft gemacht — Besuch bei Prinzessin Katharina, wenig über Onkel Spitzemberg, überhaupt versöhnlich.

24. Januar Kammerfrau Öchsele, die Großfürstin Helene für Wera freigegeben hat.

25. Januar Lektüre der Memoiren Malmesbury[4] — kleiner Ball mit Souper, sehr lustig — Prinz Wily tanzt wie ein kleiner Narr.

26. Januar Frauenverein — dann Soiree mit der guten Madame Titoff.

28. Januar Herr Titoff hat seine erste Jagdpartie — Wera Konstantinowna sprang heute aus dem fahrenden Wagen. Ich sagte zu ihr, ich würde mit ihr nicht mehr spazierengehen: »Sie müssen mit mir spazierengehen, die Tante befiehlt es Ihnen«. — »Gut, aber dann gehen wir an langweilige Orte«: das half!

1 Geschichte des Zisterzienserinnenklosters Port Royal des Champs bei Versailles (1204–1709).

2 *Ludwig Franz Freiherr Hugo von Spitzemberg* (1781–1864), Oberstkammerherr, Generalleutnant und Hofjägermeister, seit 1823 verheiratet mit Elisabeth Juliane Charlotte Freiin von Massenbach (1803–1857), Staatsdame der Königin Pauline.

3 *Marie Josephine,* Gräfin von Württemberg (1844–1864), Tochter des Grafen Wilhelm, Herzogs von Urach.

4 *James Howard Graf von Malmesbury* (1807–1889), britischer Staatsmann, schrieb »Memoirs of an Ex-Minister«.

29. Januar Ihrer Kaiserlichen Hoheit Depeschen von Budberg vorgelesen — hübscher Ball bei uns — Triumph für Spitzemberg.

30. Januar Ihre Kaiserliche Hoheit überfällt in der Nacht ein nervöses Zittern. Dr. Ludwig spricht von Pyrmont und St. Leonards[1] — Wie wäre es mit Kissingen?

1. Februar Ich lese der Kaiserlichen Hoheit die Memoiren Freistedt vor, die der Kaiserin diktiert wurden — Schreiben an Großfürstin Marie und Gräfin Baranow.

2. Februar Ich gehe zum Buben-Ball; währenddessen verbringt die Fürstin Marie Gagarin den Abend am Bett Ihrer Hoheit.

3. Februar Briefe für den Kurier fertiggeschrieben — Olga Nikolajewna ist noch immer schwach, hat keine Lust, das Bett zu verlassen. Ich gehe mit der Kleinen spazieren — sie fällt ins Wasser wie sie an einer verbotenen Stelle schleift. Ich bringe sie zu Fuß ins Haus zurück — dann zum Rosenstein und stecke sie in ihr Bett, und erst wie mich Dr. Kornbeck beruhigt hat, erzähle ich von dem Abenteuer.

4. Februar Tod der Herzogin von Parma und von Dr. Guggert in Baden-Baden. Am Abend Heilige Familie — der Kronprinz nimmt die Lesung vor.

6. Februar Feueralarm, der die Kronprinzessin etwas beunruhigt. — Es war grausig und malerisch zugleich zuzusehen, wie die Masken vom Königsbau in Richtung der Ausgänge davonliefen — Herzog Wilhelm in Schleswig[2] verwundet — Ihrer Kaiserlichen Hoheit das Manuskript von Taganrog (Tod von Kaiser Alexander) vorgelesen. Die Fürstin Gagarin Sturdza sagt: »glücklich sind, die durch liebevolle Leidenschaften sündigen und nicht durch gehässige Leidenschaften.« Ich finde, daß man danach die Menschheit in zwei Hälften aufteilen könnte.

9. Februar Fastnachtsdienstag. — Olga Nikolajewna teilt mir mit, daß ich an der Reise nach Kissingen teilnehmen werde. — Brief von E. Naville, in dem sie ihre Broschüre über Madame Swetschin anbietet – Pauline Görlitz heiratet Hoffmann[3] — Wie wir von Rußland sprechen, erzählt Olga Nikolajewna ihren Hochzeitstag in einer so reinen und rührenden Weise und wie der Kronprinz am Abend sich zum Gebet auf die Knie niederließ, bevor er ins Hochzeitsbett ging.

1 St. Leonhard im Lavanttal in Kärnten mit Schwefelquellen.

2 Im Krieg Österreichs und Preußens gegen Dänemark.

3 *Wilhelm Hoffmann* (1806–1873) aus Leonberg, Dr. theol., später Oberhofprediger und Generalsuperintendent in Berlin, heiratete in vierter Ehe Pauline Gräfin Görlitz, geb. 1829, die Letzte dieses Geschlechts, von dem Hoffmann das Rittergut Korntal zur Ansiedlung seiner pietistischen Gemeinde erwarb. Pauline Görlitz überlebte ihren Mann um 40 Jahre.

Die Wilhelma bei Cannstatt als Hintergrund des im Park schreitenden Königs Wilhelm I. Aquarell von Braun, 1858.

Wilhelma »Vue de la Cour«. Lithographie von Kellerhoven nach Ludwig Zanth, 1855.

Wilhelma »Vue de la Salle de Festin«. Lithographie von Kellerhoven nach Ludwig Zanth, 1855.

Eröffnung des Landtags 1864 durch König Karl. Aquarell von Louis Braun.

10. Februar Anna Maucler kommt, um die Überraschung mit »Gracieuse und Percinet« vorzubereiten, Karl Spitzemberg, um mit mir über seine Absichten auf Hildegard Varnbüler zu sprechen — große Abendgesellschaft bei meiner Mutter.

12. Februar Tod von Fräulein von Grancy — Wenn der gute Kronprinz sagt: der liebe Gott lasse dem König die Zeit, sich zu bessern, so denke ich, daß derselbe liebe Gott ihm die gleiche Zeit lasse, ohne mit leeren Worten sich abzumühen, sich darauf vorzubereiten!

14. Februar Die Kronprinzessin ist ausgefahren, der Kronprinz geht allein zur Sonntagstafel. — Wir essen zu dritt mit der kleinen Wera, die sehr unartig ist, doch lachen wir viel bei Tisch. — Abends E. Fleischmann[1] bei Ihrer Majestät.

15. Februar Sendungen an den Sanitätsverein von Schleswig-Holstein, die Ihre Majestät mir anvertraut — Frau von Luck so vortrefflich, aber so ermüdend — Großfürst Konstantin ist zurückgekehrt — Wiederholung von »Gracieuse (L. Beroldingen) und Percinet« (Alvensleben) — Soiree mit dem Großfürsten und Herrn Titoff — man plaudert zunächst über Holland, die Marine, dann über die Thronbesteigung von Kaiser Nikolaus.

16. Februar Geburtstag der kleinen Wera — jedermann hat Aufmerksamkeiten für sie. — Soiree mit dem Großfürsten — man betrachtet Alben.

18. Februar Besuch der Prinzessin Auguste[2] — und Besuch bei der Fürstin von Langenburg.

19. Februar Prinz Karl von Bayern bietet seine Villa in Kreuth für den Sommer an — Versuchsabend mit der Gräfin Taube.

27. Februar Olga Nikolajewna ist in sehr guter Stimmung — Wera ist brav gewesen; der Kronprinz geht zu einer Komödie bei Prinz Wily — J. Ellrichshausen hat mir sein Herz geöffnet: er ist ehrgeizig.

28. Februar Man sucht die arme Kronprinzessin für Wera, die unartig ist im Augenblick wo diese sich ausruht: wie doch selbst alle ihre Freuden für sie Schwierigkeiten bereiten!

29. Februar Brief des Grafen P. Schuwalow zum St. Leonhardstag — unterdessen ist der König sehr leidend.

1. März Trauergottesdienst für Kaiser Nikolaus.

1 Siehe S. 50, Anm. 5.

2 *Auguste* (1826–1898), Tochter König Wilhelms I., verheiratet seit 1851 mit Hermann Prinz zu Sachsen-Weimar (1825–1901).

4. März Olga Nikolajewna hat Migräne. Der Kronprinz kommt allein mit Wera, mir zu gratulieren — Großes diplomatisches Diner, sehr gelungen — am Abend zu dritt.

6. März Geburtstag des Kronprinzen, feierliche Stimmung — Seine Majestät schickt 2 Rappen, er ist sehr elend — Im Festtheater schöner Empfang — die Kronprinzessin mußte zu Hause bleiben, ich speiste mit ihr — Im Laufe des Tages war Alarm um den König, das Festtheater war in Frage gestellt.

7. März Prinz Fritz von Hessen meldet sich an — Fräulein Trupow war bei Dr. Zeller, Anweisungen bei ihm einzuholen für ihren Zögling. — Der König ist gezwungen, sich auf 8 Tage von den Geschäften zurückzuziehen — Man sagt unsere französische Komödie ab.

8. März Der König ist sehr schwach; auf den Rat von Dr. Ludwig läßt der Kronprinz die Königin Sophie kommen. Die Kronprinzessin sieht sehr schlecht aus: diese Aufregungen nehmen sie ungemein mit!

9. März Fräulein St.[ubenrauch] ist reisefertig, soll aber rührend in der Pflege des Königs sein. — Königin Sophie kommt heute Abend an.

10. März Der König besser. Königin Sophie sagt schon, man habe sie unnütz berufen. Dr. Ludwig gibt aber doch den König auf.

11. März Ich werde Basarow bitten, die Kronprinzessin davon abzuhalten, eine strenge Abmagerungskur zu machen — Nebidoff kommt von München mit Einzelheiten über den sterbenden König von Bayern[1] — unwillkürlicher Vergleich mit dem rührenden Abschied seines Sohnes — Tod des Kindes von Toll — Gräfin Marie Taubenheim — Fragen wegen der Trauer: ebenbürtige Schleier? In den Läden verkauft man schon Schwarzes.

13. März Predigt von Günther — Gebet für den König — Abends Herzog Philipp[2] bei Ihren Hoheiten, nachdem ich lange bei Frau von Berlichingen gewesen. Sie sagte zu mir: »Sie lieben vielleicht die Demut, nicht die Demütigung — man darf von den anderen nicht zuviel verlangen!«

16. März Besuch des Großherzogs von Baden bei seiner Rückkehr von München — Lobrede der Prinzessin Marusty — kleine Fortschritte bei Wera.

17. März Dem König geht es sehr schlecht — die Hofleute bestürmen mich mit Fragen. Olga Nikolajewna geht zur Beichte. Soiree bei den Varnbüler mit den Verlobten.

19. März Olga Nikolajewna spricht mit mir mit großer Erregung über ihre Kommunion mit Wera. — Am Abend Herr Titoff.

1 *König Maximilian II.* (1811–10. März 1864).

2 *Herzog Philipp von Württemberg* (1838–1917), Sohn von Herzog Alexander (1802–1881) und Marie, Tochter des Königs Louis Philippe I. von Frankreich (1813–1839).

20. März Predigt von Grüneisen[1], in der er »für einen leichten Hintritt« des Königs bittet. Dabei war das Bulletin doch etwas besser gewesen.

23. März Olga Nikolajewna empfängt Gustav Werner von Reutlingen[2] — Am Abend beschäftigt sich Königin Sophie so nett mit Wera, was die Kronprinzessin rührt. — Sie hält mich dann noch zurück, um mir gute Worte über unsere Vergangenheit und die Zukunft zu sagen: sie will mich zur Ehrendame ernennen.

25. März Gute Kommunion — ich hatte im Buch der Nonne Emmerich[3] gelesen: »Christus am Ölberg«. — Beim Weggehen aus der Kirche Alarm.

27. März Der König hat für eine Woche die Regierung an den Kronprinzen übergeben. — Meine Mutter ist sehr krank.

29. März Rückfall meiner Mutter — Olga Nikolajewna spricht mit mir davon, die Gräfin Taube und E. Fleischmann[4] zu nehmen. Ich antworte nach meinem Gewissen und spreche für Edith.

1. April Meiner Mutter geht es entschieden besser — Unterhaltung mit Grüneisen über die Reichung des Abendmahls an den König. Die Hofdiners werden wieder aufgenommen. Seine Majestät ist für diesmal gerettet!

11. April Beim Gespräch über Erinnerungen erzählt die Kronprinzessin, ihr Vater wollte, daß man sein Abendgebet außerhalb des Betts, auf den Knien spreche, dann die Augen schließe und an nichts anderes mehr denke. — Abreise von Karl Spitzemberg — ich gehe zu Frau Livingstone.

14. April Wera hat der Kronprinzessin einen Fußtritt gegeben, der Kronprinz mußte sie schlagen. Die Kronprinzessin weint. — Titoff hat mit mir über meine Stellung gegenüber der Gräfin Taube gesprochen! Wenn ich nur darauf bestanden hätte, es abwechselnd zu machen!

17. April Predigt über die Art und Weise, wie die alten Leute sterben müssen — Überschwemmung mit Russen nach der Messe, dann kommen Varnbüler und Luise Beroldingen.

19. April Adelung muß nach Riedenburg gehen, um mit C. Sturmfeder über seinen Rücktritt zu sprechen — Man kauft das Haus Taubenheim in Friedrichshafen um 36000 Gulden.

21. April Langer Besuch des Grafen Uxküll. Er hat wahrlich recht mit dem, was er sagt. — Der König hält Königin Sophie für Fräulein S.[tubenrauch] und gibt ihr deren monatliche Pension! — Der arme Kronprinz muß sein erstes Todesurteil unterschreiben. — Post über die Sommerpläne der Kaiserin.

1 Siehe S. 176, Anm. 4.
2 Siehe S. 16, Anm. 1.
3 *Anna Katharina Emmerich* (1774–1824), siehe S. 146, Anm. 1.
4 Siehe S. 50, Anm. 5.

24. April Abreise der Königin Sophie.

25. April Prinzessin Marusty von Baden ist mit E. Mollenbeck eingetroffen.

26. April Schlechte Nacht des Königs. Die Folge davon: viele Besuche.

27. April Die Kronprinzessin ist so glücklich, daß der König ein aus dem Herzen kommendes Wort zu seinem Sohn gesagt hat.

28. April Schlechte Nachrichten vom König, aber er hat sich dazu bekehrt, gut zu den Hoheiten zu sein, die rührend sind. Olga Nikolajewna hat ihm die Hand geküßt, worauf er zu ihr sagte: Sie sind immer eine gute Tochter gewesen. Sie hat ihm alles vergeben.

29. April Marie Stolypin kommt auf Ostern — Beeindruckt von Marie Maximilianowna bei ihrer Rückkehr von der Beichte. Welch köstliches Geschöpf! Die Kronprinzessin ist so herzlich nach der Osternacht.

1. Mai Besuche bei den Russen — die Episode mit E. Fleischmann, die man mit unmöglichen Hoffnungen hingehalten hat, führte zu Peinlichkeiten zwischen den Hoheiten. Sie stellt ein Element dar, das eine nützliche Hilfe hätte bleiben können. — Wozu das alles?

2. Mai Langer Besuch bei Prinzessin Marusty vor ihrer Abreise. Sie ist so überlegt geworden und hat ein so gutes Urteil. Wir sprechen traurig von hier, auch die Königin Pauline ist erschöpft.

5. Mai Onkel Spitzemberg ist wieder so krank — ich gehe mit der Kaiserlichen Hoheit zur Investitur der Diakonissen in der Stiftskirche. — Ich bin beauftragt, an die Großfürstin Marie in Florenz zu schreiben. Dies sind ungefähr meine Worte: »es sieht ganz so aus, als sei es der Anfang vom Ende — es kann sich noch hinziehen, aber das Ende ist sicher. Medizinisch geurteilt müßte der König gestorben sein nach dem, was Dr. Ludwig sagt. Aber die Kraft seiner Natur und seines Willens läßt ihn das Leben nur Fiber um Fiber verlassen. Es handelt sich um ausgesprochene Wassersucht und eine lange Agonie, die durch ihre stündlichen Veränderungen besonders qualvoll ist. Die Nächte sind oft so schlimm, daß seine Majestät den Druck des Bettes nicht aushalten kann und er sie in seinem Stuhl verbringt. Er kann keine fünf Minuten in der gleichen Stellung bleiben, der Schlaf fehlt ihm gänzlich und gegen Morgen wird er so schwach, daß man Alarm gibt, weil man denkt, es gehe zu Ende. Manchmal wirken die Pulver, dann schläft er 2 bis 3 Stunden und wenn das Wasser etwas zurückgegangen ist, nimmt er eine Bouillon zu sich und wird wieder teilnehmend, versucht im Wagen auszufahren, trotz seiner offenen Beine!«

Dies das körperliche Bulletin. Die Verlautbarungen, die am besten klingen, waren an Königin Sophie gerichtet, als sie vom Kronprinzen gerufen wurde. Diese Lieblingstochter erfaßte, wie sie sagt, einige geheime Gedanken ihres Vaters: »Er glaubt auf den Tod vorbereitet zu sein, möchte aber keinen Geistlichen, er glaubt an einen Heiland, er hat gesündigt wie so viele andere, aber er hat das Gute gewollt.« Er empfahl der Königin, oft nach Stuttgart zu kommen. Was die Staatsgeschäfte betrifft, so gab er, als die Ärzte ihm erklärten, er könne sich nicht mehr damit befassen, den Befehl, den Ministerrat einzuberufen, daß dieser in seinem Namen regiere! Doch diese Maßnahme ist gegen die Verfassung, deren Artikel II besagt, daß im Fall der Minderjährigkeit oder — selbst einstweiligen — Unfähigkeit des Königs der am nächsten stehende männliche Verwandte die Zügel der Regierung in die Hand nehmen muß. — Im Land ist man außer sich, überall hört man sagen: »nun sieht man klar, es ist wirklich der König, der seinen Sohn immer von den Staatsgeschäften ferngehalten hat und ihn als Nichtstuer hinstellen wollte«. Alle Sympathien werden für den unterdrückten Nachfolger wach.

Königin Sophie und einige Hofleute stellten, entrüstet über das Unrecht, das der König auf diese Weise gegen Ende seiner Laufbahn begeht, einen Antrag, um den Kronprinzen zu veranlassen, seine Autorität zu wahren. Sie glaubten dadurch auch für viele andere Dinge Verzeihung zu erlangen und sich eine Brücke zur neuen Regierung zu bauen. Der Kronprinz hat würdig erklärt, daß er, da es keine eiligen Angelegenheiten gebe, es nicht als seine Pflicht gegenüber dem Land betrachte, seinem Vater eine letzte schmerzliche Aufregung zu bereiten!

Trotz dieses Antrags für den aufgehenden Stern legen dieselben Hofleute dem König, wenn er bei Bewußtsein ist, Pläne für neue Unternehmen vor, nötigen ihm Konzessionen zu ihrem Vorteil ab und machen ihn glauben, er werde solange leben, daß er sie verwirklichen könne. Sie haben ihn für mehr als eine Million kompromittiert, während sich die Zivilliste[1] nur auf 700 000 Gulden beläuft. Unter diesen Plänen ist ein Palais für Prinz Wily auf dem Schloßplatz in maurischem Stil, ein zoologischer Garten am Fuß der Villa Berg voll wilder Tiere, und an der Spitze von allem die Villa Argena bei Friedrichshafen.

Die Kronprinzessin hatte keinen Bedarf an dergleichen Aufregungen nach all den harten Schlägen, die der Winter ihrer Gesundheit versetzte. Vergangene Woche machte sie ihre Andachtsübungen, diesmal mit neuer Freude, Freundin eines Kindes zu sein: Wera Konstantinowna war so nett, rührend erfüllte sie die religiösen Handlungen und ihre guten Vorsätze haben bis jetzt gehalten.

10. Mai *Umzug in die Villa.* Das Kind und seine Einrichtung bringen die Hoheiten in viele Nöte, sie fürchten auch, die Zuneigung der Kleinen aufs Spiel zu setzen. — Der Kronprinz ist unzufrieden und ärgerlich. An den Abenden kommen Olga Meyendorff mit Eindrücken aus Italien und die Fürstin Gagarin zu Gast. Sie sind sehr interessant.

13. Mai Audienz der Gräfin Damrémont und der neuen Engländer[2] Baillie — Gewittriges Diner mit Wera; der Kronprinz kann diese Szenen auf die Dauer nicht ertragen.

1 Die dem König verfassungsmäßig zukommende jährliche Geldrente.
2 Bei der englischen Gesandtschaft in Stuttgart.

16. Mai Ich lasse mich impfen, um den Hoheiten nicht eine zweite Überraschung wie 1858 zu bereiten.

18. Mai Man spricht davon, den König auf die Solitude zu verbringen. Das politische Testament des Königs über die 5 Königreiche an Olga Nikolajewna mitgeteilt (für Rußland). Die Hoheiten dinieren bei Königin Pauline.

19. Mai Änderung der Pläne: Ostende. Am Abend Lektüre: Moritz von Sachsen[1].

21. Mai Johanniterfest in Plochingen — Tee in der Villa mit Pauline Salm, Uxküll, Toll. P. Salm versteht es, mit Wera zu spielen und sie zu interessieren.

23. Mai Fahrt zum Rotenberg mit Olga Nikolajewna, Wera und der Trupow. Die Kronprinzessin stieg in die Gruft hinab und betete am Grab der Königin Katharina. Sie weinte sehr. Wie sie sich wieder aufrichtete, fragte die Kleine sie, warum sie traurig sei. Zu mir gewandt sagte sie, sie habe gebetet, Königin Katharina möge den König und seine Kinder segnen und für sie andere Gefühle erwecken.

Dr. Kornbeck[2] will verhindern, daß Wera auf die Reise nach Kreuth[3] mitgeht, um der Kronprinzessin Ruhe zu verschaffen. — Diner mit Kanzler Wächter[4].

24. Mai Examen in der Berger Schule. — Onkel Spitzemberg[5] sehr schlimm daran.

31. Mai Der gute Onkel nachts ½12 Uhr entschlafen. — Abends L. Benkkendorff[6] empfangen — es ist nichts mit der Heirat R.

2. Juni Kindergesellschaft.

3. Juni Der Onkel heute 3 Uhr beerdigt.

4. Juni Trauergottesdienst — Olga Nikolajewna schwach.

5. Juni Sie bleibt zu Bett, es regnet. Das Kind ist schrecklich — L. Beroldingen hat einen Sohn bekommen. Sie gefällt mir immer besser.

8. Juni Brief an die Kaiserin, wobei ich mir ein Herz fasse, die Meinung der Ärzte über die Gesundheit meiner Herrin zu sagen: »Während einer schweren

1 Herzog, dann Kurfürst von Sachsen (1521–1553). Erst Verbündeter, dann Gegner Kaiser Karl V., Führer der Protestanten.

2 *Friedrich Kornbeck* (1816–1884), Obermedizinalrat in Stuttgart, königl. Leibarzt.

3 *Wildbad Kreuth* mit Schwefelquellen in der Nähe des Tegernsees.

4 *Karl Georg von Wächter* (1797–1880), Professor der Rechte in Tübingen, Kanzler und Kammerpräsident, seit 1852 Professor in Leipzig.

5 *Ludwig Franz Freiherr Hugo von Spitzemberg* (1781–1864), württ. Oberstkammerherr, Generalleutnant und Hofjägermeister.

6 Gemahlin des russischen Gesandten Graf Konstantin von Benckendorff. Beide sind auf dem Heslacher Friedhof in einem von Salucci 1823 gestalteten Mausoleum beigesetzt.

Erkältung, die von keinem Fieber oder anderen Krankheitssymptomen begleitet ist, die sie aber sehr angegriffen und ihre Kräfte äußerst geschwächt hat, bedient sich die Kronprinzessin meiner, um Eurer Majestät Nachricht von ihr zu geben. Dr. Kornbeck sagt, ›es ist allgemeine Nervenverstimmung‹ — keine Widerstandskraft. Eure Majestät weiß am besten, was alles die armen Nerven belastet, was seit Jahren und besonders im vergangenen Winter die so zarte Gesundheit mitgenommen hat. So wird das Wiedersehen in Kissingen ein wahrer Segen sein! Die kleine Wera wird mit der Zeit sicher Freude bereiten, eine Entspannung im Inneren Ihrer Hoheit bewirken, aber gegenwärtig ist sie noch so ermüdend, geht sie noch so auf die Nerven, daß sie ein Hindernis bei der Gesundung ihrer Tante ist und die Ärzte bestehen darauf, daß man sie während einer Kur voneinander trennt. Hinsichtlich Weras beauftragt mich die Kronprinzessin mitzuteilen, daß Großfürst und Großfürstin Konstantin unbedingt gefordert haben, daß sie nicht nach Kissingen gehe. Es sei ein Aufenthalt sagen sie, der zu sehr die Vorstellungen von Größe wecken würde. Meine Hoheiten haben mit Bedauern nachgeben müssen, denn sie wären glücklich gewesen, wenn sie wenigstens die *kleinen* Fortschritte in der Entwicklung des Kindes hätten zeigen können.

12. Juni Man stellt einen Unteroffizier für Wera an. Sie ist eingesperrt, aber diese Maßnahme schmeichelt ihr eher.

15. Juni Verabschiedung. Meine Mutter ist sehr beunruhigt über ihren Zustand, ich verlasse sie mit schwerem Herzen.

17. Juni Abreise nach Kissingen. Der König ist noch schwächer geworden, aber man konnte diese Entwicklung nicht aufhalten, ohne daß dies schwere Folgen gehabt hätte.

In Aschaffenburg übernachtet.

18. Juni Der alte König Ludwig[1] bringt uns zum Bahnhof zurück — Der Kaiser kommt zum Treffen vor Kissingen — rührendes Wiedersehen — Wir geraten in ein großes Diner Oldenburg[2] — Abends bei der Promenade sieht man die österreichischen Majestäten — ich treffe Paula Königsegg wieder — Gräfin Hunyady — Kaiserin Elisabeth[3] in ihrer ganzen Schönheit! Sie trägt lange weiße schleppende Kleider mit Wachsleinwand gefüttert — sie fährt mit ihrer Bedienung vierspännig aus — Mascha Fredericksz und Anna Tutscheff sind die einzigen Damen der russischen Suite.

1 *König Ludwig I. von Bayern* (1786–1868).

2 *Prinz Peter von Oldenburg* (1812–1881), Vorsitzender des Departements für geistliche und zivile Angelegenheiten Rußlands 1842–1881.

3 Gemahlin Kaiser Franz Josephs I. von Österreich-Ungarn (1837–1898), vermählt 1854, bekannt für ihre Schönheit, von einem Anarchisten ermordet.

19. Juni Langer Pfingstgottesdienst — Besuch des jungen Königs Ludwig von Bayern[1], schön wie der junge Tag, mit seinem Adjutanten, der gleichfalls schön ist — Fürst Paul Taxis — Beim Diner und auf der Promenade sehr viele Diplomaten — Unterhaltung mit Fürst Gortschakow, der über die »Zustände von Stuttgart« spricht, und mit Doktor Karell über die Gesundheit Ihrer kaiserlichen Hoheit — Wiedersehen mit Graf A. Adlerberg[2], Fürst Basil Dolgorukij[3], Baron Mohrenheim[4], Graf Stackelberg[5], Graf Bloome, Herrn Okuneff[6]. — Ich begleite Ihre Kaiserliche Hoheit zur Kaiserin von Österreich und finde mich wieder in ihrer lieben Umgebung. — Besuch bei den Budberg, Dankbarkeit für Italien ausgesprochen.

21. Juni Die Majestäten von Österreich bei der Kronprinzessin, angekündigt durch Fürst Konstantin Hohenlohe, damals Adjutant — L. Benckendorff ist angekommen. Jeden Abend trifft man sich bei der Kaiserin[7] in kleinem, vertrauten Zirkel — Olga Nikolajewna sieht besser aus. Ich folge ihr mit den Augen, wenn sie diese kleinen Stückchen Glück und Familienleben genießt. — Eine Besuchsfrage taucht zwischen den österreichischen und russischen Damen auf: letztere wollten (weil zu wenig erfahren) der Gräfin Königsegg den Vorrang nicht überlassen. Diese, ganz große Herrin, vergiftete fast die herrschaftlichen Beziehungen. Ich hatte viel Mühe, die Großfürstin Helene davon zu überzeugen, die mich noch im gleichen Herbst in Friedrichshafen daraufhin ansprach, nachdem dieser Vorfall durch das Hofgeschwätz zu einem Schneeball geworden war, daß das Ganze auf einem kleinen Mangel an Vertrautheit der Hoffräulein mit diesen Dingen beruhe.

24. Juni Zur Kaiserin befohlen, die mich eine ¾ Stunde lang wundervoll anhört. Ich setze ihr alles auseinander: den Zustand der Kronprinzessin, die Stimmung der Gatten, das Wesen des Kindes.

Abends heiter bei den Majestäten. Da kommt ein Telegramm vom Rosenstein: »auffallende Schwäche des Königs«. Man packt in der Nacht!

25. Juni König Wilhelm um ½5 Uhr gestorben! Die kronprinzlichen Herrschaften sind sehr bewegt, telegraphieren an Königin Pauline: »teure Mutter, segne Deine Kinder in dieser schweren Stunde!« Die Kaiserin von Österreich und der König von Bayern, die natürlichen Alliierten Süddeutschlands, fanden sich sogleich ein, zu gratulieren[8].

1 *König Ludwig II.* (1845–1886), Enkel von König Ludwig I. Verehrer Richard Wagners.
2 *Alexander von Adlerberg* (1818–1888), Minister des kaiserlichen Hofes.
3 *Fürst Basil Andreas Dolgoruky* (1804–1868), Kriegsminister 1853–1856.
4 *Arthur Freiherr von Mohrenheim* (1824–1906), Diplomat.
5 *Ernst Johann Graf von Stackelberg* (1813–1870), General und Diplomat.
6 *Grigorij Nikolaus Okunev* (1823–1883), Diplomat.
7 *Maria Alexandrowna,* Prinzessin von Hessen (1824–1880), vermählt 1841.
8 Dem Kronprinzen zur Thronfolge.

Paula Königsegg ist schon um ½7 Uhr bei mir, ich glaubte zu träumen. Abfahrt im Wagen um ½9 Uhr — zum letzten Mal mit unserem kronprinzlichen Paar. In Crailsheim waren Neurath[1] und Egloffstein[2]. Um 5 Uhr kam man auf den Rosenstein, wo Familie, Minister und Grüneisen versammelt waren. Die jungen Majestäten knieten vor der Leiche nieder. Prinzessin Marie saß neben dem Verewigten, Grüneisen hielt eine Ansprache ...

Der König war in der Nacht sanft entschlafen. Gronsfeld als Adjutant war allein im Schloß. Eine Prophezeiung der Lenormand[3] ging dadurch in Erfüllung, die vorhergesagt, daß wenn der König eine Nacht auf dem Rosenstein zubrächte, der Liebste ihm sterben würde — er hatte die Prophezeiung vergessen! Ich durfte die Leiche auch noch sehen — ruhiger Ausdruck, doch ziemlich entstellt. — Um 9 Uhr still auf die Villa.

26. Juni Morgens 9 Uhr zur Stadt — Reformationsfest. — Um 2 Uhr Diner auf der Villa wie immer. Um 4 Uhr Königin Sophie mit dem Prinzen von Oranien eintreffend. Abends zu dritt über alles gesprochen. Die Ruhe und Würde meiner Herrschaften ist so wohltuend. Alles treibt und jagt um sie, sie allein sind würdig, ernst, erzählen noch, daß in der Nacht ehe der König starb, Dr. Elsässer[4] Prinzessin Marie, Prinz Friedrich und die Weimars berief, die aber zu spät kamen. Der König starb im Beisein Elsässers und seines Kammerdieners Dannecker.

Jetzt ist die Leiche so schnell in Verwesung übergegangen, daß man sie nicht gleich nach Stuttgart transportieren konnte, sondern erst heute Nacht nach der Einbalsamierung. Da Seine Majestät verfügt hat, ganz still begraben werden zu wollen, so wird nur Mittwoch Abend eine Zeremonie im Marmorsaal stattfinden und Donnerstag bei Sonnenaufgang das Begräbnis auf dem Rotenberg.

Die Königinmutter ist ruhig und gefaßt. Viele Herrschaften kommen zu der Beisetzung: alle württembergischen Prinzen und Herzöge, Prinz Peter von Oldenburg, vielleicht Plonplon, Großfürst Konstantin, der Großherzog von Baden, der Herzog von Nassau, der Erbgroßherzog von Sachsen, Prinz Adalbert von Bayern, Fürst Schwarzenberg, von Österreich geschickt, General Alvensleben von Preußen.

27. Juni König Karl ist so bewegt von seinem Schwur[5]! Er hat selbst — nicht Neurath — sein schönes Manifest erdacht. Neurath blieb aber unentwegt der treue, mutige Ratgeber, die Stütze des jungen Monarchen.

1 *Konstantin Freiherr von Neurath* (1807–1876), Staatsminister der Justiz und Präsident des Geheimen Rats.

2 *Lothar Ludwig von Egloffstein* (1823–1888), Generalmajor.

3 Bekannte Wahrsagerin (1772–1843).

4 *Karl Elsässer* (1808–1874), Obermedizinalrat und königlicher Leibarzt.

5 Seiner Vereidigung beim Regierungsantritt.

Vereidigung der Hofchargen. Der junge König sagt zu ihnen, es gebe keine zwei Stufen mehr und daß sie Königin Olga als ihren Schutzengel betrachten sollten — es war seine eigene Eingebung.

28. Juni Dauernd kommen Abordnungen, ich schreibe und telegraphiere wie eine Unglückselige. Eine halbe Stunde im Garten tut mir sehr gut. Die Königin Olga ist bleich, Gott sei Dank werden diese Anstrengungen weniger werden. Die Herzogin Florestine[1] ist liebevoll und beruhigend.

29. Juni Prinz A. von Hessen zu Tisch — Königin Olga spricht so schön über den Namen »Landesmutter«. — Um 6 Uhr große Totenfeier im Marmorsaal. Die Rede hält — taktlos — Dekan Grüneisen. Er sprach fast nur von der Königin Katharina, dann aber ein schönes Gebet. — Der Katafalk war wundervoll arrangiert, überhaupt die ganze Zeremonie für das Auge schön. Die schwarzen Schleier standen den Damen gut, bei den fürstlichen erhöhte der Katharinenorden den Putz. Die notwendige Ohnmacht kam vor, bei einer Hofdame der Herzogin Eugen.

30. Juni Ich beobachtete in der Nacht von meinem Villaturm den schönen Effekt des Leichenzuges bei Fackelschein, außerdem läuteten die Glocken so feierlich, jeden Tag dreimal. König Karl kam gehoben zurück, beruhigt. Mit ihm waren nach Vorschrift des Verstorbenen nur die Prinzen Friedrich, Wily, H. Weimar[2], Oranien dem Zuge gefolgt, Graf Taubenheim wurde besonders zugelassen.

Königin Olga ging währenddem zum russischen Trauer-Gottesdienst mit Großfürst Konstantin und den Frauen der Familie. Königin Pauline wollte auch dabeisein! Ihrer harrte durch die Testamentseröffnung eine empfindliche Kränkung, da ihr nichts vermacht wurde. Sie wird zwar durch das Wittum des Landes nicht schlecht stehen, aber der moralisch kränkende Eindruck ist derselbe. König Karl bekommt nur die Domänen, die Prinzessinnen mit am Kapital. Prinzessin Marie[3] muß aber Geld und russische Diamanten dem Prinzen Wily vermachen. Die Königin-Mutter ist sehr gebeugt, verläßt gerne das Schloß, wie sie mir selbst sagt. Wir machen Ihrer Majestät im Kronprinzenpalais schon jetzt Platz, damit die Königin vor dem 11. September einziehen kann. Bis dahin wird sie auf Kosten ihres Sohnes nochmals in Friedrichshafen weilen. Die jungen Majestäten werden bis zur Instandsetzung des Theaterflügels im Neuen Schloß ihre alten Räume der kronprinzlichen Zeit gegen die Academie[4] innehaben. Als Sommerresidenz bekommt Königin Pauline Ludwigsburg und der König läßt ihr die Villa Argena

1 *Florestine,* geb. Prinzessin von Monaco (1833–1897), zweite Gemahlin des Herzogs Wilhelm von Urach.

2 *Hermann Prinz zu Sachsen-Weimar* (1825–1901), Gemahl der Tochter Auguste (1826–1898) von König Wilhelm I.

3 Gemahlin des Grafen Alfred von Neipperg. Siehe S. 24, Anm. 6.

4 Die ehemalige Hohe Carlsschule an der Neckarstraße.

am Bodensee für 60000 Gulden aus seiner Schatulle vollständig ausstatten. — Schade um die schöne Ruine, deren tausendjährige Bastionen nur durch Sprengung entfernt werden konnten.

Fräulein Stubenrauch hat sich nach Bayern zurückgezogen, sie ist über ihre Zukunft beruhigt. Sie erhielt noch zwei ihr versprochene Rappen. Der König[1] kaufte ihr Haus[2] und bestimmte es zur Adjutantur; er wollte es W. Spitzemberg vermachen.

1. Juli Königin Olga ist doch übermüdet, und es muß noch viel geleistet werden. Am 12. treten die Kammern[3] zusammen: vor Ende des Monats kann nicht an Ostende gedacht werden.

Taubenheim war heute lang bei mir, erzählte, wie König Wilhelm noch in den letzten Tagen wehmütig betonte, daß er sein schönes Land verlassen müsse, aber ohne weiteren Zusammenhang.

Auf dem Weg nach dem Rotenberg, wohin Prinz Peter von Oldenburg König Karl begleitete, benützte er diesen Moment, um seinen Stiefbruder zu bitten, »doch seine Oper[4] geben zu lassen«. — Mit Königin Sophie, die sehr natürlich in ihrem Schmerz ist, gab es ein kleines Mißverständnis: der Schlüssel der königlichen Gruft war von nun an beim Hofrichter zu erfragen. Sie wußte es nicht und war empört, aber beruhigte sich bald und nahm gerne die Einladung der Majestäten an, recht oft wiederzukommen. Die Beziehungen wurden natürlich und voller Charme bei ihrer brillanten Intelligenz.

König Karl verfügte, daß man jetzt in der Schloßkirche bei Lesung des Evangeliums aufstehen mußte wie in anderen Kirchen und daß nach den Majestäten für die Königin-Mutter, Prinz und Prinzessin Friedrich sowie für Prinz Wilhelm als Thronerben gebetet werde.

Hackländer wurde am 25. Juni, vielleicht etwas rasch, entlassen.

5. Juli *An meine Mutter:* Es hat sich in den letzten Tagen manches zugetragen, was Dich interessieren kann. Ihre Majestät hat Abschied von ihren alten Damen genommen und Gräfin Taube und mich zu Staatsdamen ernannt. Gräfin Benckendorff steht vielleicht als Obersthofmeisterin in Aussicht, die Traditionen der Familie bei uns lassen es möglich erscheinen. In Gräfin Taube glaubt man eine ruhige, bescheidene Frau gefunden zu haben. Ihr Gatte[5] wird erster Kammerherr Ihrer Majestät. Graf Cäsar Beroldingen[6], Stallmeister equerry (Oberstallmeister) der Königin, Baron E. Maucler[7] Oberstkammerherr. Herr von

1 König Karl.
2 Es lag in der Neckarstraße 3.
3 D.h. der Landtag.
4 Von Prinz Peter komponierte Oper.
5 *Adolf Graf von Taube* (1805–1894) wurde Obersthofmeister der Königin Olga.
6 *Graf Paul Eugen Cäsar von Beroldingen* (1824–1878), seit 1857 vermählt mit Luise Gräfin zu Lodron-Laterano.
7 *Emil von Maucler* (1809–1870) wurde Kabinettschef des Königs.

Gros[1] kommt an die Spitze des Kabinetts, das durch Neuraths Ministerpräsidentschaft an Wichtigkeit verloren hat. Egloffstein[2] wird zweiter Sekretär mit Anwartschaft auf die Hofkammerpräsidentenstelle.

Heute gehen die Abgesandten an die respektiven Höfe ab. Graf Taubenheim mit J. Ellrichshausen nach Kissingen für den Kaiser von Rußland und den König von Bayern, Prinz Weimar nach Den Haag — Hannover — Weimar mit Graf Dillen. General von Widerhold[3] nach Wien, General von Baur[4] nach Berlin, Baron J. von Hügel nach Dresden, E. Maucler nach Paris.

Eigentümlich ist, daß Gräfin M. Taubenheim auf dem Rigi blieb und auch Frau von Hügel, Gemahlin des Familienministers, sich nicht zu den Leichenfeierlichkeiten von Hochberg hereinbemühte. — Es wird eine Erhöhung der Zivilliste beantragt, ein Telegraph von der Villa ins Schloß eingerichtet, Ordonnanzoffiziere werden aus allen Regimentern zum täglichen Dienst kommandiert. Wilhelm Spitzemberg[5] erhält die Wohnung seines Vaters in der Academie nebst dem Rang eines Oberstleutnants.

7. Juli Prinz Weimar hat als ältester General die Huldigung der Truppen übernommen.

10. Juli Heute ließ mich die Königin-Mutter kommen, was mich sehr rührte, denn sie sah noch niemand. Ich fand Ihre Majestät sehr angegriffen, sie weinte viel, freut sich, bald nach Friedrichshafen abzureisen. Frau von Sturmfeder erhält 2000 Gulden Pension, E. Kahlden 800 Gulden, eine Wohnung im Schloß Ludwigsburg und Holzzulage. Immer noch Audienzen — der Geheime Rat — der Bischof von Rottenburg.

13. Juli Ich erhielt ein sehr hübsches Handschreiben des Königs, mir für 13 Jahre treuer Dienste dankend. Heute, an ihrem Hochzeitstag, gaben mir Ihre Majestäten ein hübsches Bracelet[6] mit ihren Bildern.

Gestern war in feierlicher Weise die Eröffnung der Kammern. Der König soll sehr schön deutlich und mit Rührung gesprochen haben, die unsichersten Sympathien wenden sich ihm zu.

16. Juli Großes Diner im Weißen Saal für beide Kammern, wo die Majestäten so liebenswürdig Cercle machten, daß die Roten sogar rosenfarbiger Laune wurden und die Zivilliste einstimmig bewilligten.

1 *Von Gros* war vom Geh. Kabinetts-Sekretär zum Geheimen Rat, dann Staatsrat aufgestiegen und genoß das Vertrauen des Königs.
2 *August von Egloffstein* war württ. Kammerherr und Geheimer Rat.
3 *Freiherr Kuno von Widerhold* (1809–1885), Generalleutnant und Kriegsminister.
4 *Fidel Karl von Baur-Breitenfeld* (1805–1882), Generalleutnant.
5 *Wilhelm Freiherr Hugo von Spitzemberg,* Obristkammerherr, Generaladjutant des Königs, geb. 1825.
6 Armband.

17. Juli Kleine Fahrt nach Weil mit den Stallmeistern, weil der König zugleich die Gestüte übernehmen wollte. Wir tranken dort Tee. — Gräfin Taube gefällt mir in ihren Gesinnungen. — E. Maucler fand Kaiser Napoleon unwohl, kehrt noch nicht zurück. — Schulenburgs[1] sind nach Dresden versetzt. — Paraden in Cannstatt, Ludwigsburg; nach letzterer Diner in Monrepos. Graf Leutrum wurde nach Friedrichshafen gesandt, die Königin-Mutter zu beruhigen, die sich plötzlich von all ihren Dienern trennen will: Einfluß von Fräulein Stahl.

24. Juli Diner mit Fürst Hugo Windisch-Graetz[2]. — Auguste Seckendorff[3] durch den König pensioniert mit dem Titel Staatsdame, ihrem Gehalt und einer möblierten Wohnung in der Academie. Die Königin-Mutter behält nur B. Palm.

26. Juli Abreise nach Ostende, nachdem die dringendsten Pflichten erledigt sind. Unsere Königin Olga, die dazu mehr beigetragen hatte, als ihre so erschöpften Kräfte erlaubten, nahm den Zug bis Mannheim und führte Wera Konstantinowna mit sich, so mutwillig das Kind auch war. Von dort zu Schiff bis Eltville, begleitet von der Gräfin A. Blondov, um für einige Stunden die Kaiserin Marie Alexandrowna aufzusuchen, die zur Kur in Schwalbach weilt. — Der Prinz Alexander von Hessen, immer zu Scherzen aufgelegt, geriet außer sich vor Verzücken über unseren so elegant gewordenen Hof: Graf Cäsar Beroldingen, ein Mann von guten Manieren und Dr. Kornbeck, so gut frisiert! — Reizende Soiree auf dem Rhein — Nacht auf dem Dampfschiff — einige Stunden in Köln, den Dom besichtigt — es war das Fest der Könige. — Viel Staub im Eisenbahnwagen. Abends 9 Uhr in Ostende angekommen, annehmbare Unterbringung.

27. Juli bis 4. September Das wichtigste Ereignis waren hier die häufigen Zusammenkünfte mit König Leopold I.[4], der Belgier, diesem Muster eines konstitutionellen Souveräns, der unsere Majestäten liebgewann. — König Karl traf bei der Königin wieder ein, nachdem er 8 Tage lang Reisen durch sein Land gemacht und besonders an einem feierlichen Empfang in Ulm teilgenommen hatte. Er brachte Spitzemberg und Egloffstein mit sich. — Die Königin erfreute sich am Aufenthalt nahe beim Meer. Herzog und Herzogin von Brabant[5] brachten ihre Kinder mit, wir besuchten sie in ihrem Zelt. Einmal badete man mit einem Vergnügungszug mit dem Ergebnis, daß man künftig darauf verzichtete. Die Spaziergänge waren einförmig, es fiel schwer, gegen den Wind zu marschieren. — Die Nachricht vom Tod der Gräfin Julie Baranow brachte Trauer. — Der

1 *Von der Schulenburg-Priemern,* preußischer Kammerherr und Legationsrat.
2 *Windisch-Graetz,* steirisches Uradelsgeschlecht, seit 1804 Reichsfürsten.
3 *Freifräulein von Seckendorff, Hofdame der Königinmutter.*
4 *Leopold I.*, König der Belgier, geb. 1790 in Coburg, gest. 1865 in Brüssel, wurde früh General in der russischen Armee und zeichnete sich in den napoleonischen Kriegen aus.
5 *Leopold II.* und seine Gemahlin *Erzherzogin Marie Henriette,* Tochter des Erzherzogs Joseph, Palatins von Ungarn, trugen seit 1840 den Titel Herzog und Herzogin von Brabant.

Großherzog von Sachsen[1], ein treuer Vetter und Freund, machte hier auch seine Kur. Er war so gutherzig und unkompliziert, so unterrichtet und gesellig und nicht zuletzt so leicht zu necken. Wie oft verulkten wir seine Tugend, indem wir ihm den Roman »Fräulein Million« schickten, den man ihn immer wieder auf die unerwartetste Weise finden ließ: einmal in seiner Badewanne, ein andermal in einer Bonbonniere, schließlich, mit Hilfe von König Leopold, erschien er als wichtiger, sofort zu übergebender Brief während eines Hofdiners.

Wera Konstantinowna hatte ihre hervorragende Gouvernante, Fräulein Trupow, aber um sie körperlich richtig zu ermüden und ihre Nerven zu beruhigen wurde Cäsar Beroldingen beauftragt, mit ihr spazieren zu gehen und es war ein Triumph, wenn sie beide schwitzend und todmüde von der Besteigung des Leuchtturms zurückkamen.

Für den Großherzog von Sachsen stellte man schwäbische Gerichte zusammen: er vergab uns nur schwer die »Gans nach Schiller«. Am nächsten Tag erschien er nicht und ließ sagen, die Mahlzeit sei lehrreich aber unverdaulich gewesen. Und doch sagte Fürst Gortschakow von seinem getreuen Vetter, er sei ein gebildeter Mann, ein kleiner Schönredner nach der Mode von Weimar, der aber das lächerliche Bestreben habe, zu fein aufzutreten.

Nacheinander mußte man den Marquis von Toulongeau, Gesandten Napoleons III., gegen den sich die Königin wider ihre Überzeugung bemühte, liebenswürdig zu sein, den General Fritsch[2] und einen Grafen Friesen[3] von Sachsen empfangen, die erschienen, auch Dingelstedt[4]. Am 18. August luden ihre Majestäten den Erzherzog Ludwig Victor zum Fest seines Kaisers ein. — Der Erzherzog vergnügte sich sehr mit einer erstklassigen österreichischen Gesellschaft. Auf dem Deich begegnete man der charmanten Gräfin Thun, die wir als österreichische Botschafterin in Petersburg hatten, unseren Landsleuten, den Stadion-Lobkowitz, der Baronin Natalie Rassler-Leutrum und Julie Palm mit einer Tante Pejacsewitsch sowie dem Sänger Pischek[5]. — Einmal unterbrachen wir die Kur, um eine interessante Reise nach Brügge zu machen. — Herr von Magnus[6], um seine Kleine zu zeigen, eskortiert von der ausgezeichneten Duenja[7], Fräulein Wohlfahrt. — Monsieur West machte König Karl einen Besuch, Baron Fredericksz der Königin, von Brunnow aus London geschickt. — Gräfin d'Yves, Ehrendame der Herzogin von Brabant, war mir sympathisch. Diese junge Prin-

1 *Erbgroßherzog Karl August von Sachsen-Weimar* (1844–1894), Sohn des Großherzogs Karl Alexander August und der Prinzessin der Niederlande, Wilhelmine Luise.

2 *Freiherr von Fritsch,* Sächsischer Generalleutnant.

3 Sächs. Finanzminister.

4 *Franz Freiherr von Dingelstedt* (1814–1881) war 1843–1850 Theaterintendant und Bibliothekar des Kronprinzen Karl.

5 *Johann Baptist Pischek* (1814–1873), war 1844–1864 Hof- und Kammersänger in Stuttgart.

6 Preußischer Gesandter in Stuttgart.

7 Erzieherin.

zessin[1], Kusine unserer Majestäten, erholte sich von der harten Etikette und den steifen Formen ihres Gemahls mit einem reizenden Gespann von vier Ponys, die sie selbst lenkte.

Der Großherzog von Sachsen machte der Gräfin Keller, einer Polin, etwas den Hof, von der eines Tages jemand, der ihr in der Eremitage von Petersburg begegnete, angemessen sagte: »das ist die Malerei wie sie die Bildhauerei bewundert«.

Für kurze Zeit hielten sich hier noch auf: der Herzog von Aumale[2], ein Prinz von Reuß, aber man wahrte sich immer die ruhigen Abende und versuchte, diesen Leuten viel eher auf dem Deich zu begegnen.

4. September Abreise von Ostende abends nach einem kleinen Diner im Pavillon Royal. Spitzemberg war vorausgereist zur Niederkunft seiner Frau. Die kleine Hildegard starb bald nach der Taufe. — In Friedrichshafen soll Frauenanarchie walten. Absagebrief der Gräfin Benckendorff.

7. September Umzug ins Schloß.

8. September Abreise nach Friedrichshafen bis zum Volksfest. Wera ist unterwegs unausstehlich. — Herzlicher Empfang mit Fackelzug und Glockengeläute. Die Fürstinnen Marusty und Eugénie von Kirchberg gekommen. Die Kaiserin trifft später ein, so wird der erste Geburtstag der Königin ganz württembergisch gefeiert.

10. September Allerlei Ungeschicklichkeiten der Neulinge des Hofes. — Die Generale Grabbe und Volkersohm, Chefs der russischen Regimenter, treffen ein. — Gondelfahrt auf dem See — Ankunft der Großfürstin Helene[3] mit E. Rahden.

11. September Kirchgang in die schöne Schloßkirche, dann russisches Tedeum — Besuch der badischen Herrschaften. Anna Maucler, Helene Ellrichshausen, L. Beroldingen auch dabei.

12. September Großfürstin Helene predigt der kleinen Wera, diese zeigt ihr die Zunge.

13. September Taubes reisen ab, auch die Minister.

15. September Gräfin Benckendorff ist plötzlich angekommen. Abends die kaiserliche Karawane, bei deren Empfang sich die Oberländer auch durch Herz-

1 *Erzherzogin Marie Henriette* war seit 1853 vermählt mit Leopold II., König der Belgier, den sein Vater 1840 zum Herzog von Brabant ernannt hatte. 1835 geboren, regierte er 1865–1909.

2 Vierter Sohn des Königs Ludwig Philipp von Frankreich. General und Historiker, Mitglied der französischen Akademie (1822–1897).

3 Siehe S. 19, Anm. 2.

lichkeit und gemütliche Art auszeichneten. — Das Ehepaar Karl Spitzemberg[1] darf sich auf der Hochzeitsreise hier den russischen Majestäten vorstellen.

Mit dem Kaiser kamen seine Söhne, auch der reizende Erbe[2], der im Herbst sich noch einmal als Verlobter der Prinzessin Dagmar vorstellte. — Gortschakow — der Fürst W. Bariatinsky[3], sehr sympathisch, der Graf A. Adlerberg[4].

Die Gräfin Benckendorff hatte sich, indem sie auf den 11. kam, die Hände gebunden. Sie wehrte sich lange, der Kaiser überredete sie. Die Wahl[5] war riskant, aber unter uns Damen aus dem Land hatte keine das Zeug für diesen Posten, besonders seit der Wahl der Gräfin Taube. — Man hatte nicht mit dem Ehrgeiz von Varnbüler[6] gerechnet, der sich schon auf das Ministerium und eine auf einige Zeit allmächtige Herrschaft vorbereitet hatte — Melanie Seckendorff, meine Kusine, heiratet den Fürsten Theodor Taxis.

20. September Der Kaiser reiste als Letzter ab. Man bot ihm hübsche Bootsfahrten an — manche Eingeladenen wie Herr Stolypin[7] zerstreuten sich bis nach Schaffhausen.

Varnbüler ersetzt Baron Ch. Hügel im Ministerium.

24. September Die Kaiserin bleibt zur großen Freude der Königin zurück. Man kann den Reiz des vertrauten Lebens mit ihr nicht genug genießen. Sie ist so liebenswürdig zu mir. Anna Tutscheff — immer originell — behauptet, es sei ihr schädlich, großzügig zu ihren Feinden zu sein, da ihr dies eine zu hohe Meinung von sich selbst gebe!

26. September Rückfahrt nach Stuttgart — Baron Holtz[8] pensioniert. Baron Schott von Schottenstein Hofmarschall der Königin-Mutter — Egloffstein ersetzt Herrn von Gros als Kabinettschef, welcher der Sache nicht gewachsen.

Auf dem Rosenstein wohnt ein netter kleiner Gast: Großfürst Wladimir[9], welcher von Veiel[10] zu Cannstatt behandelt wird.

27. September Eröffnung der Stuttgarter Markthalle. — Allerlei Unglaublichkeiten des neuen Dienstes.

1 *Karl Freiherr von Spitzemberg*, württ. Staatsrat, ao. Gesandter und bevollmächtigter Minister zu Berlin und Dresden, hatte sich 1864 mit Hildegard Freiin Varnbüler vermählt.
2 *Alexandrowitsch*, der spätere Kaiser Alexander III. (1845–1894).
3 *Fürst Alexander Iwan Barjatinskij* (1814–1879), Generalfeldmarschall.
4 *Alexander Graf von Adlerberg* (1818–1888).
5 Als inoffizielle Oberhofmeisterin der Königin Olga.
6 *Karl Freiherr Varnbüler von und zu Hemmingen* (1809–1889), war Abgeordneter der Ritterschaft, 1864–1870 Minister des Auswärtigen, 1873–1881 Reichstagsabgeordneter.
7 *Arkadij Dmitri Stolypin* (1821–1899), General.
8 *Wilhelm Karl Freiherr vom Holtz* (1801–1868) war Obersthofmeister und Vorstand des Württ. Altertumsvereins.
9 Dritter Sohn des Kaisers Alexander II., geb. 1847.
10 *Albert Veiel* (1806–1874), Oberamtsarzt in Cannstatt.

29. September Wettrennen — Ausstellung in Cannstatt — Zug der Polytechniker.

10. Oktober Besuch der Großfürstin Marie auf der Villa. Ich darf der Fürstin Eugenie die Nikolauspflege zeigen.

19. Oktober Großfürst Thronfolger[1], nach Italien reisend mit Graf Stroganow[2] — General Richter[3]. Der junge Fürst, sehr fein und gebildet, zeigt uns sehr hübsche Photographien seiner Braut, Prinzessin Dagmar.

21./22. Oktober Kleine Reise der Herrschaften nach Heilbronn über Hall und Comburg, sehr lohnend.

25. Oktober Großfürstin Helene schickt Photographien ihrer Interieurs als Leitfäden für die neuen Gemächer im Schloß. Großes Diplomatendiner mit Antrittsaudienz des Baron Canitz[4]. Konzert Krüger auf der Villa — Graf Reinhard Lerchenfeld — Mr. Rumbold, englischer Sekretär, geladen.

29. Oktober Die Königin ist ein wenig unwohl, hat sich auf dem Rotenberg erkältet. — E. Igelström auf der Durchreise und Gräfin Blondov-Alten aus Athen.

1. November Seine Majestät Kaiser Alexander auf 2 Tage hier. Trauergottesdienst für die Kaiserinmutter abends um 4 Uhr. Das rührt mich.

4. November Frau von Meyendorff — Buol[5] — Fürstin Kotschubey, Fürstin Menschikow kommen zu einem Viardot[6]-Konzert auf die Villa. Wera sagt: »sie singt wie ein sterbender Schwan«.

8. November In der Kleinkinderschule von Berg mit Ihrer Majestät. Soiree mit Maucler, um die Etikette vorzubereiten.

10. November Neurath und Leutrum[7] kommen am Abend wegen der Reorganisation des Katharinenstifts.

12. November Besuch des Landgrafen Fritz von Hessen und der Landgräfin, welche das Andenken der Großfürstin Alexandra[8] — der ersten Frau ihres Gatten — sehr hochhält. — Anekdote über den König von Dänemark, welcher militärisch grüßte, wenn man das Vaterunser betete.

1 Der spätere Kaiser Alexander III.
2 *Graf Aleksej Grigorij Stroganow* (1797–1879), Diplomat.
3 *General Otto von Richter* (1830–1908).
4 Wohl der Sohn von *Karl Wilhelm Freiherr von Canitz* (1787–1850), preußischer General und Staatsmann.
5 *Karl Ferdinand Graf von Buol-Schauenstein* (1797–1865), österr. Staatsmann.
6 Siehe S. 172, Anm. 3.
7 *Graf von Leutrum* war 1861–1869 Staatsrat.
8 *Großfürstin Alexandra* (1825–1844) vermählte sich 1844 mit Landgraf Friedrich von Hessen-Kassel.

15. November Rückkehr in die Stadt — Königliches Schloß. Ich lese St. Augustin: »liebt und tut was ihr wollt«. — Meldung aus dem Palais der Prinzessin Friedrich, welche erkältet: »Ihre Königliche Hoheit haben eine unordentliche Nacht gehabt!«

19. November Große Vorbesprechungen wegen der »Exzellenzen«. Alle Gattinnen der männlichen sollen es werden. Dadurch kommen wir Damen Ihrer Majestät auf Nro 36—37 der Hofrangordnung. — Familie Wolff-Potemkin eingetroffen.

20. November Man denkt an Gräfin Sophie Adelmann für das Katharinenstift. — Die Königin ist so lieb mit mir, aber so schwach.

25. November Vorstellung der Stiftsdamen von Oberstenfeld — Diner bei der Königinmutter.

26. November Militärdiner. — Die Exzellenzengeschichte macht viel hin und her. — Langer Besuch von A. von Kotzebue[1], dessen Bild von Pultawa wundervoll ist.

1. Dezember Besuch des Professor Neher[2], den Großfürstin Marie so schätzt. Olga Nikolajewna ist böse auf Varnbüler, der K. Hügel nicht anstellen will.

5. Dezember Markgräfin Elisabeth gestorben. — Ihre Majestät ist lieb, heißt mich »die Gouvernante«. — Abends Varnbüler, der sich wegen seines Verhaltens gegenüber Bismarck rechtfertigt. — Audienz der Baronin Löwenthal, einer Polin, Mutter der Herzogin von Decazes[3].

12. Dezember Fräulein Theiß, Vorsteherin des Katharinenstifts, ist in tausend Ängsten. Die Schülerinnen haben ihr Brausepulver in den Nachttopf getan — und sie glaubte sich sehr krank, ließ den Doktor holen.

Herzog Alexander[4] von Württemberg, noch ein schöner Mann!

14. Dezember Jetzt ernennt man die Taube und mich auch zu Exzellenzen. — Große Explication, wo alles an den Tag kommt: Lug und Trug! Vorher muß man aber das Unglaubliche leiden. Mangel an Verständigung.

20. Dezember Winterhalter[5] eingetroffen für die offiziellen Bilder. Er ist unzufrieden mit der blauen Toilette: »das hat der Tapezier konstruiert!«

1 *Alexander von Kotzebue* (1815–1889) war Maler, studierte in Petersburg und Paris und ließ sich in München nieder.

2 *Bernhard Neher* (1806–1886), Maler, Direktor der Stuttgarter Kunstschule 1854–1879.

3 Gemahlin von *Louis Charles Herzog von Decazes* (1819–1886), französischer Minister.

4 *Herzog Alexander* (1804–1881), Vater des Herzogs Philipp.

5 Siehe S. 76, Anm. 3.

22. Dezember Ich sehe Winterhalter viel, habe ihn zum Frühstück mit P. Salm — belebende Elemente sind so willkommen!

23. Dezember Unsere Mutter ist immer recht elend.

24. Dezember Winterhalter-Sitzung. Die Königin sagt mir: »nicht wahr, Eva, Sie *stehen* für Ihre Königin?« Ich: »ich bin zu kurz« — Ihre Majestät: »kurz und gut!«

25. Dezember Christbescherung gestern sehr nett; heute in der Blindenanstalt.

26. Dezember Gräfin Taube ist gegen die Ernennung von Hoffräuleins.

28. Dezember Balltoiletten — Konsultationen indem der König nach der 24-wöchentlichen Trauer einen animierten Karneval wünscht wegen der Geschäfte.

29. Dezember Diner mit Fürst Öttingen und Minister von der Pfordten[1]. Abends mit ins Theater. Heute »Trovatore«.

31. Dezember Luise Benckendorff um 5 Uhr aus Paris eingetroffen, findet alles recht, ist lieb und gut. Um 8 Uhr mit ihr bei den Majestäten. — Gott walte weiter!

An einem dieser Sommer spielte mir der Minister X. einen schlimmen Streich. Bei einer Abreise nach Friedrichshafen hatte sich meine Zofe um eine oder zwei Minuten verspätet, der Zug setzte sich langsam in Bewegung, als sie herbeilief. Man fragte, ob er nochmals halten könne: absolutes nein des Ministers. Bei der Ankunft in Friedrichshafen zeigte sich, daß der ganze kaiserliche Hof mit uns gekommen war: Das Fehlen meiner Kammerfrau brachte mich in nicht geringe Verlegenheit. Am Abend mußte ich mehr schlecht als recht mit meinen eigenen Fingern herausgeputzt erscheinen. X., zu dem ich nichts gesagt hatte, sprach mich beim Abendessen mit Ironie an und sagte: »es war mir ein wahres Vergnügen, Ihnen dies anzutun!« Wütend über diese Frechheit — Roheit macht mich kaltblütig — antwortete ich ihm: »wenn es Euer Exzellenz Spaß macht, mit meiner Kammerjungfer Bismarck zu spielen, so gönne ich es Ihnen! Ich hatte die Lacher auf meiner Seite: Gortschakow, Adlerberg, Graf Peter Schuwalow.

1 *Karl Heinrich von der Pfordten* (1811–1880), bayerischer Staatsmann.

1865

Kleine Reise nach Karlsruhe – erstes Auftreten der Gräfin Benckendorff – Baron Handel – Minister von Varnbüler – Etikette zwischen Standesherrn und Diplomaten – Einweihung der Schloßkirche – Stolypin ersetzt Titoff – Krankheit unserer Mutter – Tod des Erbgroßfürsten – Ingenheim – Prinzessin Dagmar – Tod von Königin Anne – Fahrten nach Tübingen – Rottenburg – Ulm mit Fischerstechen – Friedrichshafen und Montfort – Fürst Hugo Windischgrätz – Ostende – A. Patti – Frau von Canitz – Tod meiner Mutter – Großfürstin Marie mit Etersen in Friedrichshafen – Reise der Majestäten nach Ellwangen – kleine Reise nach Frankfurt zum Besuch der Großfürstin Helene – Savigny – Tod des Grafen Neipperg – Tod von Dr. Ludwig – Entrée im neuen Schloßflügel – Privatgarten eingeweiht.

1. Januar Debüt der Gräfin Benckendorff — neue Uniformen — Hofball.

3. Januar Nie sah ich die Stuttgarter so eifrig bemüht wie für Luise Benckendorff. Sie macht aber auch alles so hübsch, stellte viele Damen vor. — Kaltwasserkur für unsere Mutter in Aussicht.

4. Januar Pattikonzert[1] — das neue Winterhalterbild gefällt mir nicht. Ankunft von Madame Kalergis — »Pariser« Abend für sie bei L. Benckendorff, d.h. Diplomaten und Einheimische von Stadt und Hof.

6. Januar Militärkonzert — Von 2–4 Uhr mit Wera spazierengegangen — den Majestäten begegnet, sie sind voll von L. Benckendorff — dann um 4 Uhr bei der Königin — Hofbankbericht vorgelesen — später mit L. Benckendorff Einladungslisten für ihre erste große Abendgesellschaft geschrieben.

10. Januar Abfahrt nach Karlsruhe. Großartiger Empfang, Visiten: Großherzogin Sophie sehr verändert, die Markgräfinnen so betrübt, Fürstin Marusty so lieb, sieht übel aus. Charmantes diplomatisches Corps: Monsieur de Cadore[2], Madame Blumer, Gräfin Flemming[3], Roggenbach[4] kennengelernt.

11. Januar Bei Fräulein von Sternenfels, die im Stift bei der Äbtissin Mentzingen — Marie Stolypin — Baronin Thumb. — Wassiltschiko[5] bei mir. ½4 Uhr zurückgereist. Später Ihrer Majestät Kammerberichte und Katharinenstifts-Angelegenheiten etc. vorgelesen.

1 Die berühmte Opernsängerin *Adelina Patti* (1843–1919).
2 *Herzog von Cadore,* französischer Diplomat, gest. 1870.
3 Gemahlin von *Graf Albert von Flemming* (1813–1884), preußischer Diplomat.
4 *Franz Freiherr von Roggenbach* (1825–1907), badischer Staatsmann.
5 Vasil'čikov: russische Fürstenfamilie.

13. Januar Russisch Neujahr — musikalische Soiree mit jungen Mädchen.

16. Januar Mit Luise Benckendorff ihren Salon für die erste Abendgesellschaft präpariert. Die Königin will ihr die Bilder ihrer Kinder als Überraschung machen lassen, obwohl Luise dieselben nicht gerne mit Wera umgehen läßt.

17. Januar Ich bleibe bei der kleinen Wera, die unwohl ist und rührend dankbar für jede kleine Freude.

Erste Soiree Benckendorff — gut reussiert.

18. Januar Ihre Majestät spricht davon, Luise nächstes Jahr nach Rußland zu nehmen, um ihre Stellung dort zu konsolidieren! — Was höre ich? Man will mich mit Roggenbach vermählen!

25. Januar Für die Schubertfeier ein Konzert, bei dem die Viardot den Erlkönig singt — Alvensleben[1] kommt nach Brüssel — Schreckliche Abendgesellschaft Weimar — schlechte Nachrichten vom Thronfolger aus Nizza.

4. Februar L. Benckendorff, die erkrankt war, wieder erschienen — Memoiren von Consalvi[2] angefangen. — An E. Rahden geschrieben: »hier versteht man, daß der junge König mit dem Herzen regieren will. — Das gesellschaftliche Leben hat durch den Salon von Gräfin Benckendorff einen neuen Charakter angenommen. Sie erfüllt die Pflichten, die ihr so wenig sympathisch waren, mit sehr viel feinem Anstand. — Es gibt genügend offene Häuser — Varnbüler repräsentiert gut — viele parlamentarische Gruppen kommen als ›getreue Opposition‹ hier hin. — Die kleine Wera beginnt zahm zu werden: Sie dürfen mir umso mehr glauben, als ich durch meine Nachsicht gegenüber ihr nicht gerade glänzte. Man läßt sie manchmal die erste halbe Stunde an den Soireen teilnehmen, um sie ein wenig an die guten Sitten zu gewöhnen. Hat sie doch zu ihrer Tante gesagt: ›fühle dich nicht unwohl, wenn ich nicht immer freundlich bin, es geschieht aus Verlegenheit!‹ Ein andermal bat sie um einen Fächer: das kleine Mädchen beginnt zu erwachen. Mein Vetter Ch. Spitzemberg schreibt uns interessante Briefe aus Petersburg. Ich brauche Ihnen seine Frau nicht zu empfehlen, deren charmante Erscheinung für sie spricht!«

13. Februar Im Katharinenstift mit Ihrer Majestät, die anschließend die Damen Pfaff und Pistorius empfängt, einflußreiche Bürgerinnen.

14. Februar Hübscher Dienstag bei Luise Benckendorff. Uxküll arrangierte alles so gut und sie entouriert die Königin so passend. — Heute ist Baronin Offenburg-Könneritz[3] aus Dresden gekommen.

1 *Friedrich Johann Graf von Alvensleben* (1836–1913) wurde Gesandter in Brüssel, dann Botschafter in Petersburg.

2 Die Memoiren des Kardinals Ercole Consalvi erschienen 1864 in 2 Bändern.

3 *Julius Traugott von Könneritz* (1792–1866) sächsischer Staatsmann.

15. Februar Ankunft des neuvermählten Herzogs Philipp[1] und Gemahlin mit Hofstaat. Die Erzherzogin ist lieblich. Gräfin Olga Auersperg so schön. Großer Ball im weißen Saal. Weras Geburtstag.

17. Februar Diner für die Gäste bei Prinzessin Friedrich.

18. Februar Audienz bei der jungen Herzogin, sie ist wie eine kleine Fee, so niedlich. — Ball bei Baron Handel[2], sehr hübsch — amüsantes Souper mit Uxküll, Gräfin Auersperg, K. Hügel, Graf Bissingen.

20. Februar Die Besuche bei meiner Mutter sind so wehmütig, sie ist so herunter. — Luise Benckendorff speist allein bei Ihren Majestäten, sagt Wahrheiten, ärgert sich über Doppelzüngigkeiten.

21. Februar Angriffe gegen Luise, besonders von zwei Damen. Sie selbst entzückt Ihre Majestät durch ihre Wahrhaftigkeit. Die Königin betont, daß man ihr viel schuldet, weil sie ein Opfer bringt. Die Standesherrn feiern sie sehr.

22. Februar Sascha Benckendorff in die Ferien angekommen. Im Theater neben General Fleischmann[3], der den jungen Mann so voran findet. Man gibt »die Karlsschüler«.[4]

1. März Königin Anna Pawlowna[5] gestorben — Nachrichten von Großfürstin Alexandra Josephowna, die immer noch beim Wunderdoktor in Goslar weilt.

4. März Ihre Majestät war beim Abendmahl.

5. März Vorfeier des Königs Geburtstags durch eine Soiree bei Luise Benkkendorff. Luise und Graf Salm[6], ihr Onkel, zanken sich, Pauline Salm fährt humoristisch dazwischen.

6. März Gratulation — Gott segne den König! — wir fahren durch die geschmückte Stadt.

8. März Frau von Berlichingen hält mir eine Fastenpredigt — das Bild von Knaus[7] — »der Seiltänzer« — Abends Salon im Königsbau — Schewitsch so angenehm am Klavier.

10. März Idee eines französischen Liebhabertheaters. Deutsche Damen sollen französisch radebrechen.

1 *Herzog Philipp von Württemberg* (1838–1917), vermählte sich 1865 mit Marie Therese (1845–1927), Tochter des Erzherzogs Albrecht von Österreich.
2 Österreichischer Gesandter am Württ. Hof.
3 *Christian Wilh. August Fleischmann* (1787–1875), württ. General und Diplomat.
4 Von Heinrich Laube (1806–1884), erschienen 1846.
5 Gemahlin König Wilhelms II. der Niederlande, Schwester Kaiser Alexanders I.
6 *Otto Graf Salm-Hogstraten.*
7 *Ludwig Knaus* (1829–1910), Maler gemüts- und humorvoller Genrebilder.

13. März Baron Münch nach Paris versetzt — Graf Mensdorf[1] schreibt wegen einer Reise nach Wien.

21. März Unsere arme Mutter wird operiert, sie zeigt einen bewunderswerten religiösen Mut. Wir sind im benachbarten Zimmer.

3. April Der König ist kränklich, die Königin geht mit Luise und mir zum »Bergwerksball«[2] — die Stolypins sind eingetroffen, haben Aussicht auf die Stelle hier. — Anekdote mit dem »Hosen«leutnant: ein junger Ordonnanzoffizier sitzt neben mir bei Tisch. Ich frage, warum er denn so vergnügt darüber sei: »Ja wir jungen Leute haben Sie alle gerne, weil Sie einem immer Mut machen, wenn einem das Herz in die Hosen fällt.«

7. April Luise Benckendorff geht nach Heslach zur Gruft, in der ihr Gemahl mit seinen Schwiegereltern beigesetzt ist.

9. April Der König geht zum Abendmahl — Mir tut es wohl, mich mit katholischen Freunden vorzubereiten, denn es waren dieses Jahr viele Erfahrungen und Enttäuschungen.

10. April Mit Ihrer Majestät beim alten General Fleischmann.

12. April Graf Pückler und Ferdinand Zeppelin sind Adjutanten geworden. Luise Benckendorff die Olga-Heilanstalt[3] und die Blindenanstalt gezeigt.

15. April Sascha und Paul Benckendorff angekommen. Die Nachrichten vom russischen Thronfolger[4] sind schlecht, man spricht von Nizza.

19. April Kaiser Alexander reist nach Nizza. Ihre Majestät sollte ihm in Frankfurt begegnen, nun geht er über Paris und kommt mit Prinzeß Dagmar am Sterbebett des Sohnes zusammen.

24. April Tod des Thronfolgers.

25. April Großer Trauergottersdienst. — C. Beroldingen wird nach Nizza geschickt, Herr von Titoff und Admiral Pontiatin reisen auch dorthin, weil sie früher zur Umgebung des jungen Fürsten gehörten.

29. April Gottesdienst zu Kaisers Geburtstag. Partie nach Klein-Hohenheim. Außer dem engeren Hof und der russischen Gesandtschaft kamen Salms, der österreichische Sekretär Graf Wolkenstein und wenig andere zu solchen Intimitäten.

1 *Alexander Graf Mensdorff-Pouilly* (1813–1871), österreichischer Staatsmann.

2 Künstlergesellschaft »Das Bergwerk« in Stuttgart.

3 Die unter dem Protektorat der Königin Olga stehende, 1842 für arme kranke Kinder ins Leben gerufene Anstalt.

4 Nikolaus Alexandrowitsch.

30. April Mit Ihrer Majestät zur Eröffnung des katholischen Bazars.

2. Mai Abschiedsdiner für L. Benckendorff auf der Villa. Die Königin sagt zu ihr: »ich danke Ihnen für das große Opfer, das Sie mir gebracht haben. Nicht allein für alles, was Sie für die Gesellschaft getan haben, sondern auch für die selbständige Stellung, die Sie mir gegenüber eingenommen haben!« — Das ist ein Lob für die Königin und für Luise, die darüber ganz gerührt ist. Am Abend großer Empfang bei ihr. — Wie sie mir fehlen wird!

Dagegen hat Fräulein Rokoff, die Kammerfrau, sich Visitenkarten mit »Staatsdame« Ihrer Majestät drucken lassen. Das gleicht dem Kammerdiener des Fürsten Gortschakow, der sich »Chargé d'affaires« [Geschäftsträger] des Kanzlers nannte.

6. Mai Abreise nach Ingelheim. Die Königin wollte den Kaiser und die Kaiserin treffen während der Leichenzug die Reise über das Meer, von Villefranche bis Kronstadt machte. — Wir steigen im Tal ab, im Haus van der Hoop mit unseren sehr bewunderten Pferden, damit Ihre Majestät leichter den Heiligenberg erreichen konnte. Den ersten Abend verbrachten wir mit der Prinzessin Dagmar, die mit uns angekommen war und über Rumpenheim nach Kopenhagen zurückreiste. Ich kann in Worten nicht ausdrücken, welchen Eindruck diese Zusammenkunft von Geschöpfen auf mich machte, deren Leben durch den Tod dieses Sohnes, dieses unvergeßlichen Verlobten, von Grund auf verändert wurde. Großfürst Alexander (III.) war unglücklich über seine Stellung (er hatte nur damit gerechnet, der erste Diener seines älteren Bruders zu sein), der Kaiser niedergeschlagen wie ich nicht geglaubt hätte, daß es der Fall sein könnte, gealtert. Trotzdem war er bemüht, Interesse an der zahlreichen Kindergesellschaft zu zeigen, die hier herumwimmelt, und deren Lebhaftigkeit über die aufrichtigste Rückkehr zu den Tränen die Oberhand gewinnt. Prinzessin Dagmar besitzt einen einzigartigen Charme: frisch, lieblich, nichts paßte zu ihrer Traurigkeit. Ihre großen schwarzen Augen lassen auf Charakterfestigkeit schließen, aber ihr großer Reiz ist doch ihre Zartheit und besonders die große Schlichtheit, mit der sie über alles spricht, was mit ihrem Schicksal zusammenhängt. Sie will orthodox bleiben, weil dies der einzige Beweis ihrer Treue ist, den sie geben kann. — Der Großfürst Alexander ist mager geworden und macht den Eindruck, als könne er seine Aufgabe nicht in Angriff nehmen und sie sich doch manchmal selbst vor Augen zu führen. Was die Kaiserin betrifft, so merkt man auf den ersten Blick fast nichts außer vielleicht ihrer übergroßen Magerkeit, aber dann fühlt man, daß ihr mehr als gewöhnlicher Schmerz innewohnt. Sie macht den Eindruck als lebe sie nur äußerlich. Zu ihrer Umgebung ist sie lieb, geduldig, lächelnd und nimmt an allem teil, freilich nicht ohne einige Müdigkeit, doch versucht sie, wie immer zu sein. Trotzdem tut es einem weh, sie zu sehen, denkt man an all den Schmerz, der sich in ihr angesammelt hat und der sie verzehrt. Er wird gewiß solange währen wie ihr durch den Verlust dieses Lieblingssohnes gebrochenes Herz schlägt.

Die Umgebung kann sich über den Mangel an Pflege, Wachsamkeit, Fürsorge während der Krankheit des Großfürsten und wie man ihn unnötig hat leiden lassen, nicht beruhigen. Man gebraucht dabei die stärksten Ausdrücke und berichtet entsetzliche traurige Einzelheiten.

Die Familie will in dem, was geschehen ist, nur den göttlichen Willen sehen. Anna Tutscheff sagt unter Tränen, »daß man dem lieben Gott doch gar zu breite Schultern zumutet«.

Ich finde es ungemein reizvoll, meine russischen Bekannten wiederzusehen, auch Marie Fredericksz, den Fürsten Basil Dolgoruky, die Doktoren Karell und Hartmann. Die Fürstin Battenberg gibt sich viel Mühe, die Gäste willkommen zu heißen, Takt zu zeigen und Gewandtheit. Man machte einige hübsche Spaziergänge: nach Seeheim, einem Sommersitz des Großherzogs Ludwig, Auerbach, Balkhäuser Tal: die Bergstraße ist so anziehend. Ich machte einen Ausflug zu den Geschäften von Frankfurt, sah die Astorg, Labiensky[1], Madame Maltzeff wieder. Unser König traf wieder zur Königin, am 20. fuhr man gemeinsam wieder zurück.

21.–31. Mai Meine Mutter war im Garten von Dr. Fehling[2] untergebracht worden. Ihre alte Kammerfrau Laura Herman und eine Diakonissin betreuten sie. Später war sie in Riexingen und versuchte es mit einer Milchkur.

Ihre Majestäten geben Empfänge und nehmen mehr oder weniger Abschied von der Stuttgarter Gesellschaft. Abschiedsdiner für die Königin-Mutter mit den Langenburg, Graf Leutrum.

1. Juni Reise Ihrer Majestäten nach Tübingen — Ovationen — glänzender und geschickter Empfang (Karl Schott, jetzt Oberstleutnant) Obmann der Schwaben — der nette Eugen Hügel (1866 gefallen). Es war neben der akademischen Feier ein herzliches Zusammenkommen von Fürst und Volk. — Wenn doch immer die kleinen Souveräne ihre Aufgabe, en detail zu beglücken, richtig auffassen wollten, sich daran tröstend, nicht in großer Politik zu machen! Diese Politik braut man ohne sie und dann rettet sie vielleicht gerade nur die Dankbarkeit an ihre Dynastie. — Rückkehr über Rottenburg und Reutlingen. Besuch beim Bischof.

4. Juni Die alte gescheite Fürstin Wera Wiasemsky erscheint. Tagesgespräch ist der Tod des Barons Fritz Berlichingen — seine angebliche Bekehrung, welche Graf Max Zeppelin bestreitet — Vorstellung des jungen Grafen Otto Rechberg.

12. Juni Luise Benckendorff auf der Durchreise nach Ischl, ich begleite sie nach Ulm, gehe dann auf einen Tag zu meiner Schwester nach Wain.

1 *Kamill Labiensky,* russischer Diplomat, gest. 1871.
2 *Hermann Fehling,* Prof. der Chemie am Polytechnikum Stuttgart (1812–1885).

15. Juni Familiendiner für Herzogin Helene von Württemberg[1]. Dann ins Theater wegen der amüsanten Trieb-Blumauer.[2]

Unsere Mutter will jetzt Pauline nicht haben, sie sieht in unserem »sie umgeben wollen« die Gefahr. Niemayr[3] übereinstimmend mit Kornbeck.

17. Juni Aussprache mit Varnbüler über seine Schwester und Luise Benckendorff. Er findet, Gräfin Taube sei die *geborene* Obersthofmeisterin!

Mit Ihrer Majestät manches über Luise B. durchgesprochen. Ich fühle mich zu Gewissen verpflichtet, ihnen zueinander zu helfen. Geht es nicht, Luise fortzuhelfen, wenn immer wieder Mißverständnisse angefacht werden?

Prinzessin Weimar wiedergesehen; zum ersten Male finde ich sie innerlich gestimmt.

25. Juni Gottesdienst für König Wilhelm, zugleich Reformationsfest, wo Kaplan Günther in seiner Rede alle Schwächen des Protestantismus aufdeckt. Ihre Majestäten waren gestern auf dem Rosenstein zu stiller Andacht. Die Königin-Mutter und die Prinzessinnen kamen merkwürdiger Weise nicht zur Gedenkfeier. — Abschied von Mama, welche demnächst nach Wildbad soll, wo aber Pauline sie aufsuchen wird.

26. Juni Fahrt nach Ulm. Die Königin ist etwas marode, fährt aber doch zur Parade mit Gräfin Florestine von Württemberg, deren Gatte Kommandant der Festung ist. Nachher Ritterschaft- und Damenempfang, zu welcher Bestellung General von Rüpplin[4] mir eine Ordonnanz gab, die mir um 6 Uhr morgens Rapport machte, daß er die Damen *eben* alle bestellt! Dann noch Fahrt durch die Stadt. ½2 Uhr Diner zu 69 Kuverts. ½4 Uhr Fischerstechen auf der Donau, sehr unterhaltend. Der junge Graf Eberhard[5] von Württemberg ist gerade in Neu-Ulm eingesperrt.

27. Juni *Friedrichshafen.* Hier hergekommen zum Ausruhen im ganzen Sinn des Worts! Alle Veränderungen im Garten und der neue Speisesaal sind sehr gelungen, Monplaisir ist eine Aufmerksamkeit für die Königin.

1. Juli *Brief von E. Rahden* nach Eintreffen der Leiche von Nikolaus Alexandrowitsch: »Die traurigen Tage der vergangenen Woche haben mehr als je die Schmerzen der kaiserlichen Familie und des ganzen Landes geweckt. Wie soll ich Ihnen die Überführung des Leichnams von Kronstadt zur Festung schildern? Die Ankunft des Dampfschiffs und die Landung am englischen Kai werden eines dieser unbeschreiblichen und rührenden Bilder bleiben vor denen das Wort verstummt. Ich werde nie den Augenblick vergessen, da, angekündigt durch das

1 Siehe S. 149, Anm. 4.
2 Bekannte Schauspielerin aus Stuttgart (1816–1886).
3 *Felix Niemeyer* (1820–1871), Leibarzt des Königs Karl.
4 *August Freiherr von Rüpplin* (1797–1867), Generalleutnant.
5 Vermutlich der Sohn Eberhard (1832–1896) des Grafen Alexander von Württemberg.

zuerst verschleierte, dann immer lauter werdende Echo der Kanonen, das Schiff mit der sterblichen Hülle des Großfürsten langsam die Newa hinauffuhr. Ein goldener Baldachin erhob sich auf der Brücke, ganz umgeben von Blumen und Laubwerk. Der Sarg mit seiner Totenwache, seinen großen Kerzen und seiner Hermelindecke, nahm die Mitte ein. Der Kaiser und seine Söhne, aufrecht auf dem Deck, waren von tiefem Schmerz bewegt. Das Schiff glitt schweigend durch die stummen Wellen, es machte gewissermaßen einen »sagenhaften« Eindruck, poetisch und glänzend zugleich. Was soll ich Ihnen über die Haltung der Bevölkerung sagen? Niedergeschlagen, unbeweglich drängte sich die Menge an der Vorbeifahrt des Trauergeleits. Alle Häupter waren entblößt, alle Herzen ergriffen. Ein General der Garde erzählte mir, daß die Soldaten weinten während sie präsentierten. Der Isaakplatz mit dem Monument Peters des Großen, die Kathedrale, das Totengeläute der Glocken, die Gesänge der Geistlichen und der Aufwand des Trauerzugs waren beeindruckend und prächtig. Nichts hat dieser Feierlichkeit gefehlt, weder der Glanz der Größe noch die Tränen, weder die Sympathien des Volkes noch der ideale und bewegende Reiz, der die begleitet, die Gott jung zu sich ruft und die viel gelitten haben. Während der Tage, die der Beisetzung vorausgingen, sprach man nur vom Großfürsten. Moskau hatte drei Deputationen entsandt, die Innenministerien waren durch die Marschälle des Adels und die Gouverneure vertreten. Bemerkenswert ist, daß all dies spontan, freiwillig erfolgte, diktiert vom aufrichtigsten Gefühl. Die Donkosaken hatten wie recht und billig eine zahlreiche Abordnung unter der Führung des alten Grabbe[1], ihres Atamans, entsandt. Wieviel ersticktes Schluchzen habe ich gehört, wieviel verstohlene Tränen habe ich diese Braven abwischen sehen: der Großfürst hatte bei ihnen eine unauslöschliche Erinnerung hinterlassen.

Die gestrige Feierlichkeit war herzzerreißend. Der Kaiser tat einem in der Seele weh. Am Rande der Gruft, in die man seinen heißgeliebten Sohn gebettet hatte, kniete er nieder, faltete die Hände und weinte bitterlich als wollte ihm das Herz zerbrechen. Kein Auge blieb angesichts dieses großen Schmerzes trocken. Gott erhalte uns den Kaiser! Gott stütze ihn angesichts seiner Prüfungen!

Am Vormittag hat der Kaiser die Deputationen allesamt empfangen, die in ihre Provinzen zurückreisen wollen und eine rührende Ansprache an sie gehalten, in der er ihnen für ihr Mitgefühl dankte und ihnen den neuen Thronerben ihrer Liebe empfahl, den er ihnen, angetan mit den Attributen des Atamans der Kosaken, vorstellte.

Die Kaiserin hat den Trauerfeierlichkeiten nur einen Vormittag beiwohnen können, aber sie ist mehrmals allein zum Gebet am Sarg ihres Sohnes gekommen.

Gegenwärtig ist alles vorüber, das Leben nimmt wieder seinen gewohnten Gang. Aber im Grund des Herzens ist ein Heiligtum, wo nichts, das stirbt, keinen Platz hätte und der Großfürst ruht so im Herzen Rußlands selbst.«

1 *Graf Paul von Grabbe* (1789–1875), General.

31. Juli Vor der Abreise nach Ostende schrieb ich noch an E. Rahden: »Ich danke Ihnen von ganzem Herzen für Ihren guten Brief, den Sie mir nach der Ankunft der Leiche von Nikolaus Alexandrowitsch in Petersburg geschrieben haben. Ich kann Ihnen sagen, daß selbst hier die Erinnerung an ihn uns lebhaft ins Gedächtnis gerufen wird: er ging unter unseren Alleen nach der Rückkehr von seinen ersten Gemütsbewegungen in Kopenhagen spazieren ... Welch ein Glück, daß wir unser Schicksal nicht vorhersehen können! — Der Aufenthalt am See ist schöner denn je. Das nach dem Geschmack Ihrer Majestäten veränderte Schloß weckt in ihnen doppelt den Wunsch, ihre liebe Tante wiederzusehen, und der König beauftragt mich ausdrücklich, seine Einladung für den Septembermonat zu erneuern und der Großfürstin zu versprechen, daß er ihr das Leben so bequem wie möglich machen wird. — Sie werden den Garten verändert finden: Anstelle des ehemaligen Belvedere ist eine Terrasse getreten, die an Monplaisir erinnert. Der Speisesaal wurde im alten Geschmack des Klosters restauriert. Man hat einen Korridor angefügt, indem man die Mauer aufbrach. Man hat den Stuck wieder zur Geltung gebracht, der unter Schichten schrecklicher moderner Farben verborgen war und, oh Wunder: das Ergebnis war eine Verquickung von Renaissancepfeilern, gotischen Spitzbogen, durch Rokokomedaillons unterbrochen und erleuchtet von chinesischen Lampen, Lüstern aus modernem Kristall. Das hat jedoch eine zauberhafte Wirkung! — Den Monat nach Ingenheim verbrachten wir in der Villa, unterbrochen durch Fahrten im Land. Wir waren zuerst in Tübingen, nachdem wir unterwegs in Reutlingen das Obstbaukundliche Institut von Lucas[1] und die Anstalten von Gustav Werner[2] besichtigt hatten. An der Universität Empfang mit Fackelzug. Am nächsten Tag Besuch der Kirchen und des alten Schlosses — Gewerbeausstellung — feierliche Einführung ins Universitätsgebäude und Vorstellung aller Professoren in Amtstracht. Um 2 Uhr großes Diner mit 110 Gedecken für ebendieselben. Tags darauf nach Rottenburg: feierlicher Empfang des Bischofs, Tedeum, Visitation der Schulschwestern, Frühstück mit der Geistlichkeit. Dann zurück bis Plochingen und die Zweigbahn nach Kirchheim besucht ... Der König hielt darauf, in Anerkennung des toleranten Verhaltens des Bischofs, ihm besondere Ehre zu erweisen. —

Die Fahrt nach Friedrichshafen wurde durch einen Aufenthalt in Ulm unterbrochen. Hier spielte das Militär die erste Rolle, dann kamen Abordnungen des Adels von Oberschwaben, schließlich volkstümliche, traditionelle Vorführungen. Ich will von dem Lanzenbrechen auf der Donau, genannt »Fischerstechen« sprechen, einer Art Übung im Bootfahren und im Schwimmen, ausgeführt von den geschicktesten Fischern, die sich dazu in Kostüme der Vergangenheit verkleiden mit pittoreskem Charakter. Die Festlichkeiten in Ulm hatten mehr als 400 000 Zuschauer aus der Umgebung angelockt.

1 *Eduard Lucas,* Gründer und Leiter des Pomologischen Instituts in Reutlingen (1816–1882).
2 Theologe und christlicher Unternehmer (1809–1887), Gründer des Bruderhauses in Reutlingen.

Hier in Friedrichshafen waren 5 Wochen der Gemütlichkeit gewidmet mit einer kleinen Anzahl von Einladungen, bequem für jung und alt, sie würzten den Alltag. Dann kamen die Überraschungen wie Prinz A. von Hessen mit seiner Gemahlin, die nach den familiären Allüren von Ingenheim legitimiert war, indem sie das Ordensband der Heiligen Katharina zur gleichen Zeit erhalten hatte wie Prinzessin Alice. — Prinz Friedrich und Prinz Wily sind eingeladen, nach Belieben zu kommen. — Die Familie Weimar macht sich eines der anliegenden Häuser zunutze. — Wera Konstantinowna läßt das Schloß von ihren Freudenschreien widerhallen mit den beiden kleinen Taubenheim auf Dauer. Und ich bin gegenwärtig ihr gutes Beispiel, das auf Ordnung hält. Eine Militärmusik ersetzt den Herren die Konversation und begleitet die persönlichen Träumereien eines jeden. Wir lesen »Le Père Céleste« von Ernst Naville.[1]«

1. August *Abreise nach Ostende.* Aufenthalt in Stuttgart. Man verhindert mich, meine Mutter durch plötzlichen Besuch in Wildbad zu erschrecken. Grüneisen sagt, Mama sei innerlich ganz vorbereitet, man solle sie nicht beunruhigen. Die Königin sagte, die Kaiserin-Mutter, die doch gewiß einen schönen Tod gehabt, hätte nie ausgesprochen, daß sie sterben müsse, erst am letzten Tag beim Abschied.

3. August In Ostende ist es regnerisch. Wir hatten in Darmstadt d'Astorg's gesehen — der Großherzog von Sachsen und Dingelstedt[2] sind da.

6. August Messe in der Kapuzinerkirche mit Ihrer Majestät — Bürgermeister von Steghem zu Tisch — Seine Majestät haben Launen. Madame Sampajo und Tochter sind hier. —

7. August Die Königin ist unwohl, von Magenkrampf befallen. — Der Großherzog liest ihr Czartoryski's Briefe an Alexander I. vor[3]. — Sturm auf dem Meer — der König macht Exkursionen mit einem belgischen Ordonnanzoffizier, Baron Hilaire und kommt befriedigt aus Lüttich und Antwerpen zurück. Wir lernen einstweilen die Herzogin von Bassano-Hoogvord kennen.

16. August Herzog von Chartres[4] – Fürst und Fürstin Orlow[5].

20. August Frühstück bei den Brabant — auf dem Deich Bekanntschaft gemacht mit der Marquise d'Asche (Benckendorff) und der Baronin Bruck — Wir reisen am 26. zurück — ich bitte die Königin, mich einige Tage in Stuttgart zu lassen und die Gräfin Taube nach Friedrichshafen mitzunehmen, damit ich jeden Augenblick abreisen kann — meine Mutter möchte nicht, daß ich meinen

1 *Ernst Naville,* Schweizer Publizist, geb. 1816, trat für die Minoritätenvertretung ein.
2 *Franz Dingelstedt* (1814–1881), Dichter und Dramaturg in München, Weimar und Wien.
3 »Alexander I. und der Fürst Czartoryski. Korrespondenz und Gespräche 1801–1823« erschien 1865 in Paris.
4 *Robert Herzog von Chartres,* geb. 1840.
5 *Fürst Nikolaj Alexejewitsch Orlow* (1820–1885), Diplomat.

Dienst vernachlässige. — Wir lesen »Auf der Höhe« von Auerbach[1] — Konzert der Patti.

24. August Alice Galizin auf dem Deich begegnet — Madame Sampajo, die ein wenig zur Prahlerei neigt, ist Katholikin geworden und kann nicht genug von den Tröstungen der neuen Kirche sprechen. — Sie sagt zu mir, ich hätte einen maßlosen Stolz — daran ist schon etwas wahr.

25. August Wortspiele mit dem Großherzog von Sachsen — die Brabant dinieren bei uns — Abschied vom Deich.

26. August Abreise ohne Behinderung — den König von Preußen verfehlt. — Man läßt mich in Stuttgart — ich bin niedergeschmettert von der Veränderung meiner Mutter, kann sie nur einige Augenblicke sehen.

27. August Trotzdem glaubt Elsässer, der Kornbeck ersetzt hat, nicht an eine unmittelbare Gefahr — nach 3 Tagen reise ich zurück nach Friedrichshafen. In Stuttgart sehe ich die Weimar, Herrn Titoff, die Gräfin Taubenheim, Frau von Fleischmann wieder, was mich sympathisch anmutet.

31. August Sehr freundlicher Empfang durch Ihre Majestäten — der König schickt meiner Mutter Früchte. Die Gräfin xxx sagt zu mir, es schade der Königin, mich immer um sich zu haben!

2. September Ich war mit der Königin bei den Epileptikern auf der Pfingstweide[2] — der König in Wiblingen. Am Abend Schreibspiele oder Lotto dauphin — L. Beroldingen ist so liebevoll.

4. September Telegramm mit schlechten Nachrichten von meiner Mutter. Ich entschließe mich zu reisen. Mein Schwager drängt mich ebenfalls, zurückzukommen, obwohl sich meine Mutter bedankt habe, daß ich gekommen sei.

6. September Rückkehr nach Friedrichshafen auf die Verantwortung von Elsässer hin — bis zum 11. September.

7. September Nochmals schlechte Nachrichten: ich reise zurück. Mama selbst, Grüneisen, alle bereden mich, noch einmal für den 11. nach Friedrichshafen zu gehen. Ein Telegramm von Etersen, welche Großfürstin Marie hinbegleitet, bestimmt mich.

10. September Ich reise um 4 Uhr mit Prinzessin Katherine, Prinz Wily, Elise Fersen auf der Bahn.

11. September Der Königin gratuliert — die Großfürstin Marie ist großartig: soviel Herz in jedem Wort! — viele Gäste. Ich verbringe den Nachmittag mit

1 *Berthold Auerbach* (1812–1882), bekannt durch seine »Schwarzwälder Dorfgeschichten«.
2 Bei Tettnang, wo sich seit 1862 eine Pfleg- und Bewahranstalt für erwachsene männliche Epileptiker befand.

den beiden Schwestern[1] — Galafrühstück, ich sitze zwischen Neurath und Stroganow[2] — dann Promenade quer durch die Illumination — die Kinder Beroldingen, Konstantin und Lily, sind in Dekoration auf ihrem Balkon.

12. September Ich reise zur gleichen Zeit wie die Weimar zurück in unbefristeten Urlaub — Etersen ist noch 6 Uhr früh am Bahnhof — Mama freut sich, mich wiederzusehen, diesmal wundert sie sich nicht mehr. Ich bleibe in ihrem Haus auf einer Chaiselongue.

13. September Es ist schrecklich zu sehen, wie nach und nach die Begriffe schwinden.

14. September Sie verlangt den ganzen Tag nach Kirchenliedern.

17. September Der alte Gussmann[3] ist auch da, sehr beunruhigt — Brief von der Königin.

18. September Keine Hoffnung mehr. Um ½2 Uhr war alles zu Ende. Es ist ein großer Trost, die Seele von einem in das andere Leben übergehen zu sehen, eine Lehre für die weltlichen Ängste! Ihr Gesicht hat den Ausdruck der Milde und der Ruhe einer Seele im Frieden.

20. September Beisetzung — schönes Gebet von Günther — freundliche Schreiben Ihrer Majestäten.

21. September Abreise nach Wain mit Pauline — ruhige Tage mit den netten Kindern.

24. September Rückkehr zur Villa.

26. September Einweihung der neuen Kapelle im Alten Schloß — es macht Freude, wenn man daran denkt, daß es das erste Bauwerk des Königs ist.

27. September Diner bei Hof — Ihre Majestäten wünschen, daß ich meinen Dienst in sechs Wochen wieder aufnehme.

28. September Volksfest ohne mich — Schwester Louise wiedergesehen, die unsere Mutter in Wildbad so gut versorgt hat.

30. September Ich erhalte so viele liebe Briefe, sogar von Königin Sophie. Unsere Mutter hatte viele Freunde.

2. Oktober Weinlese in Untertürkheim — ich gehe auf den Friedhof. Die Palmzweige Ihrer Majestäten sind auf dem Grab.

8. Oktober Alle Vormittage in der Seestraße in Erbschaftsangelegenheiten.

1 *Großfürstin Marie,* verwitwete Herzogin Leuchtenberg, neu vermählte Gräfin Stroganow und Königin Olga.
2 *Graf Paul Stroganow,* russ. Staatsrat und Kammerherr.
3 Stuttgarter Arzt.

9. Oktober Ihre Majestäten gehen mit Gräfin Taube nach Ellwangen.

11. Oktober Eklat um Prinz Weimar — sein militärischer Rücktritt wurde freigegeben, um ihm bei den Majestäten einen Dienst zu erweisen.

20. Oktober Der König geht nach Urach und zur Achalm — die Königin sieht übel aus — und ich muß Mut finden, frisch anzufangen.

23. Oktober Großes Familiendiner zum Abschied für Prinz Wily, der nach Preußen geht.

24. Oktober Der arme Uxküll hat seinen Sohn Konrad verloren.

29. Oktober Sonntag — meine neue Wohnung auf der Theaterseite des Neuen Schlosses angesehen — Graf Peter Schuwalow[1] angekommen.

31. Oktober Luise Benckendorff wieder eingetroffen.

1. November Trauergottesdienst.

3. November Mit Ihrer Majestät im Katharinenstift. Abends Musik von Bruckner mit Einladungen.

9. November Die Königin erzählt Frau von Berlichingen, daß die Herren so über mich klagen.

10. November Der König geht nach Freudental.

15. November Kleine Reise Ihrer Majestäten nach Frankfurt, Großfürstin Helene zu begegnen — Labiensky[2] — Herrn von Savigny[3] kennengelernt — Tod des Grafen Neipperg — große Konversation mit E. Rahden über Stuttgart. Sie scheint ziemlich Kummer zu haben.

18. November Zurück nach Stuttgart — Alexander von Hessen am Bahnhof Darmstadt — Ihre Majestät geht direkt zu Prinzessin Marie.

19. November M. Fredericksz in Verzweiflung über die Launen des Königs — Abschied von der alten Schloßkirche — Schillerräume, welche für die Heirat der Königin von Westfalen[4] hergerichtet worden waren.

22. November Idee, mit L. Benckendorff zu Weihnachten nach Paris zu reisen.

27. November Fliegender Holländer[5] — Ihre Majestäten in der Mittelloge — vorher morgens im Katharinenstift, zur Stunde des Professors Mörike[6] —

1 Russischer Staatsmann (1827–1889). Siehe S. 37, Anm. 6.

2 *Kamill Labiensky,* russischer Diplomat, gest. 1871.

3 *Karl Friedrich von Savigny* (1814–1875), preußischer Diplomat.

4 *Katharina* (1783–1835), Tochter König Friedrichs von Württemberg, heiratete 1807 Jérôme Bonaparte (1784–1860) König von Westfalen von Napoleons Gnaden.

5 Erstaufführung der Wagner-Oper in Stuttgart.

6 Der Dichter *Eduard Mörike* war Lehrer am Katharinenstift.

Stolypins[1] eingetroffen, charmant in ihrem Auftreten. Er hat sich in Ostende präsentiert.

1. Dezember Das Interieur der Stolypins ist sympathisch. — Mit Ihrer Majestät gefahren — mühsame Konversationen — Vorlesung von Professor Vierordt[2] über Gehen und Stehen.

5. Dezember Luise Benckendorff fährt nach Paris — gestern noch heiter bei ihr mit Stammgästen: Weimars, Mauclers, Wolkenstein[3], Hügel.

7. Dezember Geheimrats-Diner.

8. Dezember Der König auf dem Ammerhof[4]. Die Königin abends bei den Benckendorff-Kindern.

10. Dezember Tod von König Leopold I. von Belgien.

17. Dezember Kirchlicher Einzug in den neuen Schloßflügel! Gott segne es ihnen! Die Königin ist so freundlich, gibt mir ein Novoselie[5], hofft, wir werden gute Tage hier verleben! Man macht es mir so schwer! Habe viele Möbel meiner Mutter hereinnehmen können.

Staatsrat Ludwig war am 14. seinen Leiden erlegen. Ich sah ihn noch einmal, um wegen der Toll'schen Kinder Rat's zu erholen — Professor Niemeyer[6] wird konsultierender Leibarzt, hält einen Vortrag über Bantingkuren[7] — Freiherr von Canitz ein angenehmer preußischer Gesandter — Frau von Canitz ist eine Akquisition.

24. Dezember Weihnachtsabend: 5–6 Uhr bei Spitzemberg, 6–7 Uhr bei Luise Benckendorff, 7–10 Uhr bei Ihren Majestäten.

Der hübsche Privatgarten hinter dem Schloß wurde eingeweiht — ein sehr natürliches Reservatrecht.

26./27. Dezember Weihnachtsbescherungen mit Ihrer Majestät in Gablenberg, Gaisburg, der Olgaheilanstalt.

31. Dezember Jahresschluß — reicher an Gütern der Welt, ärmer an Liebe und Illusionen!

1 *Nikolaj Stolypin* (1814–1884) war russischer Gesandter am niederländischen Hof.
2 *Karl Vierordt* (1818–1884), Professor der Medizin in Tübingen, bekannt als Physiologe.
3 *Graf von Wolkenstein,* österreichischer Legationsrat.
4 Hofdomäne bei Tübingen.
5 Einstandsgeschenk.
6 *Felix Niemeyer* (1820–1871), Prof. der Pathologie und Therapie in Tübingen.
7 Methode zur Heilung von Fettsucht und Übergewicht, begründet von William Banting in Kensington (1797–1878).

1866

Redoute im Königsbau – 10. März Abreise nach Rußland über Berlin – 2 Tage Aufenthalt – Karl Spitzemberg – Charlottenburg – Königin Elise – 8–13 Grad – Empfang der Königin – Salonleben in Petersburg – Emanzipation – 16. April Attentat – der Krieg vor der Türe – Ball von 2000 Personen – Kokarde für Luise Benckendorff – Zarskoje Selo – Madame Tomilov – Warschau – Marschall Berg – Truppendurchzüge – Wien – Großer Empfang – Maria Theresiazimmer – Schönbrunn – Laxenburg – Kaiserin Karoline Auguste – Altes Burgtheater – Herzog Philipp – Herzog Alexander mit Familie – Kaiserin Elisabeth so anmutig – Tauberbischofsheim – Prinz Wily – Rotes Kreuz – Einzug der Truppen – Ostende – Wera – Fürst Orloff – 11. September in Friedrichshafen – Christlieb – Fürstin Marusty und Prinz Serge – Stuttgart im November – Ammerhof – 31. Dezember – Tod der Gräfin M. Taubenheim.

1. Januar Julius Hügel wird Vize-Oberstallmeister — Ranggeschichten beim Neujahrsdiner — L. Benckendorff quält mich, eine Heirat einzugehen (B.B.) [Baron Beroldingen].

2. Januar Große Konversation mit der Königin wegen der russischen Reise, auch über die »Herren« — Abendempfang bei L. Benckendorff, die sehr artig ist mit den alten Damen — Fest des kleinen Stolypin: 5 Jahre.

5. Januar Fürstin Marusty trifft mit E. Mollenbeck ein.

6. Januar Musikalische Soiree in den Appartements des Königs.

7. Januar Hofdiner mit den Prinzessinnen, denen gesagt wird, daß sie während dem Cercle Ihrer Majestäten nicht auch Cercle machen sollen. — Theater: Oberon — Tee mit Fräulein Mollenbeck.

9. Januar Mit Ihrer Majestät zu Fuß auf den Rosenstein — Konzert Wilhelmi[1] — Bruckner.

10. Januar Diner für den Herzog von Cadore[2] und Madame Kalergis.

11. Januar Großer Hofball. Madame Kalergis und Chiffonette [Gräfin Taube] sitzen nebeneinander: Der König spielt mit den »Wiedertäufern«. So nennt man Spitzemberg, Egloffstein und Leutrum.

1 *August Wilhelmi,* berühmter Violinspieler.
2 Französischer Diplomat, siehe S. 198, Anm. 2.

14. Januar Graf Wilhelm Pourtalès[1] ist angekommen, er ist charmant, man sieht, daß er große Erfahrung mit den Frauen hat. — Große Diskussion mit Madame Kalergis über Kaiser Napoleon III. und den Kaiser von Mexiko.

17. Januar Brand im Königsbau. — Luise zeigt Pourtalès das Schloß Ludwigsburg.

22. Januar Im Katharinenstift mit Ihrer Majestät, immer bei zwei aufeinanderfolgenden Lektionen, einen Augenblick bei den ganz Kleinen. — Im Atelier von Professor Wagner[2].

23. Januar Spaziergang mit Ihrer Majestät in die Wilhelma. Sie zeigt mir die intimen Zimmer König Wilhelms mit ihren Miniaturen: unmöglich!

24. Januar Billett der Königin an Luise Benckendorff im Namen des Kaisers, lobend. Schlechter Ton von Schewitsch[3], den sein ausgezeichnetes Talent für die Musik nicht vergessen lassen kann. — Wolkenstein ist viel ausgeglichener.

25. Januar Konsultation Niemeyers durch Seine Majestät.

1. Februar Großer Hofball, viele hübsche Toiletten. Neurath[4] führt mich zum Souper.

3. Februar Konzert von Bülow[5]. — Ihre Majestät sagt mir klar, daß ich wegen der Herren schlecht behandelt werde, aber sie sieht so elend aus, daß ich sie doch recht schonen muß.

6. Februar Große kostümierte Redoute im Königsbau, die ich, als in Trauer, mit Wera von der Hofloge aus ansehe — der König und Spitzemberg[6] sind als Musketiere gleich kostümiert, die Königin als Barbara Gonzaga[7] nach dem Bebenhäuser Bild. 3000 Geladene.

9. Februar Besuch mit Ihrer Majestät in der Olgaheilanstalt — Sascha und der nette kleine Paul Benckendorff sind angekommen.

11. Februar Gerede über den König und die Sängerin Klettner. Seine Majestät gibt sein Ehrenwort, daß nichts daran war.

14. Februar Zwei Damen beschuldigen L. Benckendorff, bei sich Cancan getanzt zu haben: sie soll von der Hofliste gestrichen werden. Graf O. Rechberg[8] ist so gut zu Luise.

1 Verwandter des preußischen Diplomaten Albert Graf von Pourtalès.
2 *Theodor Wagner* (1800–1880), Bildhauer, Professor an der Stuttgarter Kunstschule.
3 *Dmitri Sevič* (1838–1906), russischer Diplomat.
4 *Konstantin Freiherr von Neurath* (1807–1876), Staatsminister 1855–1867.
5 *Hans von Bülow* (1830–1894), Pianist und Dirigent.
6 *Wilhelm Freiherr Hugo von Spitzemberg* (1825–1888), Generaladjutant König Karls.
7 Markgräfin von Mantua, Gemahlin Herzogs Eberhard im Bart (1455–1503).
8 *Otto Rechberg*, Erbgraf von Rechberg und Rothenlöwen.

17. Februar Zweck-Konzert bei Hof, wo der König Luise und der Königin zwei gleiche Buketts überreicht.

18. Februar Viel Lärm über mich: Taubenheim[1] und Uxküll wollen mich nicht gehen[2] lassen!

19. Februar Entschuldigungsbrief der Cancan-Feindinnen — Fürstin Marusty geht mit uns nach Rußland.

4. März Die Königin morgens mit Wera bei mir — Er[3] nicht — Abschiedsvisiten-Tournée. — Man sagt, der Krieg sei vor der Tür, ohne recht daran zu glauben. — Wera so nett, man gibt sich alle Mühe, das kleine Wesen zum Menschen zu machen — komisch, daß der Wildfang sich bei den Tanzstunden am besten hält.

Lange Unterredung mit Ihrer Majestät: »daß ich von meinen neuen Kolleginnen sehr erfreut gewesen sei, mir jetzt aber die Augen aufgehen würden«. Ich litt auch darunter, daß meine engen Beziehungen zu der Königin sich bei der Menge ihrer Verpflichtungen etwas verschlechterten. Luise Benckendorff mit ihrem offenherzigen Blick enttäuscht mich in vielerlei Hinsicht. Das einzige Unrecht, das man mir angetan hat, war, daß man mir alberne Kolleginnen beigegeben hatte, so daß die heiklen Arbeiten alle mir zufielen *und:* man stand öffentlich nicht zu mir. Die Umgebung des Königs machte ihn glauben, er werde von seiner Frau beherrscht, um so den Einfluß der Königin auszuschalten. Ich litt für sie unter diesem Undank, sah sie betrogen, schlecht informiert; ihr Stolz erlaubte es ihr noch nicht, klar zu sehen, vor allem, weil sich der König dann wieder bei ihr über seine Umgebung beklagte — so wenig seiner hohen Aufgabe gewachsen! Kurzum, ich glaubte bei der Rückkehr von Rußland meinen Posten aufgeben zu müssen. — Ihre Majestät spricht mit mir über die Villa — ich gebe keine Antwort.

10. März Abreise mit Gräfin Benckendorff, Graf Taubenheim, Graf Cäsar Beroldingen[4]. — Man hatte Seiner Majestät für seine Gespräche in Berlin viel Vorsicht anempfohlen.

11. März Wir kamen um 6 Uhr morgens an — Besuche und Gegenbesuche, zuerst bei Königin Elise[5] in Charlottenburg, dann bei Oubril[6], wo Ihre Majestät abgestiegen. — Abends ist Ihre Majestät bei Königin Auguste[7].

1 *Wilhelm Graf von Taubenheim* (1805–1894), Oberstallmeister des Königs Karl.
2 Aus dem Hofdienst bei Königin Olga.
3 Der König kam nicht zur Geburtstagsgratulation.
4 *Graf Cäsar Beroldingen,* K. Generalmajor und Hofmarschall.
5 *Elise Ludovika von Preußen* (1801–1873), Tochter König Maximilians I. von Bayern, Gemahlin König Friedrich Wilhelms IV. von Preußen.
6 *Oubril:* russischer Botschafter in Berlin.
7 *Augusta Marie* (1811–1890), Tochter des Großherzogs Karl Friedrich von Sachsen-Weimar und der Großfürstin Maria Paulowna, Gemahlin des Königs, dann Kaisers Wilhelm von Preußen.

12. März Ihre Majestät macht Besuche mit mir. Sehr komische Damen bei Prinzessin Karl[1] — Große Galatafel bei Hof — ich sitze zwischen Prinz August von Württemberg[2] und Fürst Anton Hohenzollern — die Herrschaften sind sehr gütig — Gräfin Amelie Adlerberg — zu Krüdener[3] geladen. Keine Zeit Bismarck zu besuchen, wir reisen abends 11 Uhr ab. — Karl und Hildegard Spitzemberg waren nach Berlin versetzt, funktionierten.

13. März Nacht im Eisenbahnwagen mit L. Benckendorff und E. Mollenbeck. In Eidtkunen wurden General v. Minkwitz[4], Graf Chreptowitsch[5] und Graf Peter Schuwalow[6] Ihrer Majestät zugeteilt. — Fürstin Marusty mager aber lieb! — Schöne russische Eisenbahnwagen.

14. März Es wird immer kälter. In Pskow [Pleskau] steigt Graf Konstantin von der Pahlen[7] zu, dann Wl. Fredericksz[8] — tiefer Schnee — in Gatschina kommen der Kaiser, die Großfürsten Konstantin, Alexander Alexandrowitsch[9] (der Erbe), Wladimir, Kola Leuchtenberg, der Herzog Georg von Mecklenburg-Strelitz, Gemahl der Großfürstin Katherina, der Herzog von Altenburg. Der Kaiser empfing die Königin mit Prunk wie wenn es das erste Mal wäre, daß sie als Souveränin komme.

In Petersburg empfängt uns die Kaiserin, E. Rahden, eine Menge Leute. Wieviel gute Bekannte, das macht wahrlich Vergnügen! Im Winterpalais kommen wir alle durcheinander. Marie Fredericksz ist so liebenswürdig, Elise Fersen sogleich da. Ich wohne in den »morganatischen Zimmern« im 1. Stock, die früher der Herzog von Leuchtenberg innehatte: Pompös aber unbequem.

15. März Mittags Frühstück der Damen bei Ihrer Majestät, die mit der Gräfin Tiesenhausen ausgeht, zusammen mit Nina Pilar dazu bestimmt, den Dienst bei ihr zu übernehmen. Ich erledige die Visiten bei Gräfin Protasov[10], Fürstin Lvow, Marie Volkonskij, so charmant, so sanft, vom Leben geprüft. Marschalldiner. Am Abend bei der Fürstin Suworov.

16. März Nochmals bei Marie Volkonskij mit ihrer Tochter Lise und Luise Benckendorff im Familienkreis. Zuvor Soiree mit Elise Fersen, die zurückreist.

1 *Prinzessin Marie von Sachsen-Weimar* (1808–1877), Gemahlin des Prinzen Karl von Preußen (1801–1883).
2 *August, Prinz von Württemberg* (1813–1885), Sohn des Prinzen Paul von Württemberg.
3 *Freiherr Nikolai von Krüdener* (1811–1891), russischer Generalleutnant.
4 *Rudolf Alexander von Minckwitz* (1815–1882).
5 *Graf Michael Chreptowitsch* (1809–1891), Diplomat.
6 *Peter Graf Schuwalow* (1827–1889), russischer Staatsmann.
7 *Konstantin Graf von der Pahlen* (1830–1912).
8 *Vladimir Alexander Fredericksz* (1837–1892), Diplomat.
9 Sohn Kaiser Alexanders II. und der Prinzessin Marie von Hessen-Darmstadt (1845–1894), Thronfolger nach dem Tod seines älteren Bruders Nikolaus 1865.
10 Gemahlin des Grafen Nikolaj Alexander Protasov.

Die Königin will, daß sie über Stuttgart fährt. Um 10 Uhr bei Alexander Tolstoi[1] mit Lise Karamzin. Es erscheinen die Isakov, die Gräfin Kamarovskij, Fräulein Jankovskij.

Um 4 Uhr war ich mit Ihrer Majestät am Kai spazierengegangen. Sie spricht bei jeder Gelegenheit vom König. — Besuch von Volkow[2]. — Ich bei Fürstin Schachoskoj und Gräfin Ribeaupierre[3].

17. März Um 9 Uhr Spaziergang mit Ihrer Majestät am Kai. Es hat 10 Grad unter Null. — Luise hat sich erkältet. — Audienz bei Alexandra Josephowna, viel geplaudert. — Clémence Rantzau wiedergesehen, die alte Madame Nelidoff, die Gräfin Chreptowitsch, C. Tiesenhausen, den Grafen P. Schuwalow. — Schlittenfahrt mit Ihrer Majestät. Soiree bei der Großfürstin Helene.

18. März Messe — der Kaiser selbst stellt sein Militärpersonal vor — Dr. Karell ist rundlich geworden — Begegnung mit vielen alten Bekannten — Marie Mechtscherskij — kaiserliches Mittagessen — Besuche — E. Rahden entrüstet über das, was man mir antut — Abendessen bei den Suvorov mit Taubenheim und dem Admiral Krusenstiern[4] — der Graf Czapski[5] — den Abend bei Alexander Albedinskij[6] verbracht. Die Nachrichten aus Stuttgart beweisen, wie man gegen die Königin arbeitet und wie man darauf aus ist, sie während ihrer Abwesenheit in ein schlechtes Licht zu stellen. Wie genießt sie doch die Aufmerksamkeiten des Herzens und der Erziehung, die sie hier umgeben!

März 1866 Brief an meine Schwester aus Petersburg:
»Wir kamen wohlbehalten am 14. hier an. 3 Nächte waren wir durchgefahren, hatten uns in Berlin 2 Tage aufgehalten, wo der Hof ein schönes großes Galadiner gab. Ich suchte den Onkel Sell mit der neuen Tante auf. — Je mehr wir nördlich kamen, desto kälter wurde es, und seit wir hier sind, bleibt die Wintertemperatur zwischen 8–13 Grad unter Null.

Wir leben in Saus und Braus und ich kann nicht umhin, an den Salons einer großen Stadt wieder einmal meine Freude zu haben, besonders an der wirklich allgemein herzlichen Aufnahme vieler meiner Bekannten und Freunde. — Nach Ostern, am 18. April werden wir nach Zarskoje übersiedeln und dort hört das Weltleben von selbst auf, gestaltet sich aber zu einem recht gemütlichen Kreis, von dem die einzelnen Individuen mir meist ziemlich nahe stehen.

Man spricht auch hier viel über Krieg und Frieden; ich glaube, wir werden jedenfalls nicht über Berlin zurückfahren. Dieser deutsche (Bruder-)Krieg ist wie

1 *Graf Alexander Tolstoij* (1801–1873).
2 *Sergej Volkow* (1803–1879), General.
3 *Graf Alexander Ribeaupierre* (1781–1865), Diplomat.
4 *Alexander Krusenstern* (1807–1888).
5 *Graf Emeryk Czapski* (1828–1896).
6 *Alexander Albedinskij,* General (1826–1883).

die Fabel mit dem Wolf: man sprach so lange davon bis man nicht mehr daran glaubte; jetzt kommt es vielleicht dazu und niemand ist vorbereitet.

Ich wohne sehr pompös, weil man nicht mehr sehr viel Platz im Winterpalais zu vergeben hat und somit ist die Eremitage vor meiner Tür und ich kann manchen verlorenen Augenblick bei diesen herrlichen Schätzen zubringen.«

19. März Mein Onkel Eduard aus Riga kommt, ein lieber, gescheiter alter Mann — Vorstellung des kaiserlichen Zivilpersonals — der Senat — Diner bei mir mit Herrn von Abele[1], dem Deutschkatholiken und württembergischen Gesandten. Meine Kusine Cécile Gorskin besucht.

20. März Die gute Madame Buguet, die früher bei uns war, jetzt bei Meyendorffs und die alte Kammerfrau, Frau von Rohrbeck, lange gesehen. — Vorstellung des Rats des Kaiserreichs durch Großfürst Konstantin — Besuch von 5 Fräulein und Cäsar Beroldingen. Um 7 Uhr zur Königin, die unwohl, steif, nicht glücklich ist. — Nachher großes Festmahl bei Gräfin Blondov, voran Baron Talleyrand, Fürst Basil Dolgoruky, General Isakov[2], E. Rahden teilnahmen.

21. März Besuch der Eremitage — die Bilder betrachtet — Auf der Festung gewesen, um auf dem Grab der Kaiserin Mut zu suchen — Fredericksz bei mir, er hofft, nach London versetzt zu werden. — Die Königin verlangt mich um ½8 Uhr, läßt sich vorlesen und sagt, die Ehrenfräulein seien so froh, mich wieder unter sich zu haben. Abends bei Fürst Mechtscherskij-Karamzin.

22. März Schreckliches Kopfweh. Der Kaiser bei mir — General Lieven[3] — Adelung — Großes Diner bei Ihren Majestäten zum Geburtstag des Königs von Preußen. Neben dem Thronfolger gesessen, ein herzlicher, ehrlicher Mensch! Abends bei Großfürstin Helene.

23. März Bei Chreptowitsch und Fürstin Marie Volkonskij gewesen, deren harmonisches Wesen so wohltut. Vorstellung des diplomatischen Corps bei der Königin, dann Marschalltafel bei Gräfin Protasov[4].

25. März Predigt bei Findeisen — Die Königin läßt sich die Depeschen über Rom vorlesen — Gortschakow wollte sie mir anvertrauen. — Konzert bei der Kaiserin, Gortschakow sehr freundlich. Souper neben dem Kaiser.

26. März Nach Alexander Newsky und der Kasan-Kathedrale gefahren. Abends Festtafel Gortschakow mit der berühmten Nichte Akinfieff. Man fand die Königin schön und artig. Ich vermißte die Fürstin H. Kotschubey.

27. März Die Kinder von Lise Volkonskij sind bei der Königin — Besuch der Gräfin Protasov — im Eilschritt Geschäfte besucht — die Isaaks-Kathedrale

1 Württembergischer Geheimer Legationsrat.
2 *Nikolay Issakov* (1821–1891).
3 *Wilhelm Heinrich Baron von Lieven* (1800–1880), General.
4 Witwe des Grafen Nikolaj Alexander Protasov (1798–1855), General. Vgl. S. 215, Anm. 10.

wieder besichtigt — Diner bei der Großfürstin Katherine — den Abend allein bei Fräulein Nelidoff verbracht.

Felix Meyendorff erzählte: »als der Papst sagte, das sind russische Lügen« ... — er erhob sich —, »als er sagte, die Kaiserin ist zu orthodox«, antwortete ich ihm: »man kann niemals zuviel sein von seiner Religion!«

29. März Gleicher Abend wie gestern bei der Kaiserin. Von Schauspielern wurde »der verliebte Löwe« im Salon aufgeführt. Der Kaiser speiste wieder an meiner Seite.

30. März Zu Fuß mit Luise Benckendorff zur Festung. Sie betete auf dem Grab der Kaiserin — Großes Konzert für die Invaliden in der Oper, dann reizende Soiree Chreptowitsch mit den Anatol Barjatinskij usw.

31. März Spaziergang mit der Königin am Kai — Plauderei mit Luise, die bis zum Palais Michael fortdauert. — Sie zieht mich mit Felix Meyendorff auf — Große Tafel bei der Gräfin Kuschelev[1]. In der Kirche mit Graf Taubenheim — Steife Lektüre bei Königin Olga — Abends Fürst Scherbatow — Angenehme Unterhaltung mit Gräfin Moira und Fürst Serge Urusov[2]. Man findet, daß sich die Königin nicht gut informieren läßt — über hier wie über zuhause!

2. April Mit Emma Mollenbeck, Nina Pilar und A. Albedinskij zum Tee, Madame Buquet zum Essen. Die Königin spricht mit Luise über mich. — Ich werde diesen Herren kein Entgegenkommen zeigen, wenn auch die Königin darauf besteht!

3. April Promenade auf dem Newskij-Prospekt; bei Weras kleinen Geschwistern gewesen. Gemeinsames Diner. Am Abend mit Migräne bei der Königin — mühsame Unterhaltung — Marusty und Ihre Majestäten treten ein.

4. April Langer Besuch von Vater Tutscheff. Er spricht über seine Tochter Daria und die russischen Zustände — Felix Meyendorff erzählt mir von seinem Verweis wegen des falsch verstandenen Telegramms. — Soiree und Lesung bei Ihrer Majestät mit der Gräfin A. Bludov[3]. Die Großfürsten Konstantin kommen nach der Beichte, sind rührend.

5. April Am Morgen mit Meyendorff und E. Mollenbeck in der Eremitage. Dann bei Luise, die ich bei einem Gespräch mit Taubenheim über mich antreffe. Diner mit meiner Kusine Cäcilie Jacobs. Um 7 Uhr bei der Königin, danach bei Gräfin Tiesenhausen mit A. Tolstoi. Cäsar Beroldingen ist entrüstet über die Beförderung der Adjutanten; er sagt mir, daß die Königin auch mit ihm über mich gesprochen hat. Sie macht sich Sorgen.

1 Gemahlin des Grafen *Grigorij Aleksander Kuschelev* (1832–1870).
2 *Serge Urusov* (1816–1883).
3 *Graf Andrej Bludov* (1817–1886), Diplomat, ihr Gemahl.

6. April Zur Predigt mit Taubenheim. Der König hat durch das Kabinett anfragen lassen, wie ich mich verhalte! — Zu Luise, wo ich alle Volkonskijs antreffe. — Die Königin geht mit mir zur Großfürstin Helene.

Gortschakow desavouiert Meyendorff und profitiert von dessen Abenteuer in Rom.

7. April Luise diniert bei der Königin mit Chreptowitsch. Osternacht im Chor. Man sagt, Madame Akinfieff und Suvorov hätten eine Szene gehabt. Um 4 Uhr morgens haben wir Seiner Majestät unsere Glückwünsche ausgesprochen.

8. April Besuche bei der Gräfin Protanov und bei Marie Volkonskij. Diner bei mir mit Clementine Rantzau. Cäsar Beroldingen sagt mir, Taubenheim gebe mir recht, nachdem er mit mir gesprochen habe. Am Abend bei Helene Nelidoff.

9. April Stürmische Unterredung mit Taubenheim, den mir die Königin geschickt hat. Ich gebe nicht nach.

Luise B. hat Audienzen und diniert beim Kaiser, wird liebenswürdig verabschiedet, erhält keine Auszeichnung!

10. April Sehr schlechte politische Nachrichten — arme Königin! Parade der Garden zu Pferd — Promenade mit der Königin. Diner beim Kaiser mit den Offizieren. — Bei der Verabschiedung fragt Luise Königin Olga, ob sie zurückkehren müsse. »Bleibt es dabei?«

11. April Luise ist krank — Biberöl — sie findet mich in meinen monarchischen Gefühlen etwas verändert. — Abends französisches Theater, danach zu Luise, der es besser geht.

12. April Abreise von Luise, viele Leute sind am Bahnhof. — Zum Ballett mit A. Jankovskij (dessen Rolle sich nun unmerklich ankündet), dann bei M. Volkonskij mit dem Grafen Redern — sehr angenehm. Zuvor Diner beim Kaiser mit Fürst Gortschakow, Herzog Georg von Mecklenburg, Fürst Wiasemsky.

13. April Geburt des Großfürsten Alexander Michailowitsch[1] — Graf Peter Schuvalow[2] — Spaziergang zur Eremitage mit Meyendorff, wir bewundern die Venus Gedeonov — sehr hübsche Theatersoiree bei den Paskevitsch. Die Eintrittskarte kostet 3 Rubel.

14. April Diner bei Großfürstin Helene — Soiree im französischen Theater: »die Reise des Herrn Périchon«.

15. April Tedeum für den Neugeborenen in Tiflis — Soiree Mechtscherskij — so gut mit Luise Karamzin geplaudert.

1 Sohn des Großfürsten Michael (1832–1909) und der Prinzessin Cäcilie von Baden (Olga Feodorowna).

2 *Graf Peter Schuwalow* (1827–1889), General.

16. April Attentat auf den Kaiser im Sommergarten — Tedeum in der kleinen Kapelle. Am Abend erscheint der Kaiser einen Augenblick bei der Königin, wo auch die Moira und Graf Peter Schuvalow von Riga sowie die Albedinskij waren. Graf Peter sagte zur Königin, er möchte Polizeiminister werden. — Franz Teck heiratet die Prinzessin Mary[1] von Cambridge.

17. April Spaziergang zur Eremitage mit der Königin — Tedeum im Sommergarten — Ihrer Majestät vorgelesen — Soiree Czapski — Madame de Saroman — Redern — Walterskirchen[2] — Meyendorff.

18. April Parade auf dem Marsfeld, von den Oldenburgs aus zugesehen — Russisches Theater mit der Königin »Das Leben für den Zaren[3]«, Demonstrationen ohne Ende. Die Kaiserin läßt mich in ihre Loge holen. Anschließend Soiree bei Ihrer Majestät mit Vera Opotschinin, Madame Karamzin, A. Tolstoi.

19. April Matinee mit Meyendorff in der Eremitage, Diner bei der kleinen Marie Alexandrowna mit A. Blondov und E. Rahden. Am Abend bei Ihrer Majestät mit den Herren Titoff und Tolstoj von der Synode — Sehr hübsche Soiree Chreptowitsch. — Graf Keyserling[4] und Graf Muraviev von Moskau sind für die Untersuchung des Attentats ernannt worden. Fürst Basil Dolgorukij[5] tritt zurück, Graf P. Schuwalow[6] ersetzt ihn. — Gräfin Tiesenhausen ist krank — Große Vorstellung von 40 Damen durch mich, unvorbereitet! Wobei jedermann angesichts meiner Verwirrung mir hilft, es recht zu machen. Am Abend in der »Schönen Helena[7]«. Nach dem 2. Akt läßt mich die Kaiserin holen, um mit ihr heimzugehen und daher habe ich nie den Mut[8] aufgebracht, die ganze Oper zu hören.

21. April Ich kaufe mir ein Teeservice im englischen Geschäft, da ich beim gegenwärtigen Kurs gewinne, wenn ich mein russisches Geld dazu verwende.

23. April Vorstellung der Fürstin M. Obolenskij und der Fürstin Bagration[9]. Dann gehe ich mit Ihrer Majestät, das Haus des Grafen Paul Stroganov anzusehen. Am Abend bei M. Wolkonsky.

24. April Geburtstag des Thronerben, Gottesdienst in der Festung, Soiree zusammen mit Gräfin Tiesenhausen, sie erzählt von ihren Erinnerungen — Abele

1 *Prinzessin von Großbritannien* (1833–1897), 1866 vermählt mit Herzog Franz Paul von Teck (1837–1900).
2 *Freiherr von Walterskirchen,* k.k. österr.-ungarischer Gesandter.
3 Oper von Michail Glinka (1804–1857).
4 *Alexander Graf von Keyserling* (1815–1891).
5 *Fürst Basil Andreas Dolgorukij* (1804–1868), General.
6 *Graf Pavel Andreas Schuvalow* (1830–1908), General.
7 Oper von Jacques Offenbach (1819–1880).
8 Wegen ihres »unsittlichen« Inhalts.
9 Gemahlin des Fürsten Peter Bagration (1818–1876).

diniert bei der Königin, ich beim Kaiser mit den A. Adlerberg[1] und Suvorow. Am Abend in der russischen Oper findet die Begeisterung für Kommissarow, den Retter beim Attentat vom 16. April, ihre Fortsetzung und überschlägt sich.

Petersburg 15./27. April Brief an meine Schwester:

»Die Zeitungen haben viele Nachrichten von hier gebracht, welche Euch wohl Lust zu Details geben. Es war eine bedeutungsvolle Zeit, welche übrigens noch dauert. Täglich sind Reformen, die beweisen, daß die ernste Mahnung vom 4./16. April tiefen Eindruck gemacht hat und neue Grundsätze Wurzel schlagen ließ. Beschaffe Dir aus Stuttgart einige Journale aus St. Petersburg, da wirst Du alles haarklein finden, was sich hier zugetragen hat. Taubenheims Diener ging am Sommergarten vorüber als der Schuß fiel.

Rührend war der Elan, der einmütig alle, Vornehme und Geringe, nach dem Winterpalais trieb. Keine Schranken existierten mehr und wir genossen das wirklich erhebende Schauspiel, daß ein ganzes Volk wie die Kinder zum Vater strömte! Jeder wollte ihn wiedersehen, beglückwünschen und seiner Treue versichern. Während 8 Tagen wurde auch jeder hereingelassen — ich begreife nur nicht, wie der Kaiser es aushielt und dazu die Kaiserin!

Dies beweist, daß die Nationalfiber doch gut ist und nur die verzogenen und verdrehten Schichten der Gesellschaft revolutionieren. — Palastrevolutionen hatte man hier wohl erlebt, aber ein Attentat dieser Art noch nie. Es ist den Russen zu Mute, als sei auf ein Heiligenbild geschossen worden. Einige hochgestellte Inkapazitäten sind schon fortgejagt, mitunter durch andere ihrer Art ersetzt worden, aber doch ist viel ausgefegt.

Wir bleiben hier bis 1. Mai, weil sich die Majestäten trotz des traurigen Jahrestags feiern lassen müssen. Morgen wäre nämlich der Tag ihrer silbernen Hochzeit gewesen. Dieser soll auf alle Fälle in der Stille gefeiert werden, weil es zugleich ein Jahr her ist, daß man die Leiche des armen Thronfolgers in Villafranca einschiffte.

Am Sonntag ist großer Kirchgang mit Schleppe — mich freut es, wenn es unserem Herrgott so recht ist. Montag Ball von 2000 Personen. — Mit dem Retter des Kaisers haben sie eine ganz kindische Wirtschaft und fressen ihn fast auf. Der arme Teufel hat selbst schon Drohbriefe bekommen. — Es ist übrigens ein herziger Kerl, hat aber schon eine Madame »Kommissarow«. Der Mörder ist leider ein Adliger von Saratow. Karakosow heißt er und ist nicht der einzige seines Zeichens. Es gibt eine Brut von Sozialisten hier, die gräbt und unterminiert, aber der Wilnaer Muraview wird schon dahinterkommen und selbst Hochgestellte nicht schonen, wo er Frevel entdeckt.

Mir geht es ziemlich gut, nur habe ich keine Zeit für Bewegung und bin deshalb mit Kopfweh und Dickwerden behaftet. Furchtbar viel habe ich deswegen zu tun, weil Gräfin Tiesenhausen, die der Königin zugeteilt ist, krank wurde

1 *Graf Alexander Vladimir von Adlerberg* (1818–1888).

und Gräfin Benckendorff abgereist ist. Heute muß ich 30 Damen mit -off und -isch vorstellen, wovon ich keine je gesehen habe. Sonst laufe ich viel ins Theater — die Königin geht oft hin —, weil man auch dort dem Kaiser Ovationen darbringt (einmal wurde im russischen Theater ein Cancan-Tanz unterbrochen und schnell die Nationalhymne angestimmt). Ich habe »die schöne Helena« gesehen, ein ganz unmögliches Stück, aber mit reizender Musik. Es stellt nämlich die Parodie dar von der griechischen Helena und ihren Abenteuern. Du kannst Dir denken, was da für ein Menelaus dabei herauskommt! Es ist so arg, daß man während der Vorstellung beinahe nicht lachen kann, aber nachher.

Wenn ich kann, besuche ich die Unterhaltungssalons. Ich gehe nicht in die lärmende Welt, aber gerade für meinen mittelalterlichen Charakter gibt es hier soviel Möglichkeiten: die Männer sprechen noch gerne mit den Frauen, interessieren sich für etwas anderes als Cancans! ...

27. April Fürst Hohenlohe-Waldenburg ist mit seinem Sohn Victor eingetroffen — Letzte gute Unterhaltung mit E. Rahden. — Soiree bei der Königin mit dem Kaiser, dem Marschall Barjatinskij[1] und seiner Frau, den Hohenlohe, dem Baron Lieven und den Albedinskij[2].

28. April Messe in der kleinen Kapelle anläßlich der Silberhochzeit. Abends Ballett.

29. April Ausmarsch im Festzug zur Großen Kapelle für das Fest — die Königin zieht sich bald zurück und geht mit mir spazieren. Abschließende Unterredung mit Taubenheim, bei der ich ihm in aller Ruhe die Situation darlege.

30. April Bei M. Volkonskij — letztes Diner mit E. Mollenbeck — die Königin geht mit mir weg — Sie erholt sich von einer Migräne für den großen Hofball am Abend, wo sie wieder sehr schön ist. Der Ball wird prächtig im Saal Nikolaus mit kaiserlicher und Diplomaten-Polonaise eröffnet. — Graf Sigismund Wielopolski[3] — beim Souper sitze ich zwischen dem Grafen Schuvalow und dem Fürsten Nikolaus Maximilianowitsch — Gerücht von einem Attentat.

1. Mai Marie Volkonskij ist zu Bett, leidend — Verabschiedung von Madame Schuvalow-Gagarin. Am Abend Spaziergang mit der Königin, dann zum Ballett »Esmeralda«, Besuch der Revertern — Charmante Soiree bei Olympia Barjatinskij mit der Marschallin, Redern[4], dem Marquis Incontri und Freiherrn von Walterskirchen.

2. Mai Verabschiedung von Alexander Albedinskij — was für gute Freunde! — Abschiedsabend bei den Mechtscherskij — lange Besuche von Volkow und Graf Oskar Keller[5].

1 *Fürst Alexander Barjatinskij* (1814–1879), Generalfeldmarschall.
2 *Peter Alexander Albedinskij* (1826–1883), General.
3 *Alexander Graf von Wielopolski* (1803–1877), Marquis.
4 *Heinrich Graf von Redern* (1804–1888), preuß. Gesandter.
5 *Graf Oskar Keller*, preuß. Geheimrat, Oberschloßhauptmann und Intendant der Gärten.

3. Mai Abreise nach Zarskoje Selo.
Verabschiedung von der Gräfin Tiesenhausen, der Gräfin Blondov — die Kaiserlichen gehen zur Festung. Abfahrt um 3½ Uhr — Diner der Fräulein bei mir. Sehr hübsche Soiree im chinesischen Zimmer.

4. Mai Diner beim Kaiser mit den Ministern Valonyev und Reutern[1]. Mit N. Barteniev das Palais Alexander besucht, wo alles ausgeräumt ist. Den Abend mit Schreibspielen im chinesischen Zimmer verbracht.

5. Mai Den Tag in der Stadt verbracht — Ausgang mit dem Kaiser — Mittagessen bei Ihrer Majestät mit Adelung. Die Königin empfängt die Damen, geht dann in die Ausstellung, diniert bei den Konstantin — Cäsar Beroldingen, Marie Mechtscherskij und ich sind beisammen — Bekanntschaft von Madame Tomilov gemacht, die mir die Gräfin Tolstoj für Wera Konstantinowna empfohlen hat. Der Abend klingt aus in einem Gespräch mit dem hervorragenden und ehrlichen Fürsten Basil Dolgorukij — Brief von Luise Benckendorff — man möchte, daß ich Madame Tomilov heranziehe — was weiß ich von mir selbst?

6. Mai Messe und Frühstück, Spaziergang mit Nadine B. zum Gutshof von Pawlowsk — Diner bei A. Tolstoi — Soiree wie immer.

7. Mai Die Königin nimmt mich zu ihrer Gründung für Töchter von Priestern mit (kleinen Priesterinnen, wie sie sagt). Sie scheint mir sich keine Illusionen über die Rolle zu machen, die Gortschakow sie spielen lassen will. Er besteht sehr auf Wien. Telegramm vom Attentat[2] auf Bismarck.

8. Mai Promenade zur katholischen Kapelle — Nina Pilar, A. Vojekow, A. Tolstoi bei mir — Am Nachmittag am Monument der Großfürstin Alexandra Nikolajewna. Begegnung mit dem Marschall Barjatinskij — Vertrauliches Diner mit M. Mechtscherskij. — Der Kaiser ist auf der Jagd.

10. Mai Mit der Königin in die Stadt, Lise Wolkonsky ist so krank. Verabschiedung von Großfürstin Helene und Edith. Danach zur Festung. Die Königin ist liebevoll, ich fasse gute Entschlüsse. — Am Abend Briefe aus Stuttgart: der König will, daß die Königin ihren Aufenthalt verlängert! Sie weint!

14. Mai Der Frühling ist gekommen! Promenade, Visiten, Diner mit den Hoffräulein. Abends in Pawlowsk mit A. Tolstoj. — Großfürst und Großfürstin Konstantin zur Musik von »Das Leben für den Zaren«.

15. Mai Nochmals in die Stadt zu Madame Wolkonskij, Lise ist gerettet! — Tee bei den Schuwalov — zurück zum Diner — Soiree im chinesischen Zimmer, das einst zum Appartement der Kaiserin Katharina gehörte — im anschließenden Raum ist das Schlafzimmer. Frau M. von Meyendorff betrat es eines Tages

1 *General Alexander Reutern* (1824–1879), Militärbevollmächtigter beim Kaiser.
2 Am 7. Mai 1866 machte ein Student Cohen ein erfolgloses Attentat auf Bismarck.

und sagte, sich dem Bett nähernd: »es ist nicht ansteckend!« — Graf A. Adlerberg besucht mich häufig — welch aufrichtige Ehre! Ich weiß diese Anständigkeit zurückzugeben, selbst wenn er mir Wahrheiten sagt.

17. Mai Schlimme Erkältung — Theater: »die Ehestifterin« — Diner mit Graf Chreptowitsch, den Schuwalov, Sverbeev, Marie Fredericksz.

18. Mai Besuch des Botschafters Baron Schweinitz[1]. Er ist nicht sehr sympathisch und im übrigen verstehe ich nichts von den politischen Schlichen. — Diner bei Fürstin Olympia Barjatinskij.

19. Mai Diner bei der Kaiserin mit Fürstin Lubow Golicyn.

20. Mai Messe — Fürstin Golicyn-Balk-Diner bei A. Tolstoi mit A. Vojekow und Lise Karamzin, dann amüsantes Schauspiel — C. Igelström und der General Volkov — Der Fürst Nikolaus Leuchtenberg[2] geht nach Sibirien. — Tod von Mary Lambsdorff — Verabschiedung von Titoff und Madame Helene Tomilov.

21. Mai Am Morgen in Pawlowsk bei der Großfürstin Alexandra Josephowna — prächtiges Palais! Sie spricht mit mir über die Königin mit viel Herzlichkeit — Von 2–4 Uhr mit Ihrer Majestät in die Stadt, um Tante Helene zu besuchen.

22. Mai Letztes Frühstück mit Marie Mechtscherskij. Ich habe mich mit diesem Kind angefreundet, das sich manchmal bei mir ausruhte, mit seinen großen Gaben und seinen Versuchungen. — Abschiedsvisite des Grafen Adlerberg. Diner bei der Fürstin Luise Kotschubey mit Schweinitz. Am Abend im Schauspiel — der Kaiser ist so gut, so herzlich, daß mir die Tränen in die Augen traten.

23. Mai Abreise aus Zarskoje. Unterwegs stürmische Unterhaltung mit Königin Olga — Warschau — die Königin hält ihren Einzug in der Kutsche mit dem Marschall Graf Berg[3]. Fahrt zum Belvedere und zum Schloß Lazienki. Es ist eine ganz europäische Stadt, malerisch gelegen. Mit dem Betreten Polens hatte sich der Charakter der Landschaft geändert. — Abreise am gleichen Abend nach Wien. Auf der Straße begegnen uns Truppenkolonnen — schon! — Von Petersburg und von Stuttgart hatte man der Königin für ihre Gespräche die größte Vorsicht empfohlen. — Ankunft in Wien am Mittag nach der Begrüßung durch eine Deputation in Gänserndorf (Hofdienst). Ihre Majestäten am Bahnsteig. Ich durchquere die Stadt mit Paula Königsegg[4]. Die Gräfin Thun kommt sogleich, mich auf der Burg zu empfangen. Diner um 4 Uhr bei Ihren Majestäten, nur mit

1 *Hans Lothar von Schweinitz* (1822–1901), deutscher Botschafter in Petersburg.
2 *Nikolaus Maximilianowitsch Fürst Leuchtenberg* (1843–1891), Vorsitzender der mineralogischen Gesellschaft in Petersburg.
3 *Friedrich Wilhelm (Fedor) Graf Berg* (1794–1874), Generalfeldmarschall.
4 *Gräfin Königsegg*, Obersthofmeisterin der Kaiserin von Österreich.

Württembergern. Nachher Besuche innerhalb der Burg bei Kaiserin Karoline Auguste[1] und dem Erzherzog von Toskana; im Burgtheater »Familie Benoiton«[2] mit Fürstin Helene Taxis gesehen. — Die Wolter[3] in einer reizenden Toilette mit Federngarnitur. Soiree bei Ihrer Majestät mit Graf Ernest Stackelberg[4]; seine Kinder.

Pfingstmesse in der russischen Kapelle. — Madame Aurora Karamzin — Herrenvorstellung ½1 Uhr à la Beroldingen — Frühstück mit Madame Aurora Karamzin.

Um 2 Uhr Besuche Ihrer Majestät mit Suite und Graf Wrbina[5] bei den Erzherzoginnen. — Angenommen bei Erzherzogin Modena und Erzherzogin Sophie. 4 Uhr Familientafel und Marschallstafel. Gräfin Hunyady holt mich ab. Gesessen zwischen Fürst Konstantin Hohenlohe und Graf Königsegg, nachher Graf Zeil und Metchery. Alle sehr lieb und nicht steif. — Die Gräfinnen Eltz und von der Goes, Gräfin Olga Auersperg (von Herzogin Philipp). Nachher Promenade im Prater mit Gräfin Hunyady im Gefolge der Kaiserin — sehr animiert. Graf Kalman Széchényi[6] begegnet. — Alle möglichen Projekte des Kaisers, zu vermitteln, für das Agrément[7] [die Zustimmung] der Königin. — Im Karlstheater schöne Georgierinnen mit Gräfin Königsegg gesehen, die ich so gerne habe und Fürst Paul Metternich. Zu Hause dann Tee mit Ihrer Majestät und Taubenheim. Herrliche Wohnung in der Burg hinter den Maria-Theresia-Zimmern. — Wien ist reizend!

Telegramm an Luise Benckendorff — Brief von ihr: gegenseitige Inspiration! Morgens mit Ihrer Majestät und Graf Cäsar Beroldingen incognito in Läden. — Kohlmarkt, Graben, Stephanskirche: herrlich!

Um ½1 Uhr Herzog Alexander[8] von Württemberg mit Herzogin Claudine Teck zum Frühstück. — Graf Kalman Széchény bei mir — Baron E. von Ow, unser Gesandter — mit Fürstin Claudine in Kirchheimer Erinnerungen geschwelgt.

Große Toilette nach Schönbrunn, wo ein Monstre-Hofdiner stattfindet. Ich sitze neben Graf Grüne[9], der in Erinnerungen an Kaiser Nikolaus schwärmt. Triumph der Königin — Toilette der Kaiserin: frisches Gras mit Edelsteinen, lila

1 *Karoline Auguste* (1792–1873), Tochter des Königs Maximilian Joseph von Bayern, erste Gemahlin König Wilhelms I. von Württemberg, 1814 geschieden, 1816 vierte Gemahlin Kaiser Franz I. Joseph von Österreich.

2 Komödie des franz. Autors Victorien Sardou (1831–1908).

3 *Charlotte Wonder,* berühmte Schauspielerin (1834–1897), seit 1862 am Hofburgtheater.

4 *Ernest Graf Stackelberg* (1813–1870), General und Diplomat.

5 *Graf Wrbina,* österreichischer Geheimer Rat und Kämmerer.

6 *Graf Kalman Széchényi* (1825–1898), österr.-ungar. Diplomat.

7 Im drohenden Konflikt mit Preußen.

8 *Alexander von Württemberg* (1804–1885), Sohn des Herzogs Ludwig, seit 1835 vermählt mit Claudine, Gräfin von Rhédey. Erstes Kind aus dieser Ehe war die Tochter Claudine, Fürstin von Teck (1836–1894).

9 *Graf Grünne:* Generaladjutant Kaiser Franz Josephs.

Kleid. Erzherzogin Maria Theresia und Annunziata sind reizend. 7 Uhr Praterfahrt mit Graf Wrbina — Fürstin Lory Schwarzenberg, Erdödy — Kunstkammer besucht. — Um 9 Uhr Ihre Majestät zu Herzog Philipp[1] an die Ringstraße gebracht, dann den 2. Akt der Oper »die Afrikanerin«[2] mit dem berühmten Unisono gehört. — Den Tee bei der lieben Olga Auersperg.

Kopfweh — Besuch Ihrer Majestät bei Erzherzogin Elisabeth, deren Kinder! Audienzen der Gräfin Paula Königsegg und Gräfin Eltz, von Kalman Széchényi und Graf Lodron. Zum Frühstück Baron Ow und die Zwillinge[3] des Herzogs Philipp.

Halb 3 Uhr Fahrt nach Schönbrunn — Diner 3 Uhr neben dem Kaiser[4]. Nachher das Schloß und die herrlichen Appartements gesehen mit der lieben Helene Taxis. Mit Paula Königsegg nach Laxenburg: wir sind jetzt auf »Du«. — Gewitter — Bilder in Laxenburg — Beim Gouter dort wieder neben Ihrer Majestät. Meine Migräne wird immer ärger und ich soll essen! — Fahrt im Park, blaues Haus, schöne Bäume. Fahrt mit der Eisenbahn nach Liesing. Dort bei Herzog Alexander und im Wagen nach Wien zurück.

Mittwoch Fahrt nach dem Belvedere mit Ihrer Majestät und Graf Taubenheim — herrliche Bilder — Visiten empfangen — Großes Diner in der Burg — wieder Vorstellungen durch Gräfin Königsegg: Minister mit ihren Frauen, der Hofkanzler, Fürstin Lory Schwarzenberg, die der König so bewundert hatte, Fürstin Windisch-Grätz, Fürstin Trautmannsdorff — alle charmant. Auch Gräfin Mensdorff, die allein ich etwas lächerlich fand. Mit Graf Johann Larisch über seine Schwester Sophie gesprochen — Graf Mailath[5]. Nach Tisch Abschied von Paula und Gräfin Taxis. — Mit Hunyady noch eine Praterfahrt. Ihre Majestät mit Herzog Alexander und Claudine; um ½9 Uhr Tee bei Ihrer Majestät mit Herzog Philipp. — Kaiser und Kaiserin (in reizendem Kostüm) fuhren Ihre Majestät zur Bahn. Das ist noch nie dagewesen und ohne Präzedenzfall! — Überhaupt sehr hübsche Eindrücke, nur sagt mir Staatsrat von Grimm, der frühere Gouverneur des Großfürsten Konstantin: »das werden die letzten heiteren Tage gewesen sein auf lange«. Abfahrt 10 Uhr. Nachts durch die herrliche Salzburger Gegend.

31. Mai Durchreise durch München. — Königin Marie und König Otto — Graf Degenfeld — Fidel von Baur — Graf Dunten und Ozerov[6] auf der Bahn. — Ankunft in Stuttgart. Der König anfangs kühl. — Abends Tee zu dritt. Die Königin will Frieden: so sei es.

1. Juni Diner noch allein. Abends Spitzemberg und Egloffstein, der König ist freundlich.

1 Siehe S. 200, Anm. 1.
2 Oper von Giacomo Meyerbeer, 1865 in Paris uraufgeführt.
3 *Albrecht* (1865–1939) und Marie Amelie (1865–1883).
4 *Franz Joseph* (1830–1916).
5 *Georg von Mailath* (1818–1883), ungarischer Politiker.
6 *Alexander Ozerov* (1817–1900), russischer Diplomat, Legationssekretär in Stuttgart.

Prinzessin Wera Konstantinowa (1854–1912),
im Alter von etwa 10 Jahren …

… und im Alter von etwa 15 Jahren.

Königin Olga mit den Prinzessinnen Olga und Wera.

Königin Olga, Historische Fotos ohne Datum.

Eveline von Massenbach, wohl nach 1870.

2. Juni Fürstin Sophie Gagarin — beim Tedeum die Russen [von Stuttgart] wiedergesehen — Landpartie nach Weil, wo man artig ist — Anna Maucler — Taube, Auguste S. besucht.

3. Juni Schloßkirche. Besuche bei Uxküll, Handels, Canitz. — Landpartie auf die Villa — ausgleichendes Gespräch mit Spitzemberg — hoffen wir! Abends Mauclers.

6. Juni Ständediner — Bazar für Wildberg — man ist unartig zu Paula Salm.

7. Juni Abschiedsdiner für Gagarins — Im Theater, wo die Königin empfangen wird: ich wußte es nicht! — Soiree bei Madame Livingstone[1].

9. Juni Hübsche Soiree auf der Wilhelma.

10. Juni Diner allein mit Ihren Majestäten. Abends Kiderlen[2] und L. Scheeler.

11. Juni Mit der Königin im Katharinenstift, Diner mit General Rüpplin[3]. Abends Weimars mit Stolypins.

13. Juni Rauchsoiree beim König — Ihre Majestät ist mit mir allein.

14. Juni Kopfweh — Abschied von Paula Salm, es tut mir zu leid! Sie gehen nach Rom. Abends Tolls[4], Ellrichshausens. Vergnügte, lustige Gesellschaft.

16. Juni Examen in Berg. Neue Kinderlehrerinnen. Ihre Majestät führt mich dann in die Stadt. — Der König ist in Gmünd — Nachricht vom Einmarsch der Preußen in Frankfurt. Mademoiselle Loullon besucht, die mir sagt, es seien viele, die sich freuen, daß man wieder gut mit mir ist, ich sei auch so nützlich! — In solchen ernsten Augenblicken muß man freilich seiner selbst vergessen. Abends die gewöhnliche Umgebung (ich will nicht sagen »die Bande«) im Garten bei Regenwetter. — Die Zeiten werden sehr ernst, der König spricht ein wenig zu sicher. — Vorher war ich mit Ihrer Majestät in der Diakonissenanstalt gewesen, am Sterbebett der Oberschwester. Ihr letzter Blick ging mir tief zu Herzen.

17. Juni Kirche — Anna Maucler schimpft — Herrn Toll besucht, sie malt. Abends Schreibspiele (dumm).

18. Juni Sitzung mit Ihrer Majestät bei Photograph Buchner.

19. Juni Prüfung des Winterkursus im Katharinenstift.

21. Juni Die Königin unterschreibt ihr Testament.

1 Siehe S. 172.
2 *Marie Auguste von Wächter,* Witwe des Hofbankdirektors von Kiderlen.
3 *August Freiherr von Rüpplin* (1797–1867), Generalleutnant.
4 *Graf von Toll* (1834–1893), russischer Diplomat.

Brief an Botschafter Oubril[1] *in Berlin*

»Herr Minister!

Seit der Rückkehr der Königin Olga von Petersburg sucht Ihre Majestät eine sichere Gelegenheit, Ihnen ihre besten Empfehlungen auszusprechen. — Seitdem ist Ihr Name mehrmals zu Augen der Königin und ihrer Mutter gekommen und hat ihre lebhafteste Genugtuung und Billigung gefunden. Dies Ihnen unmittelbar zu bezeugen, hat Ihre Majestät einen vertraulichen Weg gefunden und mich beauftragt, Ihnen zu sagen, daß sie stolz ist auf Ihre mutige Haltung gegenüber den Übergriffen der preußischen Politik seit dem Beginn dieser fatalen Krise.

Die Königin dankt Ihnen dafür ganz besonders und möchte Sie vor allem bitten, Ihre Sprache beizubehalten, indem sie Ihnen bestätigt, daß sie ihr unmittelbarstes Echo in der persönlichen Auffassung des Kaisers Alexander findet, dessen noble Gefühle sich gegen eine Politik auflehnen, die man lange als geschickt zu verkaufen suchte, um den Kabinettschef von Berlin zu schonen, der durch den Zynismus seiner Offenheit eine gewisse Sympathie eingeflößt hatte.

Eure Exzellenz werden in diesen Zeilen einen Beweis der Achtung und des besonderen Vertrauens erkennen, das die Königin Ihnen bezeugen möchte.

Nehmen Sie, Herr Minister, die Versicherung meiner ausgezeichneten Hochachtung entgegen.«

23. Juni Frau von Berlichingen bei der Königin. — Langweilige Wilhelma-Soiree — Baron Julius Hügel macht mir unzweideutige Andeutungen und *doch* wollte ich es nicht verstehen.

24. Juni Die Königin war auf dem Rosenstein in König Wilhelms Sterbezimmer.

25. Juni Abschied von Kaplan Zimmerle — der König geht nach Ulm. Melancholischer Spaziergang durch Stuttgart mit der Königin: wie werden wir zurückkommen?

Brief an Gräfin A. Blondov[2]

»Ihre Nachrichten haben mich in voller Kriegsstimmung erreicht und nicht gerade dabei, die Preußen zu applaudieren: ihre ehrgeizige Anmaßung, ihr Recht des Stärkeren und des Betrügerischsten haben in kurzer Zeit viel Schaden angerichtet! Ach, die Regierungen, alle die Entwicklungsländer Österreichs und selbst unser eigener Verteidigungszustand in den kleinen Ländern Deutschlands sind kein Gegenstand der Begeisterung, aber die ehrliche Seite ist oft die am wenigsten gewitzte. Und wenn das Ziel Preußens ein philanthropisches gewesen wäre, dann hätte es, das werden Sie mir zugestehen, viele andere Möglichkeiten der Überredung gegeben als den Verrat, die Absetzung von Souveränen, welche die Dynastie von Brandenburg-Hohenzollern in den Windeln gesehen haben, sie

1 *Paul von Oubril* (1820–1896), russischer Diplomat. Siehe S. 218, Anm. 6.

2 Siehe S. 162f., 247.

gefangen zu nehmen, ihre Truppen zur Revolte aufzuwiegeln wie in Hessen und schließlich eine arme Stadt wie Frankfurt mit übermäßigen Forderungen zu ruinieren! Unser Land allein ist nicht besetzt worden: wir danken es unseren tapferen Soldaten, die, im Stich gelassen von ihren badischen Verbündeten, mit denen zusammen ihre Bravour sicher mehr erreicht hätte, unsere Grenzen verteidigten bis der Waffenstillstand verkündet wurde. Ohne dies war der vergangene 27. für den Einmarsch dieser Halunken in Stuttgart vorgesehen. Jetzt wird man uns rupfen, uns Kontributionen zahlen lassen, aber das ist alles noch besser als wenn wir von solchen Truppen besetzt worden wären, von denen namentlich die Offiziere Rauschgift nehmen und sich schlecht aufführen, vielleicht um ein Beispiel von dieser Zivilisation des Nordens zu geben, die wir nachahmen sollen. Sie würden sich über die authentischen Beispiele wundern, die ich Ihnen aufzählen könnte!

Oftmals haben wir mit der Königin dem Himmel gedankt, daß die Kaiserin-Mutter diese Zeiten nicht mehr erlebt hat. Vielleicht hätte auch ihr befriedender Einfluß und die eherne Autorität des Kaisers Nikolaus das Übel im Keim erstickt. — Vielleicht hätte dann Rußland seiner Berufung als Großmacht nicht entsagt, die der Fürst Gortschakow im Hintergrund zurückhält. Dann hätte auch König Wilhelm von Preußen seine Regierung anders beendet denn als bewaffneter Automat von Bismarck.

Nachtrag: Es ist jedoch allein der Intervention der Königin bei dem Kaiser, ihrem Bruder, zu verdanken, daß Württemberg seine Grenzen nicht enger gezogen sehen mußte!«

26. Juni Abreise von Cannstatt nach Friedrichshafen[1] — Erstes Diner — eine erstickende Gesellschaft, aber die schöne Natur hilft — Die Taubin soll erzählen, die Königin habe gesagt, sie nehme ihr ganzes Urteil über Varnbüler zurück.

29. Juni Guter Brief von Paula Königsegg, der ich wegen des Roten Kreuzes schreiben mußte. — Abreise des Königs — Sieg der Österreicher bei Nachod und Münchengrätz — Gesellschaftsrennen in Manzell — Kapitulation der Hannoveraner.

1. Juli Beim Diner die Varnbüler und die Rom[2] — Ihre Majestät geht allein weg mit Madame Kiderlen — ich nach Seemoos, mit Feldblumen. E. Rahden geschrieben — dreifarbige Binden genäht — weniger gute Nachrichten von Benedek[3].

4. Juli Völlige Niederlage der Österreicher bei Josephstadt.

1 Eine Sicherheitsmaßnahme wegen des Vorrückens der preußischen Truppen. Die Nähe der Schweiz bot einen gewissen Schutz.

2 *Hermann von Rom* in Friedrichshafen, Kammerherr.

3 *Ludwig Ritter von Benedek* (1804–1881), österreichischer General, Führer der Nordarmee in Böhmen.

5. Juli Vermittlung Napoleons angenommen — Venedig abgetreten.

6. Juli Wir fahren morgen nach Stuttgart. — Zu preußisch gesinnte Briefe der Großfürstin Marie, die die Königin ärgern — Fürst Zeil zum Diner — seine philanthropischen Unternehmungen.

7. Juli Zurück in Stuttgart — die Weimaraner und die von Lippe in Ulm — ich gehe zu Madame Livingstone, um einiges zu erfahren — die Russen besuchen mich.

8. Juli W. Spitzemberg[1] bei mir und A. Seckendorff — bei Frau von Berlichingen — Soiree in der Wilhelma mit den Vertrauten — der König macht seine Partie mit mir. — Bekanntschaft gemacht mit Prinzessin Mary Teck-Cambridge[2] — Besuch der guten Claudine Teck.

10. Juli L. Beroldingen und Schewitsch, der sehr preußisch gesinnt ist.

11. Juli Audienz bei Prinzessin Mary — die Teck eingeladen, die Villa zu besichtigen — die Nachrichten von unserem Heer sind sehr schlecht — Varnbüler beschwichtigt immer, will sich zum Schildhalter der Königin machen. Er macht sogar den König glauben, daß er zur Großmacht werde. Frankreich und Rußland hätten die Partie klar aufgegeben — die arme Königin ist sehr traurig, aber so voll Würde. Beginnt sie zu sehen, mit wem sich der König umgeben hat? Ich kann diese Leute nicht ausstehen — sie sind kläglich, immer schmeichelnd, auf Zerstreuung bedacht.

12. Juli Das Portrait der Kaiserin Elisabeth ist eingetroffen — Valois[3] ist Adjutant geworden.

13. Juli Messe — die Sverbeev gehen nach Teinach. Soiree auf der Villa. — Luise Benckendorff schreibt aus Genf.

14. Juli Wera geht nach Tegernsee, der König ist darüber entschieden guter Laune — Graf Wilhelm[4] von Württemberg, am Abend in der Wilhelma.

15. Juli Schloßkirche — Idee, uns in der Festung Ulm einzuschließen — Soiree in der Wilhelma.

16. Juli Mit Ihrer Majestät zu Madame Wahl gegangen, die Vorbereitungen für die Verwundeten zu sehen — in der Wilhelma sind Uxküll, Hügel und Cäsar Beroldingen.

21. Juli Der König im Lager — Soiree mit Hügel, Cäsar Beroldingen, Russen

1 Wilhelm Freiherr Hugo von Spitzemberg (1825–1888), Obristkammerherr und Generalleutnant. Vgl. S. 213, Anm. 6.
2 Siehe S. 220, Anm. 1.
3 *Freiherr von Valois,* Hofmarschall, Generalmajor à la suite des Königs.
4 *Graf Wilhelm* (1810–1869), Herzog von Urach.

22. Juli Mit der Königin in der Schloßkirche.

23. Juli Der Königin mit den Russen in corpore gratuliert. — Weimars angekommen und Graf Chreptowitsch[1], der ein trauriges Bild von Österreich gibt. — Abends Russen auf der Wilhelma. Schewitsch possierlich.

24. Juli Schlacht bei Tauberbischofsheim — Prinz Wily und F. Zeppelin als Kuriere geschickt — unsere braven Truppen! Frau von Berlichingen gesprochen. Sie hat die Königin prächtig gefunden! Sie fragte mich: »Würden Sie es auf dem Sterbebett bereuen, Ihr geblieben zu sein?« — Abends Rechbergs.

25. Juli Brief von Hildegard Spitzemberg — ein russischer Kurier bringt unangenehme Briefe der Großfürstin Marie.

26. Juli Kopfweh — Scheußlichkeiten der Preußen in Frankfurt.

27. Juli Ende der Waffenruhe — Varnbüler nach Wien, Neurath nach Würzburg.

28. Juli Stolypin ungeheuer taktvoll.

29. Juli Kirche — Familie Stolypin bei der Königin — Helene Ellrichshausen bei Tisch in Abwesenheit ihres Vaters.

30. Juli Alarm in der Nacht: die Preußen rücken trotz der Waffenruhe vor, arme Königin!

31. Juli Mathilde v. Baumbach[2] besucht, die spricht von der Leber weg. Sie kommt zu der Königin.

Brief an Pauline Herman
»Das war aber ein Krieg — der wird einen Frieden geben! Und die Großmächte, die den Bund gemacht, dulden es, daß ein Mitglied desselben, eine emporgekommene Macht, ihn als aufgelöst betrachtet und einzelne der kleinen Länder absorbiert! Nur Rothschild ist Preußen bis jetzt widerwärtig, indem er seine Zahlungen auf preußische Papiere einstellt. — Neurath ist heute wieder zu Manteuffel, es scheint, die Vollmachten von Nikolsburg[3] waren letzterem noch nicht zugekommen, daher die Waffenruhe auf 24 Stunden Kündigung. Ehe sie bei Tauberbischofsheim zurückgehalten wurden, sollten die Preußen am 27ten in Stuttgart einziehen. Nachher bekamen sie den Befehl, wenigstens vor dem 2. August noch ins Land einzudringen, soweit als möglich. Also nur unseren braven Truppen dankt das Land die Bewahrung vor der Okkupation, gleich wie alle Nachbarländer. Besser dann doch Kriegssteuer zahlen, die schon gesalzen ausfallen wird. Die Aufführung der Bundestruppen in ihren separaten Leistun-

1 Siehe S. 215, Anm. 5.
2 Gemahlin des Freiherrn von Baumbach, Generalleutnant a.D.
3 Waffenstillstand zu Nikolsburg vom 26. Juni 1866.

gen beweist, wieviel mit richtiger Führung hätte erreicht werden können! Aber eben dieser Beweis von Uneinigkeit und Unfähigkeit der Fürsten arbeitet den entgegengesetzten Kräften in die Hände (Krallen!) und ist bei vielen das Argument, nur Großdeutsch zu werden. — Man findet, daß Varnbüler nicht hätte selbst verhandeln sollen, *er* setzte es durch. — Man will wissen, es sei um das Ministerium um jeden Preis zu behalten. Ich urteile nicht, aber möglich ist es schon, daß seiner Persönlichkeit nicht gerade die leichtesten Bedingungen angerechnet werden. Andererseits ist er beherzt und wird sich schwerer einschüchtern lassen als ein anderer.«

1. August Damrémont[1] hält mich auf der Straße an. Mit der Königin bei den Verwundeten auf der Solitude. Abends endlich Antwort des Königs von Preußen — Russischer Feldjäger — mein Brief an Gräfin Blondov. Eugen Hügel ist seinen Verletzungen erlegen. — Prinz Wily — Valois und Zeppelin sind vom Heer zurück; die Preußen haben in der Nacht keine Pause gemacht, sind bis Jagstfeld vorgedrungen. — Prinz Friedrich von Wien zurück.

2. August Waffenstillstand — Varnbüler hat Bismarck gesprochen — er will um jeden Preis das Ministerium behalten.

3. August Die Zeitungen gelesen, die mein Vater schickte — langer Besuch von Wolkenstein — Die Königin will sich nicht dazu bewegen lassen, nach Frankreich zu gehen. Ich bin davon beruhigt. — Soiree auf der Villa mit den »Wiedertäufern« und Linden[2], der auch gewisse Leute beherbergt.

4. August Der russische Kurier hat die Nachricht mitgebracht, daß der Kaiser Preußen beglückwünscht hat! Was die Königin darunter leiden muß! — Karl Spitzemberg ist eingetroffen, um nach Berlin zu gehen — Toll kehrt nach Tegernsee zurück — in der Wilhelma mit den Taubes — Taubenheim behauptet, man gehe nach Vichy — Varnbüler hat die Majestäten förmlich chloroformiert!

5. August In den Journalen meines Vaters gelesen. Graf E. Linden besucht mich und Karl Spitzemberg. Abends auf der Wilhelma. — Weimars und junge Frauen.

6. August Meyendorff angekommen, sieht entsetzlich aus — Soiree auf der Villa, wohin auch Madame Livingstone kommt.

9. August Mit der Königin in Ludwigsburg gewesen — schönes Schloß, langweilige Einwohnerschaft! — Prinz Alexander von Hessen übergibt sein Kommando — Fürstin Julie Battenberg[3] kommt zu ihm nach Cannstatt (H. Herman).

1 *Graf von Damrémont,* franz. Gesandter.
2 *Eberhard von Linden,* Legationsrat im Ministerium der Auswärtigen Angelegenheiten.
3 Morganatische Gemahlin des Prinzen Alexander von Hessen.

12. August Kirche und Prinzessin Marie — nachher Herrn Ellrichshausen und Frau Weißer[1] gehabt.

13. August Wera empfangen — Prinz Weimar bei mir — Déjeuner bei Madame Livingstone mit Stolypins und Schewitsch, dann bei der guten alten Frau van der Hoop[2] gewesen. — Die Mutter der Mathilde Baumbach, geb. van der Hoop, hat der Königin gelesen und mit Wera gespielt. — Graf E. Linden begleitet mich auf die Wilhelma. Gescheit ist er. — Leutrum spricht, wie wenn er eine große Tat begangen hätte — in Hohenzollern! Valois soll ein braver Mann sein! — Wir reisen am 16. doch nach Ostende!

14. August Valois, Beroldingen, Leutrum, Hayn[3] bei mir, dann Wera und Fräulein Trupow. Zur Fürstin Battenberg gefahren — Gräfin Taube und Frau von Breidenbach[4] besucht. — Prinz Alexander mit Gattin bei mir, sowie Stolypin und Wolkenstein. Abends Wilhelma mit Weimars, Beroldingens, H. Ellrichshausen. Das Hauptquartier ist in Berg.

15. August Letzter Tag, sehr beschäftigt, viele Besuche. 4 Uhr nachmittags auf die Solitude mit Ihrer Majestät, Wera und Graf Cäsar zu den Blessierten. Dann abends Wilhelma mit Taubes, Anna Maucler, Valois, Stolypins, F. Zeppelin.

16. August Dem Einzug der Truppen im rosa Zimmer mit den Prinzessinnen zugesehen — das Publikum ist etwas flau — nachher Madame Livingstone lange bei mir — über L. Benckendorff gesprochen — mit Baron E. Hayn über Prinz Friedrich[5] — Abreise ½1 Uhr. Nichts Erhebliches unterwegs — viele preußische Soldaten — Schewitsch fährt mit bis Koblenz — Wera ist recht unartig — Ich nehme mir vor, der Königin zu erleichtern was ich kann — man weiß nicht, was die Königin alles für unser Land getan hat!

Der Frieden mit Preußen ist unterzeichnet, wir bezahlen 8 Millionen — Varnbüler behauptet, er habe Bismarck imponiert und Pfordten[6] Ratschläge erteilt.

17. August Ankunft in Ostende um ¼9 Uhr morgens — wir beziehen das hübsche Haus Verhaeghe — Öchsle, Kammerfrau von Wera, ist unzufrieden — es ist sehr kalt, Ostende sehr leer — Wera ist albern — verfehlt eine Partie des Diners — Am Abend Promenade — Aussprache mit Ihrer Majestät. —

1 Gemahlin des Geh. Kanzleidirektors von Weißer.
2 Gemahlin des Freiherrn van der Hoop, Großherzogl. Hessischer Forstmeister a. D.
3 *Freiherr Ernst Wilhelm Friedrich von Hayn,* Kammerherr und Hofmarschall der Prinzessin Friedrich in Stuttgart.
4 *Von Breidenbach,* hessischer Geh. Rat, ao. Gesandter in Stuttgart.
5 Vater König Wilhelm II. (1808–1870).
6 *Karl Heinrich von der Pfordten* (1811–1880), bayerischer Staatsmann.

18. August Briefe vom König — Prinz Alexander von Hessen reist nach Wien, nach Mißstimmigkeiten in Cannstatt? — Lektüre: »Der Domherr« — bei der Musik gesessen — Auseinandersetzung mit Wera — welche Erziehung: Quelle der Freude oder des Kummers für später?

Ostende, 18. August Brief an Baron Fredericksz in London:
»Ich möchte Ihnen die Reise der Königin nach Ostende mitteilen und Sie fragen, ob Sie die Zeit finden können, hier wie jedes Jahr zu erscheinen. Ihre Majestät hofft nicht weniger auf die so oft erprobte Courtoisie Ihres Botschafters. Wenn sich die politischen Horizonte beruhigten und wenn die Distanz und Anstrengung der Reise Herrn Baron Brunnow nicht zu beschwerlich erscheinen, beauftragt Sie die Königin, ihm zu sagen, daß sie sich sehr freuen würde, ihn wiederzusehen. Mit Vergnügen und Dankbarkeit erinnert sie sich ihrer Beziehungen zu ihm. Ihre Majestät würde, nachdem sie Zeugin von so vielen politischen Schwächen in Deutschland und darüber hinaus geworden ist, einen besonderen Reiz darin finden, die derzeitigen Ereignisse von seinem Standpunkt aus zu beurteilen, das heißt, ihr eigenes Urteil mit den so untrüglichen Erfahrungen des Barons zu unterbauen, dessen scharfer Blick niemals versagt hat ...«

19. August Schönes Wetter — eine Predigt gelesen — Wera ermüdet die Königin sehr — Musik — das Meer scheint in Flammen zu stehen. Auch am Abend bei der Musik — ein spanischer General, Fürst von Tigniera. — In diesem einsamen, einförmigen, zurückgezogenen Leben bewährt sich der genügsame Charakter der Königin. Sie ist mit allem zufrieden und immer guter Laune. Gott gebe, daß es ihr gelingt, das Kind gut aufzuziehen. Ihr ganzes Herz hängt an dieser Gottesaufgabe. Cäsar muß Wera auf den Leuchtturm bringen, um sie müde zu machen. Er schwitzt.

23. August Erstes Bad Ihrer Majestät. Fredericksz ist eingetroffen. Brunnow entschuldigt sich, daß er nicht auch kommt. Er schickt sein politisches Bekenntnis. Seine Überlegungen zeigen, daß alles, was sich in Deutschland und Europa abspielt, ein ganz schlechtes Beispiel gibt: die großen Mächte lassen alles geschehen. — Am Abend lese ich der Königin vor und wohne dem Nachtgebet von Wera bei. — Wenn ich nur etwas Ernsthaftes in diesem Kind finden könnte!

24. August Angenehmes Bad, Hitze — Orlov ist von Brüssel gekommen. Wera freut sich, den Freund ihres Vaters wiederzusehen. Nach dem Diner bekommt Ihre Majestät Migräne, legt sich hin, ich lese ihr vor. — Nach dem Tee mit Fredericksz zusammen, der den amerikanischen Motor erklärt. Dann gehen wir mit Cäsar, dem Tanz im Kreis der Bäder zuzusehen. — Prächtige Nacht — die von Ham erzählen uns eine Menge Klatsch von Brüssel.

25. August Wera unausstehlich, wir spielen mit ihr — Königin Olga hat immer noch Kopfweh — Diner Fredericksz — wir promenieren zu Fuß und mit dem Wagen — hören der Musik zu — prachtvolle Nacht.

26. August Predigt gelesen: über den Mißbrauch der Zunge — Bad mit Wera, deren Wagen überschwemmt wird — Königin Olga hat liebe Briefe vom König und von der Kaiserin. General Linkh[1] will gehen! — »Der Paulinen-Katharinen-Stahl-Busen-Verein« einzigartige Idee des Königs! — Sehr langer verbindlicher Besuch von König Leopold II.[2] bei der Königin — Nano und Dura, die beiden königlichen Hündchen. Abends bei den belgischen Majestäten. Steifer Tee — er ist aber sehr liebenswürdig. Ich saß neben ihm und Devaux, dem Freund von Herrn Magnus. Noch waren Brewer und zwei Damen dabei.

29. August Gebadet mit Königin Olga und Wera, die sehr, sehr unartig ist, so daß die Königin ganz krank davon wird. — Man spielt abends den Walzer von Fredericksz unter dem Applaus des Publikums. — Cäsar mit Wera zu den Schleusen.

30. August Spaziergang nach Mariakerke.

1. September Die Königin fühlt sich nicht wohl, man konsultiert Verhaeghen. Cäsar muß Wera spazierenführen.

2. September Die kleine Tochter von Helene Magnus trifft mit der alten Wohlfarth ein. Was für ein reizendes Kind!

5. September Die Galizin — Borch von Brüssel zum Diner mit den Bruck. Überraschende Ankunft der Großfürstin Marie Nikolajewna.

6. September Wera und die kleine Helene Stroganow — Promenade mit Alexandrine Vojekow. Heiterer Abend mit Unterhaltung und Schreibspielen.

7. September A. Vojekow[3] so angenehm. Zum Diner General Chagal, Dr. Tillner und Poggenpohl (von der Großfürstin). Am Abend trifft der König ein. — Es war eine ruhige Zeit, die mir gutgetan hat — friedliche Beziehungen, aber ohne sich näher zu kommen.

8. September Regen — Abreise. Zuvor noch bei den Kapuzinern gewesen. Wera ist sehr unartig. Nach dem Diner spreche ich lange mit ihr im königlichen Pavillon. Sie entgegnet, sie wisse, daß ich ihr Bestes wolle, doch solle die Königin jemand anderen adoptieren (»zum Beispiel Sie!«). Man läßt sie zu sehr im Ungewissen, warum sie bei uns ist und wohin der Dr. Haurowitz sie gebracht hätte, wenn nicht die Königin und der König ihren großzügigen Entschluß gefaßt hätten!

9. September Schönes Wetter auf dem Rhein — überall die Preußen. In Darmstadt erscheint Baron Julius Valois. In Bruchsal badische und preußische

1 *Von Linck* vom Grenadierregiment »König Karl«.
2 *Leopold II.*, König der Belgier, geb. 1835, regierte 1865–1909.
3 Siehe S. 117, Anm. 4.

Fahnen zum Geburtstag des Großherzogs. — König Leopold hatte die Königin zum Bahnhof von Ostende zurückbegleitet. Die Orlov waren um 9 Uhr abends an dem von Brüssel. Die Nacht war schlecht. Wera war so bösartig, daß die arme Trupow ganz außer sich geriet. — In Stuttgart kamen viele Leute. Mit uns stiegen die Taube, Varnbüler, Adelung, Basarow ein. Der König kam uns in Ravensburg entgegen.

10. September Ich denke an das vergangene Jahr, wo ich hier war, als meine arme Mutter im Sterben lag. — Man geht zu der Affenkomödie, die Kinder Taubenheim sind da bei Wera. Prinzessin Friedrich und Prinz Wily sind eingetroffen. — Varnbüler ist anmaßend — die Taubes schwatzen mir etwas von einem roten Ministerium vor, das Egloffstein mit Sick[1], Gessler[2] und Weber[3] bilden wolle (sie sind später gut arriviert!) Stolypin erzählt mir von der geheimen Mission von Taubenheim. Uxküll und Neurath machen ihrem Kummer bei mir Luft.

11. September Glückwünsche (lauwarm) — sehr schöne Predigt von Christlieb[4] — festliches Diner — eine Menge Telegramme — Man geht sehr schonend mit Cäsar Beroldingen um. Der König lehnt eine Einladung von Edith Fleischmann ab.

12. September Prinz Friedrich reist nach Ragaz zu seiner Schwester, der Großfürstin Helene[5]. Alle anderen Eingeladenen fahren zurück außer Stolypin. Ich gehe mit ihm spazieren.

13. September Fräulein von Kramer beim Mittagessen — Fahrt nach Montfort, ein armer junger Mann wurde dabei überfahren, wir haben ihm später ein Kreuz gesetzt. — Im Seewald — Das Schloß [Friedrichshafen] ist fertig für die Königinmutter im Geschmack Marmont[6], möbliert von Bembe in Mainz für 60000 Gulden. — Spitzemberg gesteht mir, daß der König ihnen (den Herren) empfohlen hat, gut zu mir zu sein. — Der König ist immer von sich aus redlich, aber sie haben in dem Augenblick zwar guten Willen, die Zeiten äußerer Krisen bringen vielleicht einander näher, doch andere Dinge werfen mich wieder zurück: Mißtrauen, Eifersucht, Anmaßung, die mich außer Fassung bringen und mich meinem Naturell entfremden.

1 *Heinrich Sick* (1827–1881) wurde Minister des Innern.
2 *Ernst Gessler* (1818–1884) ebenfalls.
3 *Franz Weber* (1812–1874), Präsident der württ. Abgeordnetenkammer und Vizepräsident des Reichstags.
4 *Theodor Christlieb* (1833–1889), aus Birkenfeld, später Professor der Theologie in Bonn.
5 Siehe S. 66, Anm. 2.
6 *Auguste Viesse de Marmont,* Herzog von Ragusa (1774–1852), Adjutant, dann einer der fähigsten Generale Napoleons I.

15. September Die Eugene von Württemberg[1] aus Karlsruhe in Schlesien sind gekommen. Geburtstagsfest von Olga Taubenheim. Der König rügt Spitzemberg, weil der kleine Max ihn nicht recht gegrüßt habe! — Diner mit den »Hopfenbaronen«[2] — Helene Trupow hat eben mit mir über das Öchsele gesprochen. — Ausflug nach Manzell mit Gewitter.

16. September Schöne Predigt von Christlieb — Wera ist wieder so unartig — Diner für 14 Beamte – Brief des Großherzogs von Sachsen an die Königin — prächtiger Sonnenuntergang — Die Beroldingen gehen nach Gottlieben und nach Einsiedeln. — Am Abend ein ganz kleines Lotto dauphin.

17. September Ankunft von Marie Taubenheim — Vertrauliches über Ferdinand Zeppelin[3] — heiteres Diner zu 7 Personen — Herr von Gemmingen, von Huber[4] und Gayling — Unterhaltung über Zoologie, alles Politische vermeidend. Am Abend Schreibspiele und Scharaden. Tod von General Troyff[5].

18. September Jahrestag des Todes meiner Mutter. Ich gehe lange in die kleine katholische Kapelle auf dem Friedhof und lese die Choräle und Gebete wieder, die ich meiner Mutter am Morgen ihres Todes vorgelesen hatte. — Niemand erinnert sich daran! — Brief von E. Rahden. — Der König ist liebenswürdig zu seiner Frau, die Migräne hat — Anna Zeppelin trifft mit ihren Töchtern ein.

19. September Heiteres Diner — Klara Zeppelin macht Konterfeis der Anwesenden. — Promenade in Gesellschaft nach Montfort. — Unfall auf dem Rückweg. Am Abend spielen die Mehlig und Popper[6] — sehr hübsches Konzert.

20. September Unfall von Dura mit Wera — Cäsar von Einsiedeln zurück. Königin Olga besucht Marie Maximiliane mit Wera — von Cäsar vorbereitete Scharaden. Promenade nach Hirschlatt mit Klara und Ferdinand Zeppelin. Wir bekränzen uns mit Hopfen und machen dabei Scharaden.

21. September Geburtstag des Großfürsten Konstantin — 15 Jahre Dienst — Marusty zum Diner mit ihrem Bruder Serge: groß, schön, voll Geist, mit eigenen Meinungen. Sie sieht sehr schlecht aus und scheint allerhand durchgemacht zu haben. — Lesung, dann Spaziergang zum Hafen mit M. Spitzemberg und Louise Beroldingen. — Egloffstein.

1 Nachkommen der zweiten Schlesischen Linie des Hauses Württemberg.
2 Den Hopfenanbauern von Oberschwaben.
3 *Ferdinand Graf von Zeppelin* (1838–1917)
4 *Dr. von Huber*, Direktor des Kreisgerichtshofs in Heilbronn.
5 *Karl Franz Freiherr von Troyff zu Domeneck*, Generalmajor.
6 *David Popper*, geb. 1843 bekannter Violoncellist, 1868–1873 Konzertmeister an der Wiener Oper.

22. September Ich finde noch Erdbeeren für Ihre Majestät. — Partie nach der Mainau, sehr schön und sehr heiß. Rückkehr bei prächtigem Mondschein. Nochmals die Mehlig und Popper.

23. September Sehr gute Predigt — Föhnwind — Ich helfe chinesische Schattenbilder vorzubereiten. — Am Abend ist Wera unerträglich.

24. September Das Wetter macht sich — die Zeppelin reisen ab — die Salm dinieren. — In der Kastanienallee Lesung der Rede von Sybel[1].

Friedrichshafen 27. September Brief an Baronin Rahden, Ragaz:

»Ich bin zufrieden und traurig zugleich, Sie so nah zu wissen. Zufrieden, weil es einen freundlich stimmt, weniger entfernt zu sein von jemand, den man lieb hat, den gleichen Himmel zu sehen wie dieser — traurig, weil es den Anschein hat, daß wir uns nicht sehen werden! — Dank für Ihre freundlichen Zeilen; glauben Sie nicht, daß wir hier ein Hofleben führen. Ihre Majestäten bedürfen nach dem angespannten Leben dieser letzten Monate der Ruhe. Das schöne Wetter begünstigt dieses sich Gehenlassen: wenig Besuche, kaum Vorhaben — einige gute Gewohnheiten. Der Hof ist kaum vertreten: diese Herren haben ihre Familien in Friedrichshafen, ich spreche von Beroldingen und Spitzemberg, und von Zeit zu Zeit läßt man jemand von Stuttgart kommen, auch Künstler.

Sie verstehen, daß die Nachbarschaft der Mainau ein wenig steif ist im Augenblick und keine Hilfe. — Die Fürstin Marusty ist in Kirchberg mit ihrem Bruder Sergius. Sie sieht schlecht aus und soll nicht zu oft Ausflüge machen. Doch die Königin sieht sie und geht so oft wie möglich zu ihr.

Am Samstag ist der Geburtstag von Wera, man bereitet für sie allerhand Überraschungen vor: mehr oder weniger chinesische Schattenspiele, bengalisches Feuer usw. Wir werden an diesem Tag ins goldene Zeitalter herabsteigen. — Ich bin ruhig, faul und zufrieden, lange Vormittage in dem kleinen Zimmer zu haben, das Ihnen so gefällt.

Bewundern Sie auch die Annexionen? Ist dies ein dem Ende eines Greises wie König Wilhelm von Preußen würdiges Werk? Worüber ich mit Ihnen übereinstimme, ist, daß Deutschland es nötig hatte, geschüttelt zu werden. Man kann die geschickte Arbeit des Gegners bewundern, ihre energische Ausführung bis in die kleinsten Einzelheiten, aber verlangen Sie nicht von mir, das Recht des Stärkeren anzuerkennen! Wir sind unglücklich, ungeschickt, getäuscht, besiegt in jeder Hinsicht, aber vergessen Sie nicht, daß diese schon seit Jahren wußten, was sie wollten, daß sie über ihre eigenen Absichten hinausgegangen sind, während wir uns nicht verteidigten in gutem Glauben an die Verträge — für sie eine Bagatelle!«

1 *Heinrich von Sybel,* Historiker und Politiker (1817–1895), Begründer der »Historischen Zeitschrift«.

28. September Besuch von Emma Mollenbeck — die Spitzemberg kommen von Bern — Die vier jungen Mädchen singen zum Vorabend des Geburtstags von Wera.

29. September Gottesdienst bei Wera. Marusty und Sergeï assistieren. — Spazierfahrt mit dem Schiff — dann Scharade: qui vivra verra (Wera) und chinesische Schattenspiele.

30. September Predigt: die Liebe! — Den ganzen Tag nicht wohl. — Tee in Manzell — Die Königin heißt mich »alt« und erklärt dies als einen Ausdruck der Zuneigung. — Man flüstert, die Großfürstin Helene werde nicht kommen solange sie noch so preußisch gesinnt ist.

1. Oktober Wir vier Damen durchstreiften den Seewald — Morgens war ich bei Marusty und ihrem Kindchen gewesen. Spitzembergs sind im Watt. — Herr von Beck[1] bei Tisch. Nachmittags in Gesellschaft nach Berg (bei Tettnang) — Abends Bruckner[2] — Luise Benckendorff schreibt mir, die Königin lobe mich für meine Briefe. — Wir lesen »Franziska von Uhlbach«.

3. Oktober Fürst Serge verabschiedet sich — wir gehen zum Tee nach Kirchberg — Marusty ist freundlich, aber blaß. — Ich bin beauftragt, Edith Fleischmann und Schewitsch auf Freitag einzuladen. — Der König tut dies von sich aus. — Soiree Bruckner — ohne Wera, die unter Strafe ist.

4. Oktober Partie nach Arenenberg, sehr heiter — über Gottlieben gekommen, wo wir einkehrten.

6. Oktober Promenade nach Mariabronn, Wasser getrunken. — Edith Fleischmann ist angekommen. Auf alles was ich ihr vorschlage erwidert sie, daß sie es wisse, so sehr ist sie hier zuhause und bekannt! Am Abend ist sie ungemein aufgeweckt. — Schewitsch kommt mit einem kranken Auge, ferner Leutrum — Zum Diner erscheint die Familie »Erdgeist von Württemberg« wie der König den Herzog Eugen Erdmann[3] und seine Angehörigen nennt.

7. Oktober Schewitsch ruft Marie Spitzemberg »Scheußerlein«. — Die Großfürstin Helene weigert sich zu kommen. — Marusty ist entrüstet über die Allüren von Edith Fleischmann. — Man geht nach Montfort. Abends Bruckner.

8. Oktober Immer Pikanterien von Edith Fleischmann.

9. Oktober Die drei Minister und Varnbüler kommen wegen einer Antwort auf die Kammeradresse — Prinz Wily eingetroffen. Am Abend bengalisches Feuer — Oberleutnant Jäger ist zum Dienst bei dem jungen Prinzen kommandiert.

1 *Ritter von Beck*, österreichischer Oberst, Vorstand der kaiserlichen Militärkanzlei.
2 Der Komponist *Anton Bruckner?* (1824–1896).
3 *Eugen Erdmann* (1820–1875) aus Karlsruhe in Schlesien, seit 1843 vermählt mit Mathilde von Schaumburg-Lippe (1818–1891).

10. Oktober Fahrt nach Montfort, um es dem Prinzen zu zeigen — Marie Spitzemberg will durchaus mitfahren — Die Königin läßt Madame Lidorenko kommen, um die Trupow abzulösen, die ganz hallali. Ich muß den Stunden der kleinen Wera anwohnen. — Der König ist sehr lieb mit seiner Gattin. — Abends Schreibspiele.

11. Oktober Marusty kommt zum Verabschieden. — Marie Taubenheim scheint es sehr schlecht zu gehen. — Am Abend Lotto dauphin — der König nimmt mich an seine Seite.

12. Oktober Ihre Majestät will ihre Nichte nochmals sehen, geht mit mir nach Kirchberg — Wera schlägt die Taubenheims her! Die Großherzogin in Kirchberg. Lotto dauphin, Klara mit Edith und Trupow im Schiff gefahren.

13. Oktober M. Spitzemberg abgereist. Sie hat noch gesagt, sie »fürchte die Massenbach'sche Ähnlichkeit für ihre Kinder.« Das ist noch das Schönste was sie produzierte. — Der Meininger Abgesandte von Stein bei Tisch — Promenade Hirschlatt-Riedle. Abends Scharaden.

14. Oktober Diner mit den Ravensburger Beamten — mein Nachbar ist Homöopath. Nachher mit den Damen Schiff gefahren — Graf Castell — Abends Ihrer Majestät einen schönen Brief der Kaiserin über den Einzug von Prinzessin Dagmar[1] vorgelesen: »mein geliebter Sohn war für sie wie eine Vision der Liebe«.

15. Oktober Ausfahrt nach Tettnang, zu Fuß zurück. Nichts Besonderes als Brummelagen von Hoch und Nieder.

16. Oktober Heftige Abschieds- und Kußszene zwischen Wera und Edith. — Diner mit dem Kammerausschuß. — Probst sagt, ich hätte »spanische Augen«. — Prälat Mehring[2] kommt zu meiner Bouillon. — Es sind gebildete Leute, mehr als wir!

17. Oktober Spaziergang mit Uxküll — Schulden des Königs — alles ist trostlos, besonders aber die Unklugheit der »Besseren«. — Nachmittags Promenade nach Schwenden und Eriskirch.

18. Oktober Kollektivbrief an Luise Beroldingen. — Hauptmann Gaisberg, der vom Aarauer Schießen kommt, zu Tisch. — Promenade mit Ihrer Majestät; allein nach Hirschlatt. — Abends Taschenspieler.

19. Oktober Letztes Glas Karlsbader Wasser — Gott helfe weiter! mit meinem ewigen Kopfweh. — Fußpromenade mit Ihrer Majestät und Klara nach Manzell. — Die Herren schießen Staren. — Konversation des Königs über Marie Spitzemberg.

1 Verlobte des früh verstorbenen russischen Thronfolgers Großfürst Michael.
2 *Gebhard Mehring* (1798–1890), Prälat, Philosoph.

20. Oktober Schlechte Nachrichten von Marie Taubenheim. Ich hüte ihre Kinder lieb, Wera war aber heute so, daß sie die eine in die Nase gebissen hat. — Taufe in Wain, ich bin nicht eingeladen.

21. Oktober Mit Ihrer Majestät in die Kirche. Die Predigt »das Gewissen« schien fast auf Wera anzuspielen, indem gesagt wurde: je größer die Strafe des Kindes, desto mehr sieht es, wie ernst sein Vergehen. Darum keine unnötige Nachsicht.

Diner mit Baron Ow, der furchtbar deprimiert ist, weil der König ihn nicht mehr so goutiert. — Baron Aufsäß[1], der Archäologe, schaut vorbei, unser Verwandter; interessant, aber er stinkt. — Fahrt nach dem Schäferhof.

22. Oktober Morgens zur Fürstin Salm auf den Herrschberg. Die junge Frau gewinnt bei näherer Bekanntschaft, der häßliche Mann benimmt sich so klug mit ihr. — F. Zeppelin geht zwei Tage nach Zürich, um sich zu lüften; Cäsar zum Herbst auf den Herrschberg.

23. Oktober Mit Ihrer Majestät beim Institut Kramer gewesen. Der König ist auf der Jagd bei Ravensburg. Spaziergang nach Manzell, im Regen zurück. — Unterhaltung mit Ihrer Majestät über den Nächsten und die Schwierigkeiten, auf die man dabei stößt. Ich: »ich versuche die Fehler zu umgehen, da wo ich keine Verantwortung habe«. Die Königin: »ja, aber da mich alle Falschheit abstößt, gerate ich in Verwirrung, wenn man immer den Leuten schmeicheln muß!« Das will viel heißen, ich muß ihr eben helfen, wann sie es eben will. — Mir helfe Gott!

24. Oktober Briefe von E. Fersen und Marie Mechtscherskij — das arme Kind! Nach Manzell zu Fuß. — Die Königin hat Freude an meinen Briefen.

25. Oktober Prinzeß Marie ist im Haag bei Königin Sophie. — Stoffregens reisen durch — Geburtstag von S. Taubenheim — Die Kinder machen eine Festung im Wasser — Fahrt nach Mariabronn[2]. — Abends liest mir Ihre Majestät so lieb aus ihren Sammelalben vor, es tat mir so wohl, daß mir die Tränen kamen, ich dankte ihr. Dann war sie wieder schroff.

26. Oktober Unsere Abreise nach Stuttgart. — Spitzemberg will sich nicht so völlig in Anspruch nehmen lassen! — Die Hopfenbarone fehlten auf der Eisenbahn. — Unterwegs ist die Königin ziemlich aufrichtig, ein wenig weich. Ich nehme mir vor, alles von Herzen zu tun. — Gespräch über Edith Fleischmann, wobei ich vorsichtig aber aufrichtig bin.

27. Oktober *Stuttgart* Brief von L. Benckendorff, die erst später kommen will. — Konkanowna (Madame Marie Stolypin, Gemahlin des russischen

1 *Hans Freiherr von und zu Aufseß* (1801–1872), Gründer des Germanischen Museums zu Nürnberg.

2 Mariabrunn mit Kapelle von 1752 und »wundertätiger« Quelle, Gde. Oberdorf bei Tettnang.

Gesandten), treibt etwas ihr Wesen. — Der keine Privatgarten am Schloß ist wohl gelungen — Tomilov ist krank geworden.

28. Oktober Wolffs[1] sagen mir Bosheiten, die Edith Fleischmann über mich verbreitet — bald haben sie sie selbst nachgesprochen. Um 2 Uhr mit Ihrer Majestät zu Fuß auf den Rosenstein. — Obstausstellung auf der Villa — Herbst für die Kinder. — Olga Taubenheim weint so bitterlich! 7 Uhr Theater, Empfang der Majestäten.

29. Oktober A. Wimpffen kommt mit Mann und Kind. — Ich finde sie so behaglich.

Alte Zeiten! Lange Audienz bei der Königin-Mutter[2], sehr gnädig. Sie sprach über Langenargen, Österreich, Wera. Sie ist auch so vernünftig und gut orientiert im Lande. — Visite bei Madame Livingstone — Frau von Berlichingen, die ich sonderbar finde.

30. Oktober Einweihung der Johanniskirche[3], die so lange dauert, daß Ihre Majestät nicht mehr zu den Verwundeten auf die Solitude konnte. — Prinz Weimar geht nach Petersburg, er zeigt unverhohlen seine Freude. — Tournee bei den »empfindlichen« Leuten. Gräfin Taube klagt über Erbitterung der oberen und Nichtachtung der kleineren Hofchargen.

1. November Trauergottesdienst für die Kaiserin-Mutter[4]. — Dr. Niemeyer bei mir, ich denke an Homöopathie. — S. von Rokov nennt sich Hofdame. — Madame Tomilov ist angekommen. — Ich besuche Gräfin A. Reinhard, die immer so herzlich ist. Madame Tomilov gefällt mir, ihre Verwunderung über die Rokov!

2. November Geheimrat von Mohl[5], dessen Konversation immer bildend ist. Audienz bei Prinzessin Marie, die sehr liebenswürdig. — Marie Stolypin zahm. — Madame Tomilov wird schon sehr vorgezogen.

3. November Prinzessin Friedrich aufgewartet. Sie erzählt mir, der selige König habe Bismarck einmal tüchtig draufgegeben. — Mit Ihrer Majestät die »National-Industrieausstellung« im Königsbau besucht. — Um 7 Uhr Vortrag von Professor Luschka[6] über Knochenbau: »die wuchtige Muskulatur zu unterst des Rückgrats ist nicht nur ein Polster« …

1 *von Wolff*, Regierungsrat und Stadtdirektor in Stuttgart (?).

2 *Königin Pauline* (1800–1873), die Mutter von König Karl.

3 In Stuttgart am Feuersee.

4 Kaiserinmutter war Maria Feodorowna, geb. Prinzessin Sophie Dorothee von Württemberg (1759–1828), Gemahlin des Kaisers Paul I. von Rußland (1754–1801).

5 *Rudolf Mohl* (1803–1892), Geh. Rat, Präsident des Verwaltungsgerichtshofs.

6 *Hubert Luschka* (1820–1875), Professor der Anatomie in Tübingen.

4. November Brief von P. Salm aus Nizza — Besuche von Konrad Varnbüler, Hildegard Spitzemberg, Schewitsch, Adelheid Reischach (Mutius). Elise Fersen lange geschrieben. Große Sonntagstafel, nachher zu Hause. Es kommt ein Zwischenakt: Charlotte Sontheim und dann Madame Tomilov mit ihrer kleinen Emilie. — Prinz Friedrich sagt, er habe keinen Auftrag, Großfürstin Helene einzuladen.

6. November Besuchstournee mit Madame Tomilov.

7. November Große Gesellschaft in den vier neuen vorderen Zimmern Ihrer Majestät.

9. November Tedeum für den Hochzeitstag in Tübingen. — Bonnen-Diner bei Ihrer Majestät. Der König ist auf dem Ammerhof bei Tübingen. Abends kommen Reculots und Bissingen.

10. November Diner mit Gräfin Taube und Varnbüler — Soiree Weimar — Dr. Sick[1] kennengelernt.

12. November Katarrh, zu Hause geblieben. Nur zu Ihrer Majestät um 4 Uhr, welche meist mit der Tomilov allein bleibt: das ist begreiflich.

13. November Frau von Berlichingen bei mir, will meine neue Wohnung sehen, wo viele Möbel meiner Mutter einen Fonds bilden. Andere bestellte ich mir, einen Schreibtisch nach Zeichnung von Thur in Petersburg. — Fürst und Fürstin Teck auf Besuch. — Gräfin Taube außer sich über den Tomilov'schen Rang. Abends Probe der Bühnenbeleuchtung im Schloß.

15. November Diplomaten-Diner. Wilhelm Spitzemberg sagt, er zögere: wieder Geschichten. — Madame Gordon wird empfangen.

16. November Todestag Graf Neippergs. Ich bin bei M. Stolypin. Draußen ist es glatt und widerwärtig. — Meine alte Gustel[2] besucht.

17. November Parade im Schloßhof. Hierauf geht Seine Majestät auf den Ammerhof. Neurath und Taubenheim bleiben allein bei Ihrer Majestät. Das Wetter ist hundekalt. — Soiree bei Weimars mit Prinzessin Friedrich, bis ½12 Uhr gespielt. — Wolkenstein ist abberufen.

18. November Besuche von L. Beroldingen, Eugen Maucler, Max Poleis — Ich im Cercle Varnbüler — Mr. Gordon sagt über den englischen Geistlichen: »diese Gans hat über eine Ente gepredigt«. Tod des Prince of Wales.

1 *Paul Sick* (1836–1900), Obermedizinalrat.
2 Auguste Seckendorff.

19. November Im Katharinenstift mit Ihrer Majestät bei Professor Schwarz und Krockenberger; in der ersten Klasse sind so nette Kinder. — Dann Handel[1] über seine Logen-Affaire. — Madame Tomilov — bei Hildegard[2], die zu Bett. Marie Spitzemberg sagt: »Die neuen Damentoiletten begünstigen die Hüftenbewegungen«.

20. November Morgens Baron Gall[3] — Gräfin Uxküll — Von Königin Olga Geld für Arme bekommen — Abends bei Stolypin mit Ihren Majestäten — mit Neurath geplaudert, der sich über Varnbüler nicht beruhigen kann.

21. November Uxküll ist entrüstet über die Kusinen Tomilov. — Mit Ihrer Majestät die Gravüren von Feldmann im Königsbau besichtigt. Stolypin ist ein so braver Mann, er kann mit der Art eines Adelung nicht sympathisieren, der die Königin terrorisiert.

22. November Im Theater Figaro mit Meta Ehnes und Ellinger.

23. November Ch. Spitzemberg eingetroffen. — Fürst Chreptowitsch bei den Stolypin — Karl Hügel ist noch immer erfüllt von Graf Beust[4] — Fahrt zu den Blinden — Nikolauspflege — mit Ihrer Majestät.

24. November Besuch von Frau Trupow – Tod von Rudolf Berlichingen — Gräfin Ingelheim — russischer Abend im langen Zimmer (mit den Gemälden von Greuze[5]). Der König ist sehr liebenswürdig. N.B. Wenn ich Berlichingen letztes Jahr geheiratet hätte!

25. November Predigt über die Berufstreue — Besuche bei Mittnacht und Hildegard — Neurath beichtet bei mir. Im Theater »die Regimentstochter[6]« gesehen zusammen mit Madame Tomilov, welche von der Gräfin Taube gedemütigt wird. — Die Königin läßt mich kommen, um über ein Armband für Luise Benckendorff zu entscheiden. — Kaltes Diner bei der Königin-Mutter mit sehr höflichen Einladungen. Anwesend sind ihr Hof, ich, 2 Uxküll, 2 Beroldingen, 2 Stolypin, 2 Spitzemberg. — Soiree Livingstone mit Prinz Weimar, Egloffstein, den Stolypins.

27. November Geburtstag des alten Grafen Beroldingen — Cäsar bei mir. Besuch bei dem guten alten General Fleischmann[7], der mich durch seinen freundlichen Empfang ungemein rührt. Spaziergang mit Ihrer Majestät in die Wilhelma. — Bei den Stolypin am Abend mit der Tomilov.

1 *Freiherr von Handel,* k. u. k. österreichischer Geheimrat a. D.
2 *Hildegard Spitzemberg,* siehe S. 194, Anm. 1.
3 *Ferdinand Freiherr von Gall* (1809–1872), Hoftheaterintendant in Stuttgart.
4 *Friedrich Ferdinand Graf von Beust* (1809–1886), sächsischer, dann österr. Staatsmann.
5 *Jean Baptiste Greuze* (1725–1805), franz. Maler.
6 Oper von Gaetano Donizetti (1797–1848), die Uraufführung in Paris war 1840.
7 *Christian Wilhelm Fleischmann* (1787–1875), General, Diplomat.

28. November Soiree Taube, die Söhne sind liebenswürdig und nett — Uxküll beklagt sich über die Anmaßungen der Tomilov, ich bedauere sie, daß sie nicht besser beraten ist.

29. November Prinz Weimar, Alfred Uxküll[1], ein gescheiter Kopf, Uxküll und Maucler beim Diner.

30. November Fr. Griesinger bei mir, mir ist das Herz so schwer!

1. Dezember Schönes Wetter — hübsche und animierte Soiree bei den Weimars. Frau Stolypin dringt auf eine Soiree bei mir. Sie weiß nicht, wieviel Schwierigkeiten ich habe und ich glaube auch, man würde es als Ambition deuten.

2. Dezember Fahle Predigt — Soiree und interessante Unterhaltung bei Frau von Berlichingen mit Madame de la Tessière — Meinungsverschiedenheiten und Anekdoten über den Abbé Mermillod[2]. — Um 4 Uhr schreckliche Szene der Königin mit Wera. Erstere ist nachher völlig durcheinander.

3. Dezember Sie gibt ihr zuviel nach, sagt Madame Tomilov, die mich um Auskunft über die Szene von gestern bittet. Sie beklagt sich über die Zimmermädchen. — P. Salm schreibt mir vom Tod ihres Freundes Rudolf Berlichingen und die Sakramente zum Heil seiner Seele. — Ihre Majestät ist mit Wera spazierengegangen. — Im Theater Ballett — Spiegeltanz.

4. Dezember Dr. Haußmann[3] ist aus Petersburg zurück — Antwort des Königs von Preußen an die Königin. — Ihre Majestät geht mit mir in die Olga-Heilanstalt.

5. Dezember Prinz Weimar von Petersburg zurück — Konzert von Gungl[4] — Große Soiree bei Taube.

6. Dezember Ein neues Paar: Katinka Scheeler mit dem alten Wöllwarth — Briefe von der Gräfin Blondov und Felix Meyendorff — Spitzemberg hat eine Szene mit dem König wegen der Redereien über den Prinzen Friedrich. Er erfährt dadurch wenigstens, warum man auf ihn, den König, böse ist.

7. Dezember Ich habe mich bei mir allein ausgeweint, so daß ich einem Herzkrampf nahe war.

1 *Alfred Graf Uxküll-Gyllenband* (1838–1877), österr. Oberstleutnant.

2 *Kaspar Mermillod* (1824–1892), Kardinal, Stadtpfarrer von Genf, der im Konflikt mit dem Genfer Staatsrat von der Kurie in Rom zum Generalvikar in Genf ernannt, vom Schweizer Bundesrat aber ausgewiesen wurde.

3 *Karl Haußmann* (?) (1815–1889), Arzt in Wildbad.

4 *Joseph Gungl* (1810–1889), bekannter Dirigent und Komponist.

8. Dezember Cäsar Beroldingen bei mir, neugierig, Taube dito! Die liebe, wohlwollende Frau von Troyff[1] besucht.

9. Dezember Predigt: die Hauptsache im Leben des Menschen sei seine Stellung zu Gott, nicht die weltliche! — Soiree bei Stolypins mit Chreptowitsch und Schewitsch, der mich in seiner Art, vor Leuten über den König zu sprechen, ärgert. — Joseph Berlichingen zurück, er gibt das Klosterleben auf.

10. Dezember Spitzemberg kommt in aller Frühe. — Der König klagt über die Langeweile in seinen Unterhaltungen und seinen Soireen; ich glaub' es wohl, aber ich darfs nicht wissen. — Ihre Majestät bestellt sich Frau von Berlichingen: möge es ihr gut tun!

11. Dezember Unangenehme Auseinandersetzung mit Ihrer Majestät, hätte man mich doch im Frühjahr fortgelassen!

12. Dezember Mit Ihrer Majestät im Katharinenstift von 10–12 Uhr: die Lehrer Faisst[2] und Thomas. — Mit Joseph Ellrichshausen spaziert, er warnt mich vor C[äsar?]. Niemand ist reell. — Briefe von Meyendorff und M. Mechtscherskij Ihrer Majestät vorgelesen. — Theater — dann zur Tomilov — die Kusinen langweilen mich.

13. Dezember Mit Ihrer Majestät gefahren, sie war lieb, sah leidend aus. — Wera hat sich die Haare abgeschnitten, spricht über Varnbüler — Abends eingeladen mit Tolls und Ellrichshausens. Der König kam nach der Oper. — Ihre Majestät hat mit mir auch über die Pariser Reise gesprochen.

14. Dezember Diner mit der Königin-Mutter, Prinz Friedrich, Varnbüler etc. Ich sitze bei Berlichingen mit Joseph und zwei jungen Adelmanns. — Sie ist doch zu angenehm und so vielseitig. Ich muß jetzt einmal versuchen, ganz für die Königin zu leben, gar nicht an *mich* denken!

15. Dezember Großes Hofdiner — Baron Handel wird durch Graf Chotek[3] ersetzt. — Ihre Majestät ist nicht wohl, sie dauert mich. Luise Benckendorff will später kommen. — Besuch von Marie Stolypin, sehr verändert. Sie spricht vom »Hochmut« gewisser Leute. — Ich erhalte eine große Predigt, weil ich keinen Hofknicks mache.

16. Dezember Predigt — Besuche — Schewitsch ist wütend über eine Abreibung, die ihm die Königin hat geben lassen — Hildegard erzählt mir, daß L. Benckendorff den König von Preußen zu dem Erfolg seiner Waffen beglückwünscht hat: der genannte König hat sich Karl Spitzemberg gegenüber dessen

1 *Freifrau Christine von Troyff,* Witwe des Generalmajors Franz von Troyff in Stuttgart.
2 *Immanuel Faisst* (1823–1894), Direktor des Konservatoriums für Musik in Stuttgart.
3 *Bohuslaw Graf von Chotek,* geb. 1829, war 1867–1869 österr. Gesandter in Stuttgart, 1869–1871 in Petersburg, 1872 in Madrid, 1873 in Brüssel, später in Dresden.

gerühmt. — Allerseits taktlos! — Um 4 Uhr Ihrer Majestät vertrauliche Depeschen über Berlin vorgelesen. — Im Theater wird »Der Schneider von Ulm« gegeben. — Alle Gouvernanten sind in Reihe aufmarschiert. — Wera und ihre Spielgefährten werden Madame Sidorenko anvertraut, so daß man sie die »Rangen-Gouvernante« nennt.

17. Dezember Spaziergang mit Ihrer Majestät. Wir sprechen von den beiden Todesurteilen, die der König hat unterzeichnen müssen: Stihle und Hörtig.

18. Dezember Heute ist die Hinrichtung! Ich wache zu der fatalen Stunde auf. — Die Stolypin kommen (zu St. Nikolaus), am letzten Dienstag Stolypin, Taubenheim und Neurath bei Ihren Majestäten — Die Varnbüler werden zur Ordnung gerufen, weil sie sich bei der Königin-Mutter nicht gemeldet haben — Marie Stolypin hält der Taube eine Lesung über Anmaßungen.

19. Dezember Soiree bei Ihrer Majestät mit Stolypins, Wolffs und Tomilov. — Der König kommt nach dem Theater — Frau von Luck erscheint mit einem Brief eines »guten Hirten« und Fräulein Theiß, die Direktorin des Katharinenstifts. — Ich liebe solche Geduldübungen und Gelegenheiten, Gutes zu tun — Wir gehen mit Ihrer Majestät spazieren. Sie hat die Kinder Uxküll bei sich.

20. Dezember Heiterer Abend mit den jungen Ehepaaren. — Ein Kurier bringt die Meldung, daß Gortschakow sehr krank ist.

21. Dezember Ihre Majestät zeigt mir die Geschenke, die sie machen will. Spazierfahrt mit der Kutsche, es ist sehr kalt. — Diner mit der Umgebung Weras und Auguste Seckendorff — Prinz Wily ist aus Göttingen zurück.

22. Dezember Luise Benckendorff empfangen, die sehr gut aussieht, zart, gut in Form — Um 7 Uhr »Geistertheater« mit dem König auf dem Wilhelmsplatz — Soiree mit Luise, welch gute Atmosphäre sie doch verbreitet!

Stuttgart, Dezember Brief an Baronin Rahden: »Das Weihnachtsfest bringt mehr als je die Freunde in Erinnerung und diese sind für mich die Schätze meines Daseins. Sie, liebe Baronin, gehören zu denen, die wissen, daß wenn man sich liebt, es nicht nötig ist, dies oft zu sagen. Trotzdem muß ich erwähnen, daß ich sehr traurig war, als unser letzter Versuch, uns in Friedrichshafen zu treffen, scheiterte.

Sprechen wir ein wenig von Stuttgart, über das politische, soziale und innere Leben. Den ersten Punkt können Sie besser beurteilen als ich und wir alle. Der Süden Deutschlands feilscht um seine Beziehungen zum Norden. Die einen sind der Meinung, man solle sich beeilen, um an der neuen Agglomeration teilzunehmen — es ist die kleine Zahl von Leuten, die um ihren Besitz bangen und von den Organisationsplänen der neuen Regierung verführt werden und von der großen Idee »der unentgeltlichen, unbestechlichen Volksvertretung«. Die große Mehrheit will abwarten und glaubt, daß im Augenblick weder Preußen noch Frankreich Krieg führen wollen. Eine dritte Partei rechnet sogar — sehr zu Unrecht glaube ich — mit Reaktionen in Österreich und den annektierten Provinzen und wünscht, daß mit der Zeit die ganze Hälfte des Südens ein Gegengewicht gegen den Norden bildet, indem er das Modell echter konstitutioneller Regierungen darbietet. Varnbüler, unser Mann des Augenblicks, scheint Rücksicht darauf genommen zu haben, sich gut mit Bismarck zu stellen. Warten wir ab, ob Bismarck einmal sein Wort halten wird!

Man kann nicht sagen, daß das Salonleben gewonnen hat: es gibt Trauerfälle, Abwesenheit, wenig Geld. Trotzdem trifft sich eine kleine Clique ununterbrochen, doch das sind abgeschmackte Beziehungen. Die Stolypins haben liebenswürdigerweise ihren Salon wieder geöffnet, man anerkennt es, aber man geht wenig hin. Ich möchte behaupten, bei uns gibt es zuviel gute Ehen, die das tête-à-tête und den Schlafrock einer angeregten Unterhaltung mit großer Beleuchtung vorziehen.

Am Hof ist es sehr ruhig gewesen; das Theater ist sehr gut, der König findet großen Gefallen daran. Die Königin beschäftigt sich mehr und mehr mit der kleinen Wera, namentlich seitdem sie in Madame Tomilov eine Hilfskraft gefunden hat. Diese Dame macht den Eindruck einer würdigen Person, ich hoffe, die Königin hat in ihr eine Freundin gefunden. — Luise Benckendorff ist auf Weihnachten zurückgekehrt und bleibt bis zum Frühjahr. Sie sieht gut aus, ist heiter und bei ihr plaudert man in europäischem Geist.

Dieser Tage ist Tanz bei Hof und bei der Prinzessin Friedrich zu Ehren von Prinz Willy, der über die Feiertage aus Göttingen gekommen ist. Er findet das Leben an dieser Universität trist wegen der Spannung zwischen den Siegern und den Besiegten. Wenn die Großfürstin Alexandra Josephowna die Einladung ihrer Majestäten annimmt, ihre Tochter[1] zu besuchen, findet vielleicht ihr zu Ehren ein Fest statt.

Ich weiß, daß Sie in all dem, was ich Ihnen erzähle, meine eigenen Tätigkeiten suchen, Pflichten, die mich persönlich angehen könnten. Und ich schulde Ihrer Freundschaft, Ihnen davon zu berichten. Ich habe vielerlei Aufgaben, aber keine festen: ich bin zu allem bereit und entschlossen, über nichts ungehalten zu sein. — Die Gräfin Taube, meine Kollegin, ist ziemlich anmaßend geworden. Man hört sie einigermaßen an (Varnbüler ist häufig bei ihr), da ich aber zum Glück durch die Dienstgepflogenheiten nicht an sie gebunden bin, fällt es mir leicht, nicht zu beachten, was sie tut. — Ich bin mit jedermann in Frieden. — Der König ist sehr liebenswürdig zu mir, seine Umgebung höflich und ich versuche so wenig wie möglich meine Meinung zu sagen, wenn man mich nicht danach fragt. Fragt man mich aber danach, so antworte ich mit der Zurückhaltung, die mich die Erfahrung gelehrt hat. Früher hätte ich mich nicht für gewissenhaft gehalten, wenn ich geschwiegen hätte.

Ich sehe die Königin regelmäßig alle Tage, um ihr vorzulesen, im übrigen haben wir kein festes Programm. Aber an diese täglichen Stunden knüpfen sich

1 *Wera Konstantinowa.*

kleine innere Missionen, die, wenn sie meinem Herzen auch nicht immer genügen, doch ein Beruf zu nennen sind und dafür muß ich auch Gott danken.

Zeitungen, Lektüre und die Korrespondenzen füllen etliche Stunden des Tages aus, unter anderen die mit M. Mechtscherskij, die mir häufig aus Paris schreibt, wo sie mit dem Fürsten Czernitschew weilt. Sie ist ein unglückliches Kind, dessen Schicksale[1] ich seit zehn Jahren verfolge und die mir das Herz bluten lassen. — Fehlt Ihnen die Fürstin Kurakin? Kommt Lise Euler zu Ihnen zurück? — Welche gute Handlung muß ich begehen, um Ihr Bildnis zu erlangen? — Madame Schewitsch fehlt der Königin. Ihr Sohn Dmitri ist amüsant, aber noch nicht erwachsen.«

23. Dezember Spaziergang mit Ihrer Majestät, die mit Wera zufrieden ist. Im Theater wird »Martha« gegeben. Dann bei Luise Benckendorff.

24. Weihnachtsabend A.[uguste] Seckendorff hat einen Schlaganfall erlitten, ich eile hin: ein Aderlaß rettet sie.

25. Weihnacht Schöne Predigt von Grüneisen über den »Englischen Gruß«. Weihnachten bei den Spitzemberg. Von 8–10 Uhr bei den Majestäten, dann bei Luise Benckendorff. — Weihnachten bei den Blinden. — Der König schenkt mir einen reizenden Fächer — Große Soiree ohne mich — ich verbringe sie bei Luise im tête-à-tête; wir sprechen von Pourtalès[2]. Sie möchte gern, daß die Gräfin Marie Linden, geb. Hügel, sie ersetzt.

26. Dezember Die Königin hat Armenweihnacht in Gaisburg und Gablenberg — ich gehe den General Fleischmann und Gustav Berlichingen besuchen. Ihre Majestät hat heftiges Kopfweh.

27. Dezember Auguste Seckendorff nimmt mir viel Zeit weg, die Arme. Besuch von Hildegard — Weihnachten in der Olgaheilanstalt und Weihnachtsbaum bei Luise Benckendorff.

28. Dezember Die Taubin ist bei mir in allen Nöten — sie wird ihren ersten Besuch bei Luise machen. — Unterhaltung mit der Königin über Luise: mit Vorsicht, denn ich muß ihr gewisse Rücksichtslosigkeiten berichten.

29. Dezember Langer Besuch von Louise Beroldingen — Spaziergang mit der Königin zur Villa — Vorlesung des Professors Palmer[3]. — Soiree Weimar mit Schreibspielen.

1 Sie heiratete 1867 Fürst Demidoff, starb aber 1868 im Kindbett.
2 *Albert Graf von Pourtalès* (1812–1861), preußischer Diplomat.
3 *Christian Friedrich Palmer* (1811–1875), Prof. der Theologie und Moral an der Universität Tübingen.

30. Dezember Tee nach der Kirche bei mir mit den Tolls, Eugen Maucler, Max Poleis — einen Augenblick bei Frau von Berlichingen.

Soiree bei Luise mit der Königin, der König kommt später. Anwesend sind die Wolff, Weimar, Eugen Maucler, Handel, Schewitsch.

31. Dezember Die Gräfin Taubenheim[1] ist diese Nacht gestorben. Ich bedaure sie aufrichtig. Ich habe die Kinder gesehen, die so rührend sind. Sie nimmt soviel von der Vergangenheit, meiner Erinnerungen und Illusionen mit sich. Die Königin erzählt mir beim Spaziergang, daß Varnbüler wollte, seine Frau solle den Vortritt vor Luise Benckendorff haben. — Ich speiste bei Luise zum Jahresende zu Mittag, ging aber nicht zu Stolypins Weihnachten. Ich bin zu traurig über M. Taubenheim.

Dieses Jahr! es hat mir erneut Illusionen genommen, mich gelehrt, die Menschen nach ihrem Charakter zu behandeln. Zuvor behandelte ich sie auf ehrliche Weise nach meinem Gefühl. Ich danke Gott, daß er mir Gelegenheiten geschenkt hat, kleine gute Werke zu vollbringen!

1 *Marie Taubenheim* (1815–1866), Tochter des Herzogs Wilhelm. Verheiratet seit 1842 mit Graf Wilhelm August von Taubenheim.

Bildnachweis

Seite 9	Württembergische Landesbibliothek, Stuttgart (Aufnahme Horst A. Fuchs, Stuttgart-Vaihingen)
Seite 10 oben und unten	Privatbesitz (Aufnahmen: Fotohaus Magnus, Friedrichshafen)
Seite 11	Württembergische Landesbibliothek, Stuttgart (Aufnahme: Landesbildstelle Württemberg, Stuttgart)
Seite 12 oben und unten	Württembergische Landesbibliothek
Seite 21 oben	Württembergische Landesbibliothek, Stuttgart (Aus: Meyer's Universum oder Abbildung und Beschreibung des Sehenswerthesten und Merkwürdigsten der Natur und Kunst auf der ganzen Erde, Bd. 3, 1836, S. 123)
Seite 21 unten	Ebd., Bd. 4, 1837, S. 105
Seite 22 oben	Ebd., Bd. 19, 1857, S. 85
Seite 22 unten	Württembergische Landesbibliothek, Stuttgart (Aus: Explication du Plan de Peterhof, Petersburg 1842)
Seite 39	Württembergisches Landesmuseum, Stuttgart
Seite 40	Museum im Kornhaus der Stadt Kirchheim u. Teck
Seite 57 oben	Privatbesitz (Aufnahme, Fotohaus Magnus, Friedrichshafen)
Seite 57 unten	Aus: »Lebensbilder aus Schwaben und Franken«, Bd. 16
Seite 58 oben	Heimatmuseum Ludwigsburg
Seite 58 unten	Privatbesitz (Aufnahme: Fotohaus Magnus, Friedrichshafen)
Seite 83 oben	Privatbesitz (Aufnahme: Fotohaus Magnus, Friedrichshafen)
Seite 83 unten	Staatsgalerie Stuttgart (Inv. GVL 179/9)
Seite 84 oben	Kurverwaltung Bad Wildbad
Seite 84 unten	Heimatmuseum Ludwigsburg
Seite 101	Württembergische Landesbibliothek, Stuttgart (Aufnahme: Landesbildstelle Württemberg, Stuttgart)
Seite 102 oben	Privatbesitz (Aufnahme: Fotohaus Magnus, Friedrichshafen)
Seite 102 unten	Württembergische Landesbibliothek, Stuttgart
Seite 143 oben	Heimatmuseum Ludwigsburg (Aufnahme Landesbildstelle Württemberg, Stuttgart
Seite 143 unten	Heimatmuseum Ludwigsburg
Seite 144	Staatsgalerie Stuttgart (Inv. Nr. A 1922/271)
Seite 181 links oben	Heimatmuseum Ludwigsburg
Seite 181 rechts oben und unten	Heimatmuseum Ludwigsburg (Aufnahmen: Landesbildstelle Württemberg, Stuttgart)
Seite 182	Württembergische Landesbibliothek, Stuttgart (Aufnahme: Landesbildstelle Württemberg, Stuttgart)
Seite 231 oben	Württembergische Landesbibliothek
Seite 231 unten	Privatbesitz
Seite 232	Württembergische Landesbibliothek

Personenregister

König Karl und Königin Olga von Württemberg wurden wegen des häufigen Vorkommens ihrer Namen in das Register nicht aufgenommen.